"十四五"职业教育国家规划教材

管理基础与实务
（第四版）
GUANLI JICHU YU SHIWU

主　编　肖祥伟
副主编　王丽琴　方敬丰　张丽萍　张玉玲
主　审　胡延华

本书另配：微课视频
课程标准
教学课件
参考答案

新形态教材

中国教育出版传媒集团
高等教育出版社·北京

内容提要

本书是"十四五"职业教育国家规划教材。

本书遵循高等职业院校学生职业成长的规律，以行动导向理念为指导，在有效汲取管理学四大职能理论体系与通用管理能力考证体系之精华的基础上，深度融合中国传统管理文化精髓，创造性地构建了由管理基础认知—自我管理能力—任务完成能力—团队协作能力—基层主管能力5个模块共25个由易到难、由简及繁循序渐进的典型学习与工作任务组成的通用管理能力培养体系。本书的5个模块具体为：管理基础认知、自我管理能力、任务完成能力、团队协作能力和基层主管能力。本书努力提升和突出教材的趣味性、实用性、可操作性。为利教便学，部分学习资源以二维码的形式提供在教材的相关之处，可扫码获取。另外本书另配有教学课件、微课视频、习题答案等教学资源供教师教学使用。

本书既适合高等职业院校财经大类各专业学生学习，也可作为企业管理基层员工、基层主管的培训教材和自学参考用书。

图书在版编目(CIP)数据

管理基础与实务/肖祥伟主编.—4版.—北京：高等教育出版社，2023.10(2024.8重印)

ISBN 978－7－04－061210－3

Ⅰ.①管… Ⅱ.①肖… Ⅲ.①管理学-高等职业教育-教材 Ⅳ.①C93

中国国家版本馆 CIP 数据核字(2023)第 184547 号

策划编辑	毕颖娟 宋 浩	责任编辑	宋 浩
封面设计	张文豪	责任印制	高忠富

出版发行	高等教育出版社	网 址	http://www.hep.edu.cn
社 址	北京市西城区德外大街4号		http://www.hep.com.cn
邮政编码	100120	网上订购	http://www.hepmall.com.cn
印 刷	上海叶大印务发展有限公司		http://www.hepmall.com
开 本	787 mm×1092 mm 1/16		http://www.hepmall.cn
印 张	21.25	版 次	2023年10月第4版
字 数	516 千字		2012年8月第1版
购书热线	010－58581118	印 次	2024年8月第3次印刷
咨询电话	400－810－0598	定 价	48.00元

本书如有缺页、倒页、脱页等质量问题，请到所购图书销售部门联系调换
版权所有 侵权必究
物 料 号 61210-00

序

2017年6月8日,我在华南商界百人名家系列讲座中讲到,好的教材的标准是,第一,内容应体现产业要求;第二,体例应体现工学结合;第三,文化脉络应体现贯穿古今,引导学生进行概念创新、思维创新、方法创新、工具创新;第四,呈现形式上应体现图文并茂,把教材做得像展板一样美观,把教材做得像漫画一样有趣,把教材做得像心灵鸡汤一样润人心田。

广东理工职业学院肖祥伟副教授请我为其主编的《管理基础与实务》教材担任主审并作序,我欣然应允。因为我曾在肖老师编写大纲过程中参与了大纲的讨论,觉得本书是一本在"管理学基础"课程领域改革比较深入、颇具新颖性的教材。一是内容整合度高,二是标题提炼得有美感。在高等职业教育领域,"管理学基础"课程的教材五花八门,很多学校都有校本化的教材,且这门课程已有很多知名专家编写的教材在高职教育领域有较大的影响力。本书的出版是作者多年从事高职院校通用管理能力培养体系构建与实证研究的成果。当第一次听到"通用管理能力培养体系研究"的时候,我还不以为然,因为原劳动部已有一个《通用管理能力》考核认证体系。作为一个高职的普通教师进行这么系统的体系研究是否合适,我带着疑问和质疑认真对照比较了原劳动部《通用管理能力》认证体系的内容与本书构建的通用管理能力培养体系。经过认真和审慎的思量以后,我欣然同意并乐意为本书作序。

我认为本书至少符合我认为的好教材的以下标准:

第一,内容体现产业要求。本书作者有多年的高职教育教学经验及丰富的企业人力资源项目咨询经验,教材虽然是"管理学基础"课程的升华版,但是其内容紧密围绕行业企业工作所需要的管理能力展开,很好地满足了企事业单位各基层岗位所需要具备的管理能力。

第二,体例体现工学结合。本书每个学习任务均配有与学生成长、企业工作岗位发展联系密切的学习情境、学习目标、学习任务、典型案例、能力测评。学习任务与典型案例结合学生能力特点,有适用于大学生团队训练的,也有适用于企业基层员工及基层主管的,较好地体现了工学结合的要求。

第三,内涵体现创新创富。本书首先内容上比传统《管理学基础》教材有较大的创新与突破;其次在通用管理能力体系构建方面层次分明,与原劳动部《通用管理能力》认证的体系相比有较大的创新;其三,体例上有创新,每个模块、每个项目的学习任务均配备有相应的中国传统管理名言、能力测试、经典案例等;其四,每个模块、每个学习任务都配有逻辑清晰严密的知识与能力思维导图。

第四,形式体现图文并茂。本书注重将枯燥乏味的文字解释转换成图表进行说明,呈现图文并茂的特点,打开教材即可大大激发读者的阅读兴趣,50余个二维码阅读材料链接增加了教材的互动性，也增加了教材的可读性，大量拓展阅读材料给学有余力的兴趣爱好者持续发展、能力提升提供了有效的支撑。

第五，编写过程体现共享共建。本书编写组融合高职院校、企业高管、协会领导组成的编写团队，并广泛吸纳校企合作资源，开展了深入的调研，打破了传统学科知识体系，构建了符合学生职业成长成才规律的、成果导向的通用管理能力培养体系，本次修订还融合了生命成长教育专家的生命成长智慧，为管理能力培养提供了新的视角。

本书主编肖祥伟副教授多年来一直致力于开发一套适合我国高职学生特点的通用管理能力培养体系，本书就是很好的阶段性成果。本书作为高职经管类乃至工科类专业的通识性管理能力培养课程的教材是一个不错的选择，期望该编写团队继续致力于深化该课程体系的各类资源建设，为我国通用管理能力培养体系的构建与实证研究积累更加丰富的成果。

深圳职业技术学院教授　胡延华

第四版前言

2020年本书被列为"十三五"职业教育国家规划教材，2023年被列为"十四五"职业教育国家规划教材。这是对主编23年高职教育生涯，22年管理学基础课程教学最好的肯定与激励。

2007年，我的《企业管理理论与实务》教材于中山大学出版社付梓，此书尝试探索管理学原理之计划、组织、领导、控制职能与企业管理之人、财、物、产、供、销之基本要素的融合，这是本书进行教材改革的第一份成果。

2012年，《管理基础与实务》教材经高等教育出版社出版，本书力图把管理能力培养与经典管理理论学习有机结合，根据高职教育"教学做一体化"的思想和基于工作过程的教学理念设计编写，既重视学生职业能力的培养，也重视学生职业素质的养成，创造性地以大学生职业生涯发展不同阶段所需要的管理能力与职业素质养成为主线，对传统的管理四大职能的内容进行重新整合序化，形成了自我管理能力、企业与管理认知能力、任务完成能力、团队协作能力、基层主管能力5个模块共26个项目，讲究思想性、理论性、实践性有机结合，力求将经典管理思想、经典管理理论、经典管理方法讲通、讲透。

2017年，经过编写团队五年孜孜不倦、五年课堂实践、五年实证研究、五年修改完善，《管理基础与实务》（第二版）全新改版。第二版调整了管理能力培养体系框架，根据学生成长成才规律设置了管理基础认知、自我管理能力、任务完成能力、团队协作能力、基层主管能力5个模块，每个模块分别设置5个学习任务；增加了中国传统管理文化元素，为每个学习任务配备了4～5句中国传统文化经典名言，力求经典名言与该学习任务的知识能力素质要求高度衔接，实现西方管理理论（"术"）与中国管理概览（"道"）的有机结合；增加了120多个可读性强的二维码阅读材料，包括45个重点回顾及各类互动思考题目的答案或解析，57个延伸阅读或拓展阅读材料，10个经典管理故事、管理寓言或管理实验，12个阅读案例；配备了思维导图以提升视觉效果，方便读者进行系统的知识与能力体系梳理，并增加了大量图表以提高学生的阅读兴趣。

第二版发行后，得到了广大高职院校的认可与支持。经过两年的教学与研究实践，编写团队再次修订，重点对与每个学习任务匹配的中国传统管理名言进行了优化和调整，删除了部分衔接度欠缺或重复的名言，选用了衔接度更高的名言，并在微信公众号"通用管理能力培养"中对管理名言从释义、启示、与管理理论的融合等进行了详细分析，以帮助教师教学和读者自主学习。同时对第二版进行了勘误以及部分案例及内容的更新。

本书第三版由深圳职业技术学院胡延华教授主审并作序，广东开放大学（广东理工职业学院）经济管理学院肖祥伟担任主编，广东开放大学（广东理工职业学院）经济管理学院王丽琴、广州市荔枝青年成长促进会（广州科技贸易职业学院）张玉玲、广东开放大学（广东理工职业学院）王荣担任副主编。

本书第四版由广东开放大学(广东理工职业学院)经济管理学院肖祥伟担任主编,广东开放大学(广东理工职业学院)经济管理学院王丽琴、全国劳动模范、中山市首席质量官协会总工程师方敬丰,广东微校信息科技有限公司顾问张丽萍,广州市荔枝青年促进会会长、广州科技贸易职业学院张玉玲担任副主编。具体分工如下:肖祥伟、王丽琴负责全书案例、图表等内容的修订与更新;方敬丰、张丽萍、张玉玲负责课程思政、生命成长智慧等内容的搜集与整理。本书最后由肖祥伟总纂定稿。特别感谢广东微校信息科技有限公司总经理谭义梅、阿里云计算有限公司业务发展专家黎国业、杭州天猫校园技术服务有限公司徐永为本书修订提供了大量素材和宝贵的建议。

在编写过程中,编者参阅了大量的相关著作、书籍、案例资料、视频资料以及国内外研究成果,谨在此向各作者、译者、出版社等表示诚挚的谢意和由衷的敬意。本书大部分成果均为经实践证明有效的研究成果,编者只是起到了编撰的作用,采用的参考资料有些进行了注释,有些由于积累时间太长,无法一一列举,在此深表歉意,也是作者研究资历过浅所致,还望各位前辈海涵。

在编写本书时,我们将中华优秀传统文化和管理学知识相结合,贯彻落实了党的二十大"增强中华文明传播力影响力。坚守中华文化立场,提炼展示中华文明的精神标识和文化精髓,加快构建中国话语和中国叙事体系,讲好中国故事、传播中国声音,展示可信、可爱、可敬的中国形象"的精神。编写《管理基础与实务》此书,为培养通用管理能力体系建设添砖加瓦,我们是认真的。如果课程就是生命,那教材就是身体里流淌的血液,出一本教材可以冲动,但是坚持修炼、改革,拿出一本好教材则需要持之以恒的精神,我们一直在路上。读者在使用过程中有任何问题和建议,请告诉我们,我们一定会继续完善。

肖祥伟
2023 年 6 月 24 日于中山五桂山

目 录

模块一　管理基础认知——工欲善其事，必先利其器　001
任务一　企业管理认知——认识企管，扬帆启航　001
任务二　西方管理导读——他山之石，可以攻玉　018
任务三　中国管理概览——引经据典，道法自然　038
任务四　管理环境分析——知己知彼，百战不殆　045
任务五　管理问题导向——直面问题，理清思路　055

模块二　自我管理能力——正人先正己，安己以安人　068
任务一　自我认知能力——知人者智，自知者明　068
任务二　职业规划能力——人无远虑，必有近忧　080
任务三　心理管理能力——舒张压力，调节情绪　088
任务四　时间管理能力——掌控时间，提高效能　100
任务五　连接沟通能力——融入团队，学会相处　112

模块三　任务完成能力——常为者常成，常行者常至　121
任务一　分析决策能力——集思广益，运筹帷幄　121
任务二　目标拟订能力——志存高远，有的放矢　150
任务三　计划制订能力——筹谋之道，周密为宝　160
任务四　计划执行能力——千里之行，始于足下　170
任务五　汇报控制能力——善始善终，掷地有声　191

模块四　团队协作能力——单兵必易折，众者则难摧　204
任务一　团队建设能力——同心协力，其利断金　204
任务二　组织设计能力——分工合作，聚合凝力　215
任务三　任务分配能力——落实任务，责任到位　236
任务四　职权配置能力——权责分明，张弛有度　241
任务五　指挥协调能力——现场指挥，有效协调　254

模块五　基层主管能力——顺民则政兴,逆民则政废

- 262　任务一　领导影响能力——有效领导,模范表率
- 282　任务二　指导教练能力——指导下属,提升能力
- 289　任务三　团队激励能力——赏罚分明,激发意愿
- 312　任务四　追踪反馈能力——及时追踪,有效反馈
- 320　任务五　评估考核能力——结果导向,考核得当

328　**主要参考文献**

资源导航

页码	说　明	页码	说　明
004	重点回顾答案	167	重点回顾答案
006	各专家对管理的定义	170	责任心不强的员工产生的浪费
008	管理的道德性	178	东成印刷公司的目标管理
011	重点回顾答案	189	重点回顾答案
013	经典案例答案	201	重点回顾答案
016	管理原理	210	如何设立团队目标
023	计划职能与执行职能	210	重点回顾答案
029	车间照明试验	234	重点回顾答案
029	电话继电器装配试验	238	委派工作任务的步骤
029	访谈计划试验	239	重点回顾答案
029	电话线圈装配工试验	241	经典案例答案
035	重点回顾答案	242	影响集权与分权的因素
036	经典案例答案	243	正确处理好直线与参谋职权关系
044	重点回顾答案	252	重点回顾答案
044	中国式管理的32个手段	253	制度分权与授权的区别
054	重点回顾答案	258	冲突与管理
057	哪些领域容易出问题	260	重点回顾答案
064	重点回顾答案	274	领导者能力评价与角色锻炼
077	重点回顾答案	278	重点回顾答案
087	重点回顾答案	283	培养、指导下属的正确观念
097	重点回顾答案	286	辅导反馈技巧
098	情绪智慧的五种能力	286	重点回顾答案
109	重点回顾答案	307	重点回顾答案
111	节省时间的方法	314	如何克服下属对工作追踪的抵触
118	重点回顾答案	317	信息反馈的类型
126	成功的备选方案具有哪些特征？	319	重点回顾答案
129	小驴之死	325	重点回顾答案
157	重点回顾答案		

模块一　管理基础认知
——工欲善其事，必先利其器

本模块主要从企业与管理基础认知的角度，帮助您对企业与管理基础知识、西方管理思想、中国传统管理智慧及管理环境分析、管理问题导向等方面有更加全面的认识，希望您通过阅读和训练，能熟悉企业管理基础知识、中西方管理理论，学会对企业管理中面对的环境进行分析，以及掌握发现问题、分析问题、解决问题的基本思路。

任务一　企业管理认知
——认识企管，扬帆启航

> ◇ **中国传统管理名言**
> 工欲善其事，必先利其器。——《论语·卫灵公》
> 大成若缺，其用不弊。大盈若冲，其用不穷。大直若屈，大巧若拙，大辩若讷。——《道德经》
> 以修身自强，则名配尧禹。——《荀子·修身》
> 夫争天下者，必先争人。明大数者得人，审小计者失人。——《管子》
> 君子之交淡如水，小人之交甘若醴。——《庄子·山木》

【学习情境一】

小王今年大学毕业，他想找几个人共同来创业并成立一个公司。首先要进行公司设立登记，但是他不知道应该申请设立什么样的公司，给公司取个什么样的名字，办理公司登记要办一些什么样的手续。为了给自己的公司鼓舞士气，应该给自己的团队拟订一个什么样的初步的口号呢？

【学习目标】

知识目标：理解企业、公司的内涵、分类；初步理解企业法律形式的选择；熟悉企业设立登记的程序。

能力目标：团队协作完成模拟公司的设立登记；办理公司设立登记的相关手续。

素质目标：学会自主学习、团队学习，培养创新精神、动手能力。

【学习任务】

1. 自由组合 6 至 10 人、男女搭配的团队,每个团队填写团队基本情况登记表,如表 1-1 所示;
2. 每个团队经过充分讨论形成团队名称、团队口号;确立团队组长、副组长各 1 名;
3. 每个团队成立一个模拟的有限责任公司,填写有限责任公司设立登记表格;
4. 初步确立本公司企业文化、组织结构。

表 1-1　　　　　　　　有限责任公司(团队)基本情况登记表

团队名称			
团队口号			
团队成员			
公司名称			
公司宗旨			
公司目标			
团队组长		副组长	
QQ		QQ	
联系电话		联系电话	
邮　箱		邮　箱	

注:团队名称建议从社会主义核心价值观中选择词语。

一、企业的概念与特征

(一) 企业的概念

企业是指从事生产、流通、服务等经济活动,为满足社会需要和获取盈利,依照法定程序成立,进行自主经营,独立享受民事权利和承担民事义务的营利性经济组织。依照我国法律规定,公司是指有限责任公司和股份有限公司,具有企业的所有属性。因此,凡公司均为企业,但企业未必都是公司。公司只是企业的一种组织形态。

(二) 企业的特征

(1) 职业或功能特征。企业是从事商品生产、流通或劳务开展经营活动的基本经济组织。

(2) 行为特征。企业是自主经营、自负盈亏的经济实体。

(3) 目标特征。企业是营利性组织。营利性是指经营利益,即为营利而经营,是一种具体的行为。

(4) 系统特征。企业是由人、财、物、时间、信息等要素组成的有机系统。

(5) 人格特征。企业是具有独立法律人格特征的经济实体。这表明企业是依法成立,具有民事权利能力和民事行为能力,但并不是所有的企业都具有法人资格。

说一说:
营利性和盈利性有何异同?

二、企业法律形式

根据企业财产组织形式的不同,可以把企业分为个人独资企业、合伙制企业、公司制企业、股份合作制企业。

(一) 个人独资企业

个人独资企业是独资制或称单一业主制的企业,是历史上最早出现的企业制度形式,是最传统、最简单的企业形式;个人独资企业只有一个产权所有者,企业财产即个人财产,并且在法律上为自然人企业;个人独资企业通常是业主直接经营,业主对经营有绝对权力,其享有全部经营所得,独立承担企业风险,对债务有完全清偿责任。

优点:规模较小,经营方式比较灵活,决策迅速及时,制约因素较少,业主能够独享利润,企业保密性强。

缺点:业主对企业的影响大,企业没有独立的生命。

个人独资企业至今仍普遍存在,而且在数量上占大多数,适用于零售商业、服务业、家庭农场、开业律师、个人诊所等。

(二) 合伙制企业

合伙制企业是出资创办人(即合伙人)为两人以上,基于合伙协议建立的共同经营,共负盈亏的企业;其企业财产仍为个人财产,法律上为自然人企业;企业的财产归合伙人共同所有,由合伙人统一管理和使用;合伙人都有表决权,不以出资额为限;合伙人经营积累的财产,归合伙人共同所有。合伙人对企业债务负无限连带清偿责任。合伙企业法规定,合伙人根据约定可以是普通合伙人,也可以是有限合伙人,但是至少有一个是承担无限连带责任的普通合伙人。

优点:扩大了资本来源和信用能力,提高了决策能力,增加了企业发展的可能性。

缺点:多头领导、易导致重大决策上的延误;合伙人有一人退出或加入都会引起企业的解散和重组,企业存续相对不稳定。企业规模仍存在局限。

合伙企业占全部企业的比重小,适合于资本规模较小,管理不复杂,轻资产、控制权稳定、知识型等个人信誉因素相当重要的企业。

(三) 公司制企业

公司制企业是依公司法组建,能够独立享有民事权利,承担民事责任的以营利为目的的经济组织。公司制企业是企业发展的高级形式。

公司制企业具有以下特征:❶公司是法人;❷公司股东最终财产所有权与法人财产权的分离;❸公司法人财产具有整体性、稳定性和连续性;❹公司实行有限责任制度。

我国目前公司的组织形式主要是有限责任公司、股份有限公司。

公司制企业的优点:❶资本社会化使众多分散的、数量有限的资产所有者通过股份企业的财产组合机制实现资本联合,进行规模化生产;❷有限责任解除了投资者的后顾之忧,鼓励和刺激了投资的欲望和积极性;❸资本所有者在一定条件下可以将自己拥有的股权转让出去,方便转移所有权;❹企业管理制度化、科学化,管理效率高,企业寿命长。

(四) 股份合作制企业

股份合作制企业是指依法发起设立的、企业资本以企业职工股份为主构成,职工股东共同出资、共同劳动、民主管理、共担风险，所有职工股东以其所持股份为限对企业承担责任，企业以全部资产承担责任的企业法人。

股份合作制企业既不同于股份制企业，也不同于合作制企业和合伙企业，它是以劳动合作为基础，吸收了一些股份制的做法，使劳动合作和资本合作有机结合，是我国合作经济的新发展，也是社会主义市场经济中集体经济发展的一种新的组织形式。

三、有限责任公司注册登记的流程和要素

（1）名称核准。直接在市级市场监督管理部门网站输入准备取的公司名称（或咨询相关管理部门），检索是否可以申请，如果不可以申请，系统会直接提示原因是什么；如果可以申请，就可以使用这个名称来注册。

（2）房屋租赁或提供公司地址证明。如果租房则要签订租房合同，并让房东提供房产证的复印件，并到相应的房屋租赁管理机构备案。

（3）准备公司章程。按网站要求填写资料，系统会根据填写的资料自动生成公司章程，如果网站没有的可自行下载样本、修改。

（4）开立公司验资账户。银行会发给每个股东缴款单、并在询征函上盖银行的章。（有些城市如深圳现在都是认缴注册资本的，不需要实缴注册资本，除非一些特殊行业，如保险代理公司等。）

（5）办理验资报告。拿着银行出具的股东缴款单、银行盖章后的询征函，以及公司章程、核名通知、房租合同、房产证复印件，到会计师事务所办理验资报告。

（6）市场监督管理局登记注册。直接在市场监督管理局网站申请，然后下载 PDF 表，法人、股东、董事、监事等进行数字证书签名后提交，一般是 3 个工作日左右审批下来。

（7）刻公司章。凭营业执照和刻章密码，到公安局指定的刻章社刻公章、财务章、发票章、法人私章等。

（8）办理营业执照。视不同区域办事流程按要求办理即可。营业执照是多证合一的，其中包括营业执照、税务登记证、组织机构代码证、社会保险登记证和统计登记证。

（9）开设基本账户。凭营业执照、红本房屋租赁合同，纳税须知，法人和财务人员的身份证原件、公司公章、财务章和法人私章，去银行开设公司基本账户。

> 【重点回顾】
> 1. 企业的特征有哪些？
> 2. 企业法律形式应如何选择？
> 3. 如何设立登记有限责任公司？

【学习情境二】

升任公司总裁后的思考

郭宁最近被所在的生产机电产品的公司聘为总裁。在准备接任这职位的前一天晚上，他回忆起自己在该公司工作二十多年的情况。

郭宁刚来到公司的时候，为了尽快适应新的环境，就经常思考应该如何认识企业中的管理、管理者，各管理者扮演的角色是什么，各管理者应具备什么样的技能，并暗暗为之努

力,希望能够尽快成为公司的重要一员。

  他在大学时学的是工业管理,大学毕业后就到该公司工作,最初担任液压装配单位的助理监督。他当时感到真不知道如何工作,因为他对液压装配所知甚少,在管理工作上也没有实际经验,他感到几乎每天都手忙脚乱。可是他非常认真好学,一方面仔细参阅该单位所订的工作手册,努力学习有关的技术知识;另一方面监督长也对他主动指点,使他渐渐摆脱了困境,胜任了工作。经过半年多时间的努力,他已有能力独担液压装配的监督长工作。可是,当时公司没有提升他为监督长,而是直接提升他为装配部经理,负责包括液压装配在内的四个装配单位的领导工作。

  在他当助理监督时,他主要关心的是每日的作业管理,技术性很强。而当他担任装配部经理时,他发现自己不能只关心当天的装配工作状况。他还得做出此后数周乃至数月的规划,还要完成许多报告和参加许多会议,他没有多少时间去从事他过去喜欢的技术工作。当上装配部经理不久,他就发现原有的装配工作手册已基本过时,因为公司已安装了许多新的设备,引入了一些新的技术。这令他花了整整一年时间去修订工作手册,使之切合实际。在修订手册过程中,他发现要让装配工作与整个公司的生产作业协调起来是需要有很多讲究的。他还主动到几个工厂去访问,学到了许多新的工作方法,他也把这些吸收进修订的工作手册中去。由于该公司的生产工艺频繁发生变化,工作手册也不得不经常修订,郭宁对此都完成得很出色。他工作了几年后,不但自己学会了这些工作,而且还学会如何把这些工作交给助手去做,教他们如何做好,这样,他可以腾出更多时间用于规划工作和帮助他的下属工作得更好,可以花更多的时间去参加会议、批阅报告和完成自己向上级的工作汇报。

  在他担任装配部经理6年之后,该公司负责规划工作的副总裁辞职应聘于其他公司,郭宁便主动申请担任这一职务。在同另外5名竞争者较量之后,郭宁被正式提升为规划工作副总裁。他自信拥有担任此一新职位的能力,但由于此高级职务工作的复杂性,仍使他在刚接任时碰到了不少麻烦。例如,他感到很难预测一年之后的产品需求情况。可是一个新工厂的开工,乃至一个新产品的投入生产,一般都需要在数年前做出准备。而且,在新的岗位上他还要不断处理市场营销、财务、人事、生产等部门之间的协调,这些他过去都不熟悉。他在新岗位上越来越感到:越是职位上升,越难于仅仅按标准的工作程序去进行工作。但是,他还是渐渐适应了,做出了成绩,以后又被提升为负责生产工作的副总裁,而这一职位通常是由该公司资历最深的、辈分最高的副总裁担任的。到了现在,郭宁又被提升为总裁。他知道,一个人当上公司最高主管职位之时,他应该自信自己有处理可能出现的任何情况的才能,但他也明白自己尚未达到这样的水平。因此,他不禁想到,自己明天就要上任了,今后数月的情况会是怎么样?他不免为此而担忧。

  (资料来源:黄梦藩,赵苹,王凤彬.管理概论[M].台北:台北五南图书出版有限公司,1995:52-54.)

【学习目标】

  知识目标:掌握管理的概念、特征;熟悉企业管理的概念;理解管理的性质;掌握管理的职能、管理者的分类、管理者的技能。

  能力目标:会根据模拟公司的组织结构,明确各自作为不同层次管理人员应具备的管理能力。

素质目标：学会团队思考与讨论；树立团队意识，培育团队精神；增强集体荣誉感；增强社会责任感。

【学习任务】

1. 分析郭宁担任助理监督、装配部经理、规划工作副总裁和总裁这四个职务，其管理职责及管理者技能各有何不同？能概括其变化的趋势吗？请结合基层、中层、高层管理者的职能进行分析。

2. 你认为郭宁要成功地胜任公司总裁的工作，哪些管理技能是最重要的？你觉得他具有这些技能吗？试加以分析。

3. 如果你是郭宁，你认为当上公司总裁后自己应该补上哪些欠缺，才能使公司取得更好的绩效？

四、管理的概念与特征

（一）管理的概念

管理活动自古即有，但什么是"管理"，从不同的角度出发，可以有不同的理解。所谓仁者见仁，智者见智。从字面上看，管理有"管辖""处理""管人""理事"等意，即对一定范围的人员及事务进行安排和处理。

本书编者比较赞同周三多对管理的定义：管理是指在特定的环境下，为实现预定目标而进行的计划、组织、领导、控制或合理组织和有效利用有限资源以达到既定目标的协调过程。

各专家对管理的定义

（二）企业管理的概念

企业管理，是指按照企业生产技术规律和经济规律的要求，对企业的生产经营活动进行计划、组织、领导和控制，以获取经济效益的一系列行为的总称。

（三）管理的特征

（1）管理的主体是管理者。

（2）管理的范围是特定的环境。即任何管理活动都必须界定在特定的环境或条件下进行。

（3）管理的目标即为了实现组织的目标。任何管理活动都必须确定一定的目标，不存在没有目标的管理，也不存在独立于组织目标以外的管理目标。

（4）管理的对象是组织所拥有的各种资源。管理就是要合理组织和有效利用有限的资源。

（5）管理的过程由一系列相互关联、连续进行的活动构成，可以粗分为计划、组织、领导、控制。

（6）管理的本质是协调，协调的中心是人。

五、管理的性质

（一）管理的二重性（学科属性）

1. 自然属性

管理的自然属性，是指管理与生产力、社会化大生产相联系的性质。社会化大生产要求合理组织生产力,这是任何社会制度下的管理共性。管理的自然属性一方面告诉我们,在管理工作中要善于处理好人与自然的关系,合理配置和有效利用有限的资源以实现最佳的管理效益;另一方面告诉我们,对发达国家、先进企业的优秀、成熟管理经验、管理理论、管理方法、管理思想要大胆地引进吸收。

2. 社会属性

管理的社会属性,是指管理与生产关系、社会制度相联系的性质。不同社会制度、不同历史阶段、不同社会文化,都会使管理呈现一定的差别,这就要求企业管理要维护生产关系。管理的社会属性一方面告诉我们,管理工作中在处理好人与自然的关系的基础上,还需要妥善维护人与人之间的关系,最大限度地调动被管理者的积极性、主动性、创造性;另一方面告诉我们,在学习和引进发达国家、先进企业的管理经验、管理理论、管理方法、管理思想的过程中,要批判地吸收、继承和发展,不能盲目崇拜、盲目照搬照抄。

综上所述,管理的二重性要求管理者必须明确管理是生产力和生产关系的辩证统一,是人与自然、人与人的和谐统一,如图1-1所示。

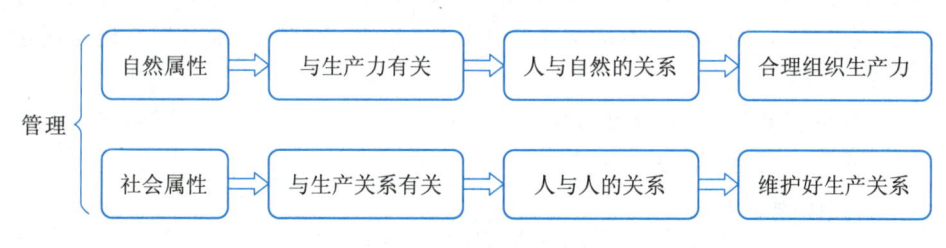

图1-1 管理的学科属性关系图

(二) 管理的科学性、艺术性与道德性(实践属性)

管理的科学性,是指管理是有理论、规律、方法、技术可循的。管理理论来自实践,又指导实践,有一套分析、解决问题的方法论。管理的科学性告诉我们,管理工作必须尊重客观规律,善于运用科学的管理理论、管理规律、管理方法、管理技术指导管理实践。

管理的艺术性,主要强调其实践性和灵活性,在管理活动中靠的是人格魅力、灵感与创新,不能像自然科学应用其定理和公式去指导自然科学实践那么"刻板",而是要求灵活多变地运用管理理论进行具体问题具体分析。管理的艺术性要求在管理实践中创造性地运用管理理论知识,管理理论与具体的实践活动相结合,实现巧妙的应变性、灵活的策略性、完美的协调性。

管理的道德性,是指管理者在管理实践中必须以一定的道德水准为前提,这种道德限度必须是以社会能够接受的范围为界。管理的道德性要求管理工作必须做到合情合理合法,凡事应坚守实现自身目标时不能损害他人利益的底线。

将管理工作做好,首先必须承认管理是一门科学。管理的科学性要求做到管理的标准化、统一化和制度化,而管理的艺术性则是追求管理方法中与众不同的地方,讲求的是个性化和差异化。管理面对的不是一次又一次可以设定完全相同条件的实验环境,而是时刻变化着的内外环境;不存在可以一次又一次重复验证的规律,并且要求管理者要尊重社会责任与企业利益的平衡,因而管理是科学性、艺术性和道德性的有机统一,如图1-2所示。

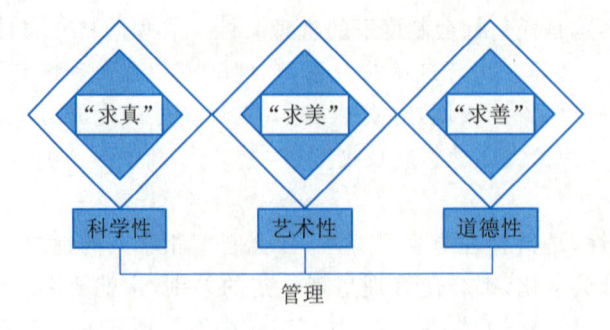

图 1-2 管理是科学性、艺术性和道德性的统一

六、管理的职能

(一) 计划职能

计划(planning)职能,是管理者对他们的工作目标和行动方案事先所进行的全面考虑,并且这种考虑是建立在对组织环境的全面分析基础上,根据一定的方法和逻辑分析制定出来的,而不是随意胡编,更不是靠预感得出的。计划为组织设定目标并建立起达到目标的最佳途径。

计划职能的任务,首先是研究组织活动条件;其次是为组织选定目标;然后是编制行动方案。其功能主要是解决做什么和怎么做的问题。

(二) 组织职能

组织(organizing)职能,是一个分配和安排组织成员之间的任务、权力和资源,以便他们能够开展工作实现组织目标的过程。要实现组织任务,首先需要管理者进行组织结构设计;其次是在组织设计的基础上配备人员;第三是组织运行及其组织变革。其功能主要是解决通过谁来做,做的过程中拥有什么样的权力、可以运用哪些资源。

(三) 领导职能

领导(leading)职能,包括通过沟通以指导、指挥、协调、影响和激励员工完成基本的任务。其功能主要在于充分调动员工的积极性、主动性、创造性,以使员工更好地完成工作任务、实现组织目标,解决如何做得更好的问题。

(四) 控制职能

控制(controlling)职能,是确保实际行动与计划相符合的过程,主要关键词是标准、检查、衡量、评价、反馈等。管理者必须确保组织成员的行为确实是在推动组织朝着它的既定

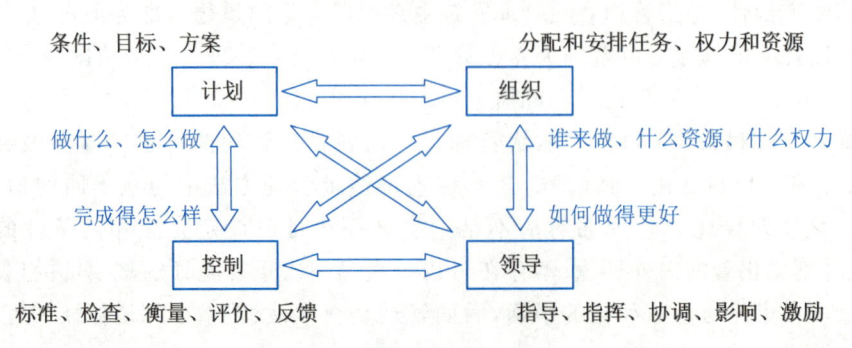

图 1-3 管理职能的相互关系

目标前进。管理的控制职能包含了建立绩效标准、衡量当前业绩、将当前业绩与给定标准相比较、在发现偏差时采取正确行动等工作。其功能主要是监督检查工作完成得怎么样。

从逻辑顺序看,管理的四项基本职能有计划、组织、领导、控制及先后之分,但在管理实践中它们之间更常见的是相互交融,彼此促进,其可理解为如图1-3所示的关系。

> 【小思考】
> (1) 不同业务领域在管理职能上是否完全相同?
> (2) 不同组织层次在管理职能重点上存在怎样的差别?
> (3) 对管理职能的认识应该如何顺应时代变化而不断发展?

七、管理者的概念及其分类

管理者是指那些在组织中行使管理职能、指挥或协调他人完成具体任务的人。

(一) 按其所处的管理层次区分为高层管理者、中层管理者和基层管理者

1. 高层管理者

高层管理者是指负责组织的全面管理,为组织运行制定各种政策,并处理组织与环境的相互关系的管理者,如董事长、总裁、总经理。高层管理者最重要的角色是决策者,确定公司经营的大政方针、发展方向和规划,掌握政策,制订公司规章制度以及进行重要的人事组织及其变动等。也就是说,凡属关系到公司全局、长远发展的重大问题,凡是与外部协作和市场竞争有关的重大问题,均由高层管理者处理决定。他们需要面向更长期的未来考虑问题,需要关心一般环境的发展趋势和组织总体的成功。高层管理者必须培育、了解和运用每个员工的独特知识、技能和能力,同时,建立一套合理的薪酬和奖罚系统,从而用科学有效的方法帮助公司及企业快速实现任务和目标。

2. 中层管理者

中层管理者是指居于中间层次的管理者,他们负责管理比他们级别低的管理人员,有时也管理某些员工,同时接受更高层次的管理者的管理,如地区经理、部门经理、团队主管。作为中间层次的中层管理者是组织的中坚力量,承担着企业决策、战略的执行及基层管理与决策层的管理沟通的任务。中层管理者是企业战略的执行者,企业战术决策的制定者,是高层管理者和基层管理者之间进行沟通的桥梁。

3. 基层管理者或一线管理者

基层管理者或一线管理者是指那些仅负责指挥一线操作者却不能指挥其他管理者的管理者,如监督者、业务经理、领班。基层管理者的主要职责,是传达上级计划、指示,直接分配每一个成员的生产任务或工作任务,随时协调下属的活动,控制工作进度,解答下属提出的问题,反映下属的要求。基层管理者工作的好坏,直接关系到组织计划能否落实,目标能否实现,所以,基层管理者在组织中有着十分重要的作用。对基层管理者的技术操作能力要求较高,但并不要求其拥有很强的统筹全局的能力。

上述分工如图1-4所示。

(二) 按其所从事管理工作的领域及专业性质区分为综合管理者和职能管理者或专业管理者

综合管理者,是指管理一个综合性的单位的管理者,负责该单位的所有管理活动的管

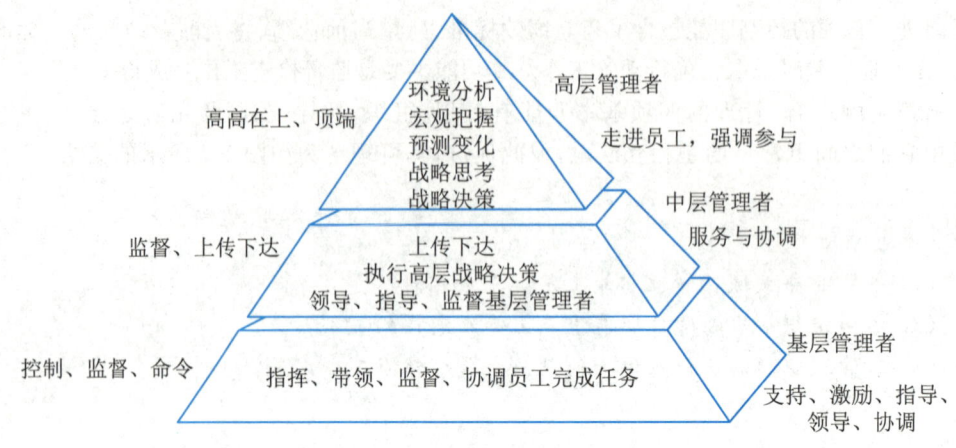

```
                    环境分析        高层管理者
       高高在上、顶端  宏观把握
                    预测变化        走进员工，强调参与
                    战略思考
                    战略决策
                                              中层管理者
                        上传下达              服务与协调
         监督、上传下达  执行高层战略决策
                    领导、指导、监督基层管理者
                                              基层管理者
       控制、监督、命令  指挥、带领、监督、协调员工完成任务  支持、激励、指导、
                                              领导、协调
```

图 1-4 不同层次管理者的职责分工

理者。职能管理者，是指负责某一项职能活动管理的管理者。

根据职能管理者所管理的专业领域性质的不同，可以具体划分为生产部门管理者、营销部门管理者、人力资源部门管理者、财务部门管理者以及研究开发部门管理者等。

八、管理者的技能

（一）技术技能

技术技能，是指管理者必须通过以往经验的积累，及新学到的知识、方法和新的专门技术，掌握必要的管理知识、方法、专业技术知识、计算工具等，胜任特定任务的管理要求，善于把专业技术应用到管理中去。这是管理和领导现代化企业所必须具备的技术能力。即要求管理者要有"一技之长"，要"才重一技""不熟不做"。

（二）人际技能

人际技能，是指管理者必须具有善于与人共事并对部属实行有效领导的能力，确定和协调各方面关系的能力；善于把行为科学应用到管理中去，如对职工的激励方法和需要的了解，能帮助别人，为他人做出榜样，善于动员群众的力量，为实现组织目标而努力工作。一般认为这种技能比聪明才智、决策能力、工作能力和计算技术等更为重要。

（三）概念技能

概念技能，是指综观全局，认清为什么要做某事的能力，也就是洞察企业与环境相互影响之间复杂性的能力，要求管理者具有宏观的视野、整体的考虑、系统的思考和把握大局的能力。具体包括：理解事物的相互关联性从而找出关键影响因素的能力；权衡不同方案优劣和内在风险的能力，等等。一位优秀的管理者必须了解国内外政治、经济、社会、文化发展变化的现状与趋势，从组织之中超脱出来，将组织视为大环境的一个有机组成部分，进而建构愿景、发展战略，以保证组织的永续生存和发展。

作为当代青年学生，应情系国家，树立精忠报国的爱国情怀，自觉融入坚持和发展中国特色社会主义事业，建设富强民主文明和谐美丽的社会主义现代化强国，实现中华民族伟大复兴的奋斗中。"不识庐山真面目，只缘身在此山中""欲穷千里目，更上一层楼"、高瞻远瞩、高屋建瓴、深谋远虑、深思熟虑等经典诗词和成语都是指概念技能的重要性。

技术技能指的是管理者要"懂行"，人际技能指的是管理者要"懂人"，概念技能则要求管理者要"懂世"。

【小资料】

不同层次管理者所需技能比重差异

管理者职位高低的不同,对以上三种技能的学习和掌握的要求也不同,如图 1-5 所示。

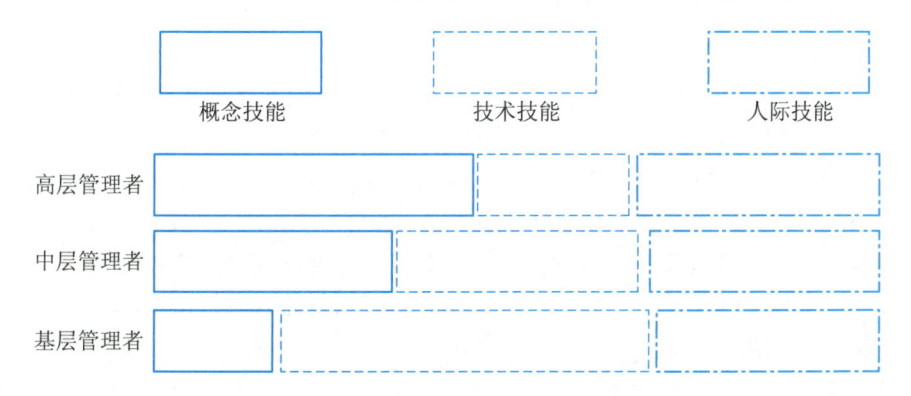

图 1-5　不同层次管理者所需技能比重差异

【重点回顾】

1. 管理的基本职能有哪些?它们之间的关系如何?
2. 学习和掌握管理二重性的重要意义。
3. 管理者应具备哪三大技能?
4. 如何理解管理的科学性、艺术性、道德性?

重点回顾答案

【知识测试】

一、单项选择题

1. 企业是指从事生产、流通、服务等经济活动,为满足社会需要和获取盈利,依照法定程序成立,进行自主经营,独立享受民事权利和承担民事义务的营利性的是(　　)。
   A. 社会组织　　　B. 法人组织　　　C. 经济组织　　　D. 事业组织

2. 管理的四大职能包括(　　)。
   A. 计划、组织、领导、控制　　　B. 计划、组织、指挥、控制
   C. 计划、组织、协调、控制　　　D. 计划、决策、指挥、控制

3. 越是处于高层的管理者,其对于概念技能、技术技能、人际技能的需要,就越是按(　　)顺序排列。
   A. 概念技能、技术技能、人际技能　　　B. 技术技能、概念技能、人际技能
   C. 概念技能、人际技能、技术技能　　　D. 人际技能、技术技能、概念技能

4. 对于基层管理者而言,最重要的是(　　)。
   A. 技术技能　　　B. 人际技能　　　C. 概念技能　　　D. 管理技能

5. 管理的两重性是指管理的(　　)。
   A. 科学性和艺术性　　　B. 一般性和特殊性

C. 自然属性和社会属性　　　　　　　　D. 科学性和实践性

6. 三川旅行公司刘总经理在总体市场不景气的情况下,以独特的眼光发现了惊险性旅游项目与40—45岁男性消费者两者间的相关性,在此基础上设计了具有针对性的旅游路线和项目,并进行了前期宣传。因为涉及与交通管理、保险、环保等部门的协调,新项目得到正式批准的时间比预期晚了整整一年,由此丧失了大量的市场机会。下列(　　)的说法最能概括刘总的管理技能状况。

A. 技术技能、人际技能、概念技能都弱　　B. 技术技能、人际技能、概念技能都强
C. 技术技能和人际技能强,但概念技能弱　　D. 技术技能和概念技能强但人际技能弱

7. 管理的各项职能分别通过目标的制定和行动的确定,组织结构的设计和人员的配备,领导者和被领导者的关系,偏差的识别和纠正,依次表现出来的是(　　)。

A. 计划、组织、控制、领导　　　　　　B. 计划、组织、领导、控制
C. 控制、计划、组织、领导　　　　　　D. 计划、领导、控制、组织

二、多项选择题

1. 我国目前公司的组织形式主要有(　　)。

A. 有限责任公司　　B. 无限公司　　C. 股份有限公司　　D. 股份两合公司
E. 合伙公司

2. 公司名称一般由(　　)组成。

A. 地名　　　　B. 商号　　　　C. 行业　　　　D. 公司性质
E. 市名

3. 企业与公司的说法正确的有(　　)。

A. 企业一定是公司,但公司不一定是企业
B. 公司一定是企业,但企业不一定是公司
C. 公司是企业的一种特殊表现形式,是指具备法人资格的企业,不具备法人资格的企业不能称为公司
D. 公司是依公司法组建,能够独立享有民事权利,承担民事责任的以营利为目的的经济组织
E. 公司是依公司法组建,能够独立享有民事权利,承担民事责任的以盈利为目的的经济组织

4. 关于企业的特征的说法正确的有(　　)。

A. 企业是从事商品生产、流通或劳务,开展经营活动的基本经济组织
B. 企业是自主经营、自负盈亏的营利性组织
C. 企业是由人、财、物、时间、信息等要素组成的有机系统
D. 企业是自主经营、自负盈亏的盈利性组织
E. 凡是企业都应该具备独立的法人资格

5. 下列关于管理的二重性说法正确的有(　　)。

A. 管理的二重性是指自然属性和社会属性
B. 学习管理的二重性说明管理工作要实现人与自然、人与人的和谐统一
C. 全面地引进吸收国外成熟管理经验、管理方法
D. 明确管理是生产力和生产关系的辩证统一
E. 要批判性地吸收国内外成熟的管理经验、管理方法

【经典案例】

忙碌的生产部长

金星公司是南部一家专门生产住宅建筑上用的特殊制品的合资企业。王雷是该厂的生产部长,他的直接上级是公司总经理。张立是装配车间的主任,归王雷领导。张立手下有7名工人负责装配住房中的各种用锁。

夏季的一天上午,公司总经理打来电话对王雷说:"我们收到好几次客户投诉,说我们的锁装配得不好。"王雷很快对此事做了调查,然后来到总经理办公室,向总经理汇报说:"我可以放心地跟您说,对那些蹩脚的锁的装配,不是我的责任。那是装配车间主任张立的失职,他没有去检查手下的工人是否按正确的装配程序工作。"

王雷同时向总经理汇报了他在这个星期所做的几件重要工作:❶对工厂的下半年生产进度与人员使用作了初步安排;❷在装卸码头指导搬运工人们使用一台新买的起重机;❸对一位求职者进行面试,填补厂里质量管理职位的空缺;❹包装生产线上一位操作工去看病,他顶班在生产线上干了大半天;❺将生产系统中有关人员间的关系作了一点调整,让工程师们以后直接向工厂的总监汇报工作,不必再通过总工程师;❻与总会计师一起查阅报表,检查厂里上半年的经费开支和生产情况。

从总经理那里汇报回来,王雷抓紧时间办妥了几件事:一是与工会处理了一桩劳资纠纷;二是向厂里的基层管理人员解释了在工伤赔偿政策上打算作哪些改动;三是同销售部经理讨论了产品的更新换代问题;四是打电话给一家供应厂商,告诉他们有一台关键的加工机器坏了,无法修理,请他们速来换一台;五是还考虑了如何改进厂里的制造工艺。待办完这些事,他一看表才知早已过了下班的时间。

1. 王雷和张立分别是这家企业(　　)的管理人员。
   A. 高层和中层　　B. 中层和基层　　C. 高层和基层　　D. 都是中层

2. 关于锁装配不善问题,公司总经理应该首先责成谁负起最终责任,这依据的是什么原则(　　)。
   A. 装配车间主任,监督职责明确原则　　B. 装配车间的工人们,执行职责明确原则
   C. 生产部长,责任的不可下授原则　　D. 依据责权对等原则,没人该对此负责

3. 王雷向总经理汇报说他这星期做了几件重要的工作,请在下列空格里依次写下这些工作所体现的活动或职能性质:
   ① _____　　② _____　　③ _____
   ④ _____　　⑤ _____　　⑥ _____

4. 打电话请供应厂商来换一台同目前用坏的机器一样的设备,这是设备简单替换问题,需要的管理技能主要是(　　)。
   A. 概念技能和技术技能　　B. 人际技能和技术技能
   C. 技术技能　　D. 人际技能和概念技能

5. 劳资纠纷的处理和工伤赔偿政策的解释都共同需要(　　)管理技能。
   A. 人际技能　　B. 技术技能
   C. 概念技能　　D. 根本不需要管理方面的技能

6. 产品更新换代和制造工艺改进对管理工作的职能和技能而言,(　　)。
   A. 它们都是技术方面的问题,与管理工作无关
   B. 它们都涉及管理中的决策职能,所以只要具备概念技能就可做好该类工作

C. 它们是纯粹技术领域内的业务决策，做好该项决策需要有一定的管理技能，但主要受限于技术技能方面

D. 技术领域的决策是一项富有挑战性的管理工作，要求同时具备概念技能和技术技能，甚至有时还需要人际技能

(资料来源：王凤彬，李东.管理学[M].2版.北京：中国人民大学出版社，2001：38-41.)

【能力测试】

管理者技能测试

请阅读下列各题，并把每道题与您最符合的情形选项在对应表格处打"√"。

1. 当我需要做许多工作或作业时，我先设定重点，并按照截止日期进行组织。
2. 多数人认为我是一个优秀的倾听者。
3. 当我为自己决定行动方案时（如追求的爱好、要学习的语言、要从事的工作、想要参与的项目等），我一般都会考虑做出这种选择之后的长期(1年以上)影响。
4. 与包括文学、心理学或社会学的课程相比，我更喜欢包括技术或定量的课程。
5. 当我与其他人存在分歧时，我坚持与他人交流，直到完全克服为止。
6. 当我完成一个项目或任务时，我考虑的是细节，而不是问题的概况。
7. 与和其他人一起度过许多时间进行比较，我更愿意一个人坐在计算机前面。
8. 我努力把他人纳入活动中或在谈论问题时，邀请其他人参与。
9. 当我选择一门课程时，我会把刚学到的知识与以前学过的课程或概念联系起来。
10. 当有人犯错误时，我会去纠正，并让他知道正确的答案或方法。
11. 我认为，在与他人谈话时，讲究效率比较好，而不是考虑他人的需求，便能解决自己的实际问题。
12. 我制定自己的长期职业远景、家庭远景和其他活动远景，并已经认真考虑过。
13. 当解决问题时，我更喜欢分析一些数据或统计资料，而不愿意与许多人一起讨论。
14. 当我为一个集体项目工作时，有人并不竭尽全力，我很可能向朋友抱怨，而不是去面对这个懒鬼。
15. 与他人讨论思想或概念可以使我感到兴奋。
16. 本书所使用的管理活动类型简直是在浪费时间。
17. 我认为，礼貌待人，不伤害他人的感情为好。
18. 我对数据和事情要比他人更感兴趣。

题 号	A 我总是这样	B 我常常这样	C 我有时这样	D 我很少这样	E 我从不这样
1					
2					
3					
4					
5					
6					
7					
8					

续 表

题 号	A 我总是这样	B 我常常这样	C 我有时这样	D 我很少这样	E 我从不这样
9					
10					
11					
12					
13					
14					
15					
16					
17					
18					

请对照以下分数进行打分。

题号	A	B	C	D	E
1	5	4	3	2	1
2	5	4	3	2	1
3	5	4	3	2	1
4	5	4	3	2	1
5	5	4	3	2	1
6	1	2	3	4	5
7	5	4	3	2	1
8	5	4	3	2	1
9	5	4	3	2	1
10	1	2	3	4	5
11	5	4	3	2	1
12	5	4	3	2	1
13	5	4	3	2	1
14	1	2	3	4	5
15	5	4	3	2	1
16	5	4	3	2	1
17	1	2	3	4	5
18	5	4	3	2	1

汇总不同技能的测试得分。

概念技能得分	1	3	6	9	12	15	合计

人际技能得分	2	5	8	10	14	17	合计

技术技能得分	4	7	11	13	16	18	合计

上述技能表明要成为一名好的管理者必须具有的三种基本能力。比较理想的情况是,管理者在上述三种技能方面都具有强大的优势(虽然在每种技能方面的优势不必相等)。缺乏任何一类技能的人都应采取行动,逐渐提高这种技能。同时,根据你三种技能的得分比例判断你更倾向于哪个层次的管理者。

【团队练习】

每个团队由 3~4 人自由组合而成,并指定一个主发言人,根据所给具体情况按要求进行练习。

你和你的伙伴决定在学校里开一家饮料小食店,主要提供各种果汁、汽水、奶茶、小食等,营业时间为早 8:00 至晚 24:00。在饮料小食店的初始投入中,你们每人投资 2 000 元,同时向银行贷款 5 万元。除了在餐饮店做过服务生和常喝饮料外,你和你的伙伴没有一点餐饮店管理方面的经验。现在,你们面临着如何管理这家饮料小食店以及分配各自的管理角色的任务。

请每个团队决定你们各自在饮料小食店中的管理角色。例如,你们分别负责哪些必要的部门和特定的活动?你们的管理层级如何设置?为了成功地经营该饮料小食店需要建立什么样竞争优势?你们将采用什么样的标准来衡量自己对饮料小食店的管理是否成功?

【生命成长智慧】

道 生 一

关于企业的认知和管理的认知,都是高度抽象化和概括的概念性、认知性、理念性的内容。可以结合《道德经》第 4 章进行理解和把握。

道是中华传统文化中的核心理念,《道德经》有云:"道生一,一生二,二生三,三生万物。"

简单地用太阳来说明,太阳是道的组成部分,万物生长离不开太阳,在此把道称之为太阳。太阳发射出来的光就是那个"一"。当太阳的光照射出来后,就有了白天和黑夜、亮和暗、热和冷等。阳光是一,照射到的区域与照射不到的区域就分成了二。由于阳光照得到的区域,与照不到的区域,以及照射的角度不同,产生温度的不一样,因此有了温差,温差形成气流。产生气流后,万物皆动,这叫二生三。温差和气流的变化产生了四季,经过五运六气所感,形成万物的基础条件,叫作三生万物。

无论是个人、企业还是组织,管理都要遵循基本的规律,这个规律就是"道",就是"一"。道生一,是看不见的,是内在产生的,下面以具体的应用来说明"一"是什么。

第一,"一"是达成一致。人与人之间的合作与关系,需要有共同点,彼此形成共识。如果把自己想的当作对别人的要求,就忽略了"一",就有冲突而不和谐。如果几个人一起合作做项目,首先,需要一个达成一致的共同目标。目标不一致,就像一盘散沙,做不成事情。有了一致的目标,就有可能找到合适的切入点和对应点。

第二,"一"是基础条件。在做事的时候,不仅人与人之间要达成一致,人与事物都需要达成一致,那就是基础条件。农民要种庄稼,土地、土壤、种子、肥料都要准备好,这是基础条件,这些条件缺一不可。这也是人与事物共同发力的条件,条件不充分就要去创造条件,创造条件就是生成"一"的过程。

第三,"是一不是二"。在平常做事的过程中,如果能够做到"是一不是二",即做这一件事,不仅仅是为了这件事,为的是那个"一",生命就有了力量,干什么都会顺利。

因此,无论是企业经营管理还是每个人的生命成长都要顺道而为,活出"一"的状态,是每个人学习和努力的方向。

【任务思维导图】

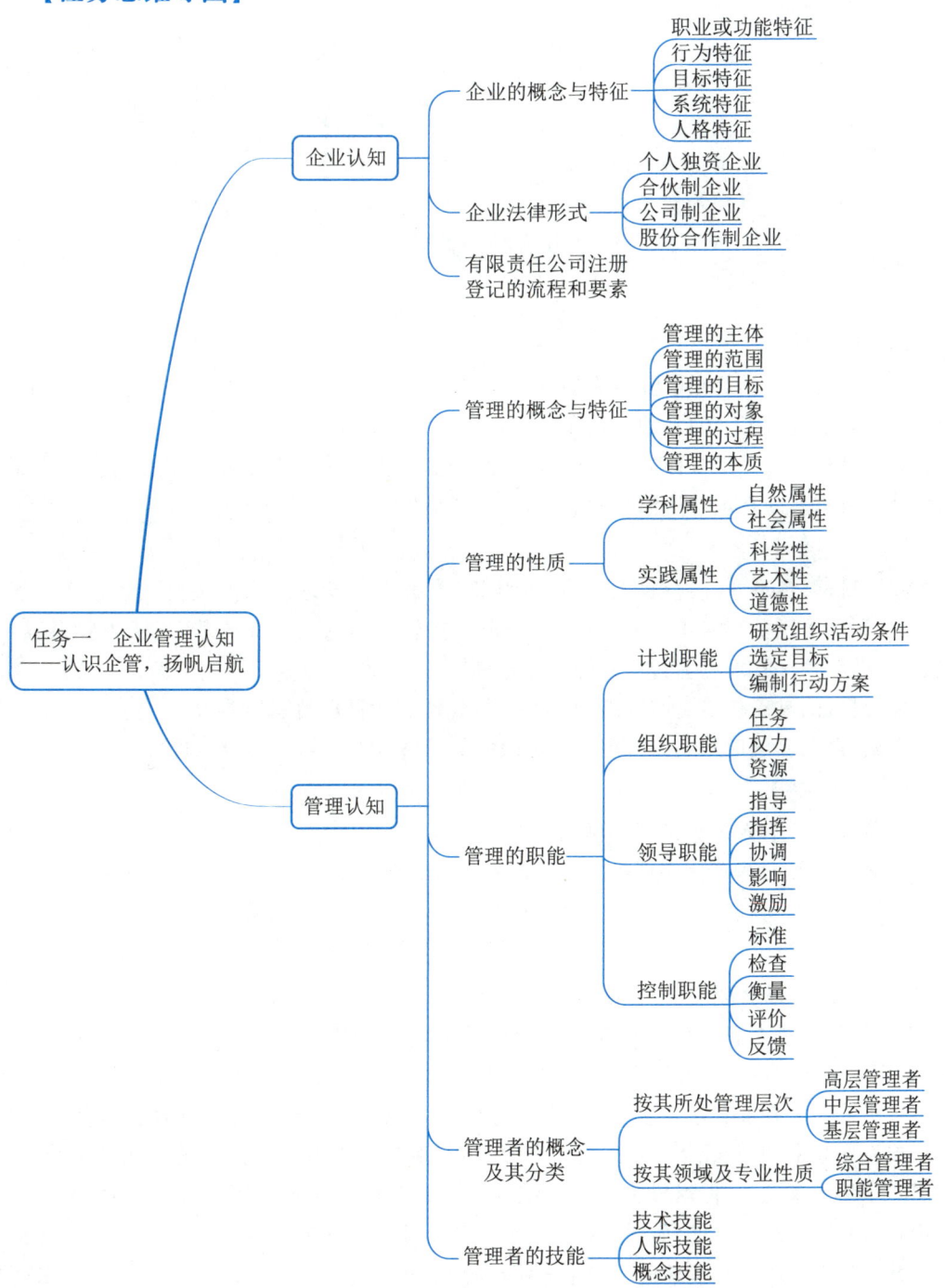

```
任务一  企业管理认知
——认识企管,扬帆启航
├── 企业认知
│   ├── 企业的概念与特征
│   │   ├── 职业或功能特征
│   │   ├── 行为特征
│   │   ├── 目标特征
│   │   ├── 系统特征
│   │   └── 人格特征
│   ├── 企业法律形式
│   │   ├── 个人独资企业
│   │   ├── 合伙制企业
│   │   ├── 公司制企业
│   │   └── 股份合作制企业
│   └── 有限责任公司注册登记的流程和要素
└── 管理认知
    ├── 管理的概念与特征
    │   ├── 管理的主体
    │   ├── 管理的范围
    │   ├── 管理的目标
    │   ├── 管理的对象
    │   ├── 管理的过程
    │   └── 管理的本质
    ├── 管理的性质
    │   ├── 学科属性
    │   │   ├── 自然属性
    │   │   └── 社会属性
    │   └── 实践属性
    │       ├── 科学性
    │       ├── 艺术性
    │       └── 道德性
    ├── 管理的职能
    │   ├── 计划职能
    │   │   ├── 研究组织活动条件
    │   │   ├── 选定目标
    │   │   └── 编制行动方案
    │   ├── 组织职能
    │   │   ├── 任务
    │   │   ├── 权力
    │   │   └── 资源
    │   ├── 领导职能
    │   │   ├── 指导
    │   │   ├── 指挥
    │   │   ├── 协调
    │   │   ├── 影响
    │   │   └── 激励
    │   └── 控制职能
    │       ├── 标准
    │       ├── 检查
    │       ├── 衡量
    │       ├── 评价
    │       └── 反馈
    ├── 管理者的概念及其分类
    │   ├── 按其所处管理层次
    │   │   ├── 高层管理者
    │   │   ├── 中层管理者
    │   │   └── 基层管理者
    │   └── 按其领域及专业性质
    │       ├── 综合管理者
    │       └── 职能管理者
    └── 管理者的技能
        ├── 技术技能
        ├── 人际技能
        └── 概念技能
```

任务二　西方管理导读
——他山之石，可以攻玉

> ◇ **中国传统管理名言**
>
> 玉不琢，不成器；人不学，不知道。是故古之王者建国君民，教学为先。——《礼记·学记》
>
> 学问之道无他，求其放心而已矣。——《孟子·告子章句上》
>
> 务下学而上达，毋舍近而趋远。——《增广贤文》
>
> 博学而笃志，切问而近思，仁在其中矣。——《论语·子张》
>
> 君子曰：学不可以已矣。——《荀子·劝学》

【学习情境】

小林想系统地学习和掌握经典的管理思想、管理理论，但是不知该从何处下手。小林听说我国管理教科书中的管理理论多数都是从西方引进的，那西方管理思想的形成、管理理论的演进过程又是什么样的呢？西方管理思想、管理理论中有哪些典型的代表人物、代表作品以及重要的管理理论值得我们去学习、去借鉴呢？

【学习目标】

知识目标：熟悉西方管理思想发展的脉络；掌握古典管理理论的主要代表人物、代表作、主要管理思想及其内在逻辑联系；理解现当代管理理论的主要流派、代表人物及其主要思想；理解现代管理思想新发展的主要趋势。

能力目标：具有初步应用管理理论分析与处理实际管理问题的能力。

素质目标：养成应用经典管理理论解决实际管理问题的习惯、思维、理念。

【学习任务】

1. 描绘西方管理思想发展的脉络。
2. 通过阅读分析现代管理思想新发展的主要趋势。
3. 阐述对自身模拟公司管理思路的构想，并确立模拟公司的管理理念。

一、管理思想的形成与发展阶段

管理思想，是人们在社会实践中对管理活动的思考所形成的观点、想法和见解的总称，是实际存在的有关管理活动及其职能、目的和范围的知识的主体。它是人们对管理实践中种种社会关系及其矛盾活动自觉的和系统的反映。管理思想是在管理实践基础上逐渐形成发展起来的，它经历了从思想萌芽、思想形成到不断系统与深化的发展过程。管理的思想虽然由来已久，但形成为一套系统理论并作为一门学科的历史却是短暂的。一般来说，管理学形成之前可分成两个阶段：早期管理实践与管理思想阶段（从有了人类集体劳动开始到18世纪）和管理理论产生的萌芽阶段（从18世纪到19世纪末）。19世纪末到20世纪初出现的古典管理理论标志着管理学的诞生。此后，管理学经过百年发展，已成为学派纷呈、主张林立的学科了。管理学形成后又分为三个阶段：古典管理理论阶段（20世纪初到20世纪30年代行为科学学派出现前）、现代管理理论阶段（20世纪30年代到20世纪80年代，主要指行为科学学派及管理理论丛林阶段）和当代管理理论阶段（20世纪80年代至今）。西方管理思想萌芽于文艺复兴时期，得益于西方资本主义制度在整个世界的确立，形成于19世纪末20世纪初，发展于20世纪30年代，成熟于第二次世界大战以后，即20世纪70年代末80年代初，完善于20世纪80年代，新发展于20世纪90年代至今。

（一）早期管理实践与管理思想阶段

从人类社会产生到18世纪，人类为了谋求生存，自觉不自觉地进行着管理活动和管理的实践，其范围是极其广泛的，但是人们仅是凭经验去管理，尚未对经验进行科学的抽象和概括，没有形成科学的管理理论。早期的一些著名的管理实践和管理思想大都散见于埃及、中国、希腊、罗马和意大利等国的史籍和许多宗教文献之中。

（二）管理理论产生的萌芽阶段

18世纪到19世纪的工业革命，使以机器为主的现代意义上的工厂成为现实，工厂以及公司的管理越来越突出，管理方面的问题越来越多地被涉及，管理学开始逐步形成。这个时期的代表人物有亚当·斯密（Adam Smith）、大卫·李嘉图（David Ricardo）等。

（1）亚当·斯密。亚当·斯密是英国资产阶级古典政治经济学派创始人之一，在其代表作《国民财富的性质和原因的研究》（即《国富论》）一书中，他系统地阐述了劳动分工观点和"经济人"观点。劳动分工观点认为，分工是增进劳动生产力的主要因素。原因是：❶分工节约了由于工作的经常变动而损失的时间；❷重复同一作业可以使工人的技能得以提高；❸由于分工，使作业单纯化，这有利于工具和机械的改进。"经济人"观点认为，经济现象是由具有利己主义的人们的活动产生的，人们在经济活动中追求个人利益，社会上每个人的利益总是受到他人利益的制约。每个人都需要兼顾到他人的利益，由此而产生共同利益，进而形成总的社会利益。所以，社会利益正是以个人利益为立脚点的。这种观点后来成为整个资本主义管理理论的基础。

（2）大卫·李嘉图。大卫·李嘉图是英国资产阶级金融家，古典政治经济学的杰出代表者和完成者，1817年李嘉图的《政治经济学及赋税原理》一书的出版在资产阶级经济学界产生了深远的影响。大卫·李嘉图继承和发展了亚当·斯密创立的劳动价值理论，并以此作为建立比较优势理论的理论基础。在分析论述比较优势理论中，大卫·李嘉图赋予劳动以重要的地位。在大卫·李嘉图看来，在商品的交换价值由生产中所耗费的劳动量决定的条件下，每个人都会致力于生产对自己说来劳动成本相对较低的商品。"两优择其甚，两劣权其轻"，是比较优势理论的基本原则。大卫·李嘉图的价值理论的核心是："商品的价值……取决于其生产所必需的相对劳动量。"大卫·李嘉图还在工资理论、利润理论、税收等方面有积极贡献。

（3）查尔斯·巴贝奇。在亚当·斯密对劳动分工进行分析的基础上，英国数学家查尔斯·巴贝奇（Charles Babbage）对工作方法和报酬制度进行了研究，他的主要贡献表现在：❶对工作方法的研究。他认为，一个体质较弱的人如果所使用的铲在形状、重量、大小等方面都比较适宜，那么他一定能胜过体质较强的人。因此，要提高工作效率，必须仔细研究工作方法。他提出了劳动分工、用科学方法有效地使用设备和原料等观点；❷对报酬制度的研究。他强调劳资协作，提出了固定工资加利润分享的分配制度以及以技术水平和劳动强度为依据的付酬制度。巴贝奇的管理思想和实践为古典管理理论的形成提供了重要的思想依据。可以说，巴贝奇是科学管理的先驱者。

(4) 罗伯特·欧文。 罗伯特·欧文(Robert Owen)是19世纪初英国著名的空想社会主义者，也是一名企业的管理改革家，他于1800—1828年担任英格兰新拉那克工厂的经理。任职期间，针对当时工厂制度下劳动条件和生活水平相对低下的情况下，他致力于改进工作条件、缩短工作日、提高工资、改善生活条件、发放抚恤金等，通过改善工人生活状况的同时并使工厂获得较高的利润，探索一种对工人和工厂所有者双方都有利的方法和制度。欧文的人事管理方面的理论和实践，对后来的行为科学理论，产生了很大的影响。

(三) 古典管理理论阶段

古典管理理论阶段是管理理论最初形成阶段，在这一阶段，侧重于从管理职能、组织方式等方面研究企业的效率问题，对人的心理因素考虑很少或根本不去考虑。其间，在美国、法国、德国分别活跃着具有奠基人地位的管理大师，即**科学管理之父泰罗(F. W. Taylor)、一般管理理论之父(或现代经营管理之父)法约尔(H. Fayol)，以及组织理论之父马克斯·韦伯(M. Weber)**。

泰罗重点研究在工厂管理中如何提高效率，提出了科学管理理论。泰罗科学管理的中心问题是提高劳动生产率，而科学管理的关键在于变原来的经验工作方法为科学工作方法。法约尔系统地对组织管理进行了研究，提出了管理过程的职能划分理论。他在其代表作《工业管理与一般管理》中阐述了管理职能的划分，认为管理的五大职能是计划、组织、指挥、协调和控制。马克斯·韦伯在管理思想方面的主要贡献是在其代表作《社会组织和经济组织理论》一书中提出了理想官僚组织体系理论，他认为建立一种高度结构化的、正式的、非人格化的理想的官僚组织体系是提高劳动生产率的最有效形式。上述三位及其他一些先驱者创立的古典管理理论被以后的许多管理学者研究和传播，并加以系统化。其中贡献较为突出的是英国的林德尔·厄威克(Lyndall F Urwick)与美国的卢瑟·古利克(Luther Gulick)，前者提出了他认为适用于一切组织的八条原则，后者概括提出了"POSDCORB"，即管理七项职能。

古典管理理论阶段的主要特点：❶都把组织中的人当作机器来看待，忽视"人"的因素及人的需要、行为，所以有人称此种管理思想下的组织实际上是"无人的组织"；❷都没有看到组织与外部的联系，关注的只是组织内部的问题，因此是一种"封闭系统"的管理时代。由于这些共同的局限性，20世纪初在西方建立起来的这三大管理理论，被统称为是古典管理思想。

(四) 现代管理理论阶段

现代管理理论阶段的理论主要指行为科学学派理论及管理理论丛林。行为科学学派主要研究个体行为、团体行为与组织行为，重视研究人的心理、行为等对高效率地实现组织目标的影响作用。行为科学的主要成果有**梅奥(G. E. Mayo)的人际关系理论、马斯洛(A. H. Maslow)的需要层次理论、弗雷德里克·赫茨伯格(F. Herzberg)的双因素理论、麦格雷戈(D. M. McGregor)的"X-Y理论"**等。

20世纪40年代到80年代，除了行为科学学派得到长足发展以外，许多管理学者都从各自不同的角度发表自己对管理学的见解。这其中主要的代表学派有：管理过程学派、管理科学学派(数理学派)、社会(协作)系统学派、决策理论学派、系统理论学派、经验主义学派、经理角色学派和权变理论学派等。这些管理学派研究方法众多,管理理论不统一,各个学派都各有自己的代表人物,各有自己的用词意义,各有自己所主张的理论、概念和方法,孔茨(H. Koontz)称其为管理理论丛林。

(五)当代管理理论阶段

进入20世纪70年代以后,由于国际环境的剧变,尤其是石油危机对国际环境产生了重要的影响,这时的管理理论以战略管理为主,研究企业组织与环境关系,重点研究企业如何适应充满危机和动荡的环境的不断变化。迈克尔·波特(Michael E. Porter)所著的《竞争战略》把战略管理的理论推向了高峰,他强调通过对产业演进的说明和各种基本产业环境的分析,得出不同的战略决策。

20世纪80年代为企业再造时代,该理论的创始人是原美国麻省理工学院教授迈克尔·哈默(M. Hammer)与詹姆斯·钱皮(J. Champy),他们认为企业应以工作流程为中心,重新设计企业的经营、管理及运作方式,进行所谓的"再造工程"。美国企业从80年代起开始了大规模的企业重组革命,日本企业也于90年代开始进行所谓第二次管理革命,这十几年间,企业管理经历着前所未有的、类似脱胎换骨的变革。

20世纪80年代末以来,信息化和全球化浪潮迅速席卷全球,顾客的个性化、消费的多元化决定了企业必须适应不断变化的消费者的需要,在全球市场上争得顾客的信任,才有生存和发展的可能。这一时代,管理理论研究主要针对学习型组织而展开。彼得·圣吉(P. M. Senge)在所著的《第五项修炼》中更是明确指出企业唯一持久的竞争优势源于比竞争对手学得更快更好的能力,学习型组织正是人们从工作中获得生命意义、实现共同愿景和获取竞争优势的组织蓝图。

二、泰罗的科学管理原理

【人物介绍】

弗雷德里克·W.泰罗(Frederick Winslow Taylor, 1856—1915),西方古典经济管理理论的主要代表,科学管理理论的创始人。他在1856年出生于美国宾夕法尼亚法曼顿的一个律师家庭。1875年泰罗进入费城一个水压工厂当模型工和机工的学徒。1878年进入米德维尔钢铁公司工作。曾当过技工、工长和总技师。1883年通过业余学习,获得史蒂文斯技术学院的机械工程学位。1884年提升为米德维尔钢铁公司的总工程师。1886年加入美国机械工程师协会。1890年在费城一家生产投资公司任总经理。1898年在美国伯利恒钢铁公司做咨询工作。1901年离开伯利恒钢铁公司,以后专门从事著述。1915年泰罗因患肺炎逝世。由于他生前在科

弗雷德里克·W.泰罗

学管理方面所做的特殊贡献,人们在他的墓碑上镌刻"科学管理之父F.W.泰罗",以示纪念。泰罗的主要著作有:《计件工资制》(1895),《工厂管理》(1903),《论金属切削技术》(1906),《科学管理原理》(1911),以及《在美国国会的证词》(1912)。

（一）泰罗科学管理原理的内容

在当时美国的企业中，由于普遍实行经验管理，由此造成一个突出的矛盾，就是资本家不知道工人一天到底能干多少活，总嫌弃工人干活少，拿工资多，于是就往往通过延长劳动时间、增加劳动强度来加重对工人的剥削。而工人也不确切知道自己一天到底能干多少活，总认为自己干活多，拿工资少。当资本家加重对工人的剥削，工人就用"磨洋工"消极对抗，这样企业的劳动生产率当然不会高。泰罗认为管理的中心问题是提高劳动生产率。

1. 工作定额原理

泰罗指出，要制定出有科学依据的工人的"合理日工作量"，就必须通过各种试验和测量，进行劳动动作研究和工作研究。其方法是选择合适且技术熟练的工人；研究这些人在工作中使用的基本操作或动作的精确序列，以及每个人所使用的工具；用秒表记录每一基本动作所需时间，加上必要的休息时间和延误时间，找出做每一步工作的最快方法；消除所有错误动作、缓慢动作和无效动作；将最快最好的动作和最佳工具组合在一起，成为一个序列，从而确定工人"合理的日工作量"，即劳动定额。

2. 差别计件工资制

在差别计件工资制提出之前，泰罗详细研究了当时资本主义企业中所推行的工资制度，例如日工资制和一般计件工资制等，其中也包括对在他之前由美国管理学家亨利·汤提出的劳资双方收益共享制度和弗雷德里克·哈尔西提出的工资加超产奖金的制度。经过分析，泰罗对这些工资方案的管理方式都不满意。泰罗认为，现行工资制度所存在的共同缺陷，就是不能充分调动职工的积极性，不能满足效率最高的原则。例如，实行日工资制，工资实际是按职务或岗位发放，这样在同一职务和岗位上的人不免产生平均主义。在这种情况下，"就算最有进取心的工人，不久也会发现努力工作对他没有好处，最好的办法是尽量减少做工而仍能保持他的地位"。这就不可避免地将大家的工作拖到中等以下的水平。又如在传统的计件工资制中，虽然工人在一定范围内可以多干多得，但超过一定范围，资本家为了分享迅速生产带来的利益，就要降低工资率。在这种情况下，尽管工人努力工作，也只能获得比原来计日工资略多一点的收入。这就容易导致这种情况：尽管管理者想千方百计地使工人增加产量，而工人则会控制工作速度，使他们的收入不超过某一个工资率。因为工人知道，一旦他们的工作速度超过了这个数量，计件工资迟早会降低。于是，泰罗在1895年提出了一种具有很大刺激性的报酬制度——"差别计件工资制"方案。

3. 挑选第一流工人

挑选第一流工人，是指在企业人事管理中，要把合适的人安排到合适的岗位上。只有做到这一点，才能充分发挥人的潜能，才能促进劳动生产率的提高。这样，重活、体力活，让力气大的人干，而精细的活只有找细心的人来做。对于如何使工人成为第一流工人，泰罗不同意传统的由工人挑选工作，并根据各自的可能进行自我培训的方法，而是提出管理人员要主动承担这一责任，科学选择并不断地培训工人。泰罗指出："管理人员的责任是细致地研究每一个工人的性格、脾气和工作表现，找出他们的能力；另一方面，更重要的是发现每一个工人向前发展的可能性，并且逐步地系统地训练，帮助和指导每个工人，为他们提供上进的机会。这样，使工人在雇佣他的公司里，能担任最高、最有兴趣、最有利、最适合他们能力的工作。这种科学地选择与培训工人并不是一次性的行动，而是每年要进行的,是管理人员要不断加以探讨的课题。"

4. 标准化原理

泰罗认为,科学管理是过去曾存在的多种要素的结合。他把老的知识收集起来加以分析组合并归类成规律和条例,于是构成了一种科学。工人提高劳动生产率的潜力是非常大的,人的潜力不会自动跑出来,怎样才能最大限度地挖掘这种潜力呢?方法就是把工人多年积累的经验知识和传统的技巧归纳整理并结合起来,然后进行分析比较,从中找出其具有共性和规律性的东西,然后利用上述原理将其标准化,这样就形成了科学的方法。用这一方法对工人的操作方法、使用的工具、劳动和休息的时间进行合理搭配,同时对机器安排、环境因素等进行改进,消除种种不合理的因素,把最好的因素结合起来,这就形成一种最好的方法。

泰罗还进一步指出,管理人员的首要责任就是把过去工人自己通过长期实践积累的大量的传统知识、技能和诀窍集中起来,并主动把这些传统的经验收集起来、记录下来、编成表格,然后将它们概括为规律和守则,有些甚至概括为数学公式,然后将这些规律、守则、公式在全厂实行。在经验管理的情况下,对工人在劳动中使用什么样的工具、怎样操作机器,缺乏科学研究,没有统一标准,而只是凭师傅教徒弟的传授或个人在实际中摸索。泰罗认为,在科学管理的情况下,要想用科学知识代替个人经验,一个很重要的措施就是实行工具标准化、操作标准化、劳动动作标准化、劳动环境标准化等标准化管理。这是因为,只有实行标准化,才能使工人使用更有效的工具,采用更有效的工作方法,从而达到提高劳动生产率的目的;只有实现标准化,才能使工人在标准设备、标准条件下工作,才能对其工作成绩进行公正合理的衡量。要让每个人都用正确的方法作业,对工人操作的每一个动作进行科学研究,用以代替传统的经验方法。为此应把每次操作分解成许多动作,并继而把动作细分为动素,即动作是由哪几个动作要素所组成的,然后再研究每项动作的必要性和合理性,去掉那些不合理的动作要素,并对保留下来的必要成分,依据经济合理的原则,加以改进和合并,以形成标准的作业方法。在动作分解与作业分析的基础上进一步观察和分析工人完成每项动作所需要的时间,考虑到满足一些生理需要的时间和不可避免的情况而耽误的时间,为标准作业的方法制定标准的作业时间,以便确定工人的劳动定额,即一天合理的工作量。泰罗不仅提出了实行标准化的主张,而且也为标准化的制定进行了积极的试验,为工作标准化、工具标准化和操作标准化的制定提供了科学的依据。所以,泰罗认为标准化对劳资双方都是有利的,不仅每个工人的产量大大增加,工作质量大为提高,得到更高的工资,而且使工人用科学的工作方法,使公司获得更多的利润。

5. 劳资双方的密切合作

泰罗在《科学管理原理》一书中指出:"资方和工人的紧密、亲切和个人之间的合作,是现代科学或责任管理的精髓。"他认为,没有劳资双方的密切合作,任何科学管理的制度和方法都难以实施,难以发挥作用。那么,怎样才能实现劳资双方的密切合作呢?泰罗指出,必须使劳资双方实行"一次完全的思想革命"和"观念上的伟大转变"。也就是说,要使劳资双方进行密切合作,关键不在于制定什么制度和方法,而是要实行劳资双方在思想和观念上的根本转变。如果劳资双方都把注意力放在提高劳动生产率上,劳动生产率提高了,不仅工人可以多拿工资,而且资本家也可以多拿利润,从而可以实现双方"最大限度的富裕"。

6. 把计划职能与执行职能分开,并在企业设立专门的计划机构

泰罗指出:"在老体制下,所有工作程序都由工人凭他个人或师傅的经验去干,工作效

计划职能与
执行职能

率由工人自己决定"。由于这与工人的熟练程度和个人的心态有关,即使工人能十分适应科学数据的使用,但要他同时在机器和写字台上工作,实际是不可能的。泰罗深信这不是最高效率,必须用科学的方法来改变。为此,泰罗主张:"由资方按科学规律去办事,要均分资方和工人之间的工作和职责",要把计划职能与执行职能分开并在企业设立专门的计划机构。

7. 职能工长制

泰罗不但提出将计划职能与执行职能分开,而且还提出必须废除当时企业中军队式的组织而代之以"职能式"的组织,实行"职能式的管理"。尽管泰罗认为职能工长制有许多优点,但后来的事实证明,这种单纯"职能型"的组织结构容易形成多头领导,造成管理混乱。所以,泰罗的这一设想虽然对以后职能部门的建立和管理职能的专业化有较大的影响,但并未真正实行。

8. 例外原则

例外原则,是指企业的高级管理人员把一般的日常事务授权给下级管理人员去负责处理,而自己只保留对例外事项、重要事项的决策和监督权,如重大的企业战略问题和重要的人员更替问题等。这种例外原则至今仍然是管理中极为重要的原则之一。

(二) 对泰罗科学管理的评价

泰罗在历史上第一次使管理从经验上升为科学。泰罗科学管理的最大贡献在于他所提倡的在管理中运用科学方法和他本人的科学实践精神。科学管理的精髓是用精确的调查研究和科学知识来代替个人的判断、意见和经验,强调的是一种与传统的经验方法相区别的科学方法。泰罗的科学管理理论,使人们认识到了管理学是一门建立在明确的法规、条文和原则之上的科学,它适用于人类的各种活动,从最简单的个人行为到经过充分组织安排的大公司的业务活动。科学管理理论对管理学理论和管理实践的影响是深远的,直到今天,科学管理的许多思想和做法至今仍被许多国家参照采用。但是泰罗的科学管理过分关注生产作业管理,基本没有涉及企业的经营管理、营销、财务、人事方面;将人看成是赚钱的机器("经济人");侧重于技术因素,不重视人的社会因素,也即过分注重生产力,不重视生产关系,加剧了劳资之间及管理人员和个人之间的矛盾。

【经典案例】

UPS 公司最快捷的运送

美国联合邮包公司(United Parcel Service,简称 UPS)雇用了 15 万名员工,平均每天将 900 万个包裹发送到美国各地和 180 个国家。为了实现他们的宗旨:"在邮运业中办理最快捷的运送",UPS 的管理当局系统地培训他们的员工,使他们以尽可能高的效率从事工作。

UPS 的工程师们对每一位司机的行驶路线都进行了时间研究,并对每种送货、暂停和取货活动都设立了标准。这些工程师们记录了红灯、通行、按门铃、穿过院子、上楼梯、中间休息喝咖啡的时间,甚至上厕所的时间,将这些数据输入计算机中,从而给出每一位司机每天工作中的详细时间表。每个员工必须严格遵循工程师设定的程序工作,才能完成每天的定额任务。

这种刻板的时间表是不是有效呢?答案是毫无疑问的。生产率专家公认,UPS 是世界上效率最高的公司之一。例如,联邦捷运公司(Federal Express)平均每人每天不过取送 80 件包裹,而 UPS 却是 130 件!

思考题:
1. UPS 在管理中运用了什么管理理论?
2. 试分析这种管理理论在 UPS 的具体运用。

三、法约尔的古典组织理论

【人物介绍】

亨利·法约尔(Henri Fayol,1841—1925),法国人,被后人尊称为"经营管理或一般管理理论之父"。与泰罗从工人出身相反,法约尔长期担任企业高级领导职务。他的研究是以企业整体作为对象,从"办公桌前的总经理"出发的。法约尔1841年生于土耳其伊斯坦布尔,1925年卒于巴黎。早年法约尔曾为采矿师,是一位在理论上有特殊发现的地质学者。1885年起担任法国最大的矿冶公司总经理达 30 年。在实践和大量调查研究的基础上,他提出了管理功能理论。他认为,管理理论是指有关管理的、得到普

亨利·法约尔

遍承认的理论,是经过普遍经验检验并得到论证的一套有关原则、标准、方法、程序等内容的完整体系,有关管理的理论和方法不仅适用于公私企业,也适用于军政机关和社会团体,这些正是其一般管理理论的基石。1916年出版的《工业管理和一般管理》是其最主要的代表作,标志着一般管理理论的形成。他最主要的贡献在于三个方面:从经营职能中独立出管理活动;强调教育的必要性;提出管理活动所需的五大职能和十四条管理原则。

(一) 从经营职能中独立出管理活动

法约尔通过对企业全部活动的分析,将管理活动从经营职能(包括技术、商业、财务、安全和会计等五大职能)中提炼出来,成为经营的第六项职能。区别了经营和管理,法约尔进一步得出了普遍意义上的管理定义,他认为管理是普遍的一种单独活动,有自己的一套知识体系,由各种职能构成,管理是管理者通过完成各种职能来实现目标的一个过程,如图 1-6 所示。企业中的每组活动都对应一种专门的能力,如技术能力、商业能力、财务能力、管理能力等。而随着企业由小到大、职位由低到高,管理能力在管理者必

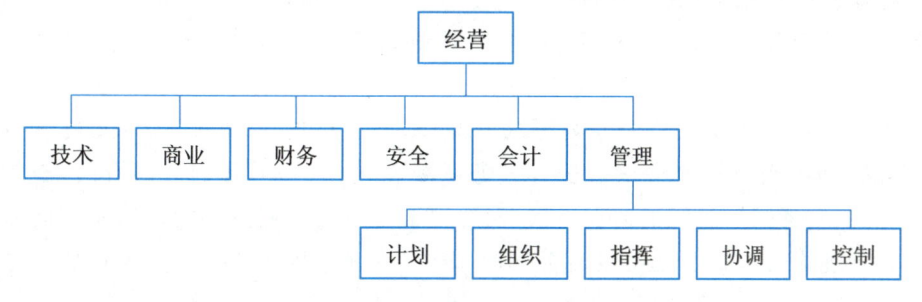

图 1-6 法约尔提出的经营六职能以及管理的五职能

要能力中的相对重要性不断增加,而其他诸如技术、商业、财务、安全、会计等能力的重要性则会相对下降。

(二)教育的必要性

法约尔认为,管理能力可以通过教育来获得,缺少管理教育是由于没有管理理论,每一个管理者都按照他自己的方法、原则和个人的经验行事,但是谁也不曾设法使那些被人们接受的规则和经验变成普遍的管理理论。

(三)提出五大管理职能

法约尔认为,管理的职能包括计划、组织、指挥、协调、控制五项。

(1)计划:管理人员要尽可能准确预测企业未来的各种事态,确定企业的目标和完成目标的步骤,既要有长远的指导计划,也要有短期的行动计划。

(2)组织:确定执行工作任务和管理职能的机构,由管理机构进一步确定完成任务所必需的机器、物质和人员。

(3)指挥:对下属的活动给以指挥,使企业的各项活动互相协调配合。管理人员要树立良好的榜样,全面了解企业职工的情况及职工与企业签订合同的情况。管理人员应与下属人员经常交往并进行考核,对不称职的应立即解雇。对组织结构也应经常加以审议,依据管理的需要随时进行调整和改组。

(4)协调:协调企业各部门及各个员工的活动,指导他们走向一个共同的目标。

(5)控制:确保实际工作与规定的计划、标准相符合。

(四)十四项管理原则

法约尔认为十四项管理原则是:劳动分工、权力和责任、纪律、统一指挥、统一领导、个人利益服从集体利益、合理的报酬、适当的集权与分权、跳板、秩序、公平、保持人员稳定、首创精神、集体精神。这十四项管理原则在当今管理中仍被广泛应用。

(五)对法约尔古典组织理论的评价

法约尔的一般管理理论是古典管理思想的重要代表,后来成为管理过程学派的理论基础,也是以后各种管理理论和管理实践的重要依据,对管理理论的发展和企业管理的历程均有着深刻的影响。法约尔与泰罗一样都是以经济人的观点来看待管理问题,泰罗的理论侧重于在工厂中提高劳动生产率的问题,而法约尔则侧重于高层管理理论,他们的理论互为补充。作为高层管理人员,法约尔于1916年首次发表了《工业管理与一般管理》一文,1925年此文作为著作正式出版,但是这本书的英译本1929年才问世,而直到1949年法约尔的思想才在美国受到广泛的重视。

法约尔的管理原则,内容相当庞杂,但是绝大部分内容是与组织有关的。因此,就这一点来说,他的管理原则基本上是属于组织原则。在十四条原则中,统一指挥,即命令的统一和组织层次以及并列层次的沟通,即所谓的"跳板原则",又是作为指导实际管理行动和判断管理组织是否合理的重要标准。但是,我们可以看出,法约尔的组织理论,只是考察了组织的内在因素,而忽视了组织同它周围环境的关系。同时法约尔一般管理理论的主要不足是他的管理原则过于僵硬,以至于有时实际管理工作者无法遵守。

四、韦伯的行政组织理论

【人物介绍】

马克斯·韦伯(Max Weber，1864—1920)，德国人，与法约尔、泰罗并称西方古典管理理论的三位先驱。韦伯是一位现代社会学的奠基人，他在组织管理方面有关行政组织的观点对社会学家和政治学家都有着深远的影响。他不仅考察了组织的行政管理，而且广泛地分析了社会、经济和政治结构，深入地研究了工业化对组织结构的影响。他提出了所谓理想的行政组织体系理论，其核心是组织活动要通过职务或职位而不是通过个人或世袭地位来管理。他的理论是对泰罗和法约尔理论的一种补充，对后世的管理学家，尤其是组织理论学家有重大影响，因而在管理思想发展史上被人们称之为"组织理论之父"。

马克斯·韦伯

（一）基本原理

行政组织体系又被称为官僚政治或官僚主义，与汉语不同，它并不带有贬义。韦伯的原意是通过职务或职位而不是通过个人或世袭地位来管理。要使行政组织发挥作用，管理应以知识为依据进行控制，管理者应有胜任工作的能力，应该依据客观事实而不是凭主观意志来领导，因而这是一个有关集体活动理性化的社会学概念。韦伯的理想行政组织结构可分为三层，其中最高领导层相当于组织的高级管理阶层，行政官员相当于中级管理阶层，一般工作人员相当于基层管理阶层。企业无论采用何种组织结构，都具有这三层基本的原始框架。

（二）韦伯的理想的行政组织体系的特点

韦伯"理想的行政组织体系"中所谓"理想的"，并不是指最合乎需要的，而是指组织"纯粹的"形态。在实际生活中，可能出现各种组织形态的结合或混合，但韦伯为了进行理论分析，需要描绘出一种理想的形态。作为一种规范典型的理想的行政组织体系，有助于说明从小规模的创业性管理向大规模的职业性管理的过渡。其之所以是理想的，是因为它具有如下特性：❶任何机构组织都应有确定的目标；❷组织目标的实现，必须实行劳动分工；❸按等级制度形成的一个指挥链；❹在人员关系上，他们之间是一种指挥和服从的关系；❺承担每一个职位的人都是经过挑选的，也就是说必须经过考试和培训，接受一定的教育，获得一定的资格，由需要的职位来确定需要什么样的人来承担；❻该人员实行委任制，所有的管理人员都是委任的，而不是选举的（有一些特殊的职位必须通过选举的除外）；❼管理人员管理企业或其他组织，但他不是这些企业或组织的所有者；❽管理人员有固定的薪金，并且有明文规定的升迁制度，有严格的考核制度；❾管理人员必须严格地遵守组织中的法规和纪律，这些规则不受个人感情的影响，而适用于一切情况。

五、行为科学学派

（一）行为科学理论产生的历史背景

行为科学理论是生产力和社会矛盾发展到一定阶段的必然产物，也是管理思想发展的必然结果。行为科学理论的产生既有其政治背景,也有其经济和文化背景。

(1)行为科学理论产生的政治背景。第一次世界大战和俄国十月革命使得世界经济体系出现了全新的格局,资本主义国家政治矛盾激化,阶级斗争和革命运动一度出现高潮,这是行为科学产生的政治背景。

(2)行为科学理论产生的经济背景。经济和科学技术的发展以及周期性经济危机的加剧,使得企业主感到单纯用传统管理理论已不能有效地控制工人、提高劳动生产率和增加利润。有些管理学家和心理学家意识到社会化大生产的发展需要有一种与之相适应的新的管理理论。这就为行为科学的产生奠定了社会经济基础。

(3)行为科学理论产生的人文背景。资本家为了摆脱危机,缓解劳资双方的矛盾,开始对传统的经济学理论和泰罗的科学管理理论进行了思考。反思的结果是,在经济学方面,凯恩斯主义的兴起为资本主义持续发展开出了药方;在管理学方面对人的研究,梅奥开辟了行为研究的方向。行为科学就在大萧条中的霍桑实验后开始兴旺起来了。

(二)梅奥和霍桑试验及人际关系理论

【人物介绍】

乔治·埃尔顿·梅奥

乔治·埃尔顿·梅奥(George Elton Mayo, 1880—1949),原籍澳大利亚的美国行为科学家,人际关系理论的创始人,美国艺术与科学院院士,进行了著名的霍桑试验,主要代表著作有《组织中的人》和《管理和士气》。

古典管理理论的杰出代表泰罗、法约尔等人在不同的方面对管理思想和管理理论的发展做出了卓越的贡献,并对管理实践产生深刻影响,但是他们共同的特点是,着重强调管理的科学性、合理性、纪律性,而未给管理中人的因素和作用以足够重视。他们的理论是基于这样一种假设,即社会是由一群无组织的个人所组成的;他们在思想上、行动上力争获得个人利益,追求最大限度的经济收入,即"经济人";管理部门面对的仅仅是单一的职工个体或个体的简单总和。基于这种认识,工人被安排去从事固定的、枯燥的和过分简单的工作,成了"活机器"。从20世纪20年代美国推行科学管理的实践来看,泰罗制在使生产率大幅度提高的同时,也使工人的劳动变得异常紧张、单调和劳累,因而引起了工人的强烈不满,并导致工人的怠工、罢工以及劳资关系日益紧张等事件的出现;另一方面,随着经济的发展和科学的进步,有着较高文化水平和技术水平的工人逐渐占据了主导地位,体力劳动也逐渐让位于脑力劳动,也使得西方的资产阶级感到单纯用古典管理理论和方法已不能有效控制工人以达到提高生产率和利润的目的。这使得对新的管理思想、管理理论和管理方法的寻求和探索成为必要。

为了探索决定工人劳动效率的原因,在美国国家科学委员会的赞助下,梅奥等人从1924年到1932年在位于美国芝加哥城郊的西方电器公司的霍桑工厂中进行了试验。该试验前后共进行过两个回合四个阶段,得出了职工是"社会人"、企业中存在着"非正式组织"、新的企业领导能力在于通过提高职工的满足度来提高其士气的结论,成为行为科学发展的理论基础,并对管理思想发展带来重大影响。

1. 霍桑试验的主要内容(如表1-2所示,阅读详细内容请扫描二维码)

表1-2　　　　　　　　　　　　　霍桑试验主要内容表

试验名称	试验时间	试验结论	详细内容
车间照明试验	1924年11月至1927年4月	车间照明只是影响员工产量的因素之一,而且是一种重要的因素;由于牵涉的因素太多,难以控制,无法测出照明对产量的影响	
电话继电器装配试验	1927年4月至1929年6月	工作条件、休息时间以至于工资报酬等方面的改变,都不是影响劳动生产率的第一位的因素。最重要的是企业管理当局同工人之间,以及工人相互之间的社会关系	
访谈计划试验	1928年9月至1930年5月	任何一位员工的工作成绩,都要受到周围环境的影响	
电话线圈装配工试验	1930年5月至1932年4月	第一,非正式组织不顾企业管理当局关于产量的规定而另外规定了自己的产量限额。第二,工人们使上报的产量显得平衡均匀,以免露出生产得太快或太慢的迹象。第三,非正式组织制定了一套措施来使不遵守非正式组织定额的人就范。对电话线圈装配工中社会关系分析的结果表明,在正式组织中存在着非正式组织	

2. 霍桑试验的结论

关于霍桑试验,许多管理学者发表了大量的著作。其中主要的是梅奥和罗特利斯伯格等人的结论。他们依据霍桑试验的材料,得出以下三点主要的结论:

第一,职工是"社会人"。"社会人"是人际关系学说对人性的基本假设。这种假设认为人不仅有经济和物质方面的需要,而且还有社会及心理方面的需要。梅奥等人认为,职工是社会人,必须从社会系统的角度来对待他们。

第二,正式组织中存在着"非正式组织"。正式组织是传统管理理论所指出的,为了有效地实现企业的目标,规定企业各成员之间相互关系和职责范围的一定组织体系。梅奥认为,在正式的法定关系掩盖下都存在着非正式群体构成的更为复杂的关系体系。它同正式组织相互依存,对生产率的提高有很大的影响。

第三,新型的企业领导能力在于通过提高职工的满足度来提高其士气。梅奥认为,工作条件、工资报酬并不是决定生产效率高低的首要因素,首要因素是工人的士气,而工人的士气又同满足度有关。工人的满足度越高,生产效率就越高。新型的管理者的管理能力在于提高职工的满足度,以鼓舞职工的士气,提高劳动生产率。职工的满足度主要是指职工安全的感觉和归属的感觉等社会需求方面的满足程度。梅奥指出了决定工作满足度的六个主要因素：❶报酬；❷工作本身；❸提升；❹管理；❺工作组织；❻工作条件。

以上三条可以说是人际关系学说的基本要点，也是行为科学在以后发展的理论基础，并对以后的管理思想发展起着重大的影响。

（三）行为科学理论的发展

人际关系学说的提出，向人们指出了在管理过程中如何满足人的社会和心理方面的需求来调动人的工作积极性的问题。从此，有许多学者对这一问题进行了系统的研究，这种研究的结果促进了管理理论的发展，使得人们对组织活动过程中人的行为规律有了更深入的认识。在人际关系学说时代，关于人的需要和人的行为规律的研究主要有以下几个理论：马斯洛的需要层次理论，赫茨伯格的双因素论，以及麦格雷戈的X理论和Y理论等。

【经典案例】

赵林德厂长的奖金困惑

赵林德是某汽车制造厂的副厂长，分管生产。一个月前，他为了搞好生产，掌握第一手资料，就到第一车间甲班去蹲点调查。一个星期后，他发现工人劳动的积极性不高，主要原因是奖金太低。所以每天产量多的工人生产二十几只零件，少的生产十几只零件。

赵林德和厂长等负责人商量后，决定搞个定额奖励试点，每天每人以生产20只零件为标准，超过20只零件后，每生产一只零件奖励0.5元。这样，全班23个人都超额完成了任务，最少的每天生产29只零件，最多的每天生产42只零件，这样一来，工人的奖金额大大超过了工资，使其他车间的工人十分羡慕。

现在又改了奖励标准，每天超过30只零件后，每生产一只零件奖励0.5元，这样一来，全班平均生产每天维持在33只左右，最多的不超过35只。赵林德观察后发现，工人并没有全力生产，离下班还有一个半小时左右，只要30只任务已经完成了，他们就开始休息了，他不知道如何进一步来调动工人的积极性了。

（案例来源：赵继新，吴永林.管理学[M].北京：清华大学出版社，北京交通大学出版社，2006.）

思考题：

1. 本案例现象可以用什么理论来解释？
2. 你认为赵林德可以采取什么措施来调动工人的积极性？理论依据是什么？

六、管理理论丛林

1961年12月，美国管理学者哈罗德·孔茨（Horold Koontz）指出，管理理论已出现一种众说纷纭，莫衷一是的结局，管理理论还处在一个不成熟的青春期。管理理论一些早期的萌芽，如泰罗对车间一级管理所进行的有条理的分析和亨利·法约尔从一般管理理论观点出发对经验进行的深刻总结等，已经过于滋蔓，成了一片各种管理理论流派盘根错节的丛林。孔茨把各种管理理论分成六个主要学派(管理过程学派、经验或案例学派、人类行为学派、社会系统学派、决策理论学派和数学学派)。1980 年,孔茨的《再论管理理论的丛林》将现代管理理论分为 11 个学派,如表 1-3 所示。

表 1-3　　　　　　　　管理理论丛林 11 个学派的主要内容

序号	学派	基本观点	主要代表人物
1	管理过程学派(管理职能学派)	无论组织的性质和组织所处的环境有多么不同,但管理人员所从事的管理职能却是相同的。孔茨和奥唐奈里奇将管理职能分为计划、组织、人事、领导和控制五项,而把协调作为管理的本质	哈罗德·孔茨和西里尔·奥唐奈里奇
2	人际关系—行为科学学派	注重个人,注重人的行为的动因,把行为的动因看成为一种社会心理学现象	埃尔顿·梅奥、亚伯拉罕·马斯洛、弗雷德里克·赫兹伯格
3	群体行为学派	关心的主要是一定群体中的人的行为,而不是一般的人际关系和个人行为;它以社会学、人类文化学、社会心理学为基础,而不是以个人心理学为基础	埃尔顿·梅奥和克里斯·阿吉里斯
4	管理科学学派	以系统的观点运用数学、统计学的方法和电子计算机的技术,为现代管理的决策提供科学的依据,通过计划和控制以解决企业中生产与经营问题的理论	泰罗科学管理理论的继承和发展
5	经验主义学派或经理主义学派	认为管理学就是研究管理经验,认为通过对管理人员在个别情况下成功的和失败的经验教训的研究,会使人们懂得将来相应的情况下如何运用有效的方法解决管理问题	彼得·德鲁克、欧内斯特·戴尔等
6	决策理论学派	管理过程就是决策的过程,管理的核心就是决策。西蒙强调决策职能在管理中的重要地位,以有限理性的人代替有绝对理性的人,用"满意原则"代替"最优原则"	西蒙
7	经理角色学派	该学派以对经理所担任角色的分析为中心来考虑经理的职务和工作,认为针对经理工作的特点及其所担任的角色等问题,如能有意识地采取各种措施,将有助于提高经理的工作成效	亨利·明茨伯格
8	系统理论学派	系统分析就是以系统的整体最优为目标,对系统的各个主要方面进行定性和定量的分析,是一个有目的、有步骤的探索性分析过程,以便给决策者提供直接判断和决定最优方案所需要的信息和资料	弗里蒙特·卡斯特
9	社会技术系统学派	必须把企业中的社会系统同技术系统结合起来考虑,而管理者的一项主要任务就是要确保这两个系统相互协调	特里司特及其在英国塔维斯托克研究所中的同事
10	社会(协作)系统学派	将组织看作是一种社会系统,是一种人的相互关系的协作体系,它是社会大系统中的一部分,受到社会环境各方面因素的影响	切斯特·巴纳德
11	权变理论学派	企业管理要根据企业所处的内外条件随机应变,没有什么一成不变、普遍适用的"最好的"管理理论和方法,即要按照不同的情景、不同的企业类型、不同的目标和价值,采取不同的管理手段和管理方法	卢桑斯

西方管理理论的发展历史,如表 1-4 所示。

表 1-4　　　　　　　　　　西方管理发展史

发展阶段	理论名称与代表作	代表人物	理　论　内　容
早期管理实践与管理思想阶段（人类集体劳动开始到18世纪）	金字塔（前2500左右）	古埃及人建造	组织管理
	《汉穆拉比法典》（又名《石柱法》）（前1776）	古巴比伦国王汉穆拉比	对责任的承担、借贷、最低工资、货物的交易、会计和收据的处理、贵金属的存放
	《君主论》《谈话录》（15世纪）	意大利著名思想家和历史学家马基雅维利	领导原理：群众认可；内聚力；领导方法；生存意志
	威尼斯兵工厂（15世纪）		世界最大的几家工厂之一；流水作业、成本会计、劳动分工
管理理论萌芽阶段（18世纪到19世纪末）	《国富论》（1776）	亚当·斯密	劳动分工理论，劳动分工之所以能大大提高生产效率，可以归纳为3个原因：增加了每个工人的技术熟练程度；节省了从一种工作转换为另一种工作所需要的时间；发明了许多便于工作又节省劳动时间的机器
	《政治经济学及赋税原理》（1817）	大卫·李嘉图	以边沁的功利主义为出发点，建立起以劳动价值论为基础，以分配论为中心的理论体系；比较优势理论
	《论机器与制造业的经济》（1832）	查尔斯·巴贝奇	要提高工作效率，必须仔细研究工作方法。还提出了一种工资加利润的分配制度
	人事管理	罗伯特·欧文	要缩短工人的劳动时间、提高工资、改善住房，并在自己的企业进行改革试验证明；重视人的作用、尊重人的地位可以使工厂获得更大利润
古典管理理论阶段20世纪初到20世纪30年代行为科学学派出现之前（"经济人"和"物本管理"）	科学管理原理	弗雷德里克·泰罗	8条科学管理原理、3个著名试验，泰罗制的核心是强调精细化、标准化和数量化
	简化工作	莉莲·吉尔布雷斯和弗兰克·吉尔布雷斯夫妇	动作研究和劳动简化方面取得了重大突破，并总结出了劳动中许多特征不同的分动作，提高了劳动效率
	工作计划	甘特	甘特图表、任务奖金制度、非金钱因素论。甘特还认为，提高效率的最重要源泉是管理人员的工作方法而不是劳动者
	12项效率原则	哈林顿·埃默森	12项效率原则，说明了如何对资源进行有效使用，同时注意到军队所采用的人员编制的经验以及顾问的地位与作用

续表

发展阶段	理论名称与代表作	代表人物	理论内容
古典管理理论阶段 20 世纪初到 20 世纪 30 年代行为科学学派出现之前("经济人"和"物本管理")	古典组织理论	亨利·法约尔	经营六职能、管理五职能、14 项管理原则
	行政组织理论	马克斯·韦伯	所谓理想的行政组织体系理论,其核心是组织活动要通过职务或职位而不是通过个人或世袭地位来管理
	组织的原则	詹姆斯·穆尼	在每一个组织内都存在着一个任务和权力的结构,即都有专业化的任务分工和一个权力等级,认为存在着自然的组织法则或原则
	行政管理原理(1944)	林德尔·厄威克	从泰罗那里吸取了关于管理过程要以科学调查为指导原则的思想,指出组成管理过程的 3 个职能。厄威克根据法约尔提出的原则来分析控制职能。最后他总结出了管理的间接目标:秩序、稳定、主动性和集体精神
现代管理理论阶段 20 世纪 30 年代到 20 世纪 80 年代("社会人"和"人本管理")	行为科学学派	乔治·埃尔顿·梅奥	人际关系学说,行为科学之父,霍桑试验
		切斯特·巴纳德	组织不论大小,其存在和发展都必须具备三个基本要素,即明确的目标、协作的意愿和良好的沟通
		亚伯拉罕·马斯洛	提出了人本主义心理学和马斯洛需求层次理论
		弗雷德里克·赫茨伯格	著名的"激励与保健因素理论"即"双因素理论",双因素理论是他最主要的成就,在工作丰富化方面,他也进行了开创性的研究
		道格拉斯·麦格雷戈	X-Y 理论管理大师
		约翰·莫尔斯和杰伊·洛希	超 Y 理论:主张权宜应变的经营管理理论
	管理理论丛林	孔茨等	管理过程学派、人际关系学派、群体行为学派、管理科学学派、经验主义学派、决策理论学派、经理角色学派、系统理论学派、社会技术系统学派、社会(协作)系统学派、权变理论学派
当代文化知识管理理论阶段 20 世纪 80 年代至今("能力人"和"能本管理")	Z 理论	威廉·大内	一切企业的成功都离不开信任、敏感、亲密,主张坦诚、开放、沟通作为基本原则,实行"民主管理"
	竞争战略理论	迈克尔·波特	行业竞争中决定规模的五种力量模型为供应商力量、替代品威胁、购买者力量、潜在竞争加入者威胁、竞争对手

续 表

发展阶段	理论名称与代表作	代表人物	理 论 内 容
当代文化知识管理理论阶段20世纪80年代至今("能力人"和"能本管理")	学习型组织理论	彼德·圣吉	在新的经济背景下,企业要持续发展,必须增强企业整体能力,提高整体素质;五项修炼,即自我超越、改善心智模式、建立共同愿景、团队学习、系统思考
	企业再造理论	迈克·哈默	企业再造,是指为了在衡量绩效的关键指标上取得显著改善,从根本上重新思考,彻底改造业务流程,其中关键指标包括产品质量和服务质量、顾客满意度、成本和员工效率等
	战略管理理论	钱德勒、安索夫	钱德勒把管理决策分为两种:一种是关系到企业长期增长和健康战略决策;另一种是关系到使企业稳定、高效运转的日常活动的战略决策。安索夫首次提出公司战略概念、战略管理概念、战略规划的系统理论、企业竞争优势概念以及把战略管理与混乱环境联系起来的权变理论
	全面质量管理理论	戴明、费根鲍姆	全过程、全企业、全员、全社会
	"7S"管理理论	帕斯卡尔	整理(Seiri)、整顿(Seiton)、清扫(Seiso)、清洁(Seiketsu)和素养(Shitsuke)、节约(Saving)、安全(Safety)这7个词的缩写

【知识测试】

1. ( )是一般管理理论的代表人物。
   A. 泰罗　　　　　B. 法约尔　　　　　C. 韦伯　　　　　D. 孔茨

2. 组织活动要通过职务或职位,而不是通过个人或世袭地位来管理的提出者是( )。
   A. 泰罗　　　　　B. 法约尔　　　　　C. 梅奥　　　　　D. 韦伯

3. 法约尔提出的管理五项职能或要素是( )。
   A. 计划、组织、决策、领导、控制　　　B. 计划、组织、领导、协调、控制
   C. 计划、组织、决策、指挥、控制　　　D. 计划、组织、指挥、协调、控制

4. ( )是法约尔的代表作。
   A.《科学管理原理》　　　　　　　　　B.《工业管理和一般管理》
   C.《社会组织和经济组织理论》　　　　D.《车间管理》

5. "管理的十四条原则"是由( )提出的。
   A. 泰罗　　　　　　　　　　　　　　B. 法约尔
   C. 韦伯　　　　　　　　　　　　　　D. 切斯特·巴纳德

6.（　　）提出了重视管理中人的因素。
   A. 铁锹实验　　　　　　　　　B. 金属切削试验
   C. 霍桑试验　　　　　　　　　D. 搬运生铁试验

7. 科学管理之父是（　　）。
   A. 泰罗　　　B. 法约尔　　　C. 梅奥　　　D. 福特

8. 组织管理之父是指（　　）。
   A. 法约尔　　　B. 韦伯　　　C. 泰罗　　　D. 梅奥

9. 古典管理理论认为，人是（　　）。
   A. 经济人　　　B. 社会人　　　C. 复杂人　　　D. 自我实现人

10. 行为科学理论认为，人是（　　）。
    A. 经济人　　　B. 社会人　　　C. 复杂人　　　D. 自我实现人

11. 法约尔将企业活动划分为六种（　　）。
    A. 技术、经济、安全、财务、会计、管理
    B. 技术、商业、安全、财务、会计、管理
    C. 生产、经营、安全、销售、会计、管理
    D. 技术、商业、安全、财务、组织、管理

12. 梅奥等人通过霍桑试验得出结论：人们的生产效率不仅受到物理的、生理的因素的影响，而且还受到社会环境、社会心理因素的影响。由此创立了（　　）学说。
    A. 行为科学　　　B. 人文关系　　　C. 社会关系　　　D. 人际关系

13. 巴纳德是（　　）。
    A. 决策理论学派　　　　　　　B. 社会合作学派
    C. 社会协作系统学派　　　　　D. 管理过程学派

14. 把管理理论的各个流派称之为"管理理论丛林"的管理学家是（　　）。
    A. 泰罗　　　B. 孔茨　　　C. 韦伯　　　D. 马斯洛

15. 在现代管理理论中，决策理论学派的代表人物是（　　）。
    A. 韦伯　　　B. 孔茨　　　C. 巴纳德　　　D. 西蒙

【重点回顾】
1. 泰罗科学管理理论的主要内容有哪些？
2. 人际关系学说的主要论点有哪些？
3. 结合你了解的企业的例子谈谈哪些做法是符合科学管理思想的？
4. 法约尔提出了哪些管理职能和管理原则？
5. 韦伯的官僚制组织的基本特征是什么？
6. 梅奥的人际关系思想与泰罗的科学管理思想有何区别？

重点回顾答案

【经典案例】

回到管理学的第一个原则

纽曼公司的利润在过去的一年中一直在下降，尽管在同一时期，同行们的利润在不断

上升。公司总裁杰克先生非常关注这一问题。为了找出导致利润下降的原因,他花了几周的时间考察公司的各个方面。接着,他决定召开各部门经理人员会议,把他的调查结果和得出的结论连同一些可能的解决方案告诉他们。

杰克说:"我们的利润一直在下降,我们正在进行的工作大多数看来也都是正确的。比方说,推销策略帮助公司保持住了在同行中应有的份额。我们的产品和竞争对手的一样好,我们的价格也不高,公司的推销工作看来是有效的,我认为还没有必要改进什么"。他继续评论道:"公司有健全的组织结构、良好的产品研究和发展规划,公司的生产工艺在同行中也占领先地位。可以说,我们的处境良好。然而,我们的公司却面临这样的严重问题。"室内的每一个人都认真地倾听着。杰克开始讲到了劳工关系:"像你们所知道的那样,几年前,在全国劳工关系局选举中工会没有取得谈判的权利。一个重要的原因是,我们支付的工资一直至少和工会提出的工资率一样高。从那以后,我们继续给员工提高工资。问题在于,没有维持相应的生产率。车间工人一直没有能生产足够的产量,可以把利润维持在原有的水平上。"杰克喝了点水,继续说道:"我的意见是要回到第一个原则。近几年来,我们对工人的需求注意得太多,而对生产率的需要却注意不够。我们的公司是为股东创造财富的,不是工人的俱乐部。公司要生存下去,就必须要创造利润。我在上大学时,管理学教授们十分注意科学管理先驱们为获得更高的生产率所使用的方法,就是为了提高生产率而广泛地采用的刺激性工资制度。在我看来,我们可以回到管理学的第一原则去,如果我们的工人的工资取决于他们的生产率,那么工人就会生产更多。管理学先辈们的理论在今天一样可以指导我们。"

(案例来源:周三多.管理学[M].4版.上海:高等教育出版社,2004.)

思考题:
你认为科学管理理论在当今的管理实践中有何现实指导意义?

【生命成长智慧】

文化自信

西方管理思想有很多值得我们学习和借鉴的地方,他山之石,可以攻玉,同时我们也不能忽略中国传统文化中蕴含的管理思想。从生命成长的角度而言,了解本国与本民族的文化,获得文化自信,热爱祖国,就能拥有有底蕴的、有认知的、长久的、由内而外的心智模式。

中国是具有五千多年历史的文明古国,中华优秀传统文化博大精深、源远流长,中国人的文化基因,是中华民族和中华文明延续和发展的精神支柱、精神标识。构成了以中华优秀传统文化为代表的东方思想,主张整体观点,强调全局,注重全体,重视宏观,考虑长远。崇尚海纳百川、己所不欲,勿施于人、求同存异,合作共赢的包容态度……

"根本固者,华实必茂;源流深者,光澜必章"。习近平总书记指出:"历史和现实都证明,中华民族有强大的文化创造力。每到重大历史关头,文化都能感国运之变化、立时代之潮头、发时代之先声,为亿万人民、为伟大祖国鼓与呼。"

学习传统文化，要把对经典的学习运用到生活和工作中，在身体力行中感知由内而外的自信，在践行中体悟传统文化与现代文化结合的自信，在心中培养出文化自信。

【任务思维导图】

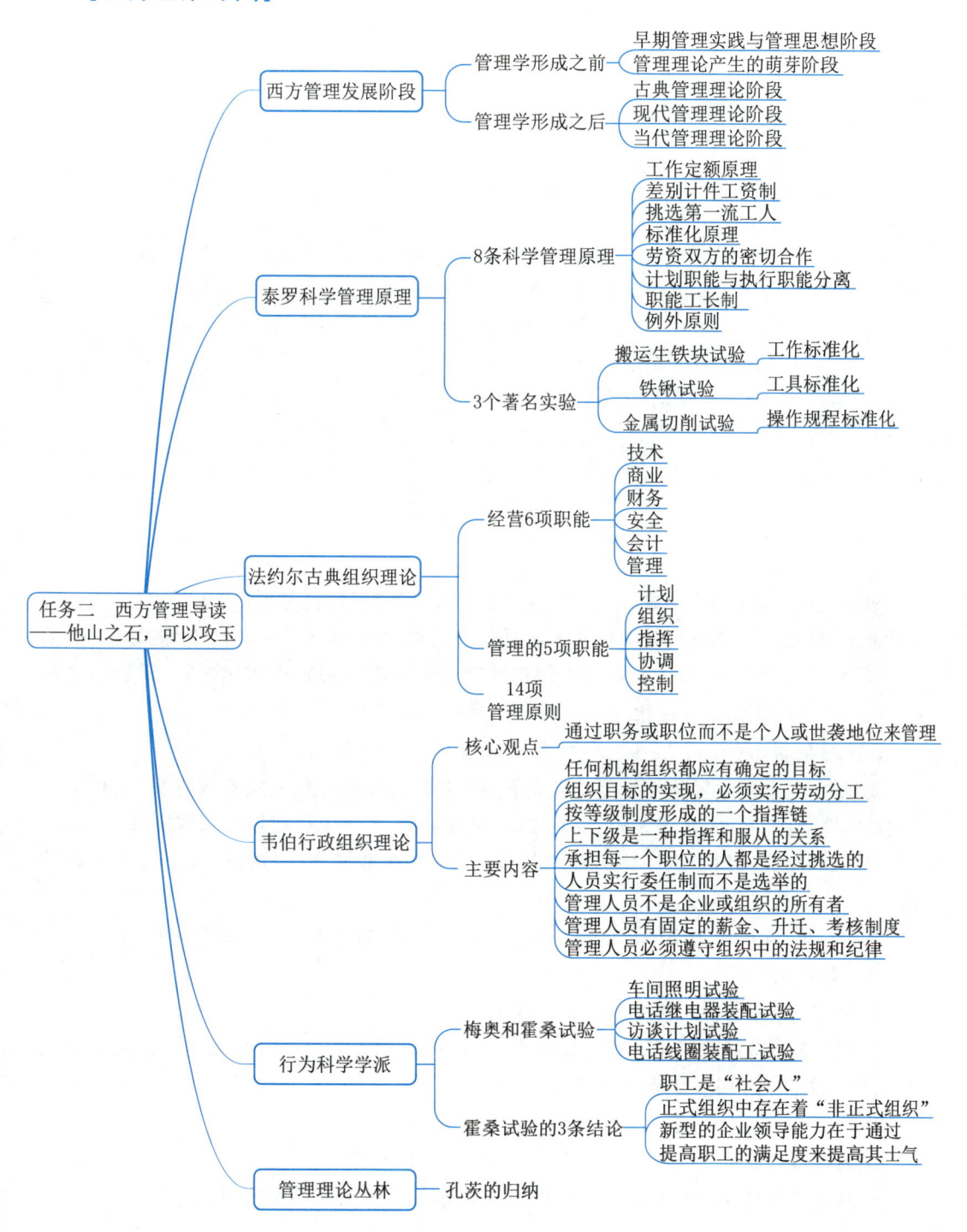

- 任务二 西方管理导读——他山之石，可以攻玉
  - 西方管理发展阶段
    - 管理学形成之前
      - 早期管理实践与管理思想阶段
      - 管理理论产生的萌芽阶段
    - 管理学形成之后
      - 古典管理理论阶段
      - 现代管理理论阶段
      - 当代管理理论阶段
  - 泰罗科学管理原理
    - 8条科学管理原理
      - 工作定额原理
      - 差别计件工资制
      - 挑选第一流工人
      - 标准化原理
      - 劳资双方的密切合作
      - 计划职能与执行职能分离
      - 职能工长制
      - 例外原则
    - 3个著名实验
      - 搬运生铁块试验——工作标准化
      - 铁锹试验——工具标准化
      - 金属切削试验——操作规程标准化
  - 法约尔古典组织理论
    - 经营6项职能
      - 技术
      - 商业
      - 财务
      - 安全
      - 会计
      - 管理
    - 管理的5项职能
      - 计划
      - 组织
      - 指挥
      - 协调
      - 控制
    - 14项管理原则
  - 韦伯行政组织理论
    - 核心观点：通过职务或职位而不是个人或世袭地位来管理
    - 主要内容
      - 任何机构组织都应有确定的目标
      - 组织目标的实现，必须实行劳动分工
      - 按等级制度形成的一个指挥链
      - 上下级是一种指挥和服从的关系
      - 承担每一个职位的人都是经过挑选的
      - 人员实行委任制而不是选举的
      - 管理人员不是企业或组织的所有者
      - 管理人员有固定的薪金、升迁、考核制度
      - 管理人员必须遵守组织中的法规和纪律
  - 行为科学学派
    - 梅奥和霍桑试验
      - 车间照明试验
      - 电话继电器装配试验
      - 访谈计划试验
      - 电话线圈装配工试验
    - 霍桑试验的3条结论
      - 职工是"社会人"
      - 正式组织中存在着"非正式组织"
      - 新型的企业领导能力在于通过提高职工的满足度来提高其士气
  - 管理理论丛林——孔茨的归纳

任务三　中国管理概览
——引经据典，道法自然

> ◇ **中国传统管理名言**
> 修己以安人。——《论语·宪问》
> 故道大，天大，地大，人亦大。域中有四大，而人居其一焉。人法地，地法天，天法道，道法自然。——《道德经》第二十五章
> 古之欲明明德于天下者，先治其国；欲治其国者，先齐其家；欲齐其家者，先修其身；欲修其身者，先正其心；欲正其心者，先诚其意；欲诚其意者，先致其知，致知在格物。物格而后知至，知至而后意诚，意诚而后心正，心正而后身修，身修而后家齐，家齐而后国治，国治而后天下平。——《礼记·大学》
> 故治国无法则乱，守法而弗变则悖，悖乱不可以持国，世易时移，变法宜矣。——《吕氏春秋·察今》
> 是以圣人处无为之事，行不言之教。——《道德经》第二章

【学习情境】

如果说西方管理学以"术"见长的话，那么，中国传统管理智慧则以"道"为尊。西方管理思想是以理性科学精神、哲学精神著称的。东方管理思想比较强调人性化、感情化、柔性化管理思想。那么作为一个想从中国传统文化中汲取中国管理文化精髓，悟管理之道的当代大学生应该怎么样系统学习中国传统管理文化呢？

【学习目标】

知识目标：熟悉中国传统管理文化的概况；掌握儒墨道法兵五家管理思想、管理文化之间的哲学思维、核心、代表人物、主要作品、主要言论、主要思想观点等基本常识。

能力目标：具有初步应用中国传统管理文化、管理思想分析与处理实际管理问题的能力。

素质目标：养成应用中国传统管理文化解决实际管理问题的习惯、思维、理念。

【学习任务】

1. 各组畅谈对中国传统管理文化的认识。
2. 填写表格分析儒墨道法兵五家管理思想、管理文化之间的哲学思维、核心、代表人物、主要作品、主要言论、主要思想观点。
3. 搜集资料讨论中国式管理、中国式发展等前沿话题。
4. 通过阅读分析当代中国管理思想新发展的主要趋势。
5. 阐述对自身模拟公司管理思路的构想，并确立模拟公司的管理理念。

一、中国传统管理文化概况

中国作为四大文明古国之一，是一个具有几千年文明史的国家，我国古代各族人民

以自己的智慧和辛勤劳动创造了许多令现代人叹为观止的著名管理实践和极为丰富的管理思想。如由李冰父子主持修建的集分洪、灌溉、排沙等功能于一体的都江堰水利工程；秦大将蒙恬"役四十万众"建造的万里长城；隋唐人工挖建的京杭大运河，等等，这些伟大工程，无不凝聚了我们祖先的管理才能和光彩夺目的管理思想。还有在浩瀚的古史卷中，也蕴含着十分丰富的管理思想，如《论语》《易经》《老子》《孙子兵法》《三十六计》《资治通鉴》《史记》《西游记》等古书籍中所包含的管理思想，至今仍倍受世界各国管理界的推崇。

现代企业管理研究和实践必须与中国传统管理文化相结合，从中国传统文化中学习东方管理智慧，提高文化自觉，树立文化自信。一方面中国传统管理文化博大精深，另一方面，中国管理学界的历史传承较少，近 20 年来埋头引入消化西方管理学的理论、方法、工具。如何用正确的视角研究和实践中国传统文化，是管理本土化的迫切要求。管理专家乾泉先生认为，从管理哲学上讲，百家之中主要是五家，即以老、庄为代表的道家，以孔、孟为代表的儒家，以孙武、孙膑为代表的兵家，以墨翟为代表的墨家，以韩非为代表的法家。"儒、墨、道、法、兵"五家的管理哲学是中华民族智慧的结晶，是中华传统管理文化的重要组成部分。

中国古代各大家主要代表人物图像如图 1-7 至图 1-11 所示。

（一）儒家管理思想

儒家是中国古代最有影响的学派，其创立者是伟大的思想家、教育家孔子（春秋后期鲁国人），后来由思想家、文学家孟子、荀子继承与发展。儒家管理思想主要体现在《论语》《孟子》《荀子》等著作中。儒家管理思想强调以"人"为中心、以"仁"为核心、以"礼"为准则、以"和"为目标。"仁""义""礼""智""信"为先秦儒家提出并发展成具有普遍意义的道德范畴和价值取向标准。管理途径上强调"修己以安人"（《论语·宪问》）、"为政以德"（《论语·为政》）、"正己正人"（《论语·颜渊》），主张"修身齐家治国平天下"（《礼记·大学》朱子集注），强调"己欲立而立人，己欲达而达人"（《论语·雍也》）。修己安人是管理的历程，修己又是安人的起点，所以修己是整个管理历程的出发点。现代管理理论中的"计划、组织、领导、控制"，可体现在"制定安人的方法、聚合安人的力量、安人以发挥潜力、保证安人的质量"。

孔子　　　　孟子　　　　荀子

图 1-7　儒家代表人物

（二）道家管理思想

道家是先秦时期的一个思想派别，是春秋战国时期形成的一个以"道"为核心的学派。其创立者是著名思想家老子（李耳），主要代表人物是著名思想家庄子（庄周）。道家管理思想主要体现在《老子》（又名《道德经》）、《庄子》《列子》等著作中。道家管理思想强调以

"道"为核心,强调"道法自然"。老子曰:"故道大,天大,地大,人亦大。域中有四大,而人居其一焉。人法地,地法天,天法道,道法自然。"(《老子》第二十九章)主张"无为而治"。它要求管理者要遵循事物发展的客观规律,正确决策与领导,减少对决策执行活动的干预,反对瞎指挥及强作妄为。老子解决的主要是"天人"问题,而庄子解决的则主要是"人我"问题。管理方法强调"治大国若烹小鲜"(《老子》第六十章),"我无为,而民自化"(《老子》第五十七章),"处无为之事""行不言之教"(《老子》第二章)。

老子　　　　　庄子　　　　　列子

图 1-8　道家代表人物

(三)墨家管理思想

墨家是春秋战国时期的一个重要学派,与儒家并称显学。其创始人为著名思想家墨子(墨翟)。墨家管理思想主要体现在《墨子》《胡非子》《随巢子》《我子》《田俅子》《尹佚》。墨家管理思想以"兼爱"为核心,提倡"兼以易别",反对儒家所强调的社会等级观念。它提出"兼相爱,交相利"(《墨子·卷七·天志上第二十六》),以尚贤、尚同、节用、节葬作为治国方法。《墨子》一书是墨子讲学时由弟子们记录后整理而成的。墨家管理思想以其独到的见解,鲜明的主张对中国传统管理思想的发展起了非常深远的影响,其管理思想是中国传统管理思想文化宝库中的重要组成部分,为现代管理中的人本管理、知识管理、企业文化建设、创新管理、柔性管理、管理沟通等方面提供了有益的哲学思维。

墨子
图 1-9　墨家代表人物

(四)法家管理思想

法家是先秦诸子中对法律、对制度建设最为重视的一派。中国古代著名的哲学家、思想家、政论家和散文家韩非,是法家思想的集大成者,后世称"韩子"或"韩非子"。法家管理思想主要体现在《韩非子》中。韩非子之前,法家分三派。一派以慎到为首,主张在政治与治国方术之中,"势",即权力与威势最为重要。一派以申不害为首,强调"术",政治权术。一派以商鞅为首,强调"法",法律与规章制度。与儒家思想不同,法家管理思想主张应通过"法""利"而不是"仁""义""礼"等来管理民众。法家管理以"法"即管理制度为核心,注重"法""势""术"即管理制度、管理权威与管理技巧的完美结合。韩非子认为"不可一无,皆帝王之具也"。明君如天,执法公正,这是"法";君王驾驭人时,神出鬼没,令人无法捉摸,这是"术";君王拥有威严,令出如山,这是"势"。他们并非以主张"以法治国"的"法治"而闻名,而是以"法,术,势"逐级统治为根本,建立了名为法制实为人治的封建规章体系。管理方法上强调"赏厚而信,刑重而必"(《韩非子·第四十三》),"君必有明法正义"

(《艺文类聚·五十四》,《太平御览·卷六三八引》),"治国无其法则乱"(《诸子集成·第五册》《慎子·佚文》),"法必明,令必行"(《韩非子·八说》),以及"刑无等级"(《商君书·赏刑》),"不失疏远,不违亲近"(《商子·修权第十四》)。

韩非子 　　　　　慎到 　　　　　申不害 　　　　商鞅

图 1-10　法家代表人物

(五) 兵家管理思想

兵家主要代表人物,春秋末有孙武、司马穰苴;战国有孙膑、吴起、尉缭、魏无忌、白起等;汉初有张良、韩信等。今存兵家著作有《黄帝阴符经》《六韬》《三略》《孙子兵法》《司马法》《孙膑兵法》《吴子》《尉缭子》《将苑》《百战奇略》《唐太宗李卫公问对》等。其中,孙武被后人尊崇为"兵圣""兵家之祖"和"兵家之师"。兵家管理思想以"谋"为核心。在管理战略方面,兵家讲究运筹谋划,强调管理者审时度势,对外界环境和组织内部有清醒正确的认识,并据此作出判断和决定。在管理策略方面,兵家提出要"因变制胜",强调"变"的因素,要求管理者对各种变化及时作出反应,并能积极创新求变,时时处处占据主动,不受制于人。在管理方略方面,兵家提出分级管理的原则:要想管理很多人像管理很少人一样轻松,就须依靠组织和编制的作用;要想形成富有效率的组织,就须以严格的纪律、法令进行层层控制,辅以思想教育,对下属晓之以理,动之以情,并形成特定的层级制度,以做到首尾一致,令行禁止。在战略思想体系上,首先强调始终"立于不败之地"(《孙子·军形》),从而要求做到"知己知彼、百战不殆、战无不胜"(《孙子·谋攻篇》),尽可能做到"决胜于千里之外"(《史记·留侯世家》),最高的境界是"善战者不战、不战而屈人之兵"(《孙子·谋攻篇》)。

孙武 　　　　　孙膑 　　　　　张良

图 1-11　兵家代表人物

二、中国传统管理智慧之企业管理综合应用

儒、墨、道、法、兵五家管理思想（以下统称"五家"）各有千秋，互存差异。在国际国内盛行中国传统管理思想应用于企业管理的今天，如何寻找到一条既符合中国传统文化、又顺应现代管理价值观念的中国传统管理思想有关企业管理综合应用的思路，无疑对当代企业管理理论与实践都具有重要意义。

首先是五家哲学思维的界定。管理哲学，也就是人们从管理活动中总结出来的世界观、方法论。而哲学管理就是用一种已经系统化的世界观、方法论去指导管理实践。C理论引进中国古代诸子百家的优秀哲学思想作为其哲学系统的理论依据，强调学习道家的决策哲学、法家的领导哲学、兵家的权变哲学、墨家的创造哲学和儒家的协调哲学，并以道、法、兵、墨、儒的精神分别代表管理中的决策、领导、生产、行销、人事五项要素。

其次是五家管理文化的差异。梅霖认为，道家文化强调"有所为有所不为"，即无为文化；儒家文化主要体现在"以人为本、和谐意识、团队精神、义利一致、中庸之道"等思想，属于和谐文化；而墨家文化，强调每个岗位的员工都应该做好其本岗位本职工作，执行到位即是执行文化。沿袭梅霖先生的思路，可以认为，法家文化主要体现在"赏罚分明的制度观（法）、运用得当的艺术观（术）、审时度势、因势利导的权势观（势）"的领导文化；兵家文化则是"因变制胜、以不变应万变"的辩证文化。

第三是五家管理思想之现代管理应用的侧重点分析。张瑞敏曾在企业经营中提出向孔子学做人，向老子学做事，向孙子学战略的人生哲学，有效地将中国的传统思想融入现代经营，巧妙地利用现代管理学进行有效创新，使海尔走向了一条创新之路。可以认为，现代企业管理者学习五家管理思想，还应该再加上向墨子学创新与执行，向韩非子学指挥与控制，当然不同层次的管理者在学习重点及程度上是有差异的。

第四是不同层次管理者学习五家管理思想的侧重点。其一，高层管理者要顺"天道"，主要向道家学习无为而治；向兵家学习如何进行战略思考、运筹帷幄。其二，中层管理层要顺"人"道，主要向儒家学习如何上下左右平衡协调、如何营造和谐管理氛围、如何沟通，同时要兼顾向兵家和法家学习。其三，基层管理者要顺"地道"，主要向墨家、法家学习如何执行，一切要按照制度规范流程开展工作，做到奖罚分明、令行禁止，通过制度、规范、流程等管理行为来约束与引导员工行为而实现塑造强劲的执行力，如表1-5所示。值得注意的是制度流程的建立出台并不是局限、压制员工开展工作，而是界定团队每个成员分工的

表1-5　　　　　　　　儒墨道法兵五家管理思想对照表

类　型	思　想	管理层类型	文化类型	做　法
决策哲学	道家思想	高层管理者（顺天道）	无为文化	学无为、学决策
权变哲学	兵家思想	中层管理者（顺人道）	辩证文化	学战略、学权变
协调哲学	儒家思想		和谐文化	学做人、学平衡学沟通、学协调
领导哲学	法家思想	基层管理者（顺地道）	领导文化	学控制、学指挥
创造哲学	墨家思想		执行文化	学执行、学创新

（资料来源：肖祥伟."儒墨道法兵"管理思想在企业管理中的应用[J].韶关学院学报，2009(7).)

工作方法、工作标准等,彼此合作的方式,引导团队成员彼此协作,更高效地做好公司各个环节的工作。无论什么层次的管理者都需要以人为本,进行人性化管理,这是管理的趋势,不可违背。这些不是停留在口号或者对外宣传上,而真正应该使之深入管理行为之中。

【知识测试】

1. 下列属于儒家思想的著作的有(   )。
   A.《论语》   B.《孟子》   C.《道德经》   D.《荀子》
   E.《韩非子》

2. 韩非子之前整合了三个人的思想,他们为(   )。
   A. 慎到   B. 管仲   C. 申不害   D. 李悝
   E. 商鞅

3.《孙子兵法·三十六计》的四步战略目标分别是(   )。
   A. 立于不败之地
   B. 知己知彼,百战百胜,战无不胜
   C. "以不变应万变"
   D. 决胜于千里之外
   E. 善战者不战,不战而屈人之兵

4. 下列表述正确的有(   )。
   A. 儒家以"人"为中心,以"仁"为核心,以"礼"为准则,以"和"为目标,讲"为政以德",讲"正己正人"
   B. 道家文化强调"有所为有所不为"。老子的"无为"不是不为,而是不妄为、不乱为、顺应客观态势、尊重自然规律
   C. "太上不知有之,其次亲而誉之,其次畏之,其次侮之。"这是老子的观点
   D. 法家管理以"法"即管理制度为核心,注重"法""势""术",即管理制度、管理权威与管理技巧的完美结合
   E. 兼爱、非攻、节俭、救世等是墨家之道的核心价值、精神理念和道德规范,体现了墨家之道之德的强大精神力量。强调每个岗位的员工都应该做好其本职工作,执行到位,我们称之是执行文化

5. 下列说法中,正确的有(   )。
   A. C 理论引进中国古代诸子百家的优秀哲学思想作为其哲学系统的理论依据,强调学习道家的决策哲学,法家的领导哲学,兵家的权变哲学,墨家的创造哲学和儒家的协调哲学
   B. 高层管理者主要顺人道,学会运用道家的决策哲学和兵家的权变哲学,运用无为文化、辩证文化作为管理的指导思想,有所为有所不为,重在做好顺应环境、做好战略决策,把握企业长远发展的大政方针
   C. 中层管理者主要起到上传下达、执行高层战略决策的作用,因此最关键的是顺天

道,应该主要运用儒家协调哲学、营造和谐文化氛围,深入学习儒家思想中的为人之道、平衡之道、沟通之道、协调之道。

D. 基层管理者面向的对象是一线基层员工,主要是贯彻落实执行上级交代的任务。主要体现在向墨家学习其创造思想、创新思维,弘扬执行文化;另一方面需要运用法家的领导哲学指导自己的行动,学会控制和指挥下属不折不扣地完成任务

E. 高层管理者主要向道家、兵家学习,中层管理者主要向儒家、兵家、法家学习,基层管理者主要向墨家、法家学习

【重点回顾】

列表分析儒墨道法兵五家管理思想,管理文化中的哲学思维、核心、代表人物、主要作品、主要言论、主要思想观点。

重点回顾答案

中国式管理的32个手段

【生命成长智慧】

阴阳学说和五行学说

中国传统管理文化博大精深,从生命成长的角度来看,了解和掌握中国的阴阳学说和五行学说,对深刻理解和运用中国传统管理文化起着至关重要的作用。

阴阳学说,是研究阴阳的内涵及其运动变化规律,并用以阐释宇宙间万事万物的发生、发展和变化,是探求宇宙本原和解释宇宙变化的一种世界观和方法论。凡是光明、温暖的事物或现象便归属于阳;凡是黑暗、寒冷的事物或现象便归属于阴。阴阳消长是指阴阳两者始终处于运动变化之中,就是阴消阳长,阳消阴长的过程,始终维持相对平衡的状态。

五行学说,是以木、火、土、金、水五种物质的功能属性来归纳事物和现象的属性,并以五者之间的相互促进、相互制约关系来论述和推演事物之间的相互关系及其复杂的运动变化规律的一种古代哲学思想。

五行,即木、火、土、金、水,对应一年中的春、夏、长(zhǎng)夏、秋、冬,称为"五季"或"五时","五季"的典型代表,是夏秋交接的长夏,在一年的中间,也是一年中最热的时候,基本在阴历的六月。五行的五种物质,并非指单一的事物,而是对宇宙万事万物的五种不同属性的抽象概括。五行强调的是整体概念,是中国人的系统观。

五行之间相生相克,达到动态的平衡统一,最终要回归到"一"。

五行和宇宙中的万事万物都是对应的关系,除了与季节的对应关系外,还与天上太阳系的五星、一日的五时、一年的五节、方位的五方、颜色的五色、易经的五兽、家禽的五畜、粮食的五谷、人体的五气、五脏、五腑、五指、五官、五体、五液、五觉、味道的五味、音乐的五音等都有对应关系。

五行学说和阴阳学说一样,是中华优秀传统文化中非常重要的理论。几千年以来,它一直是指导人们认识自然、社会和人体的重要的工具和途径。因此,要了解中华优秀传统文化,必须要了解和学习阴阳学说和五行学说。

【任务思维导图】

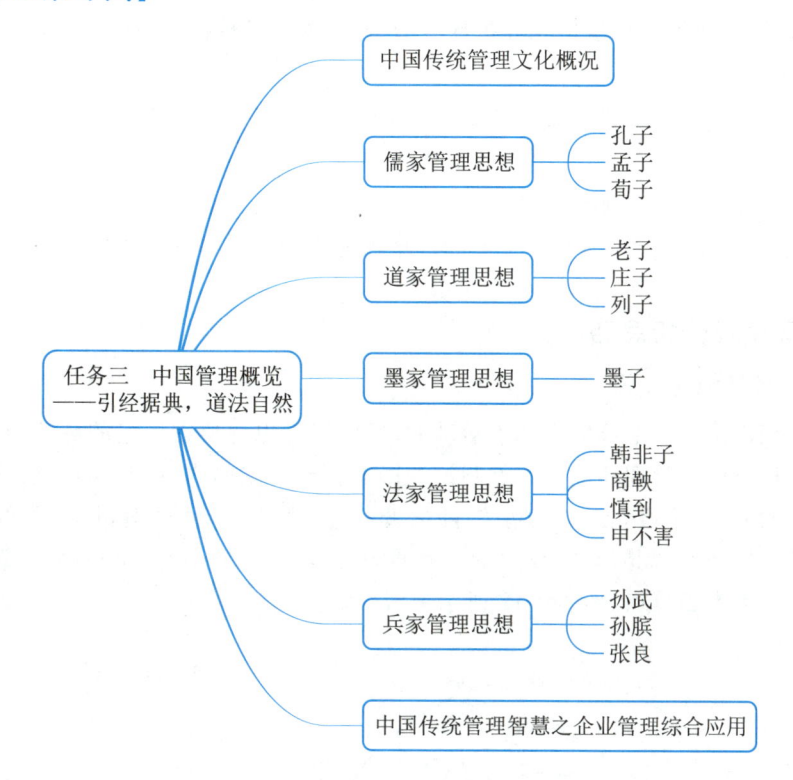

```
                              ┌─ 中国传统管理文化概况
                              │
                              ├─ 儒家管理思想 ─┬─ 孔子
                              │              ├─ 孟子
                              │              └─ 荀子
                              │
                              ├─ 道家管理思想 ─┬─ 老子
                              │              ├─ 庄子
    任务三  中国管理概览        │              └─ 列子
    ——引经据典，道法自然  ─────┼─ 墨家管理思想 ── 墨子
                              │
                              ├─ 法家管理思想 ─┬─ 韩非子
                              │              ├─ 商鞅
                              │              ├─ 慎到
                              │              └─ 申不害
                              │
                              ├─ 兵家管理思想 ─┬─ 孙武
                              │              ├─ 孙膑
                              │              └─ 张良
                              │
                              └─ 中国传统管理智慧之企业管理综合应用
```

任务四 管理环境分析
——知己知彼，百战不殆

> ◇ **中国传统管理名言**
>
> 盖闻知者顺时而谋，愚者逆理而动。——《后汉书·朱浮传》
> 故势不便，非所以逞能也。——《韩非子·说林下》
> 虚则知实之情，静则知动者正。——《韩非子·主道》
> 虚静无事，以暗见疵。——《韩非子·主道》
> 人之学也，或失则多，或失则寡，或失则易，或失则止。——《礼记》

【学习情境】

无论是一个普通人还是创业投资者抑或是一个普通职员、管理者，管理环境分析能力都是不可或缺的。任何管理工作都离不开环境的分析。那么如何在错综复杂的环境中理清思路，有条不紊地进行科学分析，从而做出科学合理的管理行动决策呢？

【学习目标】

知识目标：理解管理环境的含义及其分析的必要性；理清管理环境分析的基本思路；掌握 PEST 分析法、波特五力竞争模型及 SWOT 分析法。

能力目标：熟练运用 PEST 分析法、波特五力竞争模型、SWOT 分析法对管理环境进行分析。

素质目标：养成做任何事情先分析环境的习惯；善于发现机会、规避风险。

【学习任务】

1. 选择一家自己感兴趣行业的企业，运用PEST分析法对其经营环境进行分析，并形成环境分析报告；
2. 选择一个自己感兴趣的行业，运用波特五力竞争模型对行业竞争环境进行分析；
3. 运用SWOT分析法对某一企业的战略环境进行分析，并提出战略发展规划建议。

一、管理环境及分析思路

(一) 管理环境的含义

任何组织都是在一定环境中从事活动的；任何管理也都要在一定的环境中进行，这个环境就是管理环境。管理环境的特点制约和影响管理活动的内容和进行。管理环境的变化要求管理的内容、手段、方式、方法等随之调整，以发现机会、规避风险，更好地实施管理。环境是指周围的情况、影响或势力。管理环境是指存在于组织内部和外部的影响组织绩效的各种因素的总和，如图1-12所示。

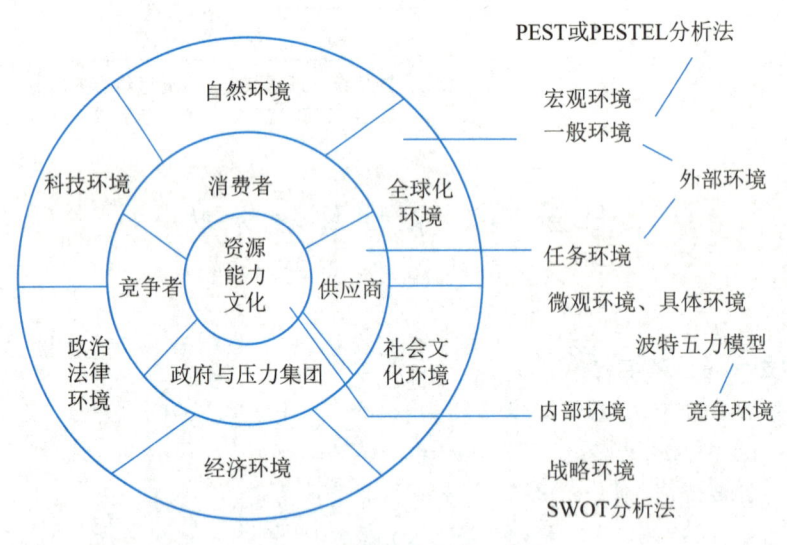

图1-12 管理环境构成示意图

(二) 管理环境分析的基本思路

任何组织的经营管理都必须建立在对特定的管理环境进行充分科学合理地分析的基础上，才能作出科学的经营决策。对管理环境的分析通常要遵循以下思路进行分析。

先对组织外部环境进行全面分析，然后对内部条件（或环境）进行分析。

在分析外部环境的过程中，应首先对宏观环境或一般环境（与一般环境对应的概念是特殊环境，一般而言，宏观环境以外的环境通常被称为特殊环境）进行分析，即对社会宏观大势进行研究，宏观环境的分析通常运用PEST分析法进行分析。PEST分析法是指宏观环境的分析，P是政治（politics），E是经济（economic），S是社会（society），T是技术（technology）。然后对行业中观环境或任务环境、具体环境进行分析。对中观环境的分析主要目的是对目前从事或拟从事的目标行业的发展状况,国际、国内重大事件对该行业的影响,目前行业所处生命周期、行业发展趋势、行业竞争结构、行业价值链等进行分析。研究行业中观竞争环境的方法主要有产业生命周期分析法;产业在社会经济中的地位分析法;产业竞争力量分析法;产业作业成本分析法;产业利润结构分析法等。然后,对微观经营环境进行分析。对微观经营环境的分析主要就对企业经营活动产生直接影响与制约的因素进行分析,目的是用来发现经营机会、规避经营风险,此时应用的分析方法主要是SWOT分析法。微观环境分析是对内外部环境进行充分分析的基础上用来制订企业发展战略的,所以一般也称为战略环境分析。

内部条件是有利于保证企业正常运行,并实现企业利润目标的内部条件与内部氛围的总和,它由企业家精神、企业物质基础、企业组织结构、企业文化构成,四者相互联系、相互影响、相互作用,形成一个有机整体。其中,企业家精神是内部环境生发器,物质基础和组织结构构成企业内部硬环境,企业文化是企业内部软环境。企业内部环境的形成是一个从低级到高级、从简单到复杂的演化过程。企业内部环境管理的目标就是为提高企业竞争力,实现企业利润目标,营造一个有利的内部条件与内部氛围。内部条件分析的方法很多,常用的方法是VRIO分析法。

二、宏观环境分析

宏观环境因素分析的意义,是确认和评价政治—法律、经济、技术和社会—人文等宏观因素对企业战略目标和战略选择的影响。

(一) 政治—法律因素

政治—法律因素是指对企业经营活动具有现存的和潜在的作用与影响的政治力量,同时也包括对企业经营活动加以限制和要求的法律和法规等。

具体来说,政治因素分析包括国家和企业所在地区的政局稳定状况;执政党所要推行的基本政策以及这些政策的连续性和稳定性。这些基本政策包括产业政策、税收政策、政府订货及补贴政策等。

一般说来,政府主要是通过制定一些法律和法规来间接地影响企业的活动。为了促进和指导企业的发展,国家颁布了合同法、企业破产法、商标法、质量法、专利法和中外合资企业法等法律。此外,国家还有对工业污染程度的规定、卫生要求、产品安全要求,对某些产品定价的规定等。而这类法律和法规对企业的活动有限制性的影响。

(二) 经济因素

经济因素是指影响企业经营活动的一个国家或地区的宏观经济状况,主要包括经济发展状况、经济结构、居民收入、消费者结构等方面的情况。

企业所在国家或地区的经济发展形势,是属于高速发展还是属于低速发展,或者处于停滞或倒退状态。一般说来,在宏观经济大发展的情况下,市场扩大,需求增加,企业发展机会就多。比如国民经济处于繁荣时期,建筑业、汽车制造、机械制造以及轮船制造业等都会有较大的发展。而上述行业的增长必然带动钢铁业的繁荣,增加对各种钢材的需求量。反之,在宏观经济低速发展或停滞或倒退的情况下,市场需求增长很小甚至不增加,这样企业发展机会也就少。反映宏观经济总体状况的关键指标是国民生产总值(GNP)增长率,以及中央银行或各专业银行的利率水平、劳动力的供给(失业率)、消费者收入水平、价格指数的变化（通货膨胀率）等。这些因素将影响企业的投资决策、定价决策以及人员录用政策等。

（三）社会因素

社会因素是指社会上各种事物，包括社会文化、社会习俗、社会道德观念、社会公众的价值观念、职工的工作态度以及人口统计特征等。它们的存在和作用是强有力的，影响着人们态度的形成和改变。变化中的社会因素影响社会对企业产品或劳务的需要，也能改变企业的战略选择。

社会文化是人们的价值观、思想、态度、社会行为等的综合体。文化因素强烈地影响着人们的购买决策和企业的经营行为。不同的国家有着不同的主导文化传统，也有着不同的亚文化群、不同的社会习俗和道德观念，从而会影响人们的消费方式和购买偏好，进而影响着企业的经营方式。因此企业必须了解社会行业准则、社会习俗、社会道德观念等文化因素的变化对企业的影响。

公众的价值观念，是随着时代的变迁而变化的，它具体表现在人们对于婚姻、生活方式、工作、道德、性别角色、公正、教育、退休等方面的态度和意见。这些价值观念同人们的工作态度一起对企业的工作安排、作业组织、管理行为以及报酬制度等产生很大的影响。

人口统计特征是社会环境中的另一重要因素，它包括人口数量、人口密度、年龄结构的分布及其增长、地区分布、民族构成、职业构成、宗教信仰构成、家庭规模、家庭寿命周期的构成及发展趋势、收入水平、教育程度等。人口数量变化会影响市场需求量的变化。人口结构决定市场需求结构：不同性别的人，对商品和劳务有不同的消费需求，购买行为也有明显的差别；不同年龄的人，客观上存在着生理特征、价值观念、社会活动等方面的差异；各地人口密度不同，市场大小不同，消费需求、消费习惯、购买行为也不同。老龄化社会的到来为生产老年人用品和提供老年人服务的企业提供了新的机会。

（四）技术因素

技术因素，不但指那些引起时代革命性变化的发明，而且还包括与企业生产有关的新技术、新工艺、新材料的出现和发展趋势及应用前景。技术的变革在为企业提供机遇的同时，也对它形成了威胁。

技术力量从两个方面影响企业战略的选择：

一方面技术革新为企业创造了机遇。表现在：第一，新技术的出现使得社会和新兴行业增加对本行业产品的需求，从而使得企业可以开辟新的市场和新的经营范围。第二，技术进步可能使得企业通过利用新的生产方法、新的生产工艺过程或新材料等各种途径，生产出高质量、高性能的产品，同时也可能会使得产品成本大大降低。

另一方面，新技术的出现也使企业面临着挑战：技术进步会使社会对企业产品和服务的需求发生重大变化。技术进步对某一个产业形成机遇，可能会对另一个产业形成威胁。此外，竞争对手的技术进步可能使得本企业的产品或服务陈旧过时，也可能使得本企业的产品价格过高，从而失去竞争力。在国际贸易中，某个国家在产品生产中采用先进技术，就会导致另一个国家的同类产品价格偏高。

联系实际对宏观环境进行分析，可为创业者寻找对策提供帮助，如表1-6所示。

表 1-6　　　　　　　　　宏观环境分析表

标　　志	一般环境分析标志	为你的创业提供了什么机会	对你的创业产生了什么威胁	机会如何利用威胁如何规避
政治环境	国家发展目标			
	国家方针政策			
	国家法令法规			
经济环境	银行利率			
	通货膨胀率			
	可支配收入			
社会环境	人口状况			
	价值观（时尚）			
	风俗和品位			
技术环境	新技术/新方法			
	新产品			
	新材料			

一般环境总描述：
最大的机会是：
最大的威胁是：
总的对策是：

三、行业环境分析

（一）行业环境分析的内容

行业环境又称中观环境。对行业环境进行分析主要包括行业基本特征分析、行业的宏观环境及发展趋势、行业价值链分析等，如表1-7所示。

表 1-7　　　　　　　　　行业环境分析

内　　容	标　　志	提供了什么机会	产生了什么威胁	如何利用机会规避威胁
产业生命周期分析	形成			
	成长			
	成熟			
	衰退			
经济地位分析	R>1			
	R<1			
产业竞争力量分析	产业竞争强度			
	买方（谈价能力）			
	供方（谈价能力）			
	新进入者（威胁）			
	替代品（威胁）			

续表

内容	标志	提供了什么机会	产生了什么威胁	如何利用机会规避威胁
产业作业成本分析	高			
	中			
	低			
产业利润结构分析	高			
	中			
	低			

1. 行业基本特征分析

行业基本特征分析包括行业的发展历程;行业/产品的背景知识;行业的产品与服务的具体种类划分与用途分析;行业中产品与服务所覆盖的市场及细分市场的规模;行业竞争集中度,主要竞争对手的市场份额状态;产品与服务基本技术原理与技术发展趋势;行业企业的运作特性与方法;行业进入与退出壁垒;行业主要参与者的运作实例分析等内容。

2. 行业的宏观环境及发展趋势

行业的发展历程是对行业历史的回顾,而行业宏观环境及发展趋势则重点是对未来的一个判断。不同的行业有不同的发展趋势和发展周期,而且呈现的消费者群体也大不一样,所以对企业外部环境的分析,必须搞清企业所处行业的宏观环境及发展趋势,才能在制定企业战略时能够充分考虑企业运行的环境。

3. 行业价值链

行业价值链,是指导企业内部运营的指南,也是战略决策所需要考虑的重点。它首先要搞清楚企业所处的行业的价值链是如何切割的,在切割的基础上继续了解各环节的利润水平,价值链参与者有哪些,它们覆盖哪些环节;在此基础上还可以进一步分析主要参与者具备的优劣势与成功运营模式是什么,其中价值链中企业竞争者与客户分析是其中一个重点内容;最后还要分析价值链的关键控制点与链条主要环节的关键成功因素是什么。

(二) 行业环境的结构性分析(波特五力分析模型)

五力分析模型是迈克尔·波特(Michael Porter)于 20 世纪 80 年代初提出的,对企业战略制定产生了全球性的深远影响。波特认为,一个产业内部的竞争状态取决于五种竞争力,五种竞争力量共同决定产业的竞争强度和盈利性。它用于通过对行业环境的分析,从而制定企业竞争战略。五力分别是:供应商的讨价还价能力、购买者的讨价还价能力、潜在竞争者进入的能力、替代品的替代能力、行业内竞争者现在的竞争能力,如图 1-13 所示。

实际上,关于五力分析模型的实践运用一直存在许多争论。目前较为一致的看法是:该模型更多是一种理论思考工具,而非可以实际操作的战略工具。

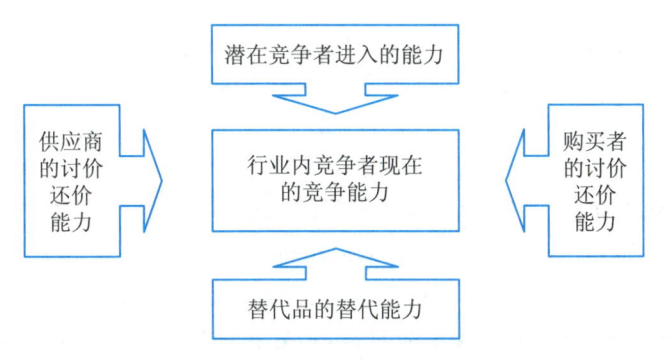

图 1-13　波特五力竞争模型示意图

该模型的理论是建立在以下三个假定基础之上的：

(1) 制定战略者可以了解整个行业的信息，显然现实中是难以做到的。

(2) 同行业之间只有竞争关系，没有合作关系。但现实中企业之间存在多种合作关系，不一定是你死我活的竞争关系。

(3) 行业的规模是固定的，因此，只有通过夺取对手的份额来占有更大的资源和市场。但现实中企业之间往往不是通过吃掉对手而是与对手共同做大行业的蛋糕来获取更大的资源和市场。同时，市场可以通过不断的开发和创新来增大容量。

因此，要将波特竞争力模型有效地用于实践操作，以上在现实中并不存在的三项假设就会使操作者要么束手无策，要么头绪万千。波特竞争力模型的意义在于，五种竞争力量的抗争中蕴含着三类成功的战略思想：总成本领先战略、差异化战略、专一化战略。

四、SWOT 分析法

SWOT 分析法（自我诊断方法）是一种能够较客观而准确地分析和研究组织及个人现实情况的方法。利用这种方法可以从中找出对自己有利的、值得发扬的因素，以及对自己不利的、需要去避开的东西，发现存在的问题，找出解决办法，并明确以后的发展方向。根据这个分析，可以将问题按轻重缓急分类，明确哪些是目前亟需解决的问题，哪些是可以稍微拖后一点儿的事情，哪些属于战略目标上的障碍，哪些属于战术上的问题。SWOT 分析法很有针对性，有利于领导者和管理者做出较正确的决策和规划。

(一) SWOT 分析的含义

SWOT 分析，是基于内外部竞争环境和竞争条件下的态势分析，就是将与研究对象密切相关的各种主要内部优势、劣势和外部的机会和威胁等，通过调查列举出来，并依照矩阵形式排列，用系统分析的思想，把各种因素相互匹配起来加以分析，从中得出一系列相应的结论，而结论通常带有一定的决策性。

(二) SWOT 分析的步骤

SWOT 分析分为组合分析（4 个矩阵元素分析）和综合分析两步，缺一不可。

1. 组合分析

(1) 优势与机会组合(SO)。这种组合是指组织利用自身的资源条件优势去赢得外部环境中的多种发展机会。

(2) 优势与威胁组合(ST)。这种组合是指组织利用自身的资源条件优势去应对和化解外部环境中的威胁和不利变化,这是必须面对的决策,应发挥优势去减低威胁。

(3) 劣势与机会组合(WO)。外部环境有某种发展机会,但组织内部条件不足,这样就难以把握机会,面对这种组合,必须努力创造条件去抓住机会,使劣势趋于最小,使机会趋于最大。但是如果经济负担过重,应放弃相应机会。

(4) 劣势与威胁组合(WT)。这是最不利的组合,可谓雪上加霜,任何组织都应尽可能避免这种状态。如果一旦面对这种情形,应尽可能减低损失。

可见,WT 对策是一种最为不利的对策,是处在最困难的情况下不得不采取的对策;WO 对策和 ST 对策是一种苦乐参半的对策,是处在一般情况下采取的对策;SO 对策是一种最理想的对策,是处在最为顺畅的情况下,十分乐于采取的对策,如图 1-14 所示。

内部因素 \ 外部因素	O——机会 1( ) 2( ) 3( )	T——威胁 1( ) 2( ) 3( )
S——优势 1( ) 2( ) 3( )	SO 战略(增长型战略) 1( ) 2( ) 利用优势 3( ) 抓住机会	ST 战略(多元化战略) 1( ) 2( ) 发挥优势 3( ) 防范威胁
W——劣势 1( ) 2( ) 3( )	WO 战略(扭转型战略) 1( ) 2( ) 克服劣势 3( ) 利用机会	WT 战略(防御型战略) 1( ) 2( ) 克服劣势 3( ) 防御威胁

图 1-14　SWOT 分析的应用

2. 综合分析

上面的 SWOT 组合分析是依据数学元素的可分原则进行的,而实际情况是十分复杂的,机会、威胁、优势、劣势是交织在一起的,而解决问题的方法也是综合平衡、利弊分摊的。SWOT 矩阵只不过是为我们明确列举机会、威胁、优势、劣势提供了一种图表式方法,重点不应该只停留在图表上,而应放在搜集外部环境变化的信息、分析判断的准确性和实施的行动上。

【知识测试】

一、单项选择题

1. 下列属于经济环境的是(　　)。
   A. 科技发展水平　　B. 社会经济结构　　C. 法律　　D. 科技体制

2. 下列属于一般环境的是(　　)。
   A. 供应商　　B. 替代品威胁　　C. 组织管理状况　　D. 政治环境

3. 下列属于组织内部环境的是(　　)。
   A. 供应商　　B. 替代品威胁　　C. 组织管理状况　　D. 政治环境

4. 下列不属于宏观环境的是( )。
   A. 政治环境　　　B. 经济环境　　　C. 科技环境　　　D. 供应商
5. 对于外部有众多机会,内部有强大优势的组织,宜( )。
   A. 采用发展型战略　　　　　　　B. 采取措施扭转内部劣势
   C. 采用多角化战略寻找新的机会　D. 设法避开威胁,消除内部劣势
6. 对于外部有威胁,但内部有优势的组织,宜( )。
   A. 采用发展型战略　　　　　　　B. 采取措施扭转内部劣势
   C. 采用多角化战略寻找新的机会　D. 设法避开威胁,消除内部劣势
7. 对于外部有机会,但内部条件不佳的组织,应( )。
   A. 采用发展型战略　　　　　　　B. 采取措施扭转内部劣势
   C. 采用多角化战略寻找新的机会　D. 设法避开威胁,消除内部劣势
8. 对于外部有威胁,但内部条件又不佳的组织,应( )。
   A. 采用发展型战略　　　　　　　B. 采取措施扭转内部劣势
   C. 采用多角化战略寻找新的机会　D. 设法避开威胁,消除内部劣势
9. 下列属于自然环境的是( )。
   A. 人口规模　　　B. 人口结构　　　C. 地理位置状况　　　D. 社会风气
10. 外部环境主要由一般环境与( )构成。
    A. 宏观环境　　　B. 特殊环境　　　C. 组织文化　　　D. 组织结构
11. 下列属于社会环境的是( )。
    A. 科技体制　　　B. 人口结构　　　C. 社会经济结构　　　D. 生态环境
12. 外部一般环境对组织的影响是( )。
    A. 短期的　　　B. 直接的　　　C. 间接的　　　D. 有利的

二、多项选择题

1. 宏观环境包括( )。
   A. 政治环境　　　B. 管制机构　　　C. 法律环境　　　D. 战略同盟伙伴
   E. 科技环境
2. 微观环境包括( )。
   A. 政治环境　　　B. 管制机构　　　C. 法律环境　　　D. 战略同盟伙伴
   E. 供应商
3. 组织内部环境包括( )。
   A. 战略同盟伙伴　　B. 组织管理状况　　C. 顾客　　　D. 竞争者
   E. 组织资源
4. 环境的基本特征有( )。
   A. 不确定性　　　B. 动荡性　　　C. 复杂性　　　D. 整体性
   E. 综合性
5. 下列关于环境分析的说法正确的有( )。
   A. PEST分析法一般用于分析宏观环境
   B. 波特五力竞争模型一般用于分析产业环境或者任务环境
   C. SWOT分析法一般用于分析企业内外部战略环境,制定企业战略

D. 企业环境分析的目的是发现经营机会、规避经营风险
E. 企业环境的特征是差异性、动态性、不可测性

6. 波特的五力竞争模型所指的五力分别是（　　　）。
A. 供应商的讨价还价能力　　　　　B. 购买者的讨价还价能力
C. 潜在竞争者进入的能力　　　　　D. 替代品的替代能力
E. 行业内竞争者现在的竞争能力

【重点回顾】
1. 管理环境的含义及其分析的必要性。
2. 管理环境分析的基本思路。
3. 简述 PEST 分析法。
4. 简述波特五力竞争模型。
5. 简述 SWOT 分析法。

【生命成长智慧】

一 生 二

本任务的内容是管理环境分析，可以从生命成长和传统文化的角度，从太极理论和《道德经》第42章中得到启示。太极理论说：无极生太极，太极生两仪。意思是其大无外，其小无内的无极，有了动静的变化，产生了太极（那个S曲线），太极是动静之机。当清升浊降的时候，分出了阴阳，阴和阳就是两仪，阴和阳的运动与变化，是宇宙自然的规律，是一切事物的本源，是万物发展变化的起源，也是万事万物生长、消失的根本。

阳光是一，阳光照射产生了阴和阳，阴阳是相对应的，独阳不生，孤阴不长；无处不在，无时不在。阴阳是事物的两面，或者说，对立着的双方都包含在"一"里面。例如：日—月、乾—坤、白天—黑夜、阳光—阴柔、积极—消极、主动—被动、男人—女人、刚强—柔顺、高—低、好—坏、本—末、大—小、多—少、始—终、进—退、动—静，等等。

所有的问题，都是阴阳失衡的结果，过犹不及，过了与不及都是失衡。事物都是在不断失衡—平衡—再失衡—再平衡……中循环往复发展。

身体的五脏六腑，也处处是阴阳，五脏是实的，称为阴，六腑是空的，称为阳。

在人际关系中，也需要阴和阳的平衡。对于进入职场中的人，尤其是年轻父母，不少人都被生活和工作的平衡问题所困扰。

生活和工作，本身就是一阴一阳的，不平衡是正常的，生活和工作上成长的变化，都需要动态平衡，在不平衡中提升掌握动态平衡的能力，完全平衡的状态不是常态的。总之，平衡是一个人综合能力的体现，如果因为工作生活的不平衡而烦恼，说明缺乏掌握动态平衡的能力。

在企业管理中，一样需要阴和阳的平衡。例如，企业都关注绩效，这是企业的生命线。但有些管理者只重视财务目标、客户目标，也会注意加强管理与内部运营，但是对员工成长，特别是生命成长关注不足。

【任务思维导图】

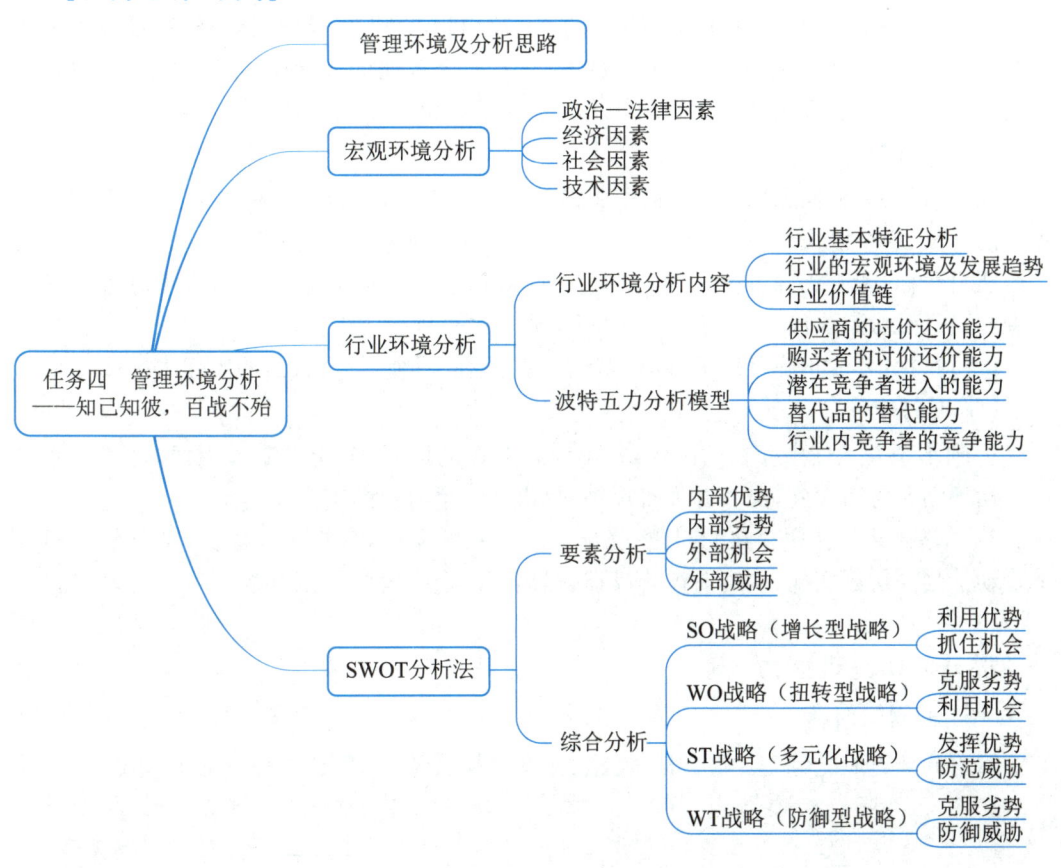

```
任务四  管理环境分析
——知己知彼，百战不殆
├── 管理环境及分析思路
├── 宏观环境分析
│   ├── 政治—法律因素
│   ├── 经济因素
│   ├── 社会因素
│   └── 技术因素
├── 行业环境分析
│   ├── 行业环境分析内容
│   │   ├── 行业基本特征分析
│   │   ├── 行业的宏观环境及发展趋势
│   │   └── 行业价值链
│   └── 波特五力分析模型
│       ├── 供应商的讨价还价能力
│       ├── 购买者的讨价还价能力
│       ├── 潜在竞争者进入的能力
│       ├── 替代品的替代能力
│       └── 行业内竞争者的竞争能力
└── SWOT分析法
    ├── 要素分析
    │   ├── 内部优势
    │   ├── 内部劣势
    │   ├── 外部机会
    │   └── 外部威胁
    └── 综合分析
        ├── SO战略（增长型战略）——利用优势 抓住机会
        ├── WO战略（扭转型战略）——克服劣势 利用机会
        ├── ST战略（多元化战略）——发挥优势 防范威胁
        └── WT战略（防御型战略）——克服劣势 防御威胁
```

任务五 管理问题导向
——直面问题，理清思路

◇ **中国传统管理名言**

故事因于世，而备适于事。——《韩非子·五蠹》

钓者之恭，非为鱼赐也；饵鼠以虫，疑当作"蛊"，非爱之也。——《墨子·鲁问篇》

虚则知实之情，静则知动者正。——《韩非子·主道》

古之立大事者，不惟有超世之才，亦必有坚韧不拔之志。——《晁错论》

相马须相骨，探水须探源。——张九成《四月即事》

【学习情境】

小杨在一所很普通的大学读计算机专业。大三那一年，进入一个大城市的一家科研机构实习。刚去的时候她干坐着，实习部门领导看她无聊，就交给她一个工作任务，说："三天内完成就行，到时给你一个实习鉴定。"接下来的三天里，她积极认真地完成工作任务，第四天上午，当她告诉领导任务已经完成时，领导吓了一跳，对她刮目相看，又给了她几个任务,并且规定要在短时间内完成,而她居然提前完成了。实习结束,领导没多说什么,但不久后去小杨学校校招时直接录用了小杨。机构的人事部门很奇怪:我推荐了好几个品学兼优的名牌学校研究生你都不要,却非要一个普通的大学生,不是开玩笑吧!"不开玩笑,因为她有很强的解决问题的能力。"那个领导说。

【学习目标】

知识目标:理解问题的内涵;理解垂直思考法与水平思考法的基本内涵;掌握 PDCA 循环的含义、四个阶段、八个步骤、三个特点。

能力目标:善于正确看待问题;善于发现问题;会运用垂直思考法与水平思考法发现问题、分析问题、解决问题;善于运用 PDCA 循环改善自己的工作。

素质目标:养成正确运用 PDCA 循环处理问题的习惯,提升自己的工作水平。

【学习任务】

1. 列举个人工作中存在的问题;找出问题存在的原因,分析主要原因,拟订解决问题的行动计划并付诸实施,检查并评价反馈,提出下一个阶段的工作思路。

2. 列举团队工作中存在的问题;找出问题存在的原因,分析主要原因,拟订解决问题的行动计划并付诸实施,检查并评价反馈,提出下一个阶段的工作思路。

一、提升问题处理能力

(一)问题的内涵

问题就是当现况(事实)与目标、期望、标准之间有差距,且必须解决的事情,如图 1-15 所示。

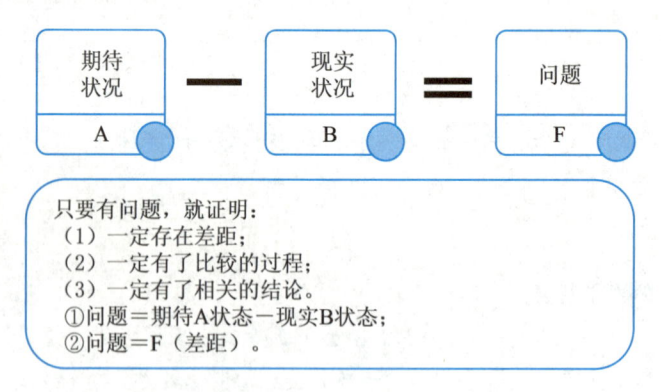

```
期待状况 A  —  现实状况 B  =  问题 F
```

只要有问题,就证明:
(1)一定存在差距;
(2)一定有了比较的过程;
(3)一定有了相关的结论。
①问题=期待A状态—现实B状态;
②问题=F(差距)。

图 1-15 问题的内涵

(二)提升问题处理能力的途径

处理问题,首先得学会思考和分析。事情总会有个来龙去脉。学会辩证地思考问题,才能明辨问题的是非和真相,从而为恰到好处地处理实际问题提供思想和认识上的保证。

1. 提升发现问题的能力

(1)培养较强的问题意识。提升问题处理能力首先需要提升发现问题的能力,问题的发现,比问题的解决更重要,即要有较强的问题意识。问题意识就是问题未明朗化之前,预先感觉到问题存在的一种能力,防患于未然。解决问题的最好方式是将问题消灭在萌芽状态。

(2) 克服阻碍问题解决的消极思维。阻碍问题意识的大敌就是差不多、没关系、没问题、没办法、没面子、没动力等消极思维。

(3) 正确积极面对问题。不要害怕问题,不要害怕受到否定,不要害怕遭遇想象不到的困难。因为,发现问题和困难,是成长的契机。遇见问题并积极面对让我们更加发奋,是为了让我们对自己的生命更加肯定。

【经典案例】

GE 航空器件生产部门的一台发动机坏了,公司里的几名工程师对这台发动机研究了数日也没能发现是哪里出了问题。公司只好从外面聘请了一名工程师来。这名工程师对这台发动机进行了仔细研究后,用粉笔在发动机的外壳上画了一条线,说道:"问题就在这里,把发动机打开,修理这里就行了。"

当 GE 公司询问这名工程师需要多少报酬时,这名工程师回答说:"10 000 元。用粉笔画那条线 1 元,知道在哪里画线 9 999 元。"

爱因斯坦说:提出一个问题往往比解决一个问题更重要。因为解决一个问题也许只是数学上或实验上的技能而已。而提出一个新的问题、新的可能性,从新的角度去看旧的问题,却需要有创造性的想象力,而且标志着科学的真正进步。

哪些领域
容易出问题

2. 提升分析问题的能力

(1) 考虑问题的起因。遇到问题时,人的第一反应是"为什么?""怎么回事?",应从多角度多侧面去分析问题的原因,抓住问题的症结后,再针对不同问题采取不同的处理方法。

(2) 考虑问题的结果。问题出现了,结果如何,对自己是有利还是有害,一定要作出正确的判断。否则,一旦失察和大意,就有可能落入别人的圈套。

(3) 考虑问题的本质。不同的问题有不同的特点和不同的矛盾症结,不同的问题蕴藏着不同的原因和不同的利益平衡点。因此,在遇到问题时,一定要明辨本质,针对不同的用意,采取不同的处理方法。

(4) 考虑问题的各种可能性。在考虑如何处理所面对的问题时,要尽可能地对问题的发生、发展和结局作出全面的分析,设想问题发展的各种可能性,然后选择最佳方案,力争把问题处理得尽善尽美。

3. 提升解决问题的能力

(1) 培养良好的沟通能力。提升问题处理能力要善于培养以理服人、以情感人、善解人意、善听人言、善察人情的能力。

(2) 培养主动承担责任的能力。不逃避,坦然面对问题,正视问题。提高解决问题的能力的秘诀是勇于承担更多的责任,并真正投入其中,坚持不懈,提高自己的心力与心量。很多员工认为,解决问题是高层领导的事,自己只要做好执行工作就行了。事实上,即使最基层的员工也不得不解决日常运营中的各种问题。例如,文件的处理、电话的接听、人员的接待、各种方案和书面材料的编写、事务的报告和传达、事件的调查与核实,等等。

(3) 培养解决问题的钉子精神。在日常学习工作中主动培养自身钉子般的解决问题的精神,做到找不到具体责任人不放过;找不到问题的真正原因不放过;找不到最佳解决方案不放过;有事就找人,没有不对的事,只有不对的人。

二、解决问题的思维方法

(一)垂直思考法

垂直思考法又称直接思考法、逻辑思考法,即按照一定的方向和路线,运用逻辑思维的方式,对问题进行一定范围内的纵深挖掘的思考方法。

垂直思考法有以下特点:

(1)具有高度概然性。在日常生活里,若缺少这种高度概然性的思考,将会问题百出,如果每项举动、每种感觉都得一一深入分析,仔细思量才能被承认,就会耽误很多事情的运作。

(2)具有系统性、正确性及普遍性。垂直思考法讲究按部就班、循序渐进,因此不仅要求每一步骤及每一阶段都必须是绝对;而且要求推论过程中的每一事物都须接受严格的定义及推论,正确无误。借由垂直思考所获得的真理较具系统性、正确性及普遍性,故较适合学术研究,因此一般的学校教育较重视及鼓励这种思考。

(3)具有实用性。垂直思考亦具实用价值,因为若能彻底了解与掌握符合逻辑的原理与原则后,不仅可使自己在推理过程中避免犯错,而且也能辨认别人在推理过程中是否犯错。同时它也顺乎人的自然本能,因为垂直思考法重视高度可能性,而人在面对问题时,往往会被可能性最高的解释吸引住,立刻沿其继续发展。

垂直思考法也有以下缺点:

(1)容易引发误导。由于在运用垂直思考法进行逻辑思考时,前提是保证结论的有效性,因此虽然推论正确,但一旦前提有误时,则结论必然跟着错误。

(2)容易画地自限。在逻辑思考时,往往预先设定一些限制,比如以严密的定义、明确的范围为前提,并依此限制假想出答案的范围,但很多时候这种界限其实并不存在,故问题的解答也在范围之外。

(3)妨碍新概念产生。基于垂直思考法的逻辑思考的本质要求,即对大脑中的思绪做严密的控制,对每一件事都加以逻辑分析和综合。如此大脑会习惯于事事物物都简单、明白、有条不紊,所以将难以接受事情的变化。同时由于一旦找出一条通往正确结论的途径,便会不再费神寻找其他更快的方式,形成产生新概念的最大障碍。

(4)易形成惯性及惰性的思考。惰性的思考是不愿意深入思考;惯性的思考是渴望将过去的经验继续推进到未来,以至于无法发挥新观念的最大效用。

(二)水平思考法

爱德华·德·波诺博士(Dr. Edward de Bono)被誉为20世纪改变人类思考方式的缔造者,是创造性思维领域和思维训练领域举世公认的权威,被尊为"创新思维之父"。

水平思考法,又称为德博诺理论、发散式思维法、水平思维法。水平思维法是针对垂直思维(逻辑思维)而言的。水平思考法,是指摆脱非此即彼思维方式的思考方法,也是摆脱逻辑思维和线性思维的思考方法。水平思考法的典型方法是六顶思考帽。

(1)垂直思考法与水平思考法的区别,如表1-8所示。

表 1-8　　　　　　　　　　垂直思考法与水平思考法对比分析

垂直思考法	水平思考法
选择性的	生生不息的
垂直思维的移动只在有了一个方向时才移动	水平思维的移动则是为了产生一个新的方向
按部就班	可以跳来跳去
分析性的	激发性的
垂直思维者，必须每一步都正确	水平思维者，不必每一步都正确
为了封闭某些途径要用否定	无否定可言
要集中排除不相关者	欢迎新东西闯入
类别、分类和名称都是固定的	类别、分类和名称不一定是固定的
遵循最可能的途径	探索最不可能的途径
无限的过程	或然性的过程

（2）六项思考帽的含义。六项思考帽，是指使用六种不同颜色的帽子代表六种不同的思维模式，如图 1-16 所示。

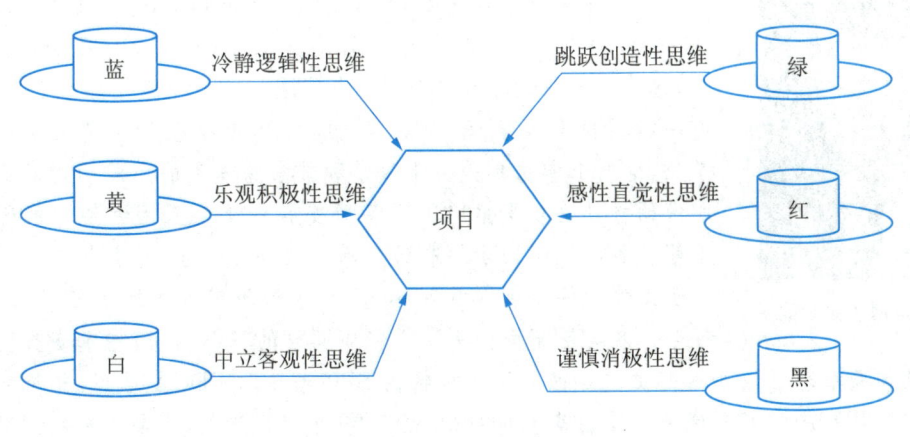

图 1-16　六项思考帽

蓝——冷静逻辑性思维
绿——跳跃创造性思维
黄——乐观积极性思维
红——感性直觉性思维
白——中立客观性思维
黑——谨慎消极性思维

（3）六项思考帽的应用流程，如图 1-17 所示。

白帽	陈述问题
绿帽	提出解决问题的方案
黄帽	评估该方案的优点
黑帽	列举该方案的缺点
红帽	对该方案进行直觉判断
蓝帽	总结陈述，做出决策

图 1-17　六项思考帽应用流程

白色代表中性和客观。白色思考帽代表客观的事实和数据,关注的是信息、数据和资料。

红色代表情绪和情感。红色思考帽代表感性的看法和情绪,关注的是感受、感觉和直觉。

黑色代表悲观和严肃。黑色思考帽代表小心谨慎和消极,关注的是缺点、风险和危险。

黄色代表阳光和价值。黄色思考帽代表积极乐观、充满希望,关注的是优点、机会和机遇。

绿色代表丰富和生机。绿色思考帽代表创造性和新观点,关注的是新想法、新建议、新方法。

蓝色代表冷静和天空。蓝色思考帽代表对思考过程的控制和组织,关注的是方向、目标、总结和概括。

(4) 六项思考帽的优点。六项思考帽思维方法可以培养不同的思考方法;思考过程中引导我们的注意力;思考中不至于思维混乱,便于思考;是计划性的,而不是反应性思考;简化思考方式;变换思考形态;集中思考力量;多角度看待问题。

三、问题改善的流程——PDCA 循环法

PDCA 循环的概念最早是由美国质量管理专家戴明提出来的,所以又称为"戴明环"。

【人物介绍】

威廉·爱德华兹·戴明(W. Edwards Deming,1900—1993),1900 年 10 月 14 日出生于美国艾奥瓦州(Siouxcity Iowa)。1921 年,他从怀俄明州立大学毕业,并取得电气工程学士学位。1925 年他从科罗拉多大学获得硕士学位,1928 年又获得耶鲁大学的博士学位,这两个学位都是关于数学和数学物理学的。戴明对品质管理所做的贡献主要是推广关于品质变异产生的原因和造成的影响的见解。戴明的十四步法有助于减少变异。十四步法中有六个都是关于工作中的培训。戴明认为,如果给予工人的培训不足够,他们每个人就会用不同的方法去完成同样的任务,从而增加变异。戴明对全面质量管理理论所做的贡献是推广了休哈特的 SPC 理论和 PDCA 思想,并将它们付诸实现。PDCA 循环是威廉·爱德华·戴明 20 世纪 50 年代提出的,主要为解决问题的过程提供一个简便易行的方法。1950 年,日本科工联合会设立了戴明奖,并且每年都在日本颁发,以奖励那些为统计理论做出突出贡献的人。

威廉·爱德华兹·戴明

(一) PDCA 循环的内容

P(计划)阶段:此阶段是制定各项工作的目标和方法。目标的确定首先要经过调查研究和信息收集,目标要有重点,主要围绕企业经营的工作任务、经济指标、技术质量、安全生产、满意程度、运营效益等问题,特别是其中的"老、大、难、热、疑"等问题;其次目标要量化,要有具体的目标值,并规定出达到目标的期限。在确定了目标以后,要制定出达到这些目标的具体方法。内容有:制定出包括项目、现状、对策、负责人、进度、期限等的对策计划表;目标值层层分解落实到企业的各部门、子公司、中心、车队、车间、线路、班组、车组和每个员工;订出各类人员岗位责任制,作业线工作流程、各类人员的工作标准;建立经营生产全过程的质量保证体系,确认工序管理和设置管理点。总之要使企业的各部门、子公司、中心、车队、车间、线路、班组、车组和每个员工都能明确各自的工作任务、职责以及与其他部门、单位、人员的横向协调关系等。

D(执行)阶段：此阶段是按照企业各项管理制度、操作规程、产品质量、服务要求、安全生产的工艺标准、工作标准扎扎实实地去执行 P 阶段所制定的对策计划表。在这一阶段中可运用企业管理的一些统计方法和图表及专业技术知识去分析问题、解决问题。同时，企业的各级负责人要提供完成各项工作必须的物质条件。

C(检查)阶段：此阶段是检查各项工作的操作是否按标准、规章制度进行，更要在工作出现问题或异常情况时，用结果来检查原因。要通过检查管理工作的五大(人、机、料、环、法)因素，找出出现问题的症结，并加以控制和消除。

A(处理)阶段：此阶段是根据对各项工作的检查结果，采取相应的处理措施。若执行的工作计划经过实施都有效，就要把成功的工作经验加以肯定形成标准，以后照此办理。若执行的工作计划经过实施没有效果或效果差，甚至出现问题，就要找出问题的原因，采取措施加以纠正，还要把实施没有效果或效果差的工作作为遗留问题转到下一个循环去继续解决。其基本模型如图 1-18 所示。

图 1-18　PDCA 循环

(二) PDCA 循环的特点

(1) **大环带小环**。PDCA 循环作为企业全面质量管理的基本工作方法，不仅适用于整个企业，而且适用于企业的各个部门、子公司、中心、车队、车间、线路、班组、车组和每个员工，甚至适用于企业的党建、工会、青年团、妇委等工作的各方面。不仅适用于各工作方面的整体管理，并且适用于各个独立的工作及攻关课题。如果我们整个企业的经营管理、财务管理、工程建设、安全生产、项目运营管理、服务质量管理、人力资源管理等工作是一个大的 PDCA 循环，那么企业的各个部门、子公司、中心、车队、车间都有自己工作小一级的 PDCA 循环，各条线路、各个班组、车组是更小一级的 PDCA 循环，每一个员工则是更加小一级的 PDCA 循环。这种形成 PDCA 循环的大环套小环，小环又套更小的环，环环相含的结构，大的 PDCA 循环是小的 PDCA 循环转动的根据，小的 PDCA 循环是大的 PDCA 循环的贯彻落实和具体化。而且，小的 PDCA 循环要服从大的 PDCA 循环。通过这种大小 PDCA 循环的转动，把我们整个企业的上下左右的各项工作有机地联系起来，彼此协同，互相促进，确保成效。从时间结构上来说可以把五年计划作为一个大环，年度计划、季度计划、月度计划看成一个个的小环，如图 1-19 所示。

(2) **阶梯式上升**。PDCA 循环不是在同一水平上循环，每循环一次，就解决一部分问题，取得一部分成果，工作就前进一步，水平就提高一步。到了下一次循环，又有了新的目标和内容，更上一层楼。若 PDCA 循环原地转动，说明我们的工作只不过是在原地踏步。PDCA 循环 4 个阶段周而复始地转动，必须每一次循环都要有新的内容和目标，每前进一步，上升到一个新的高度。犹如上楼梯,一次上一个阶梯。图 1-20 展示了这个阶梯式上升的过程。

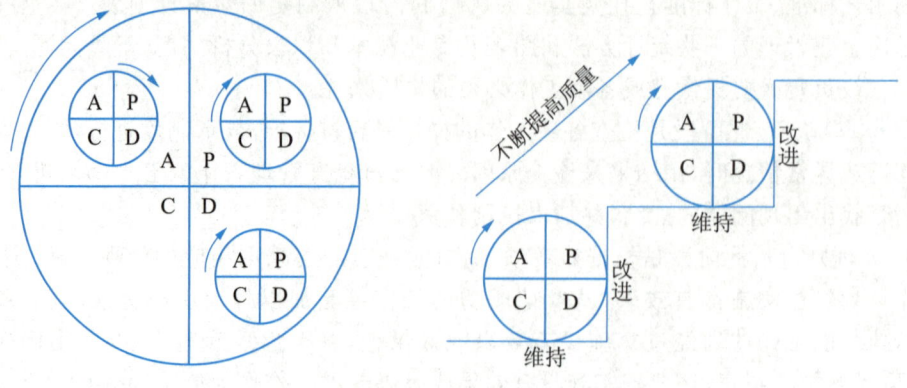

图 1-19 大环套小环

图 1-20 循环前进,阶梯上升

(3) 科学管理方法的综合应用。PDCA 循环应用以质量管理七种工具为主的统计处理方法以及工业工程(IE)中工作研究的方法,作为进行工作和发现、解决问题的工具。

PDCA 循环的四个阶段又可细分为八个步骤,每个步骤的具体内容和所用的方法如表 1-9 所示。

表 1-9 PDCA 循环的步骤和方法

阶段	步　骤	主　要　方　法
P	1. 分析和评价现状,找出问题以识别改进的区域	排列图、直方图、控制图
P	2. 分析各种影响因素或原因	因果图
P	3. 找出主要影响因素	排列图、相关图
P	4. 针对主要原因,制定措施计划	回答"5W1H" 为什么制定该措施(Why) 达到什么目标(What) 在何处执行(Where) 由谁负责完成(Who) 什么时间完成(When) 如何完成(How)
D	5. 执行、实施计划	
C	6. 检查计划执行结果	排列图、直方图、控制图
A	7. 总结成功经验,制定相应标准	制定或修改工作规程,检查规程或其他规章制度
A	8. 把未解决或新出现问题转入下一个循环	

PDCA 循环中 P(计划)的部分重点关注要解决的管理问题,问题产生的原因、主要原因以及解决问题的具体措施,明确针对问题"对症下药"。

【经典案例】

某物流运输集团的 PDCA 循环应用案例

步骤一:分析现状,找出存在的问题。在分析各项工作的现状时候,必须运用数据来进行分析,要用数据来说明存在的问题。如用工作完成率、服务满意度、资产负债率、资金成本率、资金周转率、净资产收益率、设备完好率、工作合格率、运行正点率、物业出租率、责任事故频率、净利润、车公里燃料消耗量、车公里维修材料费、车公里轮胎费等来说明存在的问题。

步骤二:找出产生问题的各种原因或影响因素。在分析各项工作中产生问题原因或影响因素的时候,要求把各项工作中产生问题的各种原因或影响因素全面地逐条明细列出,并对问题原因或影响因素逐条地加以分析与研究,切不可笼统或肤浅地找一些问题原因或影响因素就进行分析。

步骤三:找出原因中影响较大的一个或几个因素。在分析与研究各项工作产生问题原因或影响因素的时候,采用因果图或称鱼刺图从人、机、料、环、法五大因素,即从人员(自己的员工、合作伙伴、服务对象)、机器(机械设备、车辆、电子设备与设施)、材料(生产物资、燃料、零部件)、环境(工作环境、生活环境、气候环境)、方法(管理办法、作业流程、工作技能)五大因素中找出产生问题的主要影响因素,一定要抓住主要影响因素进行深入的分析与研究。

步骤四:针对主要影响因素,按照"5W1H"的方法制订措施。找出各项工作中产生问题的主要影响因素后,要按照"5W1H"的方法制订工作措施。"5W1H"的内容:指出为什么要制订这个措施(Why);达到什么目标(What);在哪里执行(Where);由谁来执行(Who);什么时间完成(When);如何执行(How)。步骤一至四属P(计划)阶段,也就是P(计划)阶段的具体化。

步骤五:执行P(计划)阶段的计划。按计划规定的工作目标和工作方法去执行与开展工作。步骤五属于D(执行)阶段。

步骤六:检查执行结果。根据P(计划)阶段的规定和要求,检查计划的执行情况和措施实行的效果。步骤六属于C(检查)阶段。

步骤七:总结经验,巩固成绩。对各项工作检查的结果加以总结,把成功的经验和失败的教训都规定到相应的工作标准、制度和规程中去,防止以后工作中再发生已发生过的问题,要巩固好已经取得的工作成绩。这一阶段非常重要,它是决定循环圈能否从一个阶梯走向更高阶梯的关键。若已经取得的成功经验和工作成绩得不到巩固,工作中存在的问题还会反反复复,说明循环圈只不过是在原地踏步。

步骤八:提出这一个循环尚未解决的问题转入到下一个循环。经过一个PDCA循环,工作中产生问题的主要原因解决了,原来产生问题的次要原因上升为主要原因,还要继续加以解决,要把它作为遗留问题转入到下一个PDCA循环中去。步骤七、八属于A(处理)阶段。

【知识测试】

1. 下列关于问题的看法,不正确的是(   )。
A. 解决问题是高层领导的事,自己只要做好执行工作就行了
B. 最好的解决问题方式是将问题消灭在萌芽状态

C. 最好的工作状态是没有问题

D. 提高自己解决问题的能力的秘诀是尽量多地承担责任,并真正投入其中,坚持不懈,迫使自己的能力得以提高

E. 优秀的员工经常面对问题去思考,在思考中得到成长,在思考中找到工作的方法,在思考中领悟工作的快乐,解决问题的能力也在思考中得到进一步的提升

2. 关于解决问题的思路,说法正确的有(　　)。

A. 找不到具体责任人不放过

B. 找不到问题的真正原因不放过

C. 找不到最佳解决方案不放过

D. 有事就找人,没有不对的事,只有不对的人

E. 对于重复发生的问题要从工作作风方面去找原因

3. 关于垂直思考法的说法正确的有(　　)

A. 垂直思考法具有高度概然性、系统性、正确性、普遍性、实用性等特点

B. 垂直思考法易形成惯性和惰性思考,易画地自限

C. 垂直思考法又称为直接思考法、发散式思考法

D. 垂直思考法要求每一步必须正确

E. 垂直思考法是一种逻辑严密的思考方法

4. PDCA 循环的四个阶段是(　　)。

A. 计划　　　B. 执行　　　C. 检查　　　D. 处理

E. 组织

5. 下列属于 PDCA 循环的特点是(　　)。

A. 大环套小环　　　　　　　　B. 阶梯式螺旋上升

C. 多种管理方法的综合运用　　D. 一个管理活动形成一个闭环

E. 循环往复

【重点回顾】

1. 问题的内涵是什么?解决问题的基本思路是什么?
2. PDCA 循环的含义。
3. PDCA 循环的四个阶段、八个步骤。
4. PDCA 循环的三个特点。

重点回顾答案

【能力测试】

问题处理能力测试

说明:问题处理能力关系着一个人工作质量的好坏。本测试为判别一个人问题处理能力的高低提供依据。

下面是 10 个单项选择题,请在每一个题目的备选答案中选择一个符合你情况的答案。

1. 你书房的书被水管漏的水浸坏了：
（1）你非常不快，不停地抱怨。
（2）你想借此不交物管费，并写了批评信。
（3）你自己擦洗、清理、烤晒图书，并修理水管。
2. 在节假日里，你和爱人总会为去看望谁的父母发生争执：
（1）你认为最好的办法就是谁的父母都不去看望，以减少麻烦。
（2）订个计划，这次看望爱人的父母，下次看望你的父母，轮流看望。
（3）决定在重要的节假日里，和你的家人团聚，而在其他节假日里与爱人的家人共度。
3. 某个朋友要结婚了，如果你去参加婚礼，当然得送红包，这时：
（1）事先对对方说你有事不能参加，事实上你并没有什么事情，你只是为了不送红包。
（2）对那些你认为重要的朋友，比如可以给你带来生意上帮助的人，你才愿意参加其婚礼并送红包。
（3）你不送红包，但经常收集一些小的或比较奇特的礼物来应付朋友结婚这类事情。
4. 当你感觉身体不舒服时：
（1）你会拖延着不去就诊，认为慢慢会好的。
（2）自己诊断一下，去药房买药。
（3）把这种情况及时告诉家人，然后去医院检查。
5. 生活中的各种压力使你和家人变得容易发怒时：
（1）你会想法向朋友倾诉。
（2）你会设法避免和家人争吵。
（3）你会和家人一起讨论，研究解决的办法。
6. 你的亲友在事故中受了重伤，你得知消息时：
（1）失声痛哭，不知该如何是好。
（2）叫来医生，要求服镇静剂来度过以后的几小时。
（3）抑制自己的感情，因为你还要告诉其他亲友。
7. 你的能力得到承认，并得到了承担一份重要工作的机会：
（1）你会放弃这个机会，因为这项工作的要求太高。
（2）你怀疑自己能否承担起这项工作。
（3）你仔细分析这项工作的要求，做好准备设法把它做好。
8. 一位好朋友将要结婚了，在你看来，他们的结合不会幸福：
（1）你会认真地规劝那位朋友，请他慎重考虑。
（2）努力说服你自己，让自己相信时间还允许朋友改变计划。
（3）你不着急，因为你相信一切都会好起来。
9. 当你和别人发生纠纷，不得不去法庭诉讼时：
（1）你会因为焦虑和不安而失眠。

(2)你不去想这件事,出庭时再设法应付。
(3)你把这件事看得很平常。
10.当你和邻居发生争执,却没有争出结果时:
(1)你借酒浇愁,想把这件不快的事忘掉。
(2)请教律师如何与邻居打官司。
(3)外出散步或消遣,以平息心中的愤怒。

以上题目计分方法是:选择(1)计1分,(2)计2分,(3)计3分。如果10个题目总得分在15分以下,则说明你解决问题的能力较差;如果10个题目总得分在15~25分,则说明你解决问题能力一般,有时稍有迟疑;如果10个题目总得分在25分以上,则说明你处理问题的能力很强。

(资料来源:百度文库 http://wenku.baidu.com)

【生命成长智慧】

面对问题的处理方法

本任务的内容是管理问题导向。从生命成长的角度,对学习、工作、生活中存在的问题提出一些建议:

第一,愿意让自己停下来。当人遇到问题的时候容易陷入负面情绪,心是封闭的、固执的,内心的对话蜂拥而至、循环往复,就像快速的飞行器,刹不住车,一头往痛苦的海洋里猛扎进去,拉都拉不住。

要想摆脱这种因惯性而带来的极大的负面情绪问题,先问问自己:"想不想停下来,换一种活法?"这是需要勇气和选择能力的。如果愿意停下来,再问自己:"我到底想要什么?"就有了更换方向的可能。

第二,唤醒感受和感知能力。在惯性面前,人是麻木的、身心是分离的,失去对自己的感受和感知能力。一般是身体、家庭关系、工作关系等问题给自己带来了不适,那是身体给自己的提醒,发出的警告信息。当收到警告的信息,就可能会唤醒感受和感知能力,才能看到自己的内心深处。

第三,接纳和化解问题。让自己停下来、静下来,学会接纳和化解问题。

接着进一步梳理,有哪些不如意的事,先理出可掌控的与不可掌控的事,可掌控的又可分为可以放一放的与需要下功夫的事,把当前放一放的事情,暂时放一边;要处理的只是当前需要下功夫的事。

如果是关系问题,就要通过沟通解决,可用的方法有直接表达、完整的沟通、耐心倾听和"三下子"等;如果是生活和工作的平衡,还是需要学习,一方面提高办事处世能力,另一方面学会时间管理和计划……

如果是身体的问题,应马上采取措施,其他的问题都是次要的;不是紧急的身体问题,也应确定防护与锻炼的计划。

不管是哪一方面的问题,处理的落脚点,都需要细化并具体的落实下去。其实,人们之所以担心、焦虑,是因为没有有效的解决办法。不如意的事情,都是成长的契机,它在提醒人要去认识,并学会掌握化解的方法。

【任务思维导图】

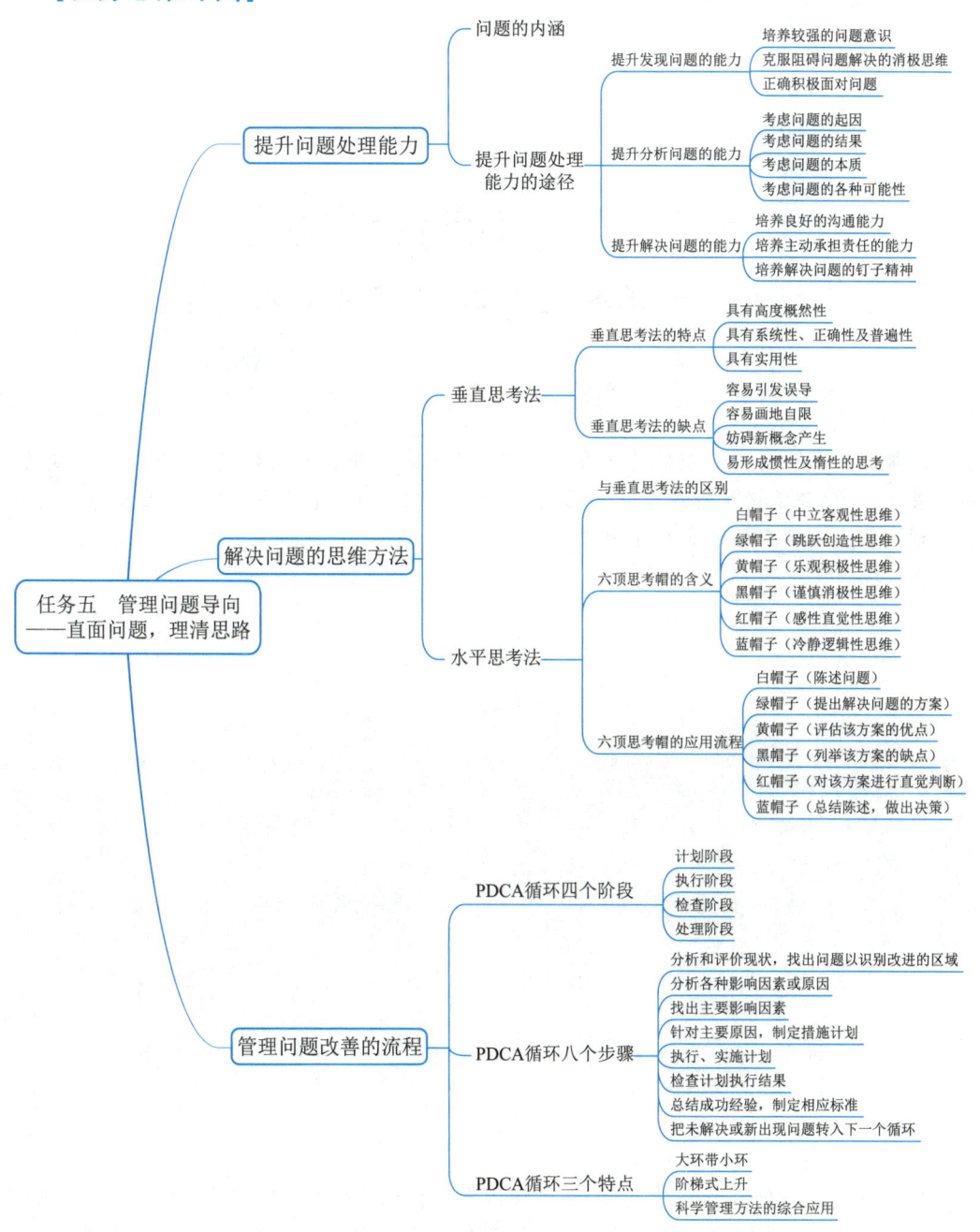

- 任务五 管理问题导向——直面问题，理清思路
  - 提升问题处理能力
    - 问题的内涵
    - 提升问题处理能力的途径
      - 提升发现问题的能力
        - 培养较强的问题意识
        - 克服阻碍问题解决的消极思维
        - 正确积极面对问题
      - 提升分析问题的能力
        - 考虑问题的起因
        - 考虑问题的结果
        - 考虑问题的本质
        - 考虑问题的各种可能性
      - 提升解决问题的能力
        - 培养良好的沟通能力
        - 培养主动承担责任的能力
        - 培养解决问题的钉子精神
  - 解决问题的思维方法
    - 垂直思考法
      - 垂直思考法的特点
        - 具有高度概然性
        - 具有系统性、正确性及普遍性
        - 具有实用性
      - 垂直思考法的缺点
        - 容易引发误导
        - 容易画地自限
        - 妨碍新概念产生
        - 易形成惯性及惰性的思考
    - 水平思考法
      - 与垂直思考法的区别
      - 六项思考帽的含义
        - 白帽子（中立客观性思维）
        - 绿帽子（跳跃创造性思维）
        - 黄帽子（乐观积极性思维）
        - 黑帽子（谨慎消极性思维）
        - 红帽子（感性直觉性思维）
        - 蓝帽子（冷静逻辑性思维）
      - 六项思考帽的应用流程
        - 白帽子（陈述问题）
        - 绿帽子（提出解决问题的方案）
        - 黄帽子（评估该方案的优点）
        - 黑帽子（列举该方案的缺点）
        - 红帽子（对该方案进行直觉判断）
        - 蓝帽子（总结陈述，做出决策）
  - 管理问题改善的流程
    - PDCA循环四个阶段
      - 计划阶段
      - 执行阶段
      - 检查阶段
      - 处理阶段
    - PDCA循环八个步骤
      - 分析和评价现状，找出问题以识别改进的区域
      - 分析各种影响因素或原因
      - 找出主要影响因素
      - 针对主要原因，制定措施计划
      - 执行、实施计划
      - 检查计划执行结果
      - 总结成功经验，制定相应标准
      - 把未解决或新出现问题转入下一个循环
    - PDCA循环三个特点
      - 大环带小环
      - 阶梯式上升
      - 科学管理方法的综合应用

模块二　自我管理能力
——正人先正己，安己以安人

本模块主要从自我管理能力培养的角度，帮助您提升自我认知能力、职业规划能力、心理管理能力（侧重情绪管理与压力管理）、时间管理能力、连接沟通能力，希望您通过阅读和训练成为一名合格的自我管理者。

任务一　自我认知能力
——知人者智，自知者明

> ◇ **中国传统管理名言**
>
> 知人者智，自知者明。胜人者有力，自胜者强。——《道德经》第三十三章
> 博学而笃志，切问而近思，仁在其中矣。——《论语·子张》
> 故木受绳则直，金就砺则利，君子博学而日参省乎己，则知明而行无过矣。——《荀子·劝学》
> 夫以铜为镜，可以正衣冠；以古为镜，可以知兴替；以人为镜，可以明得失。——《旧唐书·魏徵传》
> 权，然后知轻重；度，然后知长短。物皆然，心为甚。——《孟子·梁惠王上》

【学习情境】

某大学应届毕业生小杨，属于性格比较内向，喜欢思考却不善言谈，读了很多书却很少与人交流的那一类型的人。毕业之际，他面临着人生的困惑与选择。按照周围同学的看法，他应该继续在学校读书或进入学校之类的事业单位工作，但他竟出人意料地选择进入一家公司去做市场拓展工作。结果可想而知，他在工作中因为交际能力太差，不能与同事很好地相处，不仅工作没能顺利开展起来，而且还得罪了很多同事，受到众人的鄙夷，留给大家一种高分低能的书呆子印象，最终小杨郁闷地向公司提出了辞职。

（资料来源：陈龙海，李忠霖.职前就业训练[M].北京：北京师范大学出版社，2008.）

【学习目标】

知识目标：理解自我认知内涵；掌握自我认知的内容；掌握自我认知的SWOT分析

法；理解性格、兴趣、能力与职业的关系。

　　能力目标：会为职业生涯规划做好自我认知与自我评估，为职业生涯规划奠定基础。

　　素质目标：通过比较与分析，认清自我、重新审视自我、不断修正自我。

【学习任务】

　　1. 分析自己的性格特征，并根据性格特征对照表分析自己适合的职业类型。

　　2. 列举自己的兴趣爱好，根据兴趣爱好分析自己适合的职业岗位。

　　3. 结合自己的职业类型及本专业的职业能力要求，列举自己的职业能力长处、短处，针对自己的弱项，拟定职业能力的锻炼与培养措施。

　　4. 根据任务 1、2、3 的结论，结合自己的个性特征和能力特点，做出自己的优势与劣势的对比表。

　　5. 完成以上 3 个任务后，综合兴趣爱好、职业价值观和个人能力、性格特点总结自己适合的职业岗位。

　　6. 根据以上分析撰写职业认知与评估总结报告。

　　7. 完成自我认知与评估总结表，如表 2-1 所示。

表 2-1　　　　　职业生涯规划中的自我认知与评估总结表

班　　级		学　　号	
姓　　名		所在团队	
性格特征		适合职业	
兴趣爱好		职业价值观	
职业能力优势		职业能力劣势	
外部机遇		外部威胁	

一、自我认知的内涵

　　自我认知，是指正确客观地认识和评价自我，是自我意识的主要内容。自我意识，是指个体对自己以及与周围世界关系的认识，它包括自我观察、自我认知、自我监督、自我控制、自我教育等形式。自我认知在人的心理健康中起着很重要的作用，它制约着人格的形成、发展，在人格的实现中有着强大的动力功能。

　　自我认知实际上就是把我们的感官由五彩斑斓的世界向内转，转到我们的身体与内心，到达心灵世界。了解自己的长处与短处的人，和知道自己所处位置的人，才能较好地适应社会。

二、自我认知的内容

　　在客观认识自我方面，我们至少需要了解以下五个方面：❶喜欢干什么——职业兴趣；❷能够干什么——职业技能；❸适合干什么——个人特质；❹最看重什么——职业价值观；❺职业是否匹配——胜任力特征。

（一）性格与职业

　　人的性格千差万别，或热情外向、或羞怯内向、或沉着冷静、或火爆急躁。职业心理学的研究表明,不同的职业有不同的性格要求。虽然每个人的性格都不能百分之百地适合某项职业,但却可以根据自己的职业倾向来培养、发展相应的职业性格。不同性格特征的人员,对企业而言,决定了每个员工的工作岗位和工作业绩;对个人而言,决定着自己的事业能否成功。从事财务工作的人细致谨慎,从事销售工作的人热情主动,从事技术工作的人理性有逻辑,不同类型的人在从事某些不同类型的工作时会更加得心应手,取得更好的工作绩效,因为他具备了完成该项工作的性格。性格是一个人在不同的环境(生活和工作环境)中表现出来的、相对稳定的行为倾向的总和,它让一个人的行为保持一致性和规律性,能有效地预测其在特定行业或职能领域成功的可能性。

近年来,一些教育学、心理学研究人员根据我国的实际情况,将职业性格分为八种基本类型,如表 2-2 所示。

表 2-2　　　　　　　　　　　职业性格分类对比

比较类别	特　　征	适合的职业
变化型	在新的和意外的活动或工作情境中感到愉快,喜欢有变化的和多样化的工作,善于转移注意力	记者、推销员、演员
重复型	适合连续从事同样的工作,按固定的计划或进度办事,喜欢重复的、有规律的、有标准的工种	纺织工、机床工、印刷工、电影放映员
服从型	愿意配合别人或按别人指示办事,而不愿意自己独立做出决策,担负责任	办公室职员、秘书、翻译
独立型	喜欢计划自己的活动和指导别人活动或对未来的事情做出决定,在独立负责的工作情境中感到愉快	管理人员、律师、警察、侦察员
协作型	在与人协同工作时感到愉快,善于引导别人,并想得到同事们的喜欢	社会工作者、咨询人员
机智型	在紧张和危险的情况下能自我控制、沉着应付,发生意外和差错时能够不忙不乱出色地完成任务	驾驶员、飞行员、公安员、消防员、救生员
自我表现型	喜欢表现自己的爱好和个性,根据自己的感情做出选择,能通过自己的工作来表达自己的思想	演员、诗人、音乐家、画家
严谨型	注重工作过程中各个环节、细节的精确性。愿意按一套规划和步骤工作并尽可能做得完美,倾向于严格、努力地工作以看到自己出色完成工作的效果	会计、出纳员、统计员、校对员、图书档案管理员、打字员

绝大部分职业同时与几种性格类型特点相吻合,而一个人也同时具有几种职业性格类型的特点。在实际的职业选择过程中,应根据个人的性格与职业的要求,具体情况具体分析,不能一概而论。

(二) 兴趣与职业

兴趣对人生事业的发展至关重要,所以兴趣是职业选择应考虑的重要因素之一。为便于大家根据自己的兴趣,选择合适的职业,这里列举职业分类词典中各种职业兴趣类型的特点与相对应的职业,如表 2-3 所示。

表 2-3　　　　　　　　　　　　职业兴趣类型与职业对应表

类型	类 型 特 征	适应的职业
1	愿意与事物打交道，喜欢接触工具、器具或数字，而不喜欢与人打交道	制图员、修理工、裁缝、木匠、建筑工、出纳员、记账员、会计、勘测、工程技术、机器制造等
2	愿意与人打交道，喜欢与人交往，对销售、采访、传递信息一类的活动感兴趣	记者、推销员、营业员、服务员、教师、行政管理人员、外交联络等
3	愿意与文字符号打交道，喜欢常规的、有规律的活动。习惯于在预先安排好的程序下工作，愿意从事有规律的工作	邮件分类员、办公室职员、图书馆管理员、档案整理员、打字员、统计员等
4	愿意与大自然打交道，喜欢地理地质类的活动	地质勘探人员、钻井工、矿工等
5	愿意从事农业、生物、化学类工作，喜欢种养、化工方面的实验性活动	农业技术员、饲养员、水文员、化验员、制药工、菜农等
6	愿意从事社会福利类的工作，喜欢帮助别人解决困难，这类人乐意帮助别人，他们试图改善他人的状况，帮助他人排忧解难，喜欢从事社会福利和助人工作	咨询人员、科技推广人员、教师、医生、护士等
7	愿意做组织和管理工作，喜欢掌管一些事情，以发挥重要作用，希望受到众人尊敬和获得声望，愿意做领导和组织工作	组织领导管理者，如行政人员、企业管理干部、学校领导和辅导员等
8	愿意研究人的行为和心理，喜欢讨论涉及人的主题，对人的行为举止和心理状态感兴趣	心理学、政治学、人类学、人事管理、思想政治教育研究工作以及教育、行为管理工作、社会科学工作者、作家等
9	愿意从事科学技术事业，喜欢通过逻辑推理、理论分析、独立思考或实验发现和解决问题的、推理的、测试的活动，善于理论分析，喜欢独立地解决问题，也喜欢通过实验做出新发现	生物、化学、工程学、物理学、自然科学工作者、工程技术人员等
10	愿意从事有想象力和创造力的工作。喜欢创造新的式样和概念，大都喜欢独立的工作，对自己的学识和才能颇为自信。乐于解决抽象的问题，而且急于了解周围的世界	社会调查、经济分析、各类科学研究工作、化验、新产品开发，以及演员、画家、创作或设计人员等
11	愿意做操作机器的技术工作，喜欢通过一定的技术来进行活动，对运用一定技术，操作各种机械，制造新产品或完成其他任务感兴趣，喜欢使用工具特别是大型的、马力强的先进机器，喜欢具体的东西	飞行员、驾驶员、机械制造等
12	愿意从事具体的工作，喜欢制作看得见、摸得着的产品并从中得到乐趣，希望很快看到自己的劳动成果，并从完成的产品中得到满足	室内装饰、园林、美容、理发、手工制作、机械维修、厨师等

根据这种分类，一种兴趣类型可以对应许多种职业，而每一种职业往往又都同时具有其中几种兴趣类型的特点。假如你要成为一名护士，那你就应有愿意与人打交道（类型2）、愿意热心助人（类型6）、愿意做具体工作（类型12）这三个兴趣类型的特点；如果你对其

中的某一方面缺乏兴趣,那就应努力培养和发展这方面的兴趣以适应护士职业的要求,否则,还是选择更适合你兴趣类型的职业为好。

(三) 能力与职业

事业发展和能力之间,有不容置疑的直接关系。能力,不是抽象的素质,它通过职业角色得以表现:交响乐团的指挥,其能力显然和一名出色的科技人员、一名出色的飞机驾驶员不同。

能力,是一个人能否进入职业的先决条件,是能否胜任职业工作的主观条件。无论从事什么职业总要有一定的能力作保证。能力,是指完成一定活动的本领。人在其一生之中,要从事各种各样的社会生活和社会生产活动,必须具备多种与之相适应的能力。我们这里所言的能力,是指劳动者从事社会生产活动的能力,亦即职业工作能力。

人们的能力可以分为一般能力和特殊能力两大类。一般能力通常又称为智力,包括注意力、观察力、记忆力、思维能力和想象力等,一般能力是人们顺利完成各项任务都必须具备的一些基本能力。特殊能力是指从事各项专业活动的能力,也可称特长,如计算能力、音乐能力、动作协调能力、语言表达能力、空间判断能力等。由此可见,能力是一个人完成任务的前提条件,是影响工作效果的基本因素。因此,了解自己的能力倾向及不同职业的能力要求对合理地进行职业选择具有重要意义。能力的不同,对职业选择就有差异。从能力差异的角度来看,在职业选择时应遵循以下原则:

1. 注意能力类型与职业相匹配

人的能力类型是有差异的,即人的能力发展方向存在差异。对职业研究表明,职业也是可以根据工作的性质、内容和环境而划分为不同的类型的,并且对人的能力也有不同的要求,因而应当注意能力类型与职业类型相匹配。能力水平要与职业层次一致或基本一致。对一种职业或职业类型来说,由于所承担的责任不同,又可分为不同层次,不同的层次对人的能力有不同的要求。因而,在根据能力类型确定了职业类型后,还应根据自己所达到或可能达到的能力水平确定相匹配的职业层次。只有这样,才能使能力与职业的匹配具体化。

每个人都具有一个多种能力组成的能力系统,每个人在这个能力系统中,各方面能力的发展是不平衡的,常常是某方面的能力占优势,而另一些能力则不太突出。对职业选择和职业指导而言,应主要考虑其最佳能力,选择最能运用其优势能力的职业。同样,在人事安排中,若能注重一个人的优势能力并分配相应的工作,会更好地发挥其作用。

2. 注意一般能力与职业相匹配

不同的职业对人的一般能力的要求不同,有些职业对从业者的智力水平有绝对的要求,如律师、工程师、科研人员、大学教师等都要求有很高的智商;智力在相当大的程度上决定着其所从事的职业类型。

3. 注意特殊能力与职业相匹配

要顺利完成某项工作,除要具有一般能力之外,又要具有该项工作所要求的特殊能力,如从事教育工作需要有阅读能力和表达能力;从事数学研究需要具有计算能力、空间想象能力和逻辑思维能力。例如法官就应具有很强的逻辑推理能力,却不一定要很强的动手能力;而建筑工应有一定的空间判断能力,却不需要良好的语言表达能力。

表 2-4 是国外一些学校在对学生进行职业指导时采用的职业能力倾向的成套测验中的一部分。此表虽不一定完全符合中国国情，却可以由此大致了解有关职业的能力倾向要求。

表 2-4　　　　　　　　　部分职业与其对应职业能力的要求

职　业	一般学习能力	语言能力	算术能力	空间谈判能力	形态知觉	书写能力	运动协调	手指灵活	手的灵巧
建筑师	强	强	强	强	较弱	一般	一般	一般	一般
律　师	强	强	一般	较弱	较弱	一般	较弱	较弱	较弱
医　生	强	强	较强	强	较强	一般	较强	较强	较强
护　士	较强	较强	一般	一般	一般	一般	一般	一般	一般
演　员	较强	较强	较弱	一般	较弱	较弱	较弱	较弱	较弱
秘　书	一般	一般	一般	较弱	一般	较强	一般	一般	一般
统计员	一般	一般	较强	较弱	较弱	较强	较弱	较弱	较弱
服务员	一般	一般	较弱	较弱	较弱	较弱	一般	一般	一般
驾驶员	一般	一般	较弱	一般	一般	弱	一般	一般	一般
纺织工	较弱	较弱	较弱	较弱	较弱	弱	一般	一般	一般
机床工	一般	较弱	较弱	较弱	较弱	较弱	较弱	较弱	较弱
裁　缝	一般	一般	较弱	一般	较弱	一般	较强	一般	一般

【职业测评】

解决职业定位问题

"我不知道自己适合做什么！"——不论是什么年龄，大家问咨询师的都是同一个问题。

在个人的职业生涯中，从选择专业开始，找工作、跳槽、晋升，每一步大家都在问：我是什么样的人，我适合做什么？现实中，很多人没有通过客观的手段回答这个问题，而是依靠直觉进行决策。这样导致很多人职业发展走了弯路，遇到了很多职业困扰，从社会角度上来说，更是一种人力资源的浪费。

职业心理学家认为，进行职业定位，首先应该从认识自我开始——职业测评是认识自我的一种非常有效的手段。

职业测评是一种了解个人与职业相关的各种心理特质的方法。准确地说，职业测评是一种心理测验，它是通过一系列的科学手段对人的一些基本心理特质（能力素质、个性特点）进行测量与评估。通过评估，分析你的各种特点，再结合工作的特点，帮助你进行职业选择，这也就是通常意义上所说的"人职匹配"。职业测评有两种用途：一是服务于企业——帮助企业选人；二是服务于个人——帮助个人选职业。

职业测评有效吗？有效，因为它提供的结果非常有用：

测评结果是通过比较得出的结果（职业测评都会有一个大多数人的平均分数，自己的分数通过比较之后看出差异),有比较才会更加准确,更加客观。

测评结果是个人意识到但又说不清楚的特点,能够系统地描述和分析;平常大家都会对自己有一个感性的认识,但实质上并不明确,也不一定会十分准确。通过职业测评,你可能就会发现一个真正的自己。

测评结果会为你的职业选择提供可依据的信息,帮助指导你自己更准确地了解你。在测评结果基础上的专家建议才能更加可信。就好比医生看病之前会给病人做各种检查和化验。

职业测评通过什么形式进行?有哪些种类?

形式:主要是通过纸笔测验的方法,也就是现在大家在网上、书上经常可以看到的"回答一系列问题的测验"。

常见的职业测评的类型主要有五类:

(1) 职业兴趣测验——了解个人对职业的兴趣,即"你喜欢做什么"。

(2) 职业价值观及动机测验——了解个人在职业发展中所重视的价值观以及驱动力,即"你要什么"。

(3) 职业能力测验——考察个人的基本或特殊的能力素质,如你的逻辑推理能力,口头表达能力,即"你擅长什么"。

(4) 个性测验——考察个人与职业相关的个性特点,即"你是怎样的一个人"。

(5) 职业发展评估测验——主要是评估你的求职技巧、职业发展阶段等。

【小资料】

自我认知之 SWOT 分析

对个人进行自我认知,可运用 SWOT 表作分析,如表 2-5、表 2-6 所示。

表 2-5　　　　　　　　　　SWOT 分析

外部因素 ⇨ 内部因素 ⇩	外部机遇:Opportunities O1: O2: O3: O4: …	外部挑战:Threats T1: T2: T3: T4: …
内部优势:Strengths S1: S2: S3: S4: …	优势-机遇:SO	优势-挑战:ST
内部劣势:Weaknesses W1: W2: W3: W4: …	劣势-机遇:WO	劣势-挑战:WT

表 2-6   个人 SWOT 情况列示

优势	劣势
系统地学习了一个专业 有活力和朝气 可塑性好,磨合期短 有潜能 参加过社会实践 参赛获过奖	性格上的弱点 缺乏工作经验/经历 浮躁,稳定性差 阅历有限 欠缺工作所需的实操技能
机会	挑战
热门行业和热门职业对人员的需求状况 对人员的素质要求 专业对口的工作的需求量 知名企业岗位主要需求 行业有前景好的企业有哪些 处在发展期的企业对人才的需求情况 由口碑好的老板掌舵的小企业有何需求	是否拥有岗位所需技能 个性与岗位是否匹配 能否将知识转化为智慧 在学校/社会参加过何种集体活动/社会实践活动,担当什么角色 是否善于归纳、总结 是否有其他特长 心理素质如何,能否承受压力 体力如何

【经典案例】

李某是一个非常活泼、外向的女生。刚毕业的时候,迫于就业形势,她没考虑自己的性格特点,就匆匆选择了一家知名的杂志社担任编辑工作。半年下来,日复一日的重复工作让她感到十分厌倦。之后,她做了专业的性格和职业能力倾向性测试,职业顾问给她的建议是从事与市场策划相关的工作。正好有机会她去了一家合资的广告公司从事客户工作,这项工作特别适合她,业绩一跃成为公司客户代表的榜首。5 年后,她又成功跳槽到一家跨国 4A 广告公司担任中国区经理。上述案例中的主人公李某意识到她的性格和第一份职业之间的不匹配,继而主动改变职业发展的方向,转向适合她活泼、外向性格的职业,取得了很大的成就。

【知识测试】

1. 小孙在进行个人 SWOT 分析中,发现如果公司或经济环境出现变化,这种变化可能导致公司裁员,这是属于 SWOT 分析中小孙所面临的(   )方面。
   A. 强项   B. 弱项   C. 威胁   D. 机会

2. 自我意识不包括(   )。
   A. 自我观察   B. 自我监督
   C. 自我否定   D. 自我控制和自我教育

3. 某个人在新的和意外的活动或工作情境中感到愉快,喜欢有变化的和多样化的工作,善于转移注意力。说明他属于(   )。
   A. 变化型   B. 机智型   C. 服从型   D. 严谨型

4. 下列说法中，错误的是（　　）。

A. 管理者的情商水平的高低对于个人自我认知的程度起着重要作用

B. 要增强自我认知的能力，就必须具有反思的能力

C. 虽然每个人的性格都不能百分之百地适合某项职业，但却可以根据自己的职业倾向来培养、发展相应的职业性格

D. 一种职业只对应一种性格类型，一个人只有一种职业性格类型

【案例分析】

某公司员工小张（以下简称"我"）的 SWOT 分析如表 2-7 所示。阅读表中的分析，回答下面的问题。

表 2-7　小张的 SWOT 分析图表

强　　项	弱　　项
1. 我与团队保持密切联系 2. 我能够应付压力 3. 我善于承担责任 4. 我积极参与团队的发展	1. 我倾向于承担过多工作，无法说不 2. 我对不能迅速提出新想法的人缺乏耐心 3. 我希望昨日事昨日毕
机　　会	威　　胁
1. 公司在培训上投入巨资并让我们自己决定应该学什么 2. 公司热衷于增强内部人员的能力 3. 我的职能经理希望委派给他/她的部分工作，并提高我的责任水平	1. 我从事的行业不稳定（存在许多冗余企业） 2. 和我同级的其他人同样是雄心万丈，非常希望能利用晋级机会 3. 如果我的职能经理离职，其继任者可能对于帮助我取得进步不感兴趣

请根据上述情况，回答下列问题。

1. 从表中可以看出，（　　）事是"我"经常做的事。

A. 与其他团队成员关系不好

B. 经理经常在"我"特别忙的时候交给"我"一些额外的工作

C. 不愿意参加公司组织的培训活动

D. 经常自己独立完成各种工作

2. 通过 SWOT 分析，人们提出了很多处理问题的策略，那么 SW 策略是指（　　）。

A. 增加自己的机会，减少自己的威胁

B. 增加自己的机会，减少自己的弱项

C. 增强自己的强项，减弱自己的威胁

D. 增强自己的强项，减弱自己的弱项

3. 对于"我"遇到的威胁，"我"可以通过（　　）途径减少威胁的程度。

A. 及时和新任经理进行沟通

B. 提高自己各个方面的能力

C. 积极地参加公司各种培训的机会，及时补充自己的知识

D. 以上方法都可以

4. 对于SWOT分析方法,下面说法正确的是(　　)。
A. 它只能用于个人的分析,不能用于团队和组织的分析
B. 它既能用于个人分析,也能用于组织和团队的分析
C. 它只是一种定性的分析方法,没有说服力
D. 它只能分析出个人的优缺点,并不能帮助人们改善自己目前的情况
5. 为了减少工作量,"我"可以通过(　　)进行缓解。
A. 减少自己所负的责任
B. 对于当天的事情一定要完成
C. 减少介绍外界电话的次数
D. 给他人分配一些任务或授权

【重点回顾】
1. 自我认知的内涵是什么?
2. 自我认知的内容包括哪些?
3. 如何理解性格、兴趣、能力与职业的关系?

【能力训练】

我是一个什么样的人?

我是谁?这是一个充满了思辨和哲学的永恒话题。中国有句古话,叫作"人贵有自知之明",意思是人最可贵的特点是能正确地认识自己。

老子曾说:"知人者智,自知者明;胜人者有力,自胜者强。"希腊德尔菲神庙上也刻着一行警告人们的字:"认识你自己!"这个能力训练就是针对你是如何看待自己而设计的。请拿出一张白纸,开始我们的训练。

请认真填写自我认知评价表,如表2-8所示。

表 2-8　　　　　　　　　　自我认知评价表

类　　别	真实的我	理想的我	别人眼中的我
身　　高			
体　　重			
相　　貌			
出身阶层			
文化程度			
性　　别			
性　　格			
人际关系			
专　　业			
朋　　友			

续表

类　别	真实的我	理想的我	别人眼中的我
家　庭			
收　入			
爱　好			
健康状况			
理想抱负			
……			

具体填法，有两种形式：一种是竖填，先一鼓作气地填出——"真实的我"，真实的自己的情况。例如，你是一位男士，身高1.72米，体重65千克，相貌中等，出身阶层是职员，文化程度是大专毕业……填完了第一竖栏，你的大致情况就勾勒出来了。然后再填右边的那一栏，就是——"理想的我"，建议你也一气呵成。期冀自己怎样，就大大方方地写出来，不必担忧它是否成真。例如，身高，你希望自己身材高大如体坛球星，不妨就写个1.98米，还觉得不过瘾，填上2.22米也无妨。如果你期望窈窕如模特，也可以大胆设想身高1.75米，体重48千克。至于相貌，也可以大笔一挥写上貌似"刘德华"或"凯瑟琳·赫本"。总而言之，你曾怎样幻想过，都可以写出来。还有一种是横填。以"收入"一项为例，先写上你毕业后的可能状况，如"月薪3 000元"，再移向右侧的那栏，即"理想的我"，你可以填上"月薪5 000元"。至于"别人眼中的我"，可以根据周围人对你的实际评价进行填写。

填完之后，再仔细看一遍。我们会发现，每个人对自己的评价和自己的理想之间，竟存在不少的差距。

世上有一些事情可以改变，也有一些事情不能选择。对于不能改变的事物，捶胸顿足，怨天尤人也于事无补。要想保持心灵健康、心态平和，重要的原则就是对那些我们所不能改变的事物安然接纳。这不是消极的态度，而是积极的乐观和智慧。当我们承认自己的不完美，也接纳自己的不完美，坦然面对自己的不完美时，我们也会对他人的多样性有了更多的包容和欣赏。

"理想的我"和"真实的我"，不相符合之处多吗？数一数到底有多少条？看看有哪些是可以改变的？有哪些是不可以更改的？对那些经过努力可以更改的，你将如何努力？改变的代价你能否承担？对那些不可改变的，今后你能否真正坦然笑纳？

"真实的我"和"别人眼中的我"，有多大差距？如果别人眼中的你，和实际生活中的你反差太大，你可要好好找找原因了。在我们的生活中，我们违背自己的意志，只是为了一博别人的欢喜，为了他人的好印象，选择委屈自己。用一位诗人的诗句来说："你不要不停地变化，来取悦于我。我爱你，是爱你的本色。"

请记住——务必活出一个真实的自己！否则我们会很累很累。如果你经常扭曲自己，让真实的自我躲藏起来，企图用假象蒙蔽你周围的人，那么，你伪装得越像，你付出的代价就越多。情况严重的，甚至会走向精神分裂。

曾记得郭冬临的小品《有事您说话》，小品中的主人公是厂里的一名普通职工，他希望别人能够高看自己一眼，他希望在别人眼里是一个有头有脸、关系广泛、神通广大、有本事的人。但他并没有在工作中努力，而是一味地帮人家办事。大家觉得他挺热心，有什么事都求他，对此他即使办不了也为了顾全面子而答应下来。为了替科长买火车卧铺票，他先谎称自己铁路上有熟人,然后再连夜冒着寒风去火车站排队,要是排不上再自己搭上钱从票贩子手里买高价票。最终事情办完了,拿到票的科长喜笑颜开,连夸小郭有本事,可他背后的辛酸只有他自己知道。他这样做就是想让别人认可自己,不愿承认自己比别人差,怕伤及同事的感情或是得罪上司。可到头来自己得了"面子"却累坏了身子,还让家人为之落泪。在现实中,总有一些人为了面子奔波一生,总想让别人高看自己一眼,结果最后留给自己的还是烦恼一堆。其实,他们输的不是他们的个人能力,也不是他们的行为技巧,而是这个不名一钱的薄薄的脸面。如果我们能够正视面子,认识到其实在现实生活中,比面子更重要的东西还有很多,放下那些没有价值的面子,放下"别人眼中的我",我们的生活就不会有那么多的痛苦。"死要面子活受罪",放下面子,做你自己,人生才更精彩。

(资料来源:阚雅玲,朱权,游美琴.管理基础与实务[M].北京:机械工业出版社,2008:168-171.)

【生命成长智慧】

跳出自身看自身,立足自己看自己

本任务的内容是自我认知。人生是一个不断认识自我、完善自我的过程,一个人不可能用自己的眼睛完全看清自己,"不识庐山真面目,只缘身在此山中"。有些人经常自我感觉良好、夜郎自大,就是把自己局限在了一个较为狭窄的时空内。殊不知天外有天、人外有人。认清自我最好的办法就是"跳出自身看自身"。要学会登高望远,放开视野去比较,在一览众山小中看清自己的位置、自己的渺小,看到别人看不到的;要学会用"第三只眼"看自身,不以自我为中心;要用旁观者的心态,高出事物的一两个层次来审视自己;要学会以人为镜,见贤思齐,了解自己的差距和不足,明确方向和目标。

另一方面,又要找准自己的定位,立足当下思考问题,扬长避短,不纠结过往,不忧心未来,做好当下正在做的事,过好眼前的生活,自我审视,这是一切工作的原点。要善于正确认识自己,不能听了几句表扬就妄自尊大、自以为是,也不能挨了几句批评就妄自菲薄、自我否定;明白现状、清晰未来,把自己的潜能发挥到最佳状态,干一行爱一行精一行,活在当下,做好自己。跳出自身看自身,可以看得更加明白;立足自己看自己,能够走得更加顺畅。

【任务思维导图】

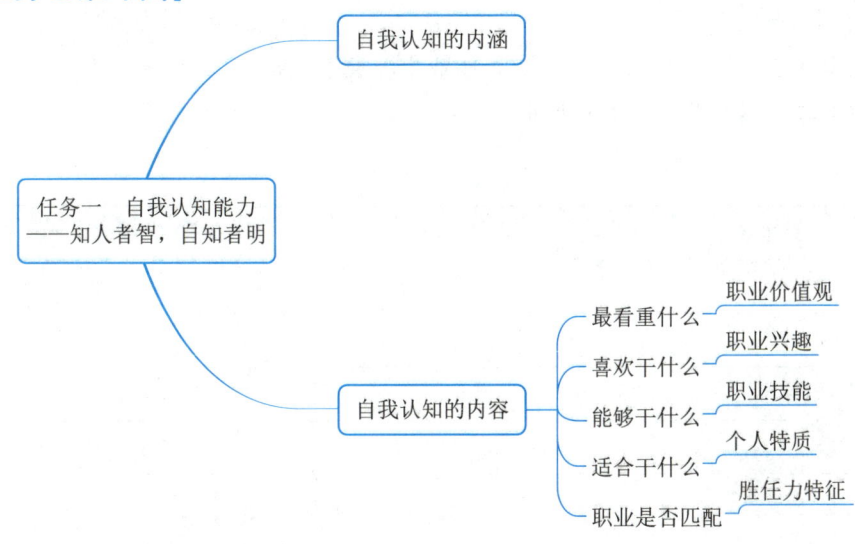

```
                          ┌─ 自我认知的内涵
任务一  自我认知能力 ─────┤
——知人者智,自知者明      │                    ┌─ 最看重什么 ── 职业价值观
                          │                    ├─ 喜欢干什么 ── 职业兴趣
                          └─ 自我认知的内容 ───┼─ 能够干什么 ── 职业技能
                                               ├─ 适合干什么 ── 个人特质
                                               └─ 职业是否匹配 ── 胜任力特征
```

任务二　职业规划能力
——人无远虑,必有近忧

> ◇ **中国传统管理名言**
> 君子藏器于身,待时而动。——《周易》
> 人无远虑,必有近忧。——《论语·卫灵公》
> 有志者事竟成也。——《后汉书》
> 夫志当存高远。——《诸葛亮集·诫外生书》
> 为世忧乐者,君子之志也;不为世忧乐者,小人之志也。——《申鉴·杂言上》

【学习情境】

在校大学生缺乏职业生涯规划意识的现象比较普遍,参加工作后的青年人也不例外,因此他们经常面临职业选择和参加招聘活动的问题。无论是待业人群中高学历群体,还是主动不就业族以及参加工作后频繁跳槽的青年人,缺乏正确的职业生涯规划设计是他们人生发展的较大障碍。志能生定,志能生德,志能生慧,因此立志对一个人的职业生涯有着至关重要的作用。

【学习目标】

知识目标:掌握职业生涯规划的内涵、步骤;熟悉职业生涯规划的路径选择;理解职业发展阶段的不同对职业选择的影响;理解影响职业生涯的环境因素;掌握职业生涯规划应遵循的原则及高职学生职业胜任素质模型。

能力目标:会根据职业生涯规划基本理论进行职业生涯规划设计。

素质目标:引导学生增强职业意识,形成正确的职业观,理解职业生涯规划的特点及其与职业理想的关系,明确职业理想对人生发展的重要性。

【学习任务】

1. 根据任务一的工作任务,继续完善职业生涯规划方案。
2. 填写表2-9,并形成完整的职业生涯规划方案。

表2-9　　　　　　　　　职业生涯规划设计

1. 确定职业目标和路径
❶ 短期职业目标
❷ 中期职业目标
❸ 长期职业目标
❹ 职业发展路径

续 表

| 2. 制定行动计划 |
| ❶ 短期计划 |
| ❷ 中期计划 |
| ❸ 长期计划 |
| 3. 动态反馈调整：评估、调整我的职业目标、职业路径与行动计划 |
| 4. 备选职业规划方案 |

一、职业生涯规划

（一）职业生涯规划的内涵

职业生涯规划是指个人发展与组织发展相结合，通过对职业生涯的主客观因素分析、总结和测定，确定一个人的奋斗目标，并为实现这一职业目标，预先进行职业生涯系统安排的过程，包括制定相应的工作计划，以及每一时段的顺序和方向的选择。

（二）职业生涯规划的步骤

要做好职业生涯规划就必须按照职业生涯设计的流程，认真做好每个环节。职业生涯设计的具体步骤概括起来主要有以下几个方面：

1. 自我评价

自我评价也就是要全面了解自己。一个有效的职业生涯设计必须是在充分且正确认识自身条件与相关环境的基础上进行的。要审视自己、认识自己、了解自己，做好自我评估，包括自己的兴趣、特长、性格、学识、技能、智商、情商、思维方式等。即要弄清我想干什么、我能干什么、我应该干什么、在众多的职业面前我会选择什么等问题。

2. 环境评价

职业生涯规划还要充分认识与了解相关的环境，评估环境因素对自己职业生涯发展的影响，分析环境条件的特点、发展变化情况，把握环境因素的优势与限制。了解本专业、本行业的地位、形势以及发展趋势。

3. 确立目标

确立目标是制定职业生涯规划的关键，通常目标有短期目标、中期目标、长期目标和人生目标之分。长远目标需要个人经过长期艰苦努力、不懈奋斗才有可能实现，确立长远目标时要立足现实、慎重选择、全面考虑，使之既有现实性又有前瞻性。短期目标更具体，对人的影响也更直接，也是长远目标的组成部分。职业生涯目标的确定包括人生目标、长期目标、中期目标与短期目标的确定，它们分别与人生规划、长期规划、中期规划和短期规划相对应。一般地，我们首先要根据个人的专业、性格、气质和价值观以及社会的发展趋势确定自己的人生目标和长期目标，然后再把人生目标和长期目标进行分化，根据个人的经历和所处的组织环境制定相应的中期目标和短期目标。

4. 职业定位

职业定位就是要为职业目标与自己的潜能以及主客观条件谋求最佳匹配。良好的职业定位是以自己的最佳才能、最优性格、最大兴趣、最有利的环境等信息为依据的。职业定位过程中要考虑性格与职业的匹配、兴趣与职业的匹配、特长与职业的匹配、专业与职业的匹配等。职业定位应注意：❶依据客观现实，考虑个人与社会、单位的关系；❷比较鉴别，比较职业的条件、要求、性质与自身条件的匹配情况，选择条件更合适、更符合自己特长、更感兴趣、经过努力能很快胜任、有发展前途的职业；❸扬长避短，看主要方面，不要追求十全十美的职业；❹审时度势，及时调整，要根据情况的变化及时调整择业目标，不能固执己见，一成不变。

5. 实施策略

实施策略就是要制定实现职业生涯目标的行动方案，要有具体的行为措施来保证。没有行动，职业目标只能是一种梦想。要制定周详的行动方案，更要注意去落实这一行动方案。

6. 评估与反馈

整个职业生涯规划要在实施中去检验，看效果如何，及时诊断生涯规划各个环节出现的问题，找出相应对策，对规划进行调整与完善。

由此可以看出，整个规划流程中正确的自我评价是最为基础最为核心的环节，这一环节做不好或出现偏差，就会导致整个职业生涯规划各个环节出现问题。

（三）职业生涯路线的选择

职业生涯的选择，可通过分析来确定，如图 2-1 和图 2-2 所示。

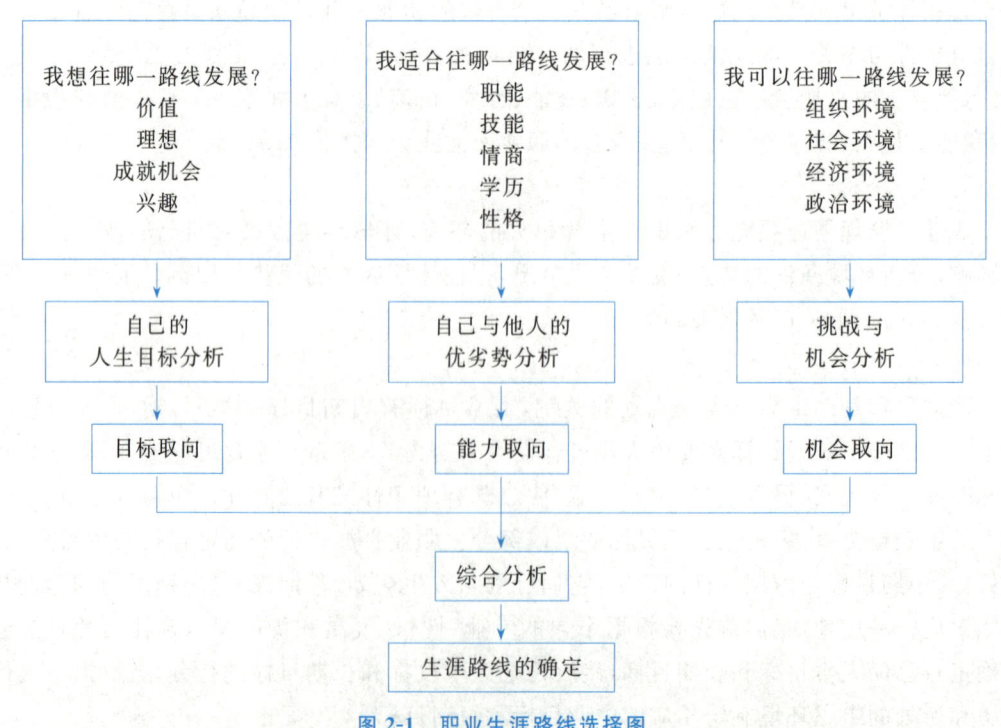

```
┌─────────────────┐   ┌─────────────────┐   ┌─────────────────┐
│ 我想往哪一路线发展？│   │我适合往哪一路线发展？│   │我可以往哪一路线发展？│
│      价值        │   │      职能        │   │     组织环境      │
│      理想        │   │      技能        │   │     社会环境      │
│     成就机会      │   │      情商        │   │     经济环境      │
│      兴趣        │   │      学历        │   │     政治环境      │
│                 │   │      性格        │   │                 │
└────────┬────────┘   └────────┬────────┘   └────────┬────────┘
         │                     │                     │
┌────────┴────────┐   ┌────────┴────────┐   ┌────────┴────────┐
│      自己的      │   │    自己与他人的    │   │     挑战与       │
│    人生目标分析    │   │     优劣势分析     │   │     机会分析      │
└────────┬────────┘   └────────┬────────┘   └────────┬────────┘
         │                     │                     │
     ┌───┴───┐             ┌───┴───┐             ┌───┴───┐
     │ 目标取向│             │ 能力取向│             │ 机会取向│
     └───┬───┘             └───┬───┘             └───┬───┘
         │                     │                     │
         └─────────────────────┼─────────────────────┘
                               │
                         ┌─────┴─────┐
                         │  综合分析   │
                         └─────┬─────┘
                               │
                       ┌───────┴───────┐
                       │  生涯路线的确定  │
                       └───────────────┘
```

图 2-1　职业生涯路线选择图

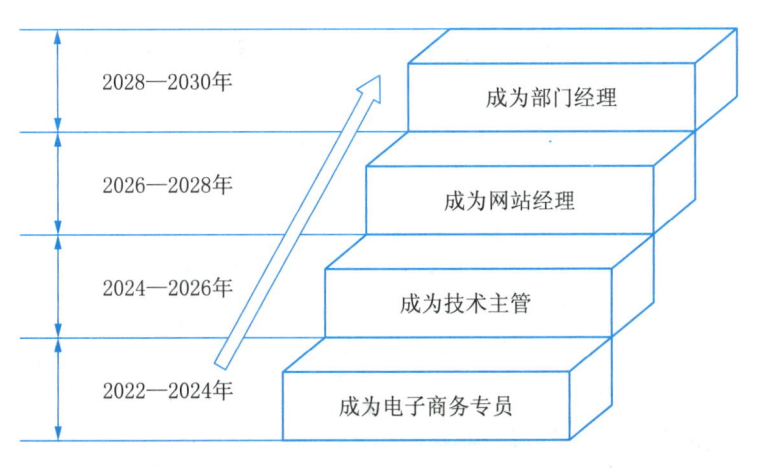

图 2-2　职业规划路径参考示例

二、职业发展阶段的不同对职业选择的影响

每个人的职业都要经过几个阶段,因此,你必须了解这种职业周期的重要性。职业周期之所以重要,是因为你所处的职业阶段将会影响你的知识水平以及你对于各种职业的偏好程度。一个人可能经历的主要职业阶段,大体可总结如图 2-3 所示的五个阶段。

图 2-3　职业生涯发展阶段示意图

（一）成长阶段

成长阶段大体上可以界定在从一个人出生到 14 岁这一年龄段上。在这一阶段,个人通过对家庭成员、朋友以及老师的认同以及与他们之间的相互作用,逐渐建立起了自我的概念。在这一阶段的一开始,角色扮演是极为重要的,在这一时期,儿童将尝试各种不同的行为方式,而这使得他们形成了人们如何对不同的行为做出反应的印象,并且帮助他们建立起一个独特的自我概念或个性。

（二）探索阶段

探索阶段大约发生于一个人的 15～24 岁的这一年龄段上。在这一时期中,个人将认真地探索各种可能的职业选择。他们试图将自己的职业选择与他们对职业的了解以及通过学校教育、休闲活动和工作等途径中所获得的个人兴趣和能力匹配起来。在这一阶段的开始时期,他们往往做出一些带有试验性质的较为宽泛的职业选择。然而,随着个人对所选择职业以及对自我的进一步了解,他们的这种最初选择往往会被重新界定。到了这一阶段结束的时候,一个看上去比较恰当的职业就已经被选定,他们也已经做好了开始工作的准备。

(三) 确立阶段

确立阶段大约发生在一个人的24—44岁这一年龄段上,它是大多数人工作生命周期中的核心部分。有些时候,个人在这期间(通常是希望在这一阶段的早期)能够找到合适的职业,并随之全力以赴地投入有助于自己在此职业中取得永久发展的各种活动之中。人们通常愿意(尤其是在专业领域)早早地就将自己锁定在某一已经选定的职业上。然而,在大多数情况下,这一阶段的人们仍然在不断地尝试与自己最初的职业选择所不同的各种能力和理想。

确立阶段本身又由三个子阶段构成。

(1) 尝试子阶段。大约发生于一个人的25—30岁这一年龄段中。在这一阶段,个人确定当前所选择的职业是否适合自己,如果不适合,他就会准备进行一些变化。到了30—40岁这一年龄段上的时候,人们通常就进入了稳定子阶段。

(2) 稳定子阶段。在这一阶段,人们往往已经定下了较为坚定的职业目标,并制定极为明确的职业计划来确定自己晋升的潜力、工作调换的必要性以及为实现这些目标需要开展哪些教育活动,等等。最后,在30多岁和40多岁之间的某个时段上,人们可能会进入一个职业中期危机阶段。

(3) 中期危机子阶段。在这一阶段,人们往往会根据自己最初的理想和目标对自己的职业进步情况做一次重要的重新评价。他们有可能会发现,自己并没有朝着自己所梦想的目标靠近,或者已经完成了他们自己所预定的任务之后才发现,自己过去的梦想并不是自己所想要的全部东西。

(四) 维持阶段

到了45—65岁这一年龄段上,许多人就很简单地进入到维持阶段。在这一职业的后期阶段,人们一般都已经在自己的工作领域中为自己创立了一席之地,因而他们的大多数精力主要就放在保有这一位置上了。

(五) 下降阶段

当退休临近的时候,人们就不得不面临职业生涯中的下降阶段。在这一阶段上,许多人都不得不面临这样一种前景:接受权力和责任减少的现实,学会接受一种新角色,学会成为年轻人的良师益友。

三、影响职业生涯的环境因素

影响职业生涯发展的环境因素包括内部因素和外部因素。

内部因素主要指个人的性格、兴趣、特长、智能、情商、气质、价值观等,同时还包括健康、性别、年龄、受教育情况等。个人因素在人的职业生涯中起着基础作用,决定着人的发展方向和前景。

外部因素包括家庭因素、社会因素、所处行业或所学专业因素、组织或企业因素等。家庭因素包括家庭期望、家庭需要、家庭支持程度等;社会因素包括国家政策、法律法规、经济发展状况、社会文化环境、所处社会阶层等;所处行业或所学专业因素包括行业发展现状、行业发展前景预测、行业重大事件的影响等;组织或企业因素包括所从事或者期望从事的工作的企业文化、管理制度、领导者素质、企业或组织实力、福利等方面，如图2-4所示。

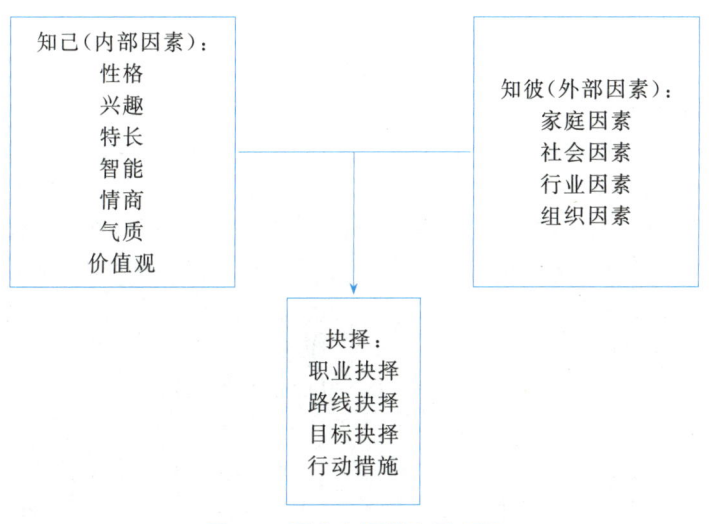

```
知己（内部因素）：          知彼（外部因素）：
   性格                      家庭因素
   兴趣                      社会因素
   特长                      行业因素
   智能                      组织因素
   情商
   气质
   价值观

              抉择：
                职业抉择
                路线抉择
                目标抉择
                行动措施
```

图2-4　职业生涯影响因素图

四、职业生涯规划的原则

（一）要实事求是

准确的自我认识和自我评价是制定个人职业计划的前提。

（二）要切实可行

首先，个人的职业目标一定要同自己的能力、个人特质及工作适应性相符合，一个学历不高又无专业特长的职员，刚参加工作就一心想进入管理层，在现代企业中显然不切实际。其次，个人职业目标和职业道路确定，要考虑到客观环境条件。例如，在一个论资排辈的企业里，刚毕业的大学生就不宜把担当重要管理工作确定为自己的短期职业目标。

（三）个人职业计划目标要与企业目标协调一致

职员是借助于企业而实现自己的职业目标的，其职业计划必须要在为企业目标奋斗的过程中实现。离开企业的目标，便没有个人的职业发展，甚至难以在企业中立足。因此，职员在制定自己的计划时，要与企业目标协调一致。

【知识测试】

1. 职业生涯规划的重要性是（　　）。
   A. 帮助你最终能实现自己的美好理想
   B. 发挥个人的专长，开发自己的潜能，克服生涯发展困阻
   C. 克服生涯发展困阻，避免人生陷阱，不断修正前进的方向
   D. 帮助你不用太努力就可发展自己
   E. 帮助你树立明确的目标

2. 职业生涯目标按时间来划分有（　　）。
   A. 人生目标　　　B. 长期目标　　　C. 中期目标　　　D. 家庭目标
   E. 短期目标

3. 关于职业定位的说法正确的有（　　）。
   A. 依据客观现实，考虑个人与社会、单位的关系
   B. 比较鉴别，比较职业的条件、要求、性质与自身条件的匹配情况，选择条件更合适、更符合自己特长、更感兴趣、经过努力能很快胜任、有发展前途的职业
   C. 扬长避短，看主要方面，要追求十全十美的职业
   D. 审时度势，及时调整，要根据情况的变化及时调整择业目标，不能固执己见，一成不变
   E. 职业定位就是要为职业目标与自己的潜能以及主客观条件谋求最佳匹配

4. 个人职业生涯路线的确定要根据（　　）来进行。
   A. 人生目标取向　　　　　　B. 能力取向
   C. 机会取向　　　　　　　　D. 工作单位取向
   E. 家庭取向

5. 下列属于职业生涯规划的人生目标取向（即我想干什么）的内容是（　　）。
   A. 价值　　　B. 理想　　　C. 成就机会　　　D. 兴趣
   E. 性格

6. 下列属于职业生涯规划的能力取向（即我能干什么）的内容是（　　）。
   A. 价值　　　B. 能力　　　C. 环境　　　D. 学历
   E. 性格

7. 一个人的职业发展阶段通常有（　　）。
   A. 成长阶段　　　B. 探索阶段　　　C. 确立阶段　　　D. 维持阶段
   E. 下降阶段

8. 一个人的24—44岁这一年龄段是大多数人工作生命周期的核心部分。这个阶段属于人生职业发展的（　　）阶段。
   A. 成长　　　B. 尝试子　　　C. 稳定子　　　D. 中期危机子
   E. 维持

【案例分析】

小刘在大学期间所学的专业是物流管理，2022年7月大学毕业后在深圳打工，由于他觉得自己所学的专业就是物流管理专业，工作的事也没有仔细考虑。他先在一家公司采购部任采购专员，可是不久他就被派到管理部做MIS，现在是总经理助理。毕业后短短两年里他经过了几次职位的调动，然而他发现自己现在对哪一行都不是十分精通。面对这种情况，他真不知道该如何选择自己的职业道路，才能不使自己失望。

根据以上案例，回答下列问题：

1. 从小刘的例子来看，做好职业生涯规划应该分析很多方面，通常我们应该分析（　　）。
   A. 自己适合从事哪些职业/工作
   B. 自己所在公司能否提供适合自己的岗位以及职业发展方向
   C. 在自己适合从事的职业中，哪些是社会发展迫切需要的
   D. 其他答案都正确

2.小刘在选择自己的职业前首先应该(　　)。
  A.研究自己适合什么样的职位　　　B.明确自己的目标
  C.确定公司能否提供合适的职位　　D.研究社会发展趋势

3.面对这种情况,小刘可以通过改变各种不同的条件来改善自己目前的情况,可以帮助他的方法是(　　)。
  A.用积极的态度完善他现在的角色　　B.可以参加目前工作的培训和训练
  C.拓展他在目前领域中的技能和能力　　D.其他答案都正确

4.小刘要想在自我发展道路上有一个明确的方向,他就必须首先(　　)。
  A.了解别人对自己的认识　　　　B.了解自己所具备的智商
  C.了解目前公司工作职位的情况　　D.了解自己、具有自我认知的能力

5.从企业的角度看,在招聘小刘进入公司时,管理者没有(　　)。
  A.明确职工的工作范围
  B.指导他了解自己、认知自己
  C.提供给他更好的工作环境和工作内容
  D.指导做好员工的职业生涯规划,明确他们的职业发展道路

【重点回顾】
1.职业生涯规划的内涵。
2.职业生涯规划的步骤。
3.职业生涯的发展有哪几个阶段?
4.影响职业生涯的环境因素有哪些?
5.职业生涯规划应遵循的原则有哪些?

重点回顾答案

【生命成长智慧】

年轻人该如何成长

本任务的内容是职业生涯规划。从生命成长的角度来分析年轻人该如何成长。红杉资本全球执行合伙人说:"年轻人应该对你真正热爱的事情怀有赤子之心,并且进入一个令人振奋的行业——这个行业不仅在短期,更在中长期有很好的发展前景。"黑石集团创始人曾说:"不要因为薪水高、福利好、位置好、办公室大而被工作牵着鼻子走,你需要关注你是否能在工作中运用你的优势,尤其是你的比较优势。"

在年轻的时候,请接受能为自己提供陡峭的学习曲线和艰苦的磨炼机会的工作。最初的工作是为人生打基础的,不要为了暂时的声望而轻易地接受一份工作。

无论你的职业生涯如何开启,都要清楚生活不一定会直线前进,这一点非常重要。这个世界是不可预测的,在人的一生中,会难以避免地出现诸多困难和艰辛。面临挫折时,你必须要砥砺前行。在逆境中展现出百折不挠的精神和永不言弃的态度,最能体现人的精神品质。

人只有"近忧"的原因是趋小利(权利、欲望等),避小害(逃避、怕麻烦),进而丢掉大利

(生命、意义、对社会和国家的贡献),看不到大害(麻木,无法进步甚至退步)。

　　趋大利、避大害需要眼光、格局。我们常常挣扎在"近忧"中消耗,无暇顾及或不想知道"远虑"是什么。许多人错把"我将要得到什么",当成"远虑"。其实,那最多只是愿景,或者是欲望,是一种潜在的强化焦虑和压抑的状态。远虑就是要立志,即找到"士人"的心,找到自己的人生目的、人生使命和愿景。人生目的是指"我是谁?爱自己/他人,活出生命的功能,达到生命的理想状态",人生使命是"为了谁?做什么?为了人民,用我的生命,带着爱致力于某一领域的善业,做出独有的贡献",愿景是"成为什么样的人?在实现人生目的、履行使命过程中,成为什么样的人"。

【任务思维导图】

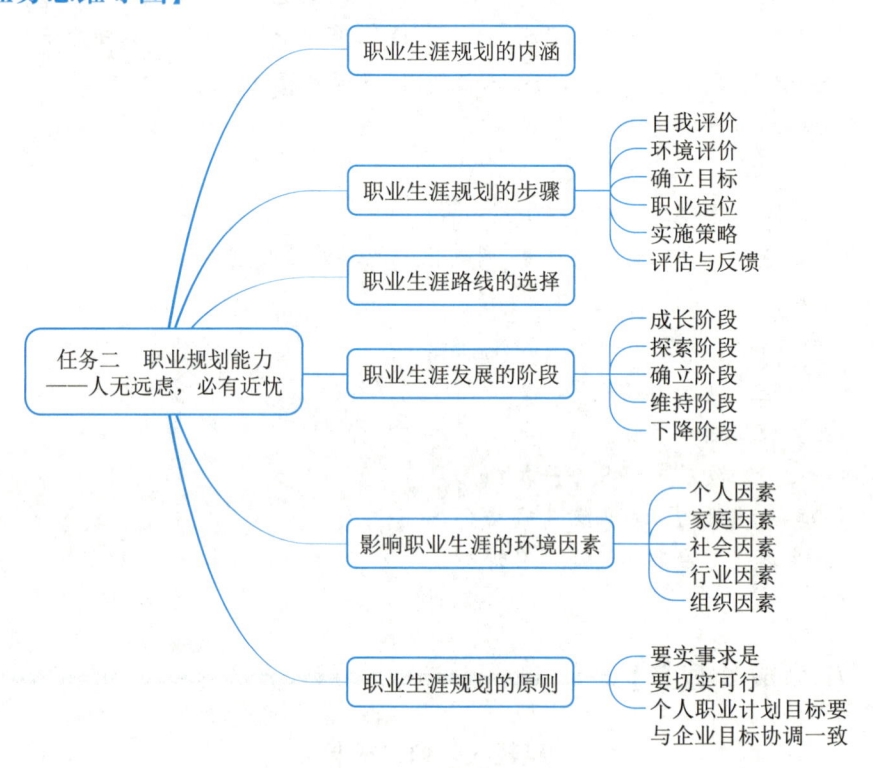

任务二　职业规划能力——人无远虑,必有近忧
- 职业生涯规划的内涵
- 职业生涯规划的步骤
  - 自我评价
  - 环境评价
  - 确立目标
  - 职业定位
  - 实施策略
  - 评估与反馈
- 职业生涯路线的选择
- 职业生涯发展的阶段
  - 成长阶段
  - 探索阶段
  - 确立阶段
  - 维持阶段
  - 下降阶段
- 影响职业生涯的环境因素
  - 个人因素
  - 家庭因素
  - 社会因素
  - 行业因素
  - 组织因素
- 职业生涯规划的原则
  - 要实事求是
  - 要切实可行
  - 个人职业计划目标要与企业目标协调一致

任务三　心理管理能力
——舒张压力,调节情绪

◇ **中国传统管理名言**

泰山崩于前而色不变,麋鹿兴于左而目不瞬。——《权书·心术》
傲不可长,欲不可纵,乐不可极,志不可满。——《全唐文》
不迁怒,不贰过。——《论语·雍也》
子曰:志于道,据于德、依于仁、游于艺。——《论语》
知者乐水,仁者乐山。知者动,仁者静。知者乐,仁者寿。——《论语·雍也》

【学习情境】

中国北京零点市场调查公司曾做过一项调查,结果显示,有大约41.1%的工作人员面临着较大的工作压力,有大约61.4%的工作人员经历着不同程度的心理疲劳,其身体健康状况令人担忧。能力不好不一定会成功,但是当人们面临压力的时候,情绪管理不好一定不会成功。当我们把情绪不自觉地发泄在我们周围亲近的人身上时,那种和谐的关系无形中就被破坏掉了,就好像是被打破的水晶杯一般,就算接合后也肯定是会有裂缝的。因此我们一定要小心翼翼地处理自己的情绪。

一位优秀的管理者不仅要有较高的智商,而且还要有较高的情商。管理的本质是协调,协调的中心是人,智商高的人往往可以成为某个技术领域的专家,却未必能成为一个好的管理者,而只有具有高超的人际交往技能、情绪调节等情商能力,才能成为一个好的管理者。

【学习目标】

知识目标:理解情绪及其影响,掌握自我情绪管理的方法;掌握压力、压力管理的含义;熟悉压力的一般来源和方式;掌握自我管理压力和情绪的方法。

能力目标:会根据不同的人的不同情况判断压力、情绪,明确有效掌控情绪的方法。

素质目标:在知晓压力和情绪的基础上为自己或他人提供建设性的建议。

【学习任务】

1. 分析并列举自己面临的压力有哪些。
2. 思考自己面临压力时是如何面对、如何管理的。
3. 运用有关原理改善自己的压力状况。
4. 思考自身情绪管理中存在的误区。
5. 运用有关原理改善自己的情绪管理方法。

一、情绪管理

(一) 对情绪及情绪管理的认识

1. 情绪

情绪是个体对外界刺激的主观、有意识的体验和感受,具有心理和生理反应的特征。我们无法直接观测内在的感受,但是我们能够通过其外显的行为或生理变化来进行推断。意识状态是情绪体验的必要条件。

情绪是身体对行为成功的可能性乃至必然性,在生理反应上的评价和体验,中医学认为情绪包括喜、怒、忧、思、悲、恐、惊七种,《礼记》中认为情绪包括喜、怒、哀、惧、爱、恶、欲七种。综合来看喜、怒、哀、惧为人类四大基本情绪。

情绪无好坏之分,一般只划分为积极情绪、消极情绪。积极心理学强调的积极情绪主要有愉悦、感恩、宁静、兴趣、希望、自豪、好玩、激励、敬畏和爱等十种情绪。消极情绪主要指紧张、焦虑、担心、忧郁、痛苦、沮丧、伤心、哀伤、忧愁、妒忌、愤怒、怨恨、愧疚、害怕、恐惧、无聊、寂寞等。由情绪引发的行为则有好坏之分,行为的后果有好坏之分,所以说,情绪管理并非是消灭情绪,也没有必要消灭,而是疏导情绪、并合理化之后的信念与行为。这就是情绪管理的基本范畴。

喜怒哀惧情绪词如表 2-10 所示。

表 2-10　　　　　　　　　　喜怒哀惧情绪词

类型	情 绪 词 汇
喜(爱)	爱、喜悦、高兴、开心、快乐、快活、喜爱、欣喜、窃喜、狂喜、渴望、舒畅、着迷、庆幸、舒服、爽、舒坦、爽快、甜美、甜蜜、幸福、兴奋、畅快、快意、振奋、陶醉、甜美、甜蜜、痛快、舒适、愉快、自豪、骄傲、自信、期望、期待、向往、热爱、羡慕、尊重、欣赏、幸运、赞叹、敬仰、敬重、佩服、仰慕、尊敬
怒(恶)	愤慨、愤怒、愤懑、气愤、生气、恼火、窝火、怨恨、愤恨、仇恨、憎恨、敌视、仇视、妒忌、嫉妒、忌恨、反感、可恶、厌恶、恼恨、不爽、怒气冲天、怒发冲冠、暴跳如雷
哀(悲、思)	悲痛、悲哀、悲伤、悲惨、伤心、难过、失望、悲观、沉痛、伤感、痛苦、痛心、心酸、沮丧、心寒、失落感、孤单、孤独、寂寞、冷清、黯然神伤、痛不欲生、切肤之痛、思念
惧(恐、惊)	恐惧、恐怖、惊恐、恐慌、胆怯、胆小、畏惧、害怕、不安、发慌、惊吓、后怕、诚惶诚恐、心有余悸、惊慌失措、心惊肉跳、战战兢兢、胆战心惊

2. 情绪管理

情绪管理，就是用对的方法，用正确的方式，探索自己的情绪，然后调整自己的情绪，理解自己的情绪，放松自己的情绪。

简单地说，情绪管理是对个体和群体的情绪感知、控制、调节的过程，其核心必须将人本原理作为最重要的管理原理，使人性、人的情绪得到充分发展，人的价值得到充分体现；是从尊重人、依靠人、发展人、完善人出发，提高对情绪的自觉意识，控制情绪低潮，保持乐观心态，不断进行自我激励、自我完善。

情绪的管理不是要去除或压制情绪，而是在觉察情绪后，调整情绪的表达方式。有心理学家认为情绪调节是个体管理和改变自己或他人情绪的过程。在这个过程中，通过一定的策略和机制，使情绪在生理活动、主观体验、表情行为等方面发生一定的变化。情绪固然有正面和负面，但真正的关键不在于情绪本身，而是情绪的表达方式。以适当的方式在适当的情境表达适当的情绪，就是健康的情绪管理之道。

情绪管理即是以最恰当的方式来表达情绪，情绪不可能被完全消灭，但可以进行有效疏导、有效管理、适度控制。如亚里士多德所言，任何人都会生气，这没什么难的，但要能适时适所，以适当方式对适当的对象恰如其分地生气，可就难上加难。据此，情绪管理指的是要适时适所，对适当对象恰如其分地表达情绪。

(二) 情绪的影响

情绪、行为、认知三者之间有着互相牵动的关系，情绪若适应不良必然会影响其他两者，导致个人的身心状态失去和谐，干扰个人生活。回想我们自身的状况便很沮丧、想哭、没什么动力做事、不想说话，有罪恶感时，便想做些什么事来弥补。情绪对我们的生活的影响可分为下列四个方面。

1. 情绪与健康

情绪可激发个体的生理反应，如肾上腺素分泌、交感神经的作用，使个人充满活力，随时准备行动。如果出现的是负向情绪，则内分泌同样会受影响，严重的话，便会分泌不正常而产生疾病。最常见的如影响肠胃，导致消化不良、胃溃疡等；影响心脏血管，出现呼吸困难、血压升高、便秘等；或是影响神经系统，如神经衰弱等病症，这些皆由情绪因素所引起,可见情绪状态攸关个人健康。

情绪既能导致身体疾病,也能治疗身体疾病。世界上有剂包治百病的良药——快乐。乐观、开朗、稳定适度的愉快情绪既是治病的良方,也是长寿秘诀。心情愉快还会改变一个人的青春容貌,使人容光焕发、神采奕奕。

2. 情绪与心理状态

情绪本身便是心理健康的一项重要评定指标,心理健康的人在大多数时间拥有积极的情绪体验,而精神疾病患者则往往以情绪痛苦作为主要的临床表现。

过度情绪反应或持久性的消极情绪会影响神经系统的功能。突出而强烈的紧张情绪的冲击会抑制大脑皮层的高级心智活动,打破大脑皮层的兴奋和抑制之间的平衡,使人的意识范围变得狭窄,正常判断力减弱,甚至有可能使人精神错乱、神志不清、行为失常。许多反应性精神病就是这样引发的。持久性的消极情绪,常常会使人的大脑机能严重失调,从而导致各种精神症问题。据调查,大学生中常见的焦虑症、抑郁症、强迫症、神经衰弱等心理问题和疾病大多与不良情绪有着密切的关系。正如美国心理学家斯托曼(K. T. Stoneman)所言:"情绪在异常行为或精神障碍中起着核心作用。"

3. 情绪与学业、工作

长期的情绪适应不良,个人的情绪没有抒发的渠道,还有可能影响到个人的工作和学业表现。长期处在工作和学业压力之下,个人没有办法放松或转换时,便可能引发不适应的行为反应,如注意力不集中、没耐心、脾气暴躁不安,既会波及人际互动,也会影响到个人的工作和学业表现,甚至丧失工作以及学习的兴趣、失去斗志。如果接二连三在工作和学业表现上受挫,极易使个人丧失自信心,怀疑自身价值,行为变得萎缩或退却,出现倦怠感。

4. 情绪与人际交往

就如同"水能载舟亦能覆舟"的道理一样,情绪可以是人与人相处的润滑剂,也可以是破坏人际关系的致命杀手。个人困扰烦闷等负面情绪如果转移到周围的人、朋友、同事时,一方面可能会影响人际间的互动,危害关系;另一方面个人可能被情绪牵着鼻子走,理智完全被淹没。情绪之于人际关系一如环环相扣,个人的情绪连带会影响整体关系。

(三) 情绪的调节

情绪调节是指个体对事情发生、体验与表达施加影响的过程,是个体管理和改变自己和他人情绪的过程。

1. 情绪 ABC 理论

情绪 ABC 理论中,A(activating events)表示诱发事件;B(belief)表示个体针对此诱发事件产生的一些信念,即对这件事的看法和解释;C(consequence)表示个体产生的情绪和行为结果。引发情绪的并不是事件,而是人的想法,即对事件的解读和体验不同。所以说人不是被事情本身所困扰,而是被其对事情的看法所困扰。情绪没有对错,它只是一个信号。

2. 停一下

当我们发觉自己有情绪的时候,我们要时时觉察自己,是什么事件刺激我们有了情绪反应。停一秒,事情不会继续往坏的方向发展;停三秒,事情有了转机的可能;停七秒,事情就有了可能的解决办法。

3. 用好自己的资源

当情绪来临的时候,我们要学会利用好自身的身体资源。用好眼睛,看到自己和他人的状态和模式;用好耳朵,听见、听懂、听进对方讲话;用好嘴巴,学会直意表达,不拐弯抹角,不生闷气,不懂就问;用好自己的身体,安分守命,收到身体的信息;用心感悟和感知他人的感受和需求。

4. 呼吸放松

运用腹式休息法,首先用鼻子缓慢吸气5秒,吸气时让腹部鼓起;然后用嘴巴缓慢吐气,吐气时腹部收拢。

5. 建立成长型思维

种下"我能行"的种子,运用"我看到""我相信""谢谢你"等与自己对话的模式,建立成长型思维,及时转变信念,树立信心。

【管理故事】

篱笆上的铁钉

有一个坏脾气的男孩,他父亲给了他一袋钉子,并且告诉他,每当他发脾气的时候就钉一根钉子在后院的围栏上。第一天,这个男孩钉下了37根钉子。

慢慢地,男孩每天钉的钉子减少了,他发现控制自己的脾气要比钉下那些钉子容易。于是,有一天,这个男孩觉得自己再也不会失去耐性,乱发脾气了。

他告诉父亲这件事情。父亲又说,现在开始每当他能控制自己脾气的时候,就拔出一根钉子。一天天过去了,最后男孩告诉他的父亲,他终于把所有钉子给拔出来了。

父亲握着他的手,来到后院说:"你做得很好,我的好孩子!但是看看那些围栏上的洞,这些围栏将永远不能恢复到从前的样子。你生气的时候说的话就像这些钉子一样会留下疤痕。如果你拿刀子捅别人一刀,不管你说了多少次对不起,那个伤口将永远存在。话语的伤痛就像真实的伤痛一样令人无法承受。"

(资料来源:斗南.哈佛家训[M].广州:北京联合出版公司,2016.)

二、压力管理

(一)压力的含义

压力是指当人们去适应由周围环境引起的刺激时,人们的身体或者精神上的生理反应,它可能对人们心理和生理健康状况产生积极或者消极的影响。

(二)压力管理必要性

管理是提高企业竞争力的有力杠杆,而管理(包括考核、监督、惩罚、竞争机制)必然对员工造成心理压力。另外,日趋激烈的竞争也为人们带来了前所未有的压力,每一个人都感到压力无处不在,危机十面埋伏。面对压力引发的种种问题,压力管理浮出水面。在管理领域,许多专家学者指出,人力资源管理的职能之一就是"压力管理"。

(三)压力的起因或来源

压力的起因或来源大体分为工作、家庭和社会压力三个方面。

（1）工作压力。工作压力是指在工作中产生的压力，它的起源可能有多种情况。如工作环境（包括工作场所物理环境和组织环境等），分配的工作任务多寡、难易程度，工作所要求完成时限长短，员工人际关系影响、工作新岗位的变更等，这些都可能是引发员工工作压力的诱因。

（2）家庭压力。每一个员工都有自己的个人家庭生活，家庭生活是否美满和谐，对员工具有很大影响。这些家庭压力可能来自父母、配偶、子女及亲属等。

（3）社会压力。社会压力包括社会宏观环境（如经济环境、行业情况、就业市场等）和员工身边微观环境的影响。例如，IT业职场要求掌握的专业技术日新月异，职场竞争压力大，专业人员淘汰率高，此时就对IT从业人员造成很大的社会压力。员工所处社会阶层的地位高低、收入状况等同样对其构成社会压力。例如，当员工自身收入状况与其他社会阶层相比，或者与其他同行业从业人员相比较低时，对他也可能会产生压力。

【管理测验】

压力状况测试

1. 你常常莫名其妙地感到心烦吗？
2. 你和周围的人有过争执冲突吗？
3. 你很少主动找人谈心事吗？
4. 你最近想辞职不工作或离家一阵子吗？
5. 你的体重最近明显上升或下降3～5千克了吗？
6. 你的身体有一些病痛，但你没有尽快去就医吗？
7. 你的饮食习惯是肉食比蔬菜水果多吗？
8. 你最近缺乏食欲吗？
9. 你通常在深夜12点后才上床睡觉吗？
10. 你躺在床上的时候，常常辗转反侧，睡不着觉吗？
11. 你常感到时间不够用而匆匆忙忙吗？
12. 你常疏忽紧急而重要的事情吗？
13. 你不喜欢做琐碎又有重复性的工作吗？
14. 你对突发性的工作没耐心吗？
15. 你懊恼自己赚钱的速度不够快吗？
16. 你担心自己的储蓄不够或投资失误吗？
17. 你早有进修以提升专业能力的想法，但迟迟还没有行动吗？
18. 看到同事表现杰出，你觉得自己不够好吗？
19. 你看到灾难新闻，情绪往往会受影响吗？
20. 气候如果阴雨潮湿，会让你的情绪低落吗？

选择0～4个：没有压力的快乐族。4～8个：压力较小。8～12个：压力中等。12～16个：压力比较大，中等偏上。16～20个：超高压力群体。

(四)压力管理的步骤

1. 觉察

管理压力的第一步是要了解和觉察到压力。高压下的情绪信号有:

(1) 容易发怒:一旦遇到冲突,反应过于激动和好斗。

(2) 缺乏兴趣:对自身、他人和社会事件及以往感兴趣的事情不再留意。

(3) 精力溃散,记忆力衰退,迟疑不决,感到愁苦、内疚、疲惫不堪、冷漠无助、无能、自卑及没有价值等。

高压下的行为信号有滥用兴奋物,如糖、酒精、尼古丁和咖啡因等;暴饮暴食;挥霍浪费。

2. 提出正确的问题

压力的来源并非外界,而是源自你内心对所处的环境的看法。当觉察到压力以后,你可以通过提出正确的问题来控制自己看待事情的角度。你提出什么问题及对这些问题如何回答将决定你会承受正面压力、负面压力,还是根本不会有压力。生活中的很多事情我们无法改变,可是我们可以通过提出正确的问题来改变看待事情的角度,进而改变我们的感受。我们可以通过提出正确的问题而得到自己想要的感受和结果。

有什么样的思维就会有什么样的行为,有什么样的行为就会养成什么样的习惯,有什么样的习惯就会有什么样的性格,而性格将决定命运。也就是说,导致我们人生有所不同的其实是我们不同的思考方式。而思考本身就是问题的问与答的过程。也就是说,我们的人生其实取决于我们如何提出问题。

【经典案例】

举例:小王需要长时间出差而觉得很有压力,因为出差时间多,无法照顾家庭。

提问:长时间出差对我和家庭有什么利益?我应该如何利用长时间出差这样的事实来保证我对家庭的关爱?在以上的例子中,你可以看到,通过提问可以轻松地消除负面压力。

让我们来看另外一个例子。

举例:你的工作是单调而乏味的重复劳动,每天都是在和客户打电话中度过的。你觉得烦闷,没有动力。

提问:我从每天所打的每一个电话、接触的每一个客户身上可以学习到什么东西呢?这是我经常问销售人员的一个问题。开始的时候,他们没有反应,他们从来没有这样思考过。你要不断地问,终于有一天,一个销售员开始这样问自己,然后他发现自己一天的工作完全不同了。打电话不再是单调的苦差事,而是学习的过程。这个过程似乎是在和顾客一起玩游戏,它富有乐趣,充满冒险,有所发现,有知识和经验的增长。许多客户服务人员在每天对自己提这样的问题后,他们发现自己期待打电话,迫不及待地想和客户通电话。这是因为他们注意的焦点发生了转移。现在他们开始把这种感觉定义为兴奋,而这一切的转变全因提问之功。

提出正确的问题能帮助我们将压力源视为挑战,而不再以问题来对待。这是一个非常重要的转变。当你把压力源当成问题看待时,一定会将注意力集中在其负面影响上,那么你将不可避免地遭受负面压力的侵扰。可是当你把压力源视为挑战时,自然就会将注意力从可能带来的负面冲击上移开,而转移到如何解决问题上来。由此带来的积极态度将使你跳出压力圈,看到事情中所蕴含的机会,这样,原来的压力反而变成了帮助你达成目标的朋友。

3. 调整生活方式

(1) 睡眠。在爱迪生未发明电灯以前,一般人夜晚的睡眠时间都有 8～9 个小时。如今,上班族通常睡不到 7 个小时,有 20% 以上的员工表示,每晚只睡 5～6 个小时。研究睡眠的专家认为,如果希望身体机能保持最佳状况,每天就该有 7～8 个小时的睡眠时间。科学家曾监控 100 多万名成年人的健康状况长达 6 年,以便确定睡眠习惯与死亡率是否有关系。结果发现,睡眠不到 4 个小时的人,死亡率比睡 7～8 个小时的人高出两倍半。研究显示,短缺睡眠 4 个小时,就足以降低 45% 的反应能力。因为睡眠不足,减少的工作效率和创造力多达 25%～50%,所犯错误多达 25%～50%,而增加的厌烦感至少在 30%。睡眠不论是在时间管理还是压力管理中都扮演着极其重要的角色。

(2) 运动。运动是压力机制,也是恢复机制。运动时,几乎全身的细胞都受到影响。脑部的压力被冲刷掉,肾上腺素和脑内啡的分泌可扫除愤怒、恐惧、悲哀或沮丧等负面情绪。

(3) 营养。饮食肯定会影响人的精力水平。现在吃什么、喝什么必然会影响到你几小时后的精力水平,而平时的饮食习惯会决定你的综合精力水平。

4. 学会放松

下面为大家提供几个非常简单有趣的放松方法,帮助你缓减压力。

(1) 清肺呼吸。步骤:首先要深深地吸气,要非常夸张地吸气。然后,要屏住这口气,慢慢地从 1 数到 5,最后的关键,要把所有的空气非常慢地呼出去,直到呼尽为止。当你这么做的时候,便把身体里的所有压力和紧张都呼了出去。

(2) 胡思乱想。步骤:像平常一样呼吸并放松,然后用几分钟让你的思想随意飞驰,放松,不要控制自己的想法,几分钟后睁开眼。

(3) 冥想。步骤:用放松的姿势坐下,闭上眼睛,用鼻子缓慢地吸气和呼气,集中注意你的呼吸,每当呼气时就默念"一"。

(4) 五个手指快速恢复平静。步骤:

❶ 将大拇指和食指进行接触。当你这样做的时候,回忆过去那些让你的身体感到最疲劳的时光。例如,你刚游过一场泳,刚打完网球,刚跑完一次长跑或者其他一些消耗体力的运动或劳动。然后找到那种非常松弛的感觉,想象自己身心舒适。

❷ 将大拇指和中指进行接触。当你这样做的时候,回忆过去那些生活中的美好时光。你可以记住一次热情的拥抱或者第一次完全坦诚的亲密谈话。那是一种美妙的感觉,是一种整个人都觉得要飞起来的轻松自由的感觉。

❸ 将大拇指和无名指进行接触。当你这样做的时候,回忆过去那些你受到最多赞扬的美好时光。试着现在完全接受这些赞扬。你内心中清楚地知道,他们说的这些话是对的,你完全配得上这样的赞扬。通过接受,你表明了自己对说这些话的人的尊重。反过来,你也真正地在称赞他们有眼光。

❹ 大拇指和小拇指进行接触。当你这样做的时候,回忆过去那些你去过的最美丽的地方。请在那里逗留一会儿。

(五)压力管理方式

进行压力管理可以运用宣泄、咨询、引导三种方式。

(1)宣泄作为一种对压力的释放方式,效果应该不错。宣泄可采取各种办法,如可以在没人的地方大叫,或剧烈运动、唱歌等。有研究表明体育运动、家务劳动等对减轻压力是非常有益的。

(2)咨询就是向专业心理人员或亲朋好友倾诉自己心中的郁闷紧张情绪。向好友或父母倾诉几乎是每个人都有过的经历。其实,不论被倾诉对象能否为自己排忧解难,倾诉本身就是一种很好的调整压力的方法。这里效果较好的当属和专业人员进行沟通的心理咨询了。心理咨询是专业心理咨询人员通过语言、文字等媒介物与员工进行信息沟通,以调整员工心理或情绪的过程。通过心理咨询可以帮助员工在对待压力的看法、感觉、情绪等方面有所变化,解决其出现的心理问题,从而调整心态,能够正确面对和处理压力,保持身心健康,提高工作效率和生活质量。

(3)引导是管理者或他人帮助员工改变其心态和行为的方式,使员工能正确对待压力。如重新确定发展目标、培养员工多种业余兴趣爱好等都是很好的引导方法。员工确立正确适当的目标,通过自身努力可以达到此目标,相关压力自然也就消失了。如果员工有丰富多彩的兴趣爱好活动,当遇到压力时便可以很容易转移注意力,将其投入兴趣爱好中,从中陶冶情操、保护身心健康,员工的心态亦会平和,压力自然也就减轻直至消失。

【知识测试】

1. 压力的起因或来源大体分为( )三个方面。
   A. 工作　　　　B. 家庭　　　　C. 生活　　　　D. 社会
   E. 感情

2. 出现( )情绪或行为时说明某人已经压力过大。
   A. 容易发怒　　B. 缺乏兴趣　　C. 记忆力衰退　　D. 暴饮暴食
   E. 冷漠无助

3. 下列对减压有帮助的方式有( )。
   A. 养成"午休"的好习惯　　　　B. 每周做三四次间歇性运动
   C. 家务劳动　　　　　　　　　　D. 倾诉
   E. 调整标准

4. 关于情绪管理的说法正确的有( )。
   A. 情绪是个体对外界刺激主观的、有意识的体验和感受,具有心理和生理反应的特征
   B. 情绪管理就是要消灭情绪,成为一个情绪平稳的人
   C. 情绪的管理就是要去除或压制情绪,而不是在觉察情绪后,调整情绪的表达方式
   D. 情绪管理即是以最恰当的方式来表达情绪,情绪不可能被完全消灭,但可以进行有效疏导、有效管理、适度控制
   E. 情绪管理指的是要适时适所,对适当对象恰如其分地表达情绪

5. 关于情绪调节的说法正确的有( )。

A. 情绪调节不仅仅是降低负面情绪,它包括负面情绪和正面情绪的增强、维持、降低等方面

B. 情绪调节有时是有意识的,有时是无意识的

C. 情绪调节没有必然的好坏,在一种情景中最好的,在另一种情境中则可能是差的

D. 情绪调节的过程模型,包括情境选择、情境修正、注意分配、认知改变和反应调整

E. 情绪调节的目标是消灭负面情绪

【重点回顾】
1. 面临压力时你是如何面对、如何管理的?
2. 几种常见负面情绪的调节方法。

【管理测试】

情绪的健康指数测试

情绪的健康指数测试问卷由20道题构成,满分是80分,每题均有0~4的分数,其中0=没有;1=偶尔有;2=有时有;3=经常有;4=总是有。请您根据最近一周身体和心理的感觉,进行打分。

题　目	没　有	偶尔有	有时有	经常有	总是有	得　分
小事我也感到非常着急	0	1	2	3	4	
遇到一点小事我就感到烦恼	0	1	2	3	4	
我感到在生活中自己是个弱者	0	1	2	3	4	
我感到人活着没有什么意思	0	1	2	3	4	
我感到心慌	0	1	2	3	4	
我对异性毫无兴趣	0	1	2	3	4	
我觉得自己太笨,样样不如别人	0	1	2	3	4	
我变得做什么事都拿不定主意	0	1	2	3	4	
我全身没有一点力气	0	1	2	3	4	
我讲话的声音变得有气无力,闲话少多了	0	1	2	3	4	
我晚上睡眠时间总的比往常少多了	0	1	2	3	4	
我什么事情都不想干	0	1	2	3	4	
我感到不高兴,不愉快,不痛快	0	1	2	3	4	
我感到心里难受或者心里不舒服	0	1	2	3	4	
我对周围的一切都感到没意思	0	1	2	3	4	
我感到紧张不安	0	1	2	3	4	
我不想吃东西	0	1	2	3	4	
我觉得比平时瘦多了	0	1	2	3	4	

测试结果分析：如果分数合计低于12分，你的情绪处于健康状态，12~30分，情绪处于轻度不健康状态；31~40分，已经达到中度不健康状态；大于40分，你的情绪已经处于严重不健康状态，需要赶紧调整，避免出现身体或心理上的健康问题。

【生命成长智慧】

学会自我觉察

本任务的内容是压力管理和情绪管理。一个人的心理调节能力取决于其本源性能力，包括感觉、知觉、感知、觉察、觉知。自我觉察能力是人生最重要的能力，它就像一盏灯，照亮内心深处，也照亮前方的路。

1. 感觉

感觉是人脑对于直接作用于感觉器官的客观事物的个别属性的反映。感觉有两方面的认知。一方面，感觉是人这个生命体通过感受对客观事物的反应和感官系统的察觉情况，这方面的感觉，有好、有坏，带着评判。包括视觉、听觉、嗅觉、味觉、触觉和心理感受，经由大脑解释为特定的含义和价值。不同的人对同样的事物感觉不一样，这是体验世界和自我存在的基础。例如：看到树的颜色，听到鸟的叫声，闻到栀子花的味道，等等。每个人的感觉是不一样的。

2. 知觉

知觉是在人脑对直接作用于感觉器官的客观事物和主观状况整体属性的反映。感觉是知觉的基础，知觉是感觉的深入与发展。客观事物的各种属性分别作用于人的不同感觉器官，引起人的各种不同感觉，经大脑皮质联合区对来自不同感觉器官的各种信息进行综合加工，于是在人的大脑中产生了对各种客观事物的各种属性、各个部分及其相互关系的综合的整体的决策，这便是知觉。知觉是大脑对感官输入的感觉信息进行翻译、理解的过程。知觉是个体为了对自己所在环境赋予意义而解释感觉印象的过程。知觉是（个体）对环境刺激的选择和组织，这些环境刺激为认知者提供了有意义的经历。

3. 感知

感知，是个体通过其感官对客观事物的觉知和认识，包括了所有通过感官产生的感知事物的心理过程。个体的一切心理和行为活动源于其感知活动。感知是指外在的人事物和自己的状态通过听觉、视觉、触觉、味觉、嗅觉和心理感受，根据感官已有储存的认知，在大脑中的综合反应形成当下的认识。例如：老师感知到整理本源性能力是很有价值的，让老师自己清晰了对本源性能力的认识，一定也可以帮助到更多的人。

4. 觉察

觉察是指对感知到的信息做出反应并保持观察，只是对内。觉察是身心合一状态下，对自己和外在人、事、物、状况即时的有效认知和清晰理解。觉察有四个层次：

（1）不知不觉：没有觉察情况，当情绪来了，会被情绪控制，做出很多不计后果的事情。而且每次都是同样的状况，反反复复。

（2）后知后觉：情绪过后，自己能够反应过来，自己做的对与错，但是很难避免同样的情况再次发生。

（3）当知当觉：就是当情绪来的时候，自己知道在这个当下，正在发生什么，达到这个层次，就可以自己控制情绪，从而影响后续的发展。

（4）先知先觉：就是当事情还没发生，就可以预知它要发生了，对情绪的觉察已经越来越熟练，所以情绪还没来，就知道它要来了。

我们要自我觉察，向内探索，觉察是为了接纳，然后做出改变，成长，迭代，升级。

5. 觉知

觉知，是指知道自己当下的行为、念头、感受和所在的环境，即知道当下我在什么环境下在做着什么、说着什么，是身心合一的状态。觉知是指对感知到的信息做出反应，是对外和对内。觉知，是什么就是什么，没有评判和分别。知道生气了，允许生气；知道高兴了，就高兴，跟情绪在一起，身心都在当下。

例如，我知道当下我正坐在办公桌前用电脑在写作，外面有鸟叫声、车辆来回的声音、风吹着树叶沙沙的响声，温度正合适。我心里有点兴奋、有点烧脑地在整理本源性能力的内涵。注意力集中在整理资料上，其它声音的存在，对我没有影响。

【任务思维导图】

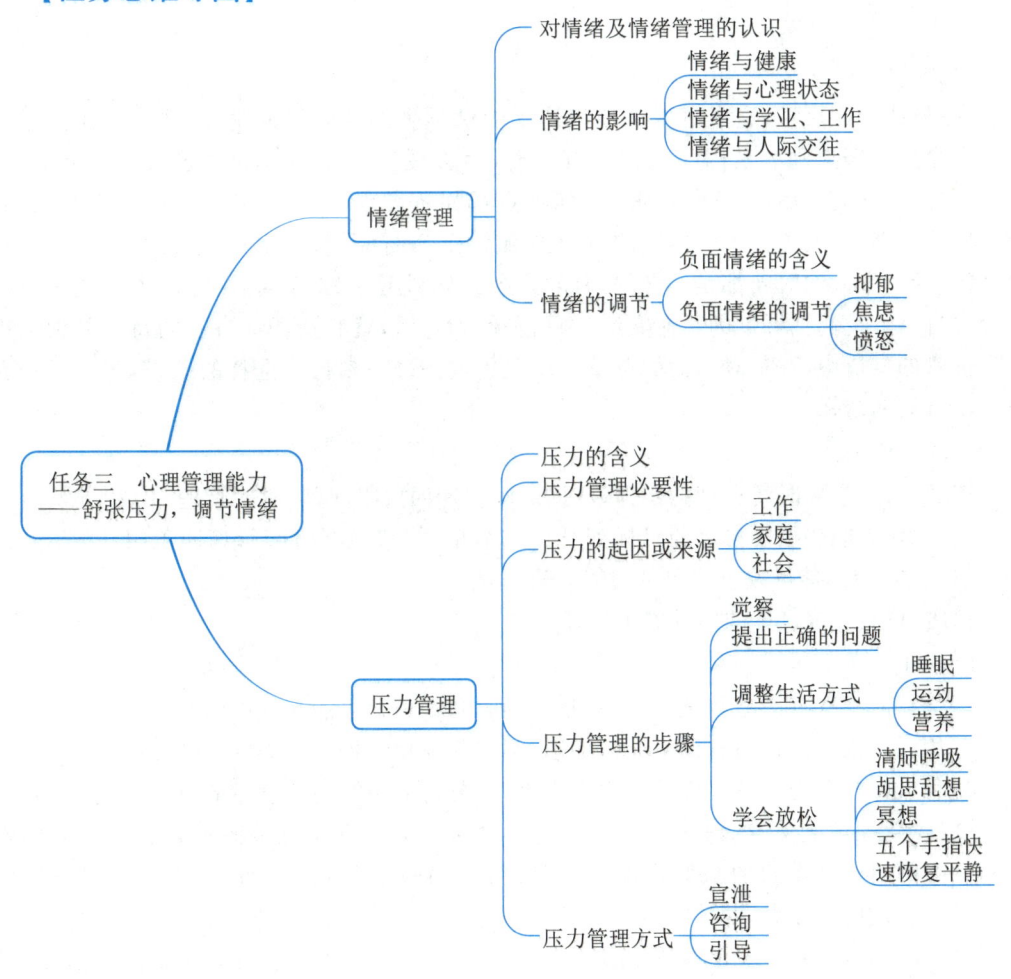

```
任务三 心理管理能力
——舒张压力，调节情绪
│
├─ 情绪管理
│   ├─ 情绪的影响
│   │   ├─ 对情绪及情绪管理的认识
│   │   └─ 情绪与健康
│   │       情绪与心理状态
│   │       情绪与学业、工作
│   │       情绪与人际交往
│   └─ 情绪的调节
│       ├─ 负面情绪的含义
│       └─ 负面情绪的调节
│           ├─ 抑郁
│           ├─ 焦虑
│           └─ 愤怒
│
└─ 压力管理
    ├─ 压力的含义
    ├─ 压力管理必要性
    ├─ 压力的起因或来源
    │   ├─ 工作
    │   ├─ 家庭
    │   └─ 社会
    ├─ 压力管理的步骤
    │   ├─ 觉察
    │   ├─ 提出正确的问题
    │   ├─ 调整生活方式
    │   │   ├─ 睡眠
    │   │   ├─ 运动
    │   │   └─ 营养
    │   └─ 学会放松
    │       ├─ 清肺呼吸
    │       ├─ 胡思乱想
    │       ├─ 冥想
    │       └─ 五个手指快速恢复平静
    └─ 压力管理方式
        ├─ 宣泄
        ├─ 咨询
        └─ 引导
```

任务四　时间管理能力
——掌控时间，提高效能

◇ **中国传统管理名言**

黑发不知勤学早，白首方悔读书迟。——颜真卿《劝学诗》

人生天地之间，若白驹之过隙，忽然而已！——《庄子·知北游》

盛年不重来，一日难再晨。及时当勉励，岁月不待人。——《杂诗》

日月逝矣，岁不我与。——《论语·阳货》

少年易老学难成，一寸光阴不可轻。——朱熹《偶成》

【学习情境】

《哈佛凌晨四点半》这本书生动地讲述了哈佛学生刻苦学习的精神，那么哈佛的学生为什么会这么努力呢？是因为他们进校的时候，教授对学生们说的最多的一句话就是："如果你想在毕业以后，在任何时间、任何地点都如鱼得水，并且得到大众的欣赏，那么你在哈佛求学期间，就不会拥有闲暇的时间去晒太阳。"时间是世界上最宝贵的东西，上帝是公平的，给每个人的时间都是一样的，有的人会充分利用这 24 小时，而有的人只能依靠时间麻痹自己。我们把可贵的生命交给学习、工作和生活，就有责任让自己的每一分钟都投入有价值的事情中，这是对生命的尊重。现在是过去每一刻行为选择的结果，将来是现在每一刻行为的结果。

【学习目标】

知识目标：掌握时间管理的步骤；掌握时间管理四象限法则、时间管理 80/20 定律。

能力目标：能够根据自己的目标列举工作清单；能够根据时间管理四象限法则及 80/20 定律安排行程；能够改善自己的时间管理方法。

素质目标：养成良好的时间管理习惯。

【学习任务】

1. 进行时间管理能力测试，并分析自己的时间管理上可能存在的问题。

2. 用活动跟踪表记录自己一天的活动，并重新规划配置下一周的事务重心。

3. 每人课外上交一份一周的日程安排表，并分析运用时间管理后的改进情况。

"现代管理学之父"彼得·德鲁克曾说："时间是最高贵而有限的资源。"这充分体现了这位大师对时间宝贵的认知及对时间管理的重视程度。相比而言，中国人更早地意识到时间管理的重要性，早在两千多年前孔子在河边就发出了"逝者如斯夫，不舍昼夜"的感叹。再如"明日复明日，明日何其多""一寸光阴一寸金，寸金难买寸光阴"等名言警句更是将时间和人的生命与事业紧密联系起来。时间，对于每个人而言都是公平的，每天"时间银行"都会为每个人存入 86 400 秒，而每天这 86 400 秒也会毫不留情地流逝，不会因为任何人或任何事而作任何停留。既然时间的流逝是大自然的一种客观规律，不以人的意志为转移，那么我们能做的只能是更合理地规划、利用和管理自己的时间，通过强化时间管理意识，学习与掌握时间管理方法，制定并执行规划方案，检验时间管理效果,并不断修正时间管理方案,高效能完成日常工作生活中相关事宜,充分利用大自然所赋予我们的这一宝贵资源,来创造自己的人生价值。

一、时间管理的作用和步骤

(一) 时间管理的作用

时间管理具有重要的作用,如图 2-5 所示。

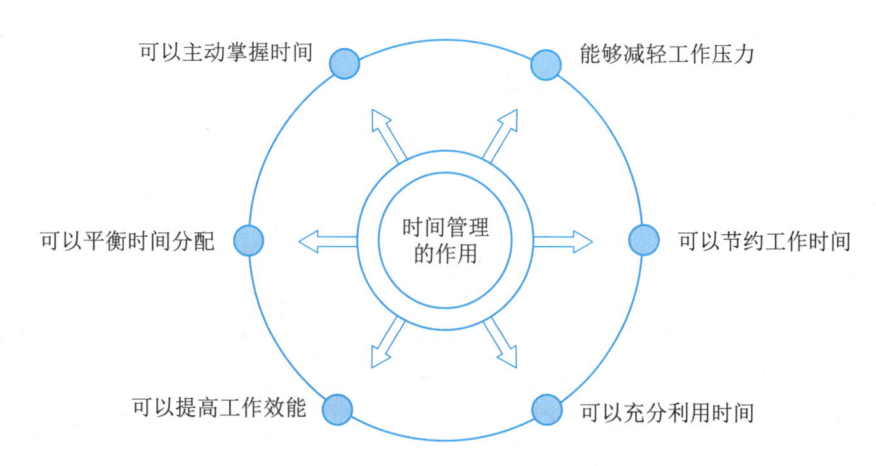

图 2-5　时间管理的作用

(二) 时间管理的步骤

1. 明确价值观

价值观是指一个人对客观事物的价值或重要性的总体评价和看法。这种看法和评价在人们心目中的主次、轻重的排列次序,就是价值观体系,每个人的价值观体系直接影响着人们对自己从事何种活动的轻重缓急的安排次序。因此,要科学管理自己的时间,首先应明确自身的价值观体系,以免因盲目行事而追悔莫及。

【管理测试】

明确个人价值观训练

第一步,请在白纸上端中间郑重地写下以你的名字开头的标题,例如:"小明生命中最重要的六样东西"。名字一定要写,因为这个名字代表的不是别人,就是你自己。它代表着你的身体,你的记忆,你的爱好和你的希望。总之,它就是你的一切。此刻,天地万物都暂时不存在了,只剩下你的名字和你的心在一起。当我们孤零零地来到这个世界时,你只有你自己。当你有一天离开这个世界时,也是你一个人飘然而去。

第二步,请写下你生命中最重要的六样东西。这六样东西,可以是实在的物体,比如食物、水或钱;也可以是人,比如父母、孩子、恋人、朋友;也可以是动物,比如你的爱犬;也可以是精神的东西,比如宗教、学习;也可以是你的爱好,比如旅游、音乐或吃素;也可以是抽象的事物,如祖国或哲学;也可以是具体的物品,比如一个瓷瓶或一组邮票。还可以是一些表述,比如健康、快乐、幸福、事业、名誉、地位。总之,你尽可以天马行空地想象,只要把你内心最珍贵的六样东西写出来就是了。

你可以思考斟酌，但也不一定要苦思冥想。有些东西你越是仔细掂量、左右平衡，越会拿不定主意，这仅仅是游戏而已。

写好了吗？如果写好了，请屏住呼吸，认真地审视一下这六样东西——他们可是你一生中最重要的六样东西啊！他们是你生命的意义所在，是你生命的寄托和希望，是你生命的挚爱和维系生命的全部理由。

第三步，请你拿起笔，在你的人生最重要的六样东西中去掉一个，去掉！用笔狠狠地涂掉，直到看不清字迹或成为黑洞。为什么？因为，"月有阴晴圆缺，人有旦夕祸福"，现在，你的人生出了点意外，你生命中最宝贵的六样东西保不住了，你要舍去一样。你必须这样做才能继续你的人生，因为这是上天的安排，是我们每个人都可能会遇到的，这就是人生。

如果你涂去的是金钱，那么从今往后，你将一贫如洗，艰难度日；如果你涂去的是……你将……

好了，经历了失去的痛楚，你现在只剩下五样最重要的东西。

第四步，命运是残酷的，现在，它又在向你发起挑战。你必须在剩下的五样中再划掉一样，对，用笔把它涂掉，因为你已经不能再拥有它了，这就是命运，你别无选择。

如果你涂掉的是健康，从此你将疾病缠身，甚至从此卧床不起；如果你涂掉的是……你将……

好了，请从失去的痛苦中脱离出来，你还要前行。玩到这时，你可能知道这个游戏的玩法了……

如此这般地完成第七步以后，游戏基本上见眉目了。你的纸上只剩下了一样东西，这就是你最宝贵的东西。你涂掉了五样，它们同样是你宝贵的东西。被涂掉的顺序就是你心目中划分的主次顺序，有点像奥林匹克竞赛中的领奖台，冠军是金，亚军是银，第三名是铜。

好好记住这个顺序吧，他们就是你的人生重要事物的优先排序。如果在生活中遇到无所适从的时候，不妨用头脑中的"打印机"，把这张纸无形地打印出来。它会告诉你，什么才是你的最爱，什么才是你最为重要的东西，什么才是你恋恋不舍的东西。

也许有人会问，究竟剩下哪一样东西才是正确的呢？排列顺序有没有最终的正确答案？从某种意义上说，心灵游戏都是没有答案的游戏。你按照你的思维逻辑和价值观的选择，做出了你的排列组合，只要不妨碍他人，就没有对错之分，只有真实与虚伪、清晰与混乱、和谐与纷杂的区别。

在培训过程中，很多朋友对我说出了他们的选择，我们发现，大家写下的大都是"亲情、友情、爱情、健康、快乐、父母、妻子、孩子、事业、家庭、朋友"等，在删除的过程中，顺序有所不同，留在最后的，以上几样当中的每一样都有。当然，也有例外。

值得庆幸，也值得惊讶的是，这个游戏中，极少人把"金钱"保留到最后一项的，甚至保留到最后三样两样时的比例，也是出乎意料得少。现实中有太多的利欲熏心，为了金钱不惜毁弃一切。真正到了神清气爽，认真思索什么是你生命中的最重时，几乎所有的人都把金钱抛掉了。这究竟是为什么？

请原谅，让你在舍弃、悲切、痛苦中完成了这个游戏。现在请你闭住双眼，再回顾一下刚刚过去的不堪回首的人生磨难和撕心裂肺的一次次抉择。

好,让我们重新回到这阳光明媚的现实生活中来。现在请你回味一下,你选择的六样东西真的是你的最爱么?真的是你人生的归依和生命存在的理由么?真的是你甚至不惜牺牲自己的生命而追求和奋斗的么?

如果是,那么,你为了你人生的最爱和最重要的人与东西,到目前为止,你做得如何?做了什么?有没有一直想做但却一直没有做的事情?例如,多回家看看父母,多陪陪妻子和孩子,多锻炼锻炼身体……

你是否为自己开始拥有或已经拥有了这六样东西而感到无比的幸福和自豪?你是否有一种豁然开朗的感觉:哇噻,原来我已经拥有了世界上这么珍贵的东西,为什么我以前就没有想到珍惜呢?为什么我还一直认为自己不是一个幸福和快乐的人呢?

请再拿出一张纸,列出你在今后的人生岁月里,你应该为你的"珍贵无比的六样东西"做些什么?怎样做?——列出你的行动计划来,并且要对自己发誓:我决不食言,我一定要肩负起我对"生命中最重要的六样东西"的责任,我愿为此而努力!

最后,在你遇到难以做出的决定的时候,请想想你的六样。心理健康的人不是没有问题,而是他能有效地解决问题。尽量使你的决定和你的价值观相吻合,和你不懈追求、细心呵护的"六样"相一致。这是心灵健康的不二法宝。

(资料来源:阙雅玲,朱权,游美琴.管理基础与实务[M].北京:机械工业出版社,2008:182-184.)

2. 确定目标

科学的时间管理,在明确了个人价值观以后,就应该根据自身科学的职业生涯规划制定自己的目标,具体可分为短期目标、中期目标、长期目标。关于目标的拟定,需结合职业生涯规划、目标拟订等任务的理论与实践指导。大家不妨先明确自己一周或者一个月的具体目标进行时间管理实践,如表 2-11 所示。

3. 目标按优先级排序

在确定了目标的基础上,就需要运用 80/20 法则、四象限管理法等理论进行目标优先级排序,做到科学合理地取舍。

4. 明确任务

表 2-11　　　　　　　某物流管理专业学生的目标表

项目	人生终极目标	远期目标(10 年内)	中期目标(5 年内)	近期目标(1~3 年)	学期目标	周目标
事业	在物流企业做出自己的成就	能在企业做到管理层人员	在大三实习期间获得企业认可	通过自荐能进入邮政或其他物流公司实习	让大家满意自己的工作	把自己的学生会和学委工作做好
财富	能有一笔安度晚年的养老金	通过工作养活家人,过上小康生活	通过工作可以养活自己	能通过自己努力赚取零花钱	争取少用家人的钱	每周合理利用零花钱
家庭生活	家庭幸福和睦	有一个幸福的家庭	多与家人外出旅游	找一个对自己好的异性朋友	常回家看看	至少跟家人通电话一次

续　表

项　目	人生终极目标	远期目标（10年内）	中期目标（5年内）	近期目标（1～3年）	学期目标	周目标
学习成长	活到老,学到老	了解各国语言	考专插本或专升本	争取英语考过四六级	每科都不挂科	每周安排时间把"关于港口的单词"背熟
人际关系	朋友遍天下	和同事、老板打好关系	能和小学、高中的同学再聚	在中山校区认识更多新朋友	认识别的院系更多新朋友	和朋友关系越来越好
健康休闲	保持身心健康	多与朋友进行户外活动	学习瑜伽	参与更多校内活动	体重减轻2千克	坚持每周运动两小时

【典型举例】

假如现在是周一的早上或周日的晚上,面前是这五天要做的事情：

1. 你从周日早晨开始牙疼,想去看医生。
2. 星期六是一个好朋友的生日——你还没有买生日礼物和生日卡。
3. 你有好几个月没有回家,也没有打电话或写信。
4. 有一份夜间兼职不错,但你必须在周二或周三晚上去面试(19:00以前),估计要花1个小时。
5. 周二晚上有一个1小时长的电视节目,与你的工作有密切关系。
6. 周二有一场演唱会。
7. 你在图书馆借的书周二到期。
8. 外地一个朋友邀请你周末去他那儿玩,你需要整理行李。
9. 你要在周五交计划书前把它复印一份。
10. 周二下午2:00—4:00你有一个会议。
11. 你欠某人200元钱,他周二也要参加那个会议。
12. 你周二早上从9:00—11:00要听一场讲座。
13. 你的上级留下一张便条,要你尽快与他见面。
14. 你没有干净的内衣,一大堆脏衣服没有洗。
15. 你要好好洗个澡。
16. 你负责的项目小组将在周二下午6:00开会,预计1个小时。
17. 你身上只有5元现金了,需要取钱。
18. 大家明晚聚餐。
19. 你错过了上周的例会,要在下周一前复印一份会议记录。
20. 这个星期有些材料没有整理完,要在下周一前整理好,约2个小时。
21. 你收到一个朋友的信一个月了,没有回信,也没有打电话给他。
22. 星期天早晨要出一份简报,预计准备简报要花费15个小时,而且只能用业余时间。

23. 你邀请恋人后天晚上来你家烛光晚餐,但家里什么吃的也没有。
24. 下周二你要参加一个业务考试。

(资料来源:阚雅玲,朱权,游美琴.管理基础与实务[M].北京:机械工业出版社,2008:198-199.)

5.任务按优先级排序

对任务进行优先级排序,与前述对目标进行优先级排序思路大致相同。下面分别介绍这几种科学时间管理方法。

二、时间管理"四象限"法

【经典故事】

一天,一位教授为商学院的学生上时间管理课。他说:"这一课大家不用记笔记,只要跟着我做一个小实验就行了。"说完,他拿出一个大口的玻璃瓶子放在了桌子上。

之后,他从桌子底下取出一袋鸡蛋大小的石块,一块一块地把它们放进玻璃瓶里,直到瓶子放不下了才停止。这时,教授问道:"瓶子满了吗?"学生齐声回答:"满了。"教授又问:"真的满了吗?"说着,他又从桌子底下取出一袋小石子,并分几次将它们倒进了瓶子里。教授问:"现在满了吗?"有的说:"满了。"有的说:"还没有满。"

教授又从桌子底下拿出一袋沙子,缓缓地倒进了瓶子里,直到沙子溢出瓶口中。教授问:"现在满了吗?"有的说:"满了。"有的说:"还没有满。"这时,教授又从桌子底下拿出了一瓶水倒了进去,直到水溢了出来。

教授又开始提问:"这个实验说明了什么道理?"

大家七嘴八舌地议论起来。

有的说:"说明时间像海绵,只要你肯挤它,就能挤出来。"有的说:"在有限的生命里,只要我们努力就可以做很多事情。"

教授最后总结道:"刚才同学们说的都有一定道理,但却不是我们今天做这次实验的真正目的。我做这个实验是想告诉大家,我们有限的生命就像这个瓶子,它只能放进去有限的东西。如果我们不把生命和工作中最重要的事情——这些大石块先放进去,那么,你的一生可能就会浪费在一些毫无意义的琐碎事情上,让小石块充满自己的生命空间,这是多么悲哀啊!"有学生问:"老师,什么是生命中的大石块呢?"教授回答:"比如你的价值观、目标、健康、学习、家庭等,这些都是大石块,你们要优先考虑并把它们放在最重要的位置。"

究竟是什么占据了人们的时间?这是一个经常令人困惑的问题。著名管理学家科维提出了一个时间管理的理论,把工作按照重要和紧急两个不同的程度进行了划分,基本上可以分为四个"象限":既紧迫又重要、重要但不紧迫、紧迫但不重要、既不紧迫也不重要,我们可以举例,如表2-12所示。时间管理理论的一个重要观念是应有重点地把主要的精力和时间集中地放在处理那些重要但不紧急的学习与工作上,这样可以做到未雨绸缪,防患于未然。在大家的日常生活工作中,很多时候往往有机会去很好地计划和完成一件事,但常常却又没有及时地去做，随着时间的推移，造成学习和工作质量的下降。因此，应把主要的精力有重点地放在重要但不紧迫这个"象限"的事务上是必要的。如何衡量一件事情的重要性，即挖掘一件事情的价值点需要考虑以下三个方面：一是我最重要的责任是什么？二是我需要做什么？三是做这件事的价值体现在哪里？

表 2-12　　　　　　　　　　时间管理四象限法对比表

	紧　迫	不　紧　迫
重要	A 既重要又紧迫 1. 危机 2. 紧急的问题 3. 有限期的任务、会议 4. 即将到来的考试、复习 5. 一周后要交的实验报告	B 重要但不紧迫 1. 建立人际关系 2. 预防事项、工作计划 3. 时间管理、人生规划 4. 真正的休闲充电 5. 有规律的复习 6. 锻炼身体、素质锻炼
不重要	C 紧迫但不重要 1. 不速之客 2. 干扰、一些电话 3. 许多紧急事件 4. 许多凑热闹的活动	D 既不重要也不紧迫 1. 烦琐忙碌的工作 2. 浪费时间的事 3. "逃避性"的活动 4. 无节制地看电视、睡觉、玩游戏、玩微信

【小思考】
您每天花在哪类任务上的时间最多？您的时间分配应该怎样改进？

如果您偏于第一象限即 A 类任务，那您的状况可能是压力大、筋疲力尽、整天忙于危机处理、收拾残局，您可能成为紧张的人。普通人 A 类任务占 25%～30%，成功人士占 20%～25%。

如果您偏于第二象限即 B 类任务，那说明您有远见、有理想、工作平衡、自制力强、人际关系好、少有危机出现，您会变得从容淡定柔和。B 类任务普通人士仅占 15% 左右，成功人士则占 60%～80%。

如果您偏于第三象限即 C 类任务，那说明您可能短视近利、常常处于危机处理事务中、轻视目标与计划制订、缺乏自制力、容易怪罪他人、人际关系浮泛、甚至容易出现人际关系危机，同时还说明您不太善于授权，您不改变的话可能成为碌碌无为之人。C 类任务普通人占 50%～60%，成功人士则只占 15% 以下。

如果您偏于第四象限即 D 类任务，那需要提醒您注意，您可能责任感非常不明确、工作质量低下，或者您是否是"啃老族"抑或依赖他人或社会机构为生。如果 D 类任务占据了您的大部分时间，您将成为无聊之人。而普通人 D 类事情只会占 2%～3%，成功人士只占 1% 及以下。

因此我们给出的建议是：先做 A、B 类事务，A 类事情立即做优先做，B 类事情要未雨绸缪、定出时间抽空做，少做 C 类事务、不做 D 类事务，方向终于细节，策略胜于技巧。始终抓住"重要"的事，才是最佳的时间管理，最好的节约时间方法。A、B 类事务多了，

C、D类事务自然就杜绝了,您就会越来越有远见、有理想、有效率、少有危机。

三、时间管理80/20法则

80/20法则,是按事情的重要程度编排行事优先次序的准则,是建立在"重要的少数与琐碎的多数"原理的基础上。这个原理是由意大利经济学家兼社会学家维尔费雷多·帕累托提出的。它的大意是:在任何特定群体中,重要的因子通常只占少数,而不重要的因子则占多数,因此只要能控制具有重要性的少数因子即能控制全局。

80/20法则在时间管理上的运用主要从以下三个方面入手:

(1) 去寻找用20%的时间就可得到80%的效果的领域。

(2) 集中精力解决少数重要问题,而不是解决所有问题。

❶ 避免将时间花在琐碎的多数问题上。

❷ 学会把不太重要的事情集中起来办。

❸ 避免参加无效率、无结果的会议。

(3) 在每天思维最活跃的时间内做最有挑战和最有创意的工作。

【知识测试】

1. 确定工作的优先次序应遵循先做重要且紧急的事,接着做(　　)的事。

A. 紧急但不重要　　　　　　　B. 不紧急也不重要

C. 重要但不紧急　　　　　　　D. 自己的事

2. 常常容易被忽略需要未雨绸缪安排时间做的事情是(　　)。

A. 优先级A:紧迫且重要　　　　B. 优先级B:重要但不紧迫

C. 优先级C:紧迫但不重要　　　D. 优先级D:不紧迫不重要

3. (　　)是一种很坏的工作习惯。

A. 拖延、找借口　　　　　　　B. 按优先级排序

C. 计划　　　　　　　　　　　D. 制定目标

4. 准备、预防措施和规划属于(　　)事情。

A. 优先级A　　　　　　　　　B. 优先级B

C. 优先级C　　　　　　　　　D. 优先级D

5. 在紧迫性/重要性矩阵中,(　　)属于优先级为A的工作。

A. 亟待解决的重要问题　　　　B. 干扰和电话

C. 鸡毛蒜皮的事　　　　　　　D. 团队和个人的发展

【案例分析】

我从来没有做工作记录的习惯。工作上的事情总是一件完了接着一件,整日里忙忙碌碌。我们的经理也要求我们只要一直在忙工作就行,从来没有人思考过如何提高工作效率的问题。这样的状况持续了很久,直到不久之前新来的老总提出提高工作效率的问题。他要求大家都把自己在工作中做的所有事情记录下来,记录在一个被他称做"活动跟踪表"的表格中,如表2-13所示。

表 2-13　　　　　　　　　　　　活动跟踪表

序号	时间	活动、工作	工作分析	优先级别(A/B/C/D)
1	8:00—8:10	收拾卫生		C
2	8:10—8:20	上网浏览		D
3	8:20—8:30	一天工作计划	有效	A
4	8:30—8:40	给客户发邮件	有效	A
5	8:40—8:50	召开部门临时会议		A
6	8:50—9:00	接朋友来电		D
7	9:00—9:15	继续给客户发邮件	有效	A
8	9:15—9:20	喝水、上厕所		D
9	9:20—10:00	分析客户投诉意见	有效	C
10	10:00—10:20	和同事聊天		D
11	10:20—10:50	与客户电话沟通	有效	B
12	10:50—11:10	帮助同事准备会议材料		A
13	11:10—11:30	与客户电话沟通	有效	B
14	11:30—11:50	准备临时会议材料	有效	A
15	11:50—12:00	打电话处理私事		C

　　分析了一天的活动跟踪表之后,我发现自己做最有意义事情的时间很少,许多时间被无谓地浪费,在实际的工作中做了许多无效的工作。这使我认识到应该采用新的管理方式来提高自己利用时间的效率。

　　根据以上案例,回答以下问题。

　　1. 从案例可以看出,"我"某天上午的时间利用效率只有(　　)。

　　A. 80%　　　　　　B. 40%　　　　　　C. 60%　　　　　　D. 20%

　　2. 案例中的"我"作为一个部门主管在10:50—11:10帮助同事准备会议材料。这说明"我"(　　)。

　　　A. 对团队成员比较负责　　　　　　B. 分不清轻重缓急,事必躬亲

　　　C. 工作细心、认真　　　　　　　　D. 缺乏工作的灵活性

　　3. 根据工作优先级矩阵,优先级A表明这个工作属于(　　)。

　　　A. 重要且紧迫　　　　　　　　　　B. 重要但不紧迫

　　　C. 不重要但紧迫　　　　　　　　　D. 不重要也不紧迫

　　4. 针对案例中的情况,你认为下面(　　)方法能够帮助"我"提高工作效率。

　　　A. 主动放弃一些事情　　　　　　　B. 不接电话以避免干扰

　　　C. 预见并及时处理问题　　　　　　D. 为重要的工作选择最佳时间

　　5. 活动跟踪表的好处是(　　)。

　　　A. 有助于找到问题的细节所在,提高时间的效率

　　　B. 能够查清问题的主要负责人

C. 能够辨别出人们的不同的工作方式
D. 能够完美地完成工作

【重点回顾】
1. 时间管理的步骤。
2. 如何运用 80/20 法则进行时间管理？

【能力测试】

下面有 15 道题目,每个题目都有 5 个备选项,请根据自己的实际情况或想法,再进行选择,每题只能选择一项。通过测验,你可以大致了解自己的时间管理倾向:

A. 非常不同意　　B. 不同意　　C. 一般　　D. 同意　　E. 非常同意

序号	问题	选项
1	每天处理的任务都具有很高的优先级别	
2	经常到最后时刻才能完成任务,或者还提出需要获得延期	
3	留出做计划以及做预先时间安排的时间段	
4	清楚您完成各种不同任务所需要花费的时间	
5	经常在完成某个任务时被打断,而需要处理其他事宜	
6	使用目标设定的方法来决定哪些任务与活动必须被完成	
7	在预计时间的时候放一些余量,以备不时之需	
8	清楚您正在处理的任务的优先级别	
9	被赋予一个新的任务时,会评估该项任务的重要性与紧急程度	
10	对于任务的最后期限与对任务承诺,会感到厌烦	
11	经常会在完成重要任务的时候分心,或被分散注意	
12	必须将工作带回家,才能完成	
13	有意识地区分您的"任务清单"或者"行动计划表"	
14	能主动与上级就被分配任务的优先级别进行沟通	
15	接受一个新任务时,会检查该任务的结果是否值得时间投入	

计算得分:

序号	A	B	C	D	E	您的得分
1	1	2	3	4	5	
2	5	4	3	2	1	

续表

序号	A	B	C	D	E	您的得分
3	1	2	3	4	5	
4	1	2	3	4	5	
5	5	4	3	2	1	
6	1	2	3	4	5	
7	1	2	3	4	5	
8	1	2	3	4	5	
9	1	2	3	4	5	
10	5	4	3	2	1	
11	5	4	3	2	1	
12	5	4	3	2	1	
13	1	2	3	4	5	
14	1	2	3	4	5	
15	1	2	3	4	5	
			您的综合得分			

分数解释：

分数	说明
46～75	您能够非常有效地管理您的时间！同时，我们也建议您阅读以下的内容来检查您是否仍有一些可以改善提高的部分
31～45	您能够在时间管理的某些部分体现您的优势，但是，您仍然需要在其他部分加以改进。请关注以下重点的部分，通过您的努力，相信您能够极大提高您抗压的能力
15～30	好消息是，您可以有一个很好的机会改善您的工作效率，并达成您的长期目标。但是，我们必须提醒您，为了取得职业的成功，您必须彻底地改进您时间管理的技能，请仔细阅读以下内容

当您完成了以上的问题，您可能也能发现您时间管理的哪些方面需要进行改善了。

分类得分：

题号	总分	因素	说明	得分
6、10、14、15	20	目标	高效的时间管理，首先必须设定目标。只有当您明确了前进的方向，您才能了解应该做什么，按照什么顺序去做。离开了恰当的目标设定这一步骤，您往往会把您的时间浪费在混乱以及互相冲突的事件之中	

续表

题号	总分	因素	说明	得分
1、4、8、9、13、14、15	35	区分主次	区分我们做事的主次是一个相当重要的技能。离开了这个技能,您可能会工作得非常辛苦,但是所得甚少,因为您所努力的对象可能并不是正确的	
5、9、11、12	20	管理干扰	有了一个做事计划,也了解了区分任务的主次,下一步就是管理您每天可能面临的干扰了。您可能发觉您每天能够自我自己独立支配的时间很少。电话、询问、会议、不期而至的问题等,都占据了您每天大部分的时间。其中有一些的确需要被及时处理,但是另外有一些干扰需要被妥善地管理	
2、10、12	15	拖延	"我待会再做吧",这句话经常把一些富有潜力的员工给淹没了。一次一次的"我待会再做吧",积累的任务会把您给压垮了,也会把您的领导对您的信赖给压没了。"拖延"是一种习惯,打败"拖延"的最佳方式首先是认识到您在拖延	
3、7、12	15	计划	时间管理的大部分工作最后都会落实到如何有效地计划工作。当您已经进行了目标的设定并进行了任务主次的区分,接下来的任务就是能够制定出一个时间计划,能够跟踪这些任务,同时也确保您远离工作压力。制定一个现实并且能完成任务的时间计划,能够帮助您控制您的时间,也能平衡您的工作与生活	

这里为您提供了时间管理各个主要方面的小结,您可以通过您在这些方面的得分加以对照,这样,您就可以了解自己在时间管理方面的"自然倾向"。

【生命成长智慧】

心 神 合 一

心神合一的"心"指的是感知、感觉,神指的是意识。心神合一,就是内在的感知感觉与脑子层面意识的合一,减少意识层面的胡思乱想。正常人都会走路,但是,一般都不会留意到自己是先迈左脚还是先迈右脚,以及迈出去时后脚是怎么着地的,是哪里先着地的。

现在体验一下,慢慢地走,假如是先迈右脚,就可以感知到,左脚的脚后跟抬起,右脚的脚后跟先着地,然后着力点逐步地移到全脚,左脚的脚尖有所用力蹬地,右脚的脚后跟抬起……就这样右脚和左脚流畅地交替往前,整个过程是完美的力量交互传递的过程。

这是心神合一的体验过程,也是心神合一的训练方法。在心绪不宁的时候,经常这样慢慢体验着脚的用力,走几分钟,心就能定下来。

【任务思维导图】

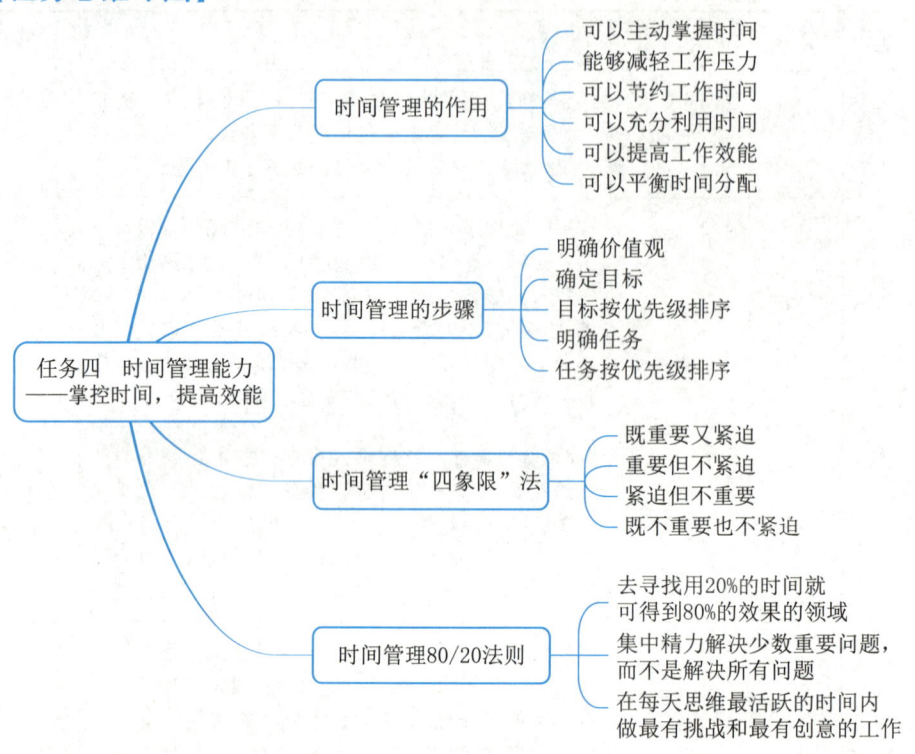

```
任务四  时间管理能力
——掌控时间，提高效能
├── 时间管理的作用
│   ├── 可以主动掌握时间
│   ├── 能够减轻工作压力
│   ├── 可以节约工作时间
│   ├── 可以充分利用时间
│   ├── 可以提高工作效能
│   └── 可以平衡时间分配
├── 时间管理的步骤
│   ├── 明确价值观
│   ├── 确定目标
│   ├── 目标按优先级排序
│   ├── 明确任务
│   └── 任务按优先级排序
├── 时间管理"四象限"法
│   ├── 既重要又紧迫
│   ├── 重要但不紧迫
│   ├── 紧迫但不重要
│   └── 既不重要也不紧迫
└── 时间管理80/20法则
    ├── 去寻找用20%的时间就可得到80%的效果的领域
    ├── 集中精力解决少数重要问题，而不是解决所有问题
    └── 在每天思维最活跃的时间内做最有挑战和最有创意的工作
```

任务五　连接沟通能力
——融入团队，学会相处

> ◇ **中国传统管理名言**
>
> 通其变,天下无弊法;执其方,天下无善教。——《中说·教化论》
> 岁寒,然后知松柏之后凋也。——《论语·子罕》
> 染于苍则苍,染于黄则黄。——《墨子》
> 近朱者赤,近墨者黑。——《傅鹑觚集·太子少傅箴》
> 盖闻知者顺时而谋,愚者逆时而动。——《后汉书·朱浮传》

【学习情境】

如何融入新的团队是每一个新入职员工都要考虑的问题,面对一个新的环境,面对身边新的人群,面对手头新的工作,这一切都需要在最短的时间内得到认可,确实不是一件容易的事情,也是对每一个职场新人的考验。那具体应该怎么做呢？假如你成功应聘到一家中型医药公司市场部,今天上班报到。上午9点的时候,人力资源部门经理将你送到市场部交接给市场部唐经理。

唐经理把你带到了办公室并将你介绍给大家认识。但大家手里边也都有工作正在做,对你并没有什么表情。接下来唐经理给你分配了办公桌和电脑,发了个记事本和签字笔。办公桌显然是刚离职的同事留下的,物品凌乱,电话线也没有接好。公司墙上贴有办公室规章制度,还有老板提出的口号。

随后唐经理吩咐说今天没什么具体工作,让你先熟悉环境,电脑里面有公司产品资料,让你自己先学习。他安排汪楠当你的老师,并介绍说这是我们部门的老师傅了,然后就离开了办公室。

【学习目标】

知识目标:掌握融入新团队的32字原则,掌握与同事、与上级沟通的基本技巧。

能力目标:会根据学习情境快速融入团队,快速与同事和谐相处,快速得到上司的认可与赏识。

素质目标:学会团结同学、尊重师长,营造和谐班集体、宿舍学习氛围。

【学习任务】

1. 在向同事介绍你的时候,大家没什么特别的反应,也没有热情接待。你觉得是大家不喜欢你吗,对这样的情形你怎么处理?

2. 根据经理的安排,你准备今天上午做哪些事情?

3. 你打开电脑准备学习一下公司的产品资料,却发现电脑一开机就死机,鼠标键盘都不能用,而你只会电脑的基本操作,这种情况下你该怎么做?

4. 上班第一周的周六是公司固定的每两个月集体聚会的日子,直到周五才有人告诉你,但你前几天已经和朋友约好去逛街,你该怎么办?

5. 在你所认识的人中找出5个人,并给每个人罗列三个优点。

一、如何快速融入新团队

《高效能人士的七个习惯》中提到:积极主动、以终为始、要事第一可以帮助我们从依赖期走向独立期,能够更好地获得个人领域的成功。而双赢思维、知彼解己、统合综效能帮助我们从独立期走向互助期,以更好地获得公众领域的成功。

(一) 了解环境,取长补短

作为新人,每当出现不知所措的状况的时候,往往是因为不了解情况。因此主动了解环境是第一步,包括了解工作职责、了解工作场所、了解规章制度、了解公司潜规则、了解领导风格、了解团队文化、了解领导的期望。

要善于发现周围的美,善于看到公司与身边人的闪光点,不要总着眼于一些负面的地方。每个单位、每个人都不是尽善尽美的,要将他们的闪光点放大,发现、学习并借鉴。看不惯某个人可以理解,但你看不惯的人多了,或许就是自己的错。要尝试以一颗宽容的心看待事物,接纳身边的人和事,学会以宽己之心宽人、克人之心克己,问题将会得到圆满的解决。每个人都有自身的长处,不存在绝对的个人。当你感觉新环境的同事不如你时,别把结论下得太早,老同事已经把他们应该做的工作,摸得一清二楚,工作中可能出现的问题了然于心。一个新人,如果还是用过去的专业眼光看待这些问题,肯定会出现视角偏差。事实上,新环境里,最弱的总是新人,因为新人对新环境不了解。

(二) 礼节周到,学会忍耐

不管在公司担任的是什么职位,免不了同领导、同事接触。尊重同事是职业场中最基本的行事准则。年轻人往往自以为是，对他人不屑一顾，这是让人反感的。其实，公司里，很多事情的处理都是有原则的，没有搞清原则以前，压压自己骄傲的感觉，礼节周到地对待同事，非常有必要。现在很多新人往往自视清高，一进单位就想位居要职，缺乏从基层干起的耐性，容易出现"小事不愿干、大事干不了"的现象。这就要求培养忍耐力，做事要有耐性。小事之中见精神，大事之中见能力，只有"大处着眼、小处着手"，一丝不苟地做好每件小事，方可为以后做大事积累资源。要善于从基层做起，不断积累经验，提升能力，才能为今后的职业发展打下良好基础。

（三）少说多做，敢作敢为

谦虚谨慎、脚踏实地，不管在什么地方，都会受到欢迎。对自己不明白的事情，可以采用与老员工探讨的方式，表达自己的观点，确定是否可行。一方面对自己的想法进行判断，另一方面，就是尊重老员工。事实上，这种探讨请教的方式，是学习新技能的最佳方法。

年轻人喜欢炫耀，殊不知，老员工都是从年轻走过来的，你炫耀的资本，在别人眼里，或许根本不值得一提。而你的炫耀，本身就给别人留下了坏印象，对新人在公司的成长，是极为不利的。少说话，多做事，在新公司里是非常有必要的。

少说多做，只有多做，才可能知道更多的公司的专业技能；说多了而不去做，只会给自己后面的发展留下越来越多的问题，因为做得太少，根本就不知道，所说的也只是主观判断，与实际情况完全不搭边。此外，言多必失，也是职场中很忌讳的事情。

少说多做，不是不说，而是要说得精练，如果不跟老员工多沟通，还是没有办法融入新的团队。想打开别人的心扉，首先得敞开自己的心扉。

公司为了考核新员工，会出一些难题给新员工做，有时甚至是老员工也不敢做的，并非故意刁难，而是希望通过新人新思维，来处理过去无法处理的问题。这个时候，不应该推脱，应该果断地接下来，认真负责地把难题处理掉，即使处理不了，公司方面也不会对你有什么看法。

如果不接受这份工作，处处推脱，无法把思维带进新的工作环境，那么，工作价值在哪里？又有哪家公司，愿意留用一位事事推脱的职员呢？

（四）团结合作，善于沟通

一个组织，一个群体，在其发展过程中，内部肯定有着千丝万缕的关系牵连。没有了解清楚这些关系之前，最佳的办法是保持中立。如果出现问题冲突，采取工作至上的原则，团结各方，是非常聪明的职场做法。要培养和践行社会主义核心价值观，学会诚信友善待人。

少点意气用事，多点自我约束，宽容地对待每一位同事，把精力集中到自己的工作中去，团结身边所有的同事，才是上上之策。

二、如何与同事沟通

职场新人如何成功实现与同级沟通，对融入团队、职业发展至关重要。沟通的最高境界是要说到别人愿意听，要听到别人愿意说。

（一）同事之间交往原则

真诚；让别人觉得与你交往值得；维护别人的自尊心；创造一种自由的气氛；"爱人者，人恒爱之；敬人者，人恒敬之。"

（二）水平沟通的技巧

1. 尊重对方

沟通过程中只有彼此尊重，才能进行有效的沟通。凡事由自己先做起，尊重对方，率先走出第一步，最有效果。用诚意来促进双方了解，平常多建立联系，不要寄希望于临时抱佛脚就能起到立竿见影的效果。尊重对方还要注意互利互惠的原则。强调自己的责任，增加大家的责任感；双方坚持平等互惠的原则，力求大家都好。沟通中可以圆通但不能圆滑，不要给人造成没有诚意的印象，否则就很难达到理想的沟通效果。

2. 说话时尽量常用"我们"

心理专家做了这样的实验，他让同一个人分别扮演专制型和民主型两个不同角色的领导者，而后调查人们对这两类领导者的观感。结果发现，采用民主型方式的领导者，他们的团结意识最为强烈，使用"我们"这个名词的次数也最多。而专制型方式的领导者，是使用"我"频率最高的人，也是不受欢迎的人。采用"我们"，可以让人产生团结意识。

（1）尽量用"我们"代替"我"。经常使用"我们"，可以缩短你和大家的心理距离，促进彼此间的感情交流。例如："我建议，今天下午……"可以改成"今天下午，我们……好吗？"

（2）开会时，应用"我们"开头。在员工开会上时，如果你想说："我近期通过了解，我发现有些员工工作不认真，责任心很差，我认为这是不行的……"如果将这些"我"字，改成"我们"，效果就会好很多，因为"我"只代表你一个人，而"我们"代表的是公司，代表的是大家。

（3）非得用"我"字时，以平缓的语调淡化。若是不可避免地要讲到"我"，应做到语气平淡，既不能读成重音，也不要把语气拉长。同时，目光不要逼人，不要洋洋得意，应把表述的重点放在事件的陈述上，不要突出"我"，免得让人觉得你在吹嘘自己。

3. 注意什么该问与什么不该问

（1）有时候该问的，要明知故问。比如：你的上司是女同志，刚买了一件新衣服，要问："你的衣服花多少钱买的？"朋友写了一本新书，问："听说你最近又出了一本新书，一定很畅销吧！"

（2）有些不该问的东西，即使你想问，也不要去问。诸如："你今年多大啦？""为什么还不结婚呀？"等等。有时对方不便作答，自然而然会对你的问话很反感。

（3）不宜问的话题。别人的隐私不要问，如女士的年龄、工作情况及经济收入，家庭存款，夫妻感情，身体情况，不愿意公开的工作计划；对方不知道的问题不宜问，如果你问一位医生："去年发生在本市的肝炎病例有多少？"这个问题对方很可能答不上来，因为一般的医生谁也不会去记这些数字。

三、如何与上级沟通

（一）与上级有效沟通的价值

1. 对下级的价值

❶消除上级对你的误解，以免导致给自己和他人带来不必要的麻烦；❷让你的能力和努力得到上级高度肯定；❸让你有更快的发展速度和更大的发展空间。

2. 对单位与上级的价值

❶增加下属对上级的理解，使上级能够更愉快和更顺利地开展工作；❷团队更协调，

管理更通畅，效率更高；❸由于上级与下级员工们心情都更加舒畅，愉快地开展工作，单位更具有创造性与吸引力。

（二）与上级沟通的原则

与上级沟通时，应做到**尊重而不吹捧、请示而不依赖、主动而不越权**。

（三）如何拒绝上级

每次下级对上级提出的方案都唯命是从，这样的下级绝不会得到上级的赞赏。但是为了避免和上级发生正面矛盾和冲突，对上级说"不"的时候要讲究技巧。

1. 要等上级把话说完

要说服别人，总需要听清楚对方所说的话，这样才能找出说服对方的理由。

2. 以问话的方式表示拒绝

不能接受上级看法时，可婉转地说："从以后的发展或长远的观点来看，结果会如何呢？"退一步讲，用请教的方式表达拒绝可保住上级的脸面，上级或许就会渐渐向你的设想靠拢。

3. 提出替代方案

对上级的计划提出替代方案，这说明你不是拒绝上级本人，而是对上级的工作热忱和认真负责的工作态度表示敬佩。因此，你提出这个替代方案只是为了使上级能把工作搞得更好。

（四）怎样说出不同的意见

对上级谈话持不同观点的人，往往容易陷入"是坚持真理，还是照顾上级面子"的怪圈。其实上级需要下属经常向他提出好的意见和建议，以便使工作有更好的思路。不能总是顺着领导说话，有好的工作思路和想法，要经常向上级建议。向上级提意见和建议，要注意方式方法。❶注意提意见的方式；❷先认同，再提意见；❸说明你的出发点。

（五）怎样赞美领导

1. "赞美三部曲"

第一，赞美与他有关的事实；第二，与他的学识、人品相结合；第三，说"跟着您工作一定能学到很多东西"。如看到李经理办公室里挂着一幅字画，可以这样赞美："李经理，您办公室挂的这幅字画写得真好，一看您就是有学问的人，跟您工作我一定能学到很多东西。"跟任何人接触都可套用此"赞美三部曲"公式。

2. 赞美领导注意事项

（1）要选择上级最喜欢或最欣赏的事和人加以赞美。切忌对子虚乌有的事加以赞美，不然会引起上级的反感。

（2）赞美必须是发自内心的，虚情假意的恭维不仅收不到好效果，甚至会招惹麻烦。

（3）要善于把握时机，该赞美时应及时赞美。

（4）不要在赞美上级的同时赞美他人，除非是上级喜欢的人，即使你赞美他人也是给上级做铺垫，而且要适时适度。

（5）赞美最好由第三者尤其是上级最信赖的人转达效果更佳，也显示了你对上级的尊敬。与此相反，背后的赞美却可以更深切地赢得对方的尊敬和信任。当然，背后的赞美应该和当面的表现一致。

（六）如何面对上级的批评

1. 态度要诚恳

受到上级批评时，要表现出诚恳的态度，从批评中确实接受了什么，学到了什么。最让上级恼火的就是他的批评被你当成了"耳边风"。

2. 要坦诚地面对指责

错误的批评也有可接受的东西，一定要虚心接受，中国有句俗话，叫做"有则改之，无则加勉"。聪明的下级应善于"利用"批评，领导批评你是因为你还可以提高，是想你好才批评的。如果你能虚心接受，不争辩，领导会觉得你态度好，值得培养。如果你不服气，发牢骚，可以使你和领导的感情拉大距离，关系恶化。当领导认为你"批评不得"时，也就产生了相伴随的印象——认为你"提拔不得"。

3. 受到批评时，最忌当面顶撞

如果在公共场合领导批评你，你马上顶撞领导，你下不了台，反过来也会使领导下不了台。你能坦然大度地接受其批评，他会在潜意识中产生歉疚之情，也会给领导留下你能扛事、有担当的印象。

4. 巧妙应对上级误解

可找一两次机会表白一下，点到为止。如果你"寸理不让"，试想一个把领导搞得筋疲力尽的人，又谈何晋升呢？

5. 正确处理上级冤枉

受到正式的处分，你的某种权利在一定程度上受到限制或剥夺。如果你是冤枉的，当然应认真地申辩或申诉，直到搞清楚为止，从而保护自己的正当权益。

【知识测试】

1. 下列关于快速融入团队的说法正确的有（　　　　）。

A. 主动了解环境是第一步，包括了解工作职责、了解工作场所、了解规章制度、了解公司潜规则、了解领导风格、了解团队文化、了解领导的期望

B. 少说多做，用实际行动证明自己的能力是与众不同的，通过能力来征服同事，尽量不主动与老员工沟通，慎防言多必失

C. 要尝试以一颗宽容的心看待事物，接纳身边的人和事，学会以宽己之心宽人、克人之心克己，问题将会得到圆满的解决

D. 公司出一些难题给新员工做，有时甚至是老员工也不敢做的，甚至故意刁难，此时可以委婉拒绝，表示自己经验不足，希望上司高抬贵手

E. 初入职场要了解环境、取长补短；礼节周到、学会忍耐；少说多做、敢做敢为；团结合作、善于沟通

2. 下列（　　　）属于与上司沟通的原则。

A. 服从而不反对原则　　　　　　B. 请示而不依赖

C. 尊重而不吹捧　　　　　　　　D. 主动而不越权

E. 多吹捧、少提意见

3. 与上级有效沟通的价值的选项有（　　　　）。

A. 消除上级对你的误解，以免导致给自己和他人带来不必要的麻烦

B. 让你的能力和努力得到上级高度肯定

C. 让你有更快的发展速度和更大的发展空间

D. 增加下属对上级的理解,使上级能够更愉快和更顺利地开展工作;团队更协调,管理更通畅,效率更高

E. 由于上级与下级员工们都能身心愉快地工作,单位更具有创造性与吸引力

4. 下列关于同事之间交往原则,说法正确的有(　　)。

　　A. 真诚　　　　　　　　　　　　B. "爱人者,人恒爱之;敬人者,人恒敬之"

　　C. 让别人觉得与你交往值得　　　　D. 跟谁交往有价值就跟谁交往

　　E. 维护别人的自尊心,创造一种自由的气氛

5. 下列关于如何接受上级布置的任务的说法正确的有(　　)。

　　A. 接受上级任务时,要注意倾听

　　B. 通过提问和复述的方式,了解指示的要点,记录指示的要点,对完成任务所需要的资源进行分析并争取获得充足的资源

　　C. 只要是上级布置的工作任务,不论轻重缓急,应毫不犹豫地先把任务接受下来

　　D. 在完成任务过程中,要经常与上司沟通,检验任务完成情况是否符合要求

　　E. 任务做完后才给领导反馈,或者到了期限才给领导反馈,以免打扰上司工作

6. 如何做到对上司的尊重,以下正确的选项有(　　)。

　　A. 对领导的工作要支持、尊重和配合

　　B. 在生活上要关心

　　C. 领导说什么是什么,叫怎样就怎样,好坏没有自己的责任

　　D. 多吹捧上级,多跟上级拉家常,多请领导吃饭,多给领导送急需的生活用品

　　E. 在难题面前要帮助领导解围,有时领导处于矛盾的焦点上,下属要主动出面,勇于接触矛盾,承担责任,排忧解难

7. 面对上级的批评时,下列做法正确的有(　　)。

　　A. 态度要诚恳

　　B. 要坦诚地面对指责

　　C. 受到批评时,最忌当面顶撞

　　D. 如果你是冤枉的,当然应认真地申辩或申诉,直到搞清楚为止,从而保护自己的正当权益,但是要注意场合

　　E. "端别人碗,就要服别人管",因此看在钱的面子上,要学会忍耐

8. 关于赞美领导的说法正确的有(　　)。

　　A. 要选择上级最喜欢或最欣赏的事和人加以赞美

　　B. 赞美必须是发自内心的,虚情假意的恭维不仅收不到好效果,甚至会招惹麻烦

　　C. 不要在赞美上级的同时赞美他人,除非是上级喜欢的人,即使你赞美他人也是给上级做铺垫而且要适时适度

　　D. 凡是人都喜欢听赞美之词,所以要抓住一切机会赞美领导,以博取领导欢心

　　E. 赞美最好由第三者尤其是上级最信赖的人转达效果更佳,也显示了你对上级的尊敬

【重点回顾】

1. 融入新团队的32字原则。
2. 与同事的基本技巧有哪些?
3. 与上级沟通的基本技巧有哪些?

【能力测试】

自我沟通技能测试

评价标准：

非常不同意/不符合,1分;不同意/不符合,2分;比较不同意/不符合,3分;比较同意/符合,4分;同意/符合,5分;非常同意/非常符合,6分。

序号	测试项	得分
1	我能根据不同对象的特点提供合适的建议或指导	
2	当我劝告他人时,更注重帮助他们反思自身存在的问题	
3	当我给他人提供反馈意见,甚至是逆耳的意见时,能坚持诚实的态度	
4	当我与他人讨论问题时,始终能就事论事,而非针对个人	
5	当我批评或指出他人的不足时,能以客观的标准和预先期望为基础	
6	当我纠正某人的行为后,我们的关系常能得到加强	
7	在我与他人沟通时,我会激发出对方的自我价值和自尊意识	
8	即使我并不赞同,我也能对他人观点表现出诚挚的兴趣	
9	我不会对比我权力小或拥有信息少的人表现出高人一等的姿态	
10	在与自己有不同观点的人讨论时,我将努力找出双方的某些共同点	
11	我的反馈是明确而直接指向问题关键的,避免泛泛而谈或含糊不清	
12	我能以平等的方式与对方沟通,避免在交谈中让对方感到被动	
13	我以"我认为"而不是"我们认为"的方式表示对自己的观点负责	
14	讨论问题时,我通常更关注自己对问题的理解,而不是直接提建议	
15	我有意识地与同事和朋友进行定期或不定期的、私人的会谈	

自我评价：

如果你的总分是：

80～90分,你具有优秀的沟通技能。

70～79分,你略高于平均水平,有些地方尚需要提高。

70分以下,你需要严格地训练你的沟通技能。

选择得分最低的6项,作为技能学习提高的重点。

【生命成长智慧】

微笑,价值不可估量

本任务的内容是沟通能力。在与人交流和沟通中很重要的一个法宝是微笑。微笑是人类宝贵的财富,是人的一种习惯,更是重要的能力。俗话说"伸手不打笑脸人",常常露出充满活力的微笑,对人生会有很大的帮助。

第一,会成为一个受欢迎的人,因为能得到他人友好对待的人一般是能微笑待人的人。总是板着脸的人,尽管品德高尚,也会让人敬而远之。

第二,给自己营造愉快、和谐的生活和工作氛围,提高自己和他人的归属感。

第三,微笑可以降低恐惧感、焦虑感和紧张感,让自己和他人放松下来。

第四,如果是做和他人打交道的工作,微笑不容易产生冲突,并且利于解决冲突。如果做销售工作,微笑更是有着不可抵挡的魅力。

为了优化自己所在的环境氛围,反思自己是否在爱人、父母、孩子、朋友、同事面前经常面露微笑?如果笑得不够,可以通过训练获得:

(1) 看着镜子前的自己微笑。

(2) 在不影响别人的前提下,边干着活,边哼着小曲。

(3) 找一些经典的微笑的图片放在可以经常见到的地方,看见了就提醒自己要微笑;随时"停一下"让自己微笑,嘴角上扬。

(4) 注意坐姿、站姿、走路姿势,拉直脖子、挺直脊柱、下巴回收、面带微笑,随时保持良好的状态。

【任务思维导图】

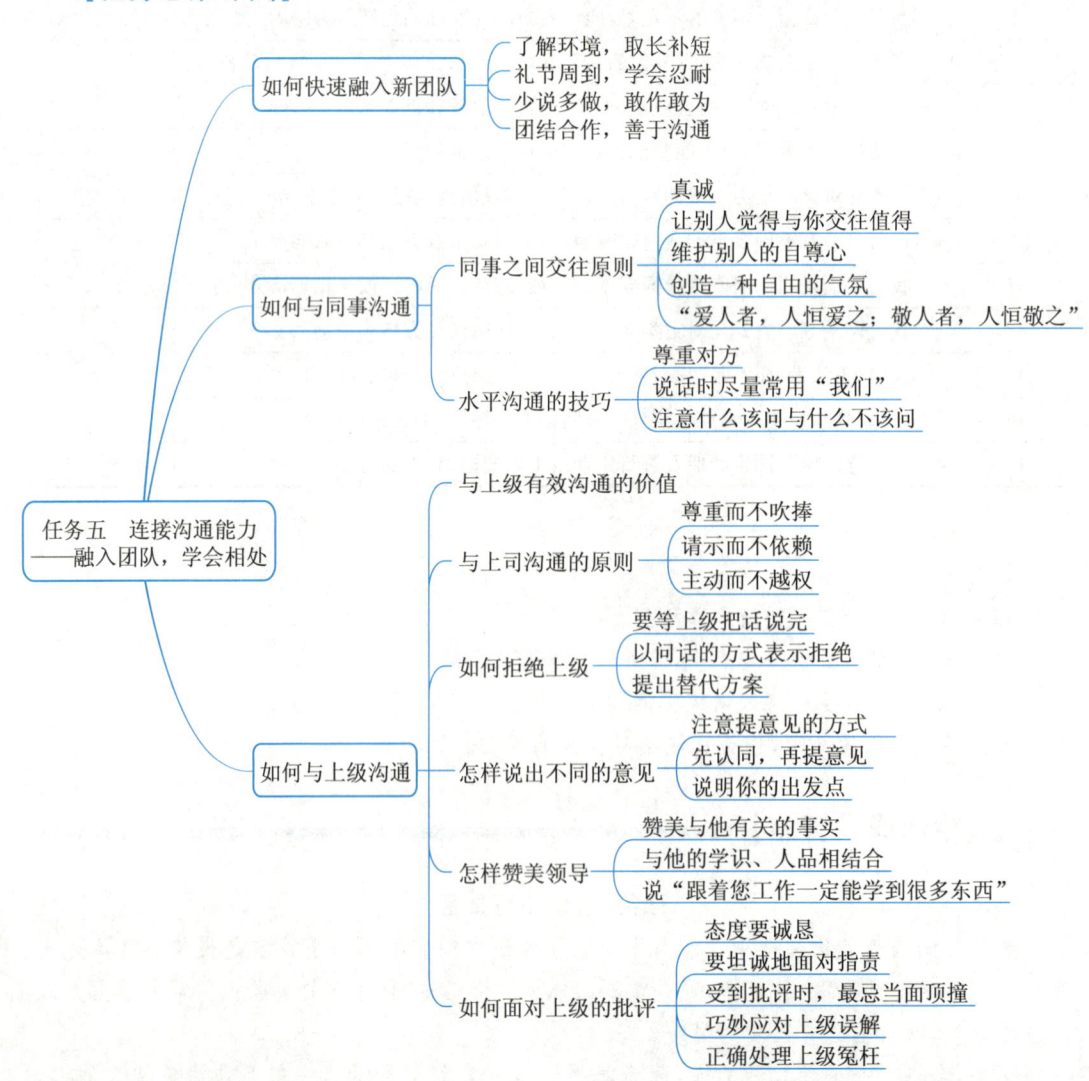

```
任务五  连接沟通能力
——融入团队,学会相处
├── 如何快速融入新团队
│   ├── 了解环境,取长补短
│   ├── 礼节周到,学会忍耐
│   ├── 少说多做,敢作敢为
│   └── 团结合作,善于沟通
├── 如何与同事沟通
│   ├── 同事之间交往原则
│   │   ├── 真诚
│   │   ├── 让别人觉得与你交往值得
│   │   ├── 维护别人的自尊心
│   │   ├── 创造一种自由的气氛
│   │   └── "爱人者,人恒爱之;敬人者,人恒敬之"
│   └── 水平沟通的技巧
│       ├── 尊重对方
│       ├── 说话时尽量常用"我们"
│       └── 注意什么该问与什么不该问
└── 如何与上级沟通
    ├── 与上级有效沟通的价值
    ├── 与上司沟通的原则
    │   ├── 尊重而不吹捧
    │   ├── 请示而不依赖
    │   └── 主动而不越权
    ├── 如何拒绝上级
    │   ├── 要等上级把话说完
    │   ├── 以问话的方式表示拒绝
    │   └── 提出替代方案
    ├── 怎样说出不同的意见
    │   ├── 注意提意见的方式
    │   ├── 先认同,再提意见
    │   └── 说明你的出发点
    ├── 怎样赞美领导
    │   ├── 赞美与他有关的事实
    │   ├── 与他的学识、人品相结合
    │   └── 说"跟着您工作一定能学到很多东西"
    └── 如何面对上级的批评
        ├── 态度要诚恳
        ├── 要坦诚地面对指责
        ├── 受到批评时,最忌当面顶撞
        ├── 巧妙应对上级误解
        └── 正确处理上级冤枉
```

模块三　任务完成能力
——常为者常成，常行者常至

　　本模块主要从任务完成能力培养的角度，帮助您提升分析决策能力、目标拟订能力、计划制订能力、计划执行能力、汇报控制能力等基本的完成上级布置的工作任务所必须具备的能力。希望您通过阅读和训练迅速成为一名合格的自我管理型员工。

任务一　分析决策能力
——集思广益，运筹帷幄

> ◇ **中国传统管理名言**
> 知止而后有定，定而后能静，静而后能安，安而后能虑，虑而后能得。——《礼记·大学》
> 居安思危，思则有备，有备无患。——《左传·襄公十一年》
> 兼听则明，偏听则暗。——《资治通鉴》
> 利而诱之，乱而取之，实而备之，强而避之。——《孙子兵法》
> 一听则愚智不分，责下则人臣不参。——《韩非子·内储说上》

【学习情境】

　　决策思维是当代企业管理层的一个现实问题。如何树立现代决策的理念，掌握和运用现代决策方法，努力提高决策思维、民主决策、依法决策的水平，保证决策的正确性是企业各项建设的首要问题。决策思维是领导科学的重要内容之一，要提高决策思维的能力，就必须认真研究决策思维的原则、决策思维的重要性以及决策思维的艺术性。作为管理能力的核心，决策能力无疑显得尤为重要，而决策能力又由决策思维能力和决策方法能力组成。

【学习目标】

　　知识目标：理解决策的内涵；熟悉决策的分类；掌握决策的程序；掌握决策的原则；掌握德尔菲法；掌握头脑风暴法。掌握盈亏平衡分析方法；掌握决策树法；理解非确定型决策方法的运用。

能力目标:会理性决策;会运用德尔菲法进行决策;会组织头脑风暴会议集思广益。会运用三种定量决策方法解决现实中的决策问题。

素质目标:养成对现实中的决策问题定量分析与定性分析相结合的习惯,养成良好的理性决策思维习惯。

【学习任务】

1. 列出这个星期所要做的三个决策问题,并将所做决策的各种可能选择方案、最佳选择、决策方法、决策的结果一一写入表3-1中。分析每一决策是否正确并找出原因。试想换一种决策策略是否会更好些?

表3-1　　　　　　　　　　决策实训表

决策情况	
各种选择方案:	
最终决策:	
所用的决策方法:	
结　果:	
决策是否成功:	
为什么:	

2. 假设给每个团队10万元或20万元,请为投资项目作出决策。

(1) 各模拟公司组织头脑风暴会议,确定投资项目。

(2) 会议时间30~45分钟。

(3) 会议结束后,各组长发言介绍并说明团队决策结果。

(4) 发言提纲:策划项目名称与目标;简要环境分析;主要创意及决策方案(通过头脑风暴法来征集方案,要同时介绍头脑风暴会议的情况);上述创意的评价与分析;行动方案及选择本方案的理由;备选方案。

(5) 每个团队派一名代表给其他团队打分,满分10分。

(6) 老师进行评议。

一、决策的含义及其分类

(一) 决策与预测的关系

决策与预测是密不可分的,企业经营管理人才要具备卓越的决策能力,首先应具备准确的预测能力。预测是决策的基础,决策是预测的延续,正确的决策必须要有准确的预测,如果没有准确的预测,将会导致决策失误。

预测的目的是为企业的决策提供准确的资料、信息和数据,在正确预测的基础上,选择符合企业发展的满意方案。

(二) 决策的含义及作用

决策,就是"作出决定""拍板"。决策是为了达到一定的目标,从两个或两个以上的可行方案中选择一个合理方案的分析判断过程。西蒙说:"决策是管理的心脏;管理是由一系列决策组成的;管理就是决策。"由此可见,决策对于组织的重要性不言而喻。决策的正确与否,决定着组织行为的成败。

(三) 决策类型

1. 按决策的重要程度分

按决策的重要程度可分战略决策、管理决策和业务决策三类。

(1) 战略决策,指谋求在组织与外部环境之间达成动态平衡、直接关系到组织长远利益的重大决策。它是组织中最重要的决策,涉及组织的发展方向和前景规划。它对组织的影响较为深远,实施时间相对较长,需要解决的问题复杂,对决策者的洞察力和判断力有很高的要求。

(2) 管理决策,指在战略决策的前提下,在组织内部有关战略决策的贯彻和执行的决策,旨在实现组织内部各环节各活动的高度协调和资源的合理配置,以提高经济效益和管理效能。管理决策虽然不直接决定组织的命运,但其正确与否会影响组织战略目标的实现和工作效率的高低。

(3) 业务决策,指为解决日常工作和作业任务中的问题所作的决策。大部分属于影响范围较小的局部性、常规性、技术性的决策。管理决策和业务决策又统称为战术决策。

上述三种决策的比较,如表 3-2 所示。

表 3-2   战略决策、管理决策、业务决策比较表

决策类型		目 标	影响程度	决策内容	决策主体	决策技能
战略决策		谋求在组织与外部环境之间达成动态平衡	决定组织命运	发展方向、前景规划	高层管理者、中层管理者	概念技能、人际技能
战术决策	管理决策	组织内部高度协调和资源的合理配置	影响目标实现及管理效率	战略决策的贯彻与执行	中层管理者	概念技能、人际技能、技术技能
	业务决策	解决日常工作和作业任务中的问题	局部影响	日常工作与作业任务	中层管理者、基层管理者	人际技能、技术技能

2. 按决策的重复程度分

无论是战略决策或战术决策,也无论是单一目标决策或多目标决策,按决策的重复程度归纳起来,都属于程序化决策和非程序化决策两大类。

(1) 程序化决策,指那些经常重复出现,有一定结构,可以通过一定的程序,运用一定的规则和标准进行决策的问题。程序化程度越高,管理秩序、管理水平也越高,管理工作效率也越高。一般"战术决策问题"基本上属于这一类决策问题。或者说,战术决策问题,即管理和义务问题应当逐步实现程序化。

(2) 非程序化决策,指那些尚未发生过,不容易重复出现、结构不清晰的决策问题。这类决策问题具有很大的偶然性和随机性,缺乏现成的解决办法,主要依据决策者的经验和创造性。如新产品开发的决策问题,多样化经营的决策问题,市场供需重大变化的应变措施的决策问题,引进先进设备、先进技术的决策问题,厂房扩建工程的决策以及职工重大技术革新的推广应用、企业经营目标、经营方针的制定,等等,这类决策问题不仅是企业经营和管理中比较重要的事情,并且是不能程序化的、新出现的因而需要做出新的决策,称为"非程序化决策问题"。企业的战略决策问题,其中包括单一目标决策问题和多目标决策问题,基本上都属于"非程序化决策问题"。

程序化决策与非程序化决策比较如表 3-3 所示。

表 3-3　　　　　　　　程序化决策、非程序化决策比较

决策类型	问题性质	组织层次	决策制定技术 传统式	决策制定技术 现代式	举例
程序化决策	例行问题（重复出现的,日常的）	下层	1. 惯例 2. 标准操作规程 3. 明确规定的信息通道	1. 运筹学结构分析模型计算机模拟 2. 管理信息系统	企业:处理工资单 大学:处理入学申请 医院:准备诊治病人 政府:利用国产汽车
非程序化决策	例外问题（新的,重大的）	上层	1. 判断、直觉和创造性 2. 主观概率法 3. 经理的遴选和培训	探索式解决问题技术,适用于: 1. 培训决策者 2. 编制人工智能程序	企业:引入新的产品 大学:建立新的教学设施 医院:对地方疾病采取措施 政府:解决通货膨胀问题

3. 按决策的可靠程度分

按可靠程度,决策可以分为确定型决策、风险型决策和不确定型决策三类。

(1) 确定型决策,指决策者确知环境条件,每一种备选方案只有一种确定的执行后果,决策过程中只要直接比较各种备选方案的执行后果就可以决策的决策。例如,某个决策者有一笔余款,他有几个备选方案:购买国债,年利率 3.9%;存一年期限银行定期存款,利率 1.5%;存银行活期存款,利率 0.35%。如果这个决策者的目标只是想多获得利息,那么他的决策是一种稳定条件下的决策,显然他会选择购买国债。

(2) 风险型决策,指决策者不能预先确知环境条件,未来会处于一种什么样的自然状态,但是可能的自然状态及每种状态出现的概率可以预先客观估计,在每种自然状态下,每个备选方案会有不同的执行后果,所以不管哪种备选方案都有风险的决策。例如,某人有 100 万元想投资兴办一家生产机床的企业,但是不能确定今年市场状况如何,如果今年的行情好,预计可以赚 25 万元;如果行情不好,可能会赔钱 20 万元。经专业人士预测,行情好的概率是 65%,行情不好的概率是 35%,该人是否要投资,根据概率论的知识,不难作出决策。

(3) 不确定型决策,指决策者不能预先确知环境条件未来会处于一种什么样的自然状

态,未来可能的自然状态及其每种状态出现的概率无法客观估计,决策者对各个备选方案的执行后果也难以确切估计的决策。如日本大地震、核泄漏、海啸等对企业经营产生的影响。在不确定性环境条件下进行决策,关键在于尽量掌握有关的信息资料,根据直觉、经验和判断果断行事。

上述三种决策的比较,如表 3-4 所示。

表 3-4　　　　　　确定型、风险型、不确定型决策比较

决策类型	各方案未来的自然状态	各自然状态的结果	各自然状态出现的概率
确定型决策	只有一种	已知	确定(100%)
风险型决策	有多种	可预测	已知
不确定型决策	有多种	可预测	未知

4. 按参与程度分

按决策的参与程度,可分为群体决策与个人决策。

群体决策是指为充分发挥集体智慧,由多人共同参与决策分析并制定决策的整体过程所作出的决策。个人决策是指组织中通过个人决定的方式,按照个人的判断力、知识、经验和意志所作出的决策。个人决策一般适用于日常工作中程序化的决策和管理者职责范围内的事情的决策。决策实务中,群体决策一般能提供较为完整的信息、产生更多的备选方案、增加对决策方案的可接受性、提高决策结果的合法性、调动更多人的积极性;同时群体决策一般也会耗费更多的时间、出现少数人的统治、参与决策的成员如果屈从于压力的话会导致影响决策的质量,而且易导致责任不清的状况出现。

表 3-5　　　　　　群体决策与个人决策比较

比较项	个人决策	群体决策
创意多寡	寡	多
决策效率	快	慢
决策质量	较差	较好
创造性	较高	较低
可接受性	差	好
风险性	视个人气质、经历而定	视群体(尤其领导)性格而定
适用性	适于工作不明确,需要创新的工作	适于工作结构明确,有固定程序的工作

二、决策的程序

决策者要作出正确的决策,还必须遵循正确的决策程序。决策程序应包括七个步骤。

(一) 发现问题

决策始于问题,或更具体地说,存在着现实与期望状态之间的差异。决策者必须知道哪里需要行动,识别问题就是对事物进行分析,找到问题之所在。例如,一个公司的销售额下降10%是问题吗?或者这只是另一个问题的征兆,比如是产品过时或广告预算不足。发现了现实与需要之间的差距之后,要找出最迫在眉睫的需要解决的问题,然后在这些问题中重点解决力所能及的、主客观条件允许的、有解决的可能性的问题。

> 【小思考】
> 哪些情况可以作为发现问题的信号?

(二)确定目标

管理者一旦确定了需要注意的问题,就对解决问题中起重要作用的决策标准加以确定,即管理者必须确定什么因素与决策相关。这些标准往往反映了决策者的想法,与决策是相关的。一般而言,决策标准体现组织目标,因为组织所要达到结果的数量和质量都会对于行动路线的选择和方案的抉择起着最终的指导作用。只有明确了决策目标,才能避免决策的失误。所以,确定决策目标是决策的首要环节。根据决策目标在决策中的地位和重要程序,一般将其分为三类:必须达到的目标、希望完成的目标和不予重视的目标。

(三)拟定备选方案

第一步,分析和研究目标实现的外部因素和内部条件,积极因素和消极因素,以及决策事物未来的运动趋势和发展状况。

第二步,在第一步基础上,将外部环境和内部环境的各种有利或不利条件,同决策事物未来趋势和发展状况的各种估计进行排列组合,拟订出适量的实现目标的方案。

第三步,将这些方案同目标要求进行粗略的分析对比,从中选择出若干个利多弊少的可行方案,供进一步评估和抉择。由于所拟订的方案是为了实现相同的目标,相互之间必然存在一定程度的互补性,存在着利于或不利于目标实现的因素,因此,在决策过程中,往往是对众多方案进行取长补短的重新组合,形成两个以上新的备选方案。

> 【小思考】
> 成功的备选方案具有哪些特征?

(四)评价方案

备选方案拟定以后,随之便是对备选方案进行评价,评价标准是看哪一个方案最有利于达到决策目标。评价的步骤一般分三步,如图3-1所示。

第一步,看备选方案是否满足必须达到的目标要求。

第二步,按期望完成的目标要求,对保留下来的方案进行评估。

第三步,按方案在必须完成的目标和希望完成的方案进行评估中的满意顺序,对各方案进行全面权衡,从中选择出最满意的方案。

1. 对可行性的评估

对可行性的评估即假如执行这个方案是否有可能。如受资金限制、法律限制、人力与

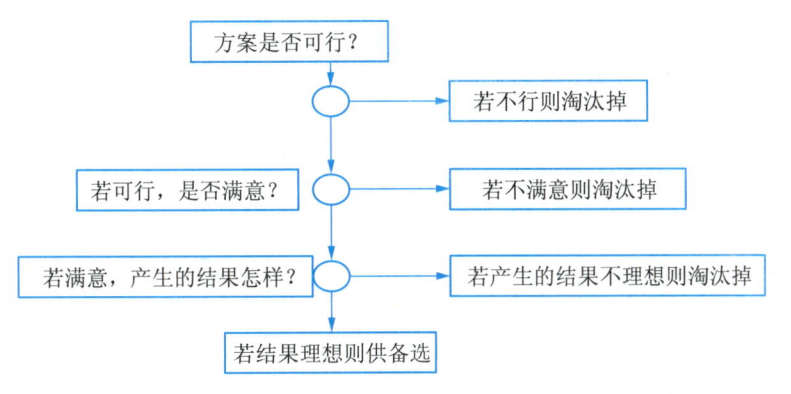

```
           ┌──────────────┐
           │  方案是否可行？  │
           └──────┬───────┘
                  ○ ────────→ ┌──────────────┐
                  │           │  若不行则淘汰掉  │
┌──────────────┐  │           └──────────────┘
│ 若可行，是否满意？│──○ ────────→ ┌──────────────┐
└──────────────┘  │           │ 若不满意则淘汰掉 │
                  │           └──────────────┘
┌──────────────────┐          ┌──────────────────┐
│ 若满意，产生的结果怎样？│──○──→ │ 若产生的结果不理想则淘汰掉│
└──────────────────┘          └──────────────────┘
                  │
           ┌──────┴───────┐
           │ 若结果理想则供备选 │
           └──────────────┘
```

图 3-1　备选方案分析步骤

物力的限制，而使某些方案无法实现，即无可行性，需要淘汰掉。若有可行性，接着就需要分析该方案是否能达到令人满意的程度。

2. 满意度分析

满意度是指某一方案满足了决策所处条件下的各个要求的程度。如果不满意，则淘汰掉。若令人满意，但是也往往会因付出的代价大于收益而放弃掉。所以仍然需要对该方案试行后可能产生的后果进行评估。

3. 可能结果评估

可能结果评估即对该方案可能带来的代价和效益进行分析评估。如果该方案采用后，将会给组织内的各个部门带来什么影响，这些影响又将付出多少代价？得到多少好处？

表 3-6 列出了各品牌轿车的分析评价要素，每个要素按 10 分满分进行评价。

表 3-6　　　　　　　分析和评价各轿车的性能等要素

品牌	起价	舒适性	耐用性	维修记录	性能	操作性
福特	6	8	6	7	7	7
马自达	7	5	7	7	4	7
尼桑	8	5	7	9	7	7
丰田佳美	6	7	10	10	7	7
沃尔沃	2	7	10	9	4	5

（五）选择方案

选择方案就是对各种备选方案进行总体权衡后，由组织决策者挑选一个最好的方案。方案的选择方式，依决策事务的重要程度不同而有所不同。重要的决策方案，首先要将方案印发给有关人员，准备意见；其次是召开会议，由专家小组报告方案评估过程和结论；最后是决策者集体进行充分的讨论，选择出满意的方案。选择方案的总体要求是总体权衡、统筹兼顾；群策群力、发扬民主；组织会议、集体讨论；科学论证、果敢明断。作为决策者，最重要的不是他要拿出什么与众不同的看法，而是要从各种建议中筛选出正确的一个，正所谓"谋贵众，断贵独"。表 3-7 若决策者对 6 个要素所赋权重如表所示，则可算出每个品牌的总评分，并可以此为依据作出选择。

表 3-7　　　　　　　　综合评价及最终车型的选择

品　牌	起　价	舒适性	耐用性	维修记录	性　能	操作性	总　评
权　重	10	8	5	5	3	1	
福　特	60	64	30	35	21	7	217
马自达	70	40	35	35	12	7	199
尼　桑	80	40	35	45	21	7	218
丰田佳美	60	56	50	50	21	7	244
沃尔沃	20	56	50	45	12	5	188

（六）实施方案（形成计划）

决策方案选定以后，就要付诸实施。有了高质量的决策方案，未必能够保证取得成功，因为决策的成功还取决于有效地执行决策。而执行决策往往是决策过程中最困难的一步。现实中有不少决策，就是由于执行不力而没有收到应有的效果。人们常说"雷声大雨点小"、"光打雷，不下雨"，这些都是对"只决不行"情形的形象描述。因此，使决策生效和得以实施是决策过程中的一个重要环节，任何不生效的决策都是没有实际意义的。为了使有效的决策得以强有力地执行，无论从理论还是实务的角度都必须形成严密科学的计划，制订具体的相应措施，保证方案的正确实施；确保与方案有关的各种指令能被所有相关人员充分接受和彻底了解；应用目标管理方法把决策目标层层分解，落实到每一个执行单位和个人，建立重要的工作报告制度，以便及时了解方案进展情况，及时进行调整。

（七）评价决策

决策程序的最后阶段是对选择、执行的方案进行监督和评价，这通常是在决策实行了一段时间后才进行的。评价的目的是检验决策的正确性，修正不符合实际的部分。

决策的七个步骤如图 3-2 所示。

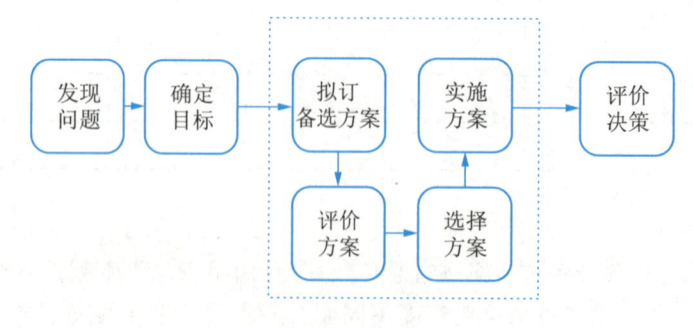

图 3-2　决策过程图

三、决策准则

（一）目标明确原则

任何决策必须要有明确的目标。决策目标不明确，即使有丰富的信息、详尽的方案、科学的论证也无法作出合理的决策。例如，当十位高级经理认为他们在讨论同一件事情时,实际上他们所确认的目标各不相同。在一项关于公司增长的讨论中,有人认为话题是营业收入的增长更重要,有人认为市场份额增长更重要,还有人着重考虑净收益。这样的决策会议必然带来意见分歧和冲突。决策目标明确原则要求决策者不能只看到眼前利益,而看不到和不重视长远利益,使得决策目标短视和盲目(有人称之为"决策近视症");同时要求决策者不能过分重视形式的完美而不重视决策的效益(有人称之为"决策浪漫主义")。

(二)信息充分原则

信息是决策成功的物质基础,能否及时准确地获取足够的决策信息,对决策正确与否有着直接的关系。决策过程实际上是一个信息收集、传递、整理和分析的过程。为了提高信息对决策的针对性和适用性,还要对收集到的信息进行筛选和核实,去伪存真、去粗取精,然后再对信息进行解读和分析,使之成为决策的依据。决策时绝不能过分依赖直觉,偏信个人经验和能力,防止决策的盲目性。

(三)满意原则

满意原则是针对"最优化"原则提出来的。"最优化"的理论假设把决策者作为完全理性的人,以"绝对的理性"为指导,按最优化准则行事。这就要求决策者了解与决策有关的所有信息;决策者对环境和条件的变化能准确地预测;决策者不受时间和其他资源的限制;决策者能准确计算每个方案的执行结果。但是,处于复杂多变环境中的企业和决策者,要对未来做出"绝对理性"的判断是不可能的,因此,决策者不可能做出"最优化"的决策,只能做到满意决策。"满意"决策,是能够满足合理目标要求的决策。它包括以下内容:❶决策目标追求的不是使企业及其期望值达到理想的要求,而是使它们能够得到切实的改善,实力得到增强;❷决策备选方案不是越多越好、越复杂越好,而是要达到能够满足分析对比和实现决策目标的要求,能够较充分利用外部环境提供的机会,并能较好地利用内部资源;❸决策方案选择不是要避免一切风险,而是对可实现决策目标的方案进行权衡,做到"两利相权取其大""两弊相权取其小"。

(四)有效原则

美国学者弗鲁姆在"管理决策新探"中提出了决策有效的四个标准。❶决策的质量或合理性,即所做出的决策在何种程度上有益于实现组织的目标;❷决策的可接受性,即所做出的决策在何种程度上是下属乐于接受并付诸实施的;❸决策的时效性,即做出与执行决策所需要的时间和周期长短;❹决策的经济性,即做出与执行决策所需要的投入是否在经济上是合理的。以上四个方面要求必须在决策效果评价中得到综合考虑。

四、决策思维的特性

决策思维具有程序性、创造性、择优性、指导性。

(一)程序性

决策思维不是简单拍板,随意决策,更不是头脑发热,信口开河,独断专行,而是在正确的理论指导下,按照一定的程序,充分依靠领导班子、广大群众的集体智慧,正确运用决策技术和方法来选择行为方案。

(二)创造性

决策总是针对需要解决的问题和需要完成的新任务而作出选择,不是传声筒、录音带,也不是售货员、二传手,而是开动脑筋,运用逻辑思维、形象思维、直觉思维等多种思维进行创造性的劳动。

(三)择优性

在多个方案的对比中寻求能获取较大效益的行动方案,择优是决策的核心。

(四)指导性

在管理活动中,决策一经作出,就必须付诸实施,对整个管理活动、系统内的每一个人都具有约束作用,指导每一个人的行为方向。不付诸实践,没有指导意义的决策将失去决策的实际意义。

五、定性决策方法

定性决策方法又称为"软方法",也叫主观决策法,是指决策者根据个人或专家的知识、经验和判断能力,充分发挥出专家的集体智慧,进行决策的方法,所以也叫主观决策法。

(一)德尔菲法

德尔菲法依据系统的程序,采用匿名发表意见的方式,即专家之间不得互相讨论,不发生横向联系,只能与调查人员发生关系,通过多轮次调查专家对问卷所提问题的看法,经过反复征询、归纳、修改,最后汇总成专家基本一致的看法,作为预测的结果,这种方法具有广泛的代表性,较为可靠。

1. 德尔菲法的具体实施步骤

(1)拟定决策提纲。由决策组织者对所要决策的事项拟定初步的决策提纲。

(2)组成专家小组。按照课题所需要的知识范围,确定专家。专家人数的多少,可根据预测课题的大小和涉及面的宽窄而定,一般不超过 20 人。

(3)征询专家意见。向所有专家提出所要预测的问题及有关要求,并附上有关这个问题的所有背景材料,同时请专家提出还需要什么材料。然后,由专家做书面答复。

(4)专家给出意见。各个专家根据他们所收到的材料,提出自己的预测意见,并说明自己是怎样利用这些材料并提出预测值的。

(5)汇总并反馈专家意见。将各位专家第一次判断意见汇总,列成图表,进行对比,再分发给各位专家,让专家比较自己同他人的不同意见,修改自己的意见和判断。也可以把各位专家的意见加以整理,或请身份更高的其他专家加以评论,然后把这些意见再分送给各位专家,以便他们参考后修改自己的意见。

(6)征询修改意见。将所有专家的修改意见收集起来,汇总,再次分发给各位专家,以便做第二次修改。逐轮收集意见并为专家反馈信息是德尔菲法的主要环节。收集意见和信息反馈一般要经过三轮、四轮。在向专家进行反馈的时候,只给出各种意见,但并不说明发表各种意见的专家的具体姓名。这一过程重复进行,直到每一个专家不再改变自己的意见为止。

(7)综合汇总处理。对专家的意见进行综合处理。

德尔菲法的决策流程如图 3-3 所示。

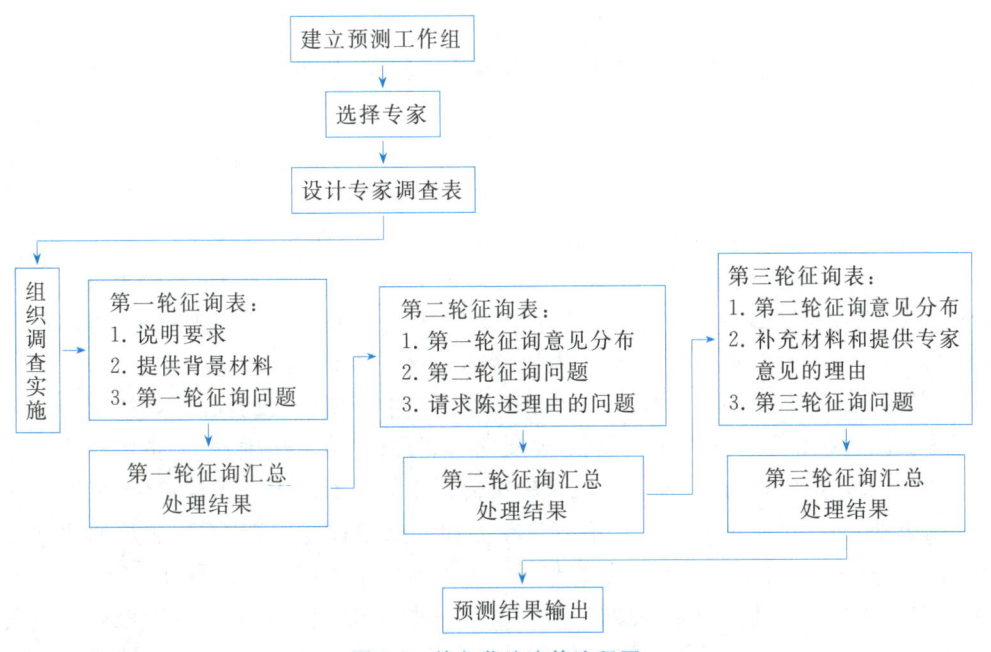

```
                    ┌─────────────┐
                    │ 建立预测工作组 │
                    └──────┬──────┘
                           ↓
                    ┌─────────────┐
                    │   选择专家   │
                    └──────┬──────┘
                           ↓
                    ┌─────────────┐
                    │ 设计专家调查表 │
                    └──────┬──────┘
```

图 3-3 德尔菲法决策流程图

2. 德尔菲法的特点

(1) **统计性**。吸收专家参与预测，充分利用专家的经验和学识。

(2) **匿名性**。匿名性是德尔菲法的极其重要的特点，从事预测的专家彼此互不知道其他有哪些人参加预测，他们是在完全匿名的情况下交流思想的。

(3) **反馈性**。小组成员的交流是通过回答组织者的问题来实现的。它一般要经过若干轮反馈才能完成预测。

德尔菲法的这些特点使它成为一种最为有效的判断预测法。

3. 德尔菲法的优点

迅速达成共识；参加人员不受地域限制；覆盖众多领域的专家；避免团体迷思。

4. 德尔菲法的缺点

用书信的方式咨询意见，使问题的讨论受到了很大的限制；该方法的成效还取决于参与人员的质量水准。如果组织者不能很好地理解专家的意见，就有可能在整理和归纳专家意见时出现误差。

(二) 头脑风暴法

1. 头脑风暴法的内涵

头脑风暴法又称智力激励法、BS 法、自由思考法，是由美国创造学家 A. F. 奥斯本于 1939 年首次提出、1953 年正式发表的一种激发性思维的方法。此法经各国创造学研究者的实践和发展，至今已经形成了一个发明技法群，如奥斯本智力激励法、默写式智力激励法、卡片式智力激励法等。

2. 头脑风暴法的步骤

(1) **确定议题**。一个好的头脑风暴会议从对问题的准确阐明开始。因此，必须在会前确定一个目标，使与会者明确这次会议需要解决什么问题，同时不要限制可能的解决方案的范围。一般而言，比较具体的议题能使与会者较快产生设想，主持人也较容易掌握；比较抽象和宏观的议题引发设想的时间较长,但设想的创造性也可能较强。

(2) 会前准备。为了使头脑风暴畅谈会的效率较高、效果较好,可在会前做一点准备工作。如收集一些资料预先给大家参考,以便与会者了解与议题有关的背景材料和外界动态。就参与者而言,在开会之前,对于要解决的问题一定要有所了解。会场可作适当布置,座位排成圆环形的环境往往比教室式的环境更为有利。此外,在头脑风暴会正式开始前还可以出一些创造力测验题供大家思考,以便活跃气氛,促进思维。

(3) 确定人选。一般以 8～12 人为宜,也可略有增减(5～15 人)。与会者人数太少不利于交流信息,激发思维;而人数太多则不容易掌握,并且每个人发言的机会相对减少,也会影响会场气氛。只有在特殊情况下,与会者的人数可不受上述限制。

专家的人选应严格限制,便于参加者把注意力集中于所涉及的问题;具体应按照下述三个原则选取:❶如果参加者相互认识,要从同一职位(职称或级别)的人员中选取。领导人员不应参加,否则可能对参加者造成某种压力。❷如果参加者互不认识,可从不同职位(职称或级别)的人员中选取。这时不应宣布参加人员职称或级别,不论成员的职称或级别的高低,都应同等对待。❸参加者的专业应力求与所论及的决策问题相一致,这并不是专家组成员的必要条件。但是,专家中最好包括一些学识渊博,对所论及问题有较深理解的其他领域的专家。头脑风暴法的主持工作,最好由对决策问题的背景比较了解并熟悉头脑风暴法程序和方法的人担任。头脑风暴法专家小组应由下列人员组成:方法论学者(专家会议的主持者);设想产生者(专业领域的专家);分析者(专业领域的高级专家);演绎者(具有较高逻辑思维能力的专家)。

(4) 明确分工。要推定一名主持人,1～2 名记录员(秘书)。主持人的作用是在头脑风暴畅谈会开始时重申讨论的议题和纪律,在会议进程中启发引导,掌握进程。如通报会议进展情况、归纳某些发言的核心内容、提出自己的设想、活跃会场气氛,或者让大家静下来认真思索片刻再组织下一个发言高潮等。记录员应将与会者的所有设想都及时编号,简要记录,最好写在黑板或屏幕醒目处,让与会者能够看清。记录员也应随时提出自己的设想,切忌持旁观态度。

(5) 规定纪律。❶要集中注意力积极投入,不消极旁观;❷不要私下议论,以免影响他人的思考;❸发言要针对目标,开门见山,不要客套,也不必做过多的解释;❹与会者之间相互尊重,平等相待,切忌相互褒贬。

(6) 畅所欲言。会议时间由主持人掌握,不宜在会前定死。一般来说,以几十分钟为宜。时间太短与会者难以畅所欲言,太长则容易产生疲劳感,影响会议效果。经验表明,创造性较强的设想一般要在会议开始 10～15 分钟后逐渐产生。美国创造学家帕内斯指出,会议时间最好安排在 30～45 分钟。倘若需要更长时间,就应把议题分解成几个小问题分别进行专题讨论。一次成功的头脑风暴除了在程序上的要求之外,更为关键的是探讨方式、心态上的转变,概言之,即充分、非评价性的、无偏见的交流。为了确保畅所欲言,头脑风暴法一般要遵守以下规则:

❶ 延迟评判。要求与会者在会上不要对他人的设想评头论足,不要发表"这主意好极了!""这种想法太离谱了!"之类的"捧杀句"或"扼杀句"。至于对设想的评判,留在会后组织专人考虑。要到头脑风暴会议结束时才对观点进行评判。不要暗示某个想法不会有作用或它有一些消极的副作用。所有的想法都有潜力成为好的观点,所以要到后面才能评判它们。在现阶段要避免讨论这些观点,因为这最终将导致两种后果:批评或称赞。

观点的提出应该作为解决方法,也作为找到解决方法的基础。表面上愚蠢的想法甚至可能引起好的想法。记录下所有的观点。这里没有糟糕的想法。对观点的评估要占用珍贵的脑力,脑力应该用于观点的产生。只花时间生成新观点来使你的头脑风暴会议中的脑力花费最小化。

❷ 以量求质。鼓励与会者尽可能多而广地提出设想,以大量的设想来保证质量较高的设想的存在。此时寻求观点的量;往后浓缩观点清单。所有活动应该适合在给定的时间内提炼出尽可能多的观点。供选择的观点越有创造性越好。如果头脑风暴会议结束时有大量的观点,那就更可能发现一个非常好的观点。简要保存每个观点,抓住它的本质而不详细地描述它,也可能需要简短阐述。快速思考,稍后反思。

❸ 自由畅想。驯服一个狂热的想法比率先想出一个立即生效的观点要容易得多。观点越"疯狂"越好。大声说出奇异的和看似不可行的观点,看看他们引出了什么,只要不是太荒谬的观点都行。陈述任何怪异的观点,把观点夸张到极限。使用创造性的思考技巧和工具来开始从一个新角度思考。使用一些专业软件,如头脑风暴工具箱,来更容易地激发产生新观点。每个人都有有效的观点,对情形和解决方法有独特的视角。在一个头脑风暴会议里,你可以总是提出观点,纯粹只是为了激发其他人,而不是作为最终的观点。请参与进来把你的观点写在纸上,然后递交上去。鼓励每个人参与。

呈现出来的每个观点属于团体,不属于说出这个观点的人。所有参与者能够自由地和自信地贡献,这是小组的职责和小组有能力进行头脑风暴的表现。

❹ 结合改善。鼓励与会者积极进行智力互补,在提出设想的同时,注意思考如何把两个或更多的设想结合成另一个更完善的设想。建立在其他人的观点之上并进行扩展。试试把另外的思想加入每个观点之中。使用其他的人观点来激发你自己的观点。有创造力的人也是好的听众。结合一些新提出的观点来探索新的可能性。采纳和改进他人的观点跟生成一系列观点的最初想法一样有价值。

(7) 会后论证。组织专家对设想进行分类论证。

头脑风暴法的步骤如图 3-4 所示。

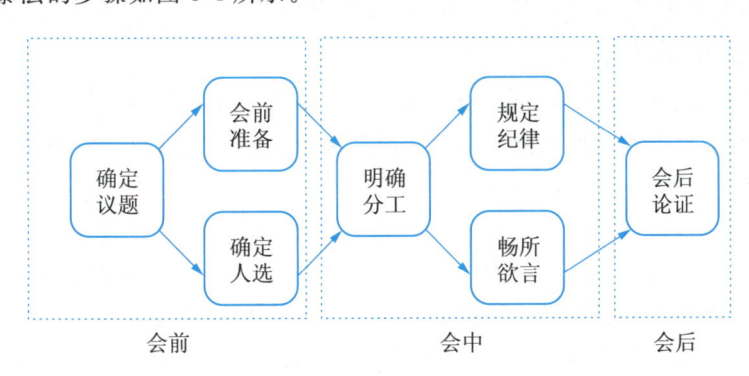

图 3-4 头脑风暴法流程图

3. 主持人的技巧

主持人应懂得各种创造思维和技法,会前要向与会者重申会议应遵守的原则和纪律,善于激发成员思考,使场面轻松活跃而又不失脑力激荡的规则。

可轮流发言,每轮每人简明扼要地说清楚一个创意设想,避免形成辩论会和发言不均。主持人要以赏识激励的词句语气和微笑点头的行为语言,鼓励与会者多出设想,比如说:"对,就是这样!""太棒了!""好主意! 这一点对开阔思路很有好处!"禁止使用下面的话语:"这点别人已说过了!""实际情况会怎样呢?""请解释一下你的意思。""就这一点有用。""我不赞赏那种观点。"

遇到人人皆才穷计短出现暂时停滞时,可采取一些措施,比如休息几分钟,自选休息方法,散步、唱歌、喝水等,再进行几轮脑力激荡。或发给每人一张与问题无关的图画,要求讲出从图画中所获得的灵感。根据课题和实际情况需要,引导大家掀起一次又一次脑力激荡的"激波"。如课题是某产品的进一步开发,可以从产品改进配方思考作为第一激波、从降低成本思考作为第二激波、从扩大销售思考作为第三激波等。又比如,对某一问题解决方案的讨论,引导大家掀起"设想开发"的激波,及时抓住"拐点",适时引导进入"设想论证"的激波。

要掌握好时间,会议持续1个小时左右,形成的设想应不少于100种。但最好的设想往往是会议要结束时提出的,因此,预定结束的时间到了可以根据情况再延长5分钟,这是人们容易提出好的设想的时候。在1分钟时间里再没有新主意、新观点出现时,智力激励会议可宣布结束或告一段落。

4. 头脑风暴法的作用

(1) 尝试充分运用所有员工的创造力。
(2) 产生思维共振。
(3) 维持批判精神。
(4) 打破群体思维。
(5) 保证群体决策的创造性。
(6) 提高决策质量。

六、定量决策方法

定量决策方法,指利用数学模型进行优选决策方案的决策方法。根据数学模型涉及的问题的性质(或者说根据所选方案结果的可靠性),定量决策方法一般分为确定型决策、风险型决策和不确定型决策(或称非确定型决策)方法三种。

(一) 确定型决策方法

确定型决策方法的特点是只有一种选择,决策没有风险,只要满足数学模型的前提条件,数学模型就会给出特定的结果。属于确定型决策方法的主要有线性规划法、经济批量法、盈亏平衡分析法等。这里仅介绍盈亏平衡分析法。

盈亏平衡分析法(也被称为量本利分析法或保本分析法)是通过分析生产成本、销售利润和产品数量这三者的关系,掌握盈亏变化的规律,指导企业选择能够以最小的成本生产最多产品,并可使企业获得最大利润的经营方案。各种不确定因素(如投资、成本、销售量、产品价格、项目寿命期等)的变化会影响投资方案的经济效果,当这些因素的变化达到某一临界值时,就会影响方案的取舍。盈亏平衡分析的目的就是找出这种临界值,即盈亏平衡点(BEP),判断投资方案对不确定因素变化的承受能力,为决策提供依据。盈亏平衡点越低,说明项目盈利的可能性越大,亏损的可能性越小,说明项目有较大的抵抗经营风险的能力。

1. 盈亏平衡分析法的假设前提

(1) 假设产量等于销售量,销售量变化,销售单价不变,销售收入与产量呈线性关系,企业主管不会通过降低价格增加销售量。

(2) 假设项目投产后,其生产成本可以分为固定成本与变动成本两部分。固定成本指在一定的生产规模限度内不随产量的变动而变动的费用,变动成本指随产品产量的变动而变动的费用。变动成本总额中的大部分与产品产量成正比例关系。也有一部分变动成本与产品产量不成正比例关系,如与生产批量有关的某些消耗性材料费用,工具模具费及运输费等,这部分变动成本随产量变动的规律一般是呈阶梯形曲线,通常称这部分变动成本为半变动成本。由于半变动成本通常在总成本中所占比例很小,在经济分析中一般可以近似地认为它也随产量成正比例变动。

(3) 假定项目在分析期内,产品市场价格、生产工艺、技术装备、生产方法、管理水平等均无变化。

(4) 假定项目只生产一种产品,或当生产多种产品时,产品结构不变,且都可以换算为单一产品计算。

(5) 该项目的生产销售活动不会明显地影响市场供求状况,假定其他市场条件不变,产品价格不会随该项目的销售量的变化而变化,可以看作一个常数。

2. 销售收入与产量的关系

若项目的投产不会明显地影响市场供求关系,假定其他市场条件不变,产品价格不会随该项目的销售量的变化而变化,可以看作是常数。销售收入与销售量呈线性关系:

$$S = P_t Q \tag{1}$$

式中,S 为销售收入;P_t 为单位产品价格;Q 为产品销量。

3. 总成本费用与产量的关系

总成本费用是固定成本与变动成本之和,它与产品产量的关系也可以近似为线性关系,即

$$C = F + C_v \cdot Q \tag{2}$$

式中,C 为总成本费用;F 为固定成本;C_v 为单位产量变动成本。

4. 盈亏平衡分析法的应用

(1) 确定企业保本业务量。企业不亏不盈时的业务量即为保本业务量。企业获得利润的前提是生产过程中的各种消耗均能够得到补偿,为此,必须确定企业的保本业务量:当价格、固定费用和变动费用已定的条件下,企业至少应生产销售多少数量的产品才能使总收益与总成本相等?

盈亏平衡分析的基本公式:

$$P = S - C = S - V - F = (P_t - C_v)Q - F \tag{3}$$

式中,P 为利润;S 为销售额;C 为总成本;F 为固定成本;V 为总变动成本;Q 为销售量;P_t 为销售单价;C_v 为单位变动成本。

根据盈亏平衡的原理,企业的销售量处于盈亏平衡时,即利润为零。则:

$$(P_t - C_v)Q_0 - F = 0 \tag{4}$$

$$Q_0 = \frac{F}{P_t - C_v} \tag{5}$$

式中,Q_0 为盈亏平衡时销售量;$P_t - C_v$ 为单位边际贡献。

从公式中可看出,销售额减去总变动成本后的余额、补偿了固定成本后,余下的部分

即为利润。由此可见,边际贡献等于销售收入减去总变动成本,也等于固定成本加利润,是对固定成本和利润的贡献,当总的边际贡献与固定成本相等时,恰好是盈亏平衡,如图3-5 所示。

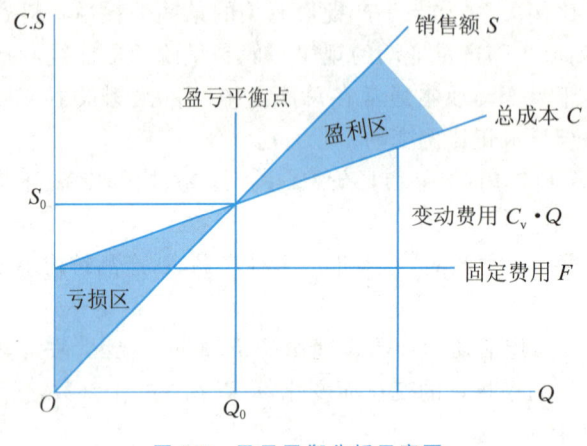

图 3-5 盈亏平衡分析示意图

边际贡献总额 — 固定成本 = 0 时:企业不盈不亏;
边际贡献总额 — 固定成本 > 0 时:企业盈利,此时有盈利值;

$$Z = Q(P_t - C_v) - F \tag{6}$$

边际贡献总额 — 固定成本 < 0 时:企业亏损。
在式(6)中,当 $Z=0$ 时,企业不盈不亏。

$$单位边际贡献率 \ U = \frac{P_t - C_v}{P_t} \tag{7}$$

$$单位边际贡献 \ m = P_t - C_v \tag{8}$$

$$则盈亏平衡时:销售量 \ Q_0 = \frac{F}{m} \tag{9}$$

$$销售额 \ S_0 = \frac{F}{U} \tag{10}$$

当企业要实现一定的目标利润(P_z)时:

$$销售量 \ Q_z = \frac{F+P_z}{P_t - C_v} = \frac{F+P_z}{m} \tag{11}$$

$$销售额 \ S = \frac{F+P_z}{1-\dfrac{C_v}{P_t}} = \frac{F+P_z}{1-\dfrac{C_v \times Q}{P_t \times Q}} = \frac{F+P_z}{U} \tag{12}$$

保本销售额可用下式表示:

$$S_0 = P \cdot Q_0 = \frac{F}{1-\dfrac{C_v}{P_t}} = \frac{F}{1-\dfrac{C_v \cdot Q}{P_t \cdot Q}} = \frac{F}{1-\dfrac{V}{S}} \tag{13}$$

式中,S_0 为保本销售额;$1-\dfrac{V}{S}$ 为边际贡献率。

[例1] 某企业生产甲产品,其售价为100元/件,单位变动费用为40元/件,每月固定费用为24万元。问该企业的甲产品每月产量要达到多少才能保本？保本销售额是多少？

解：根据已知条件,代入(2)式与(3)式,得

$$Q_0 = \frac{F}{P_t - C_v} = \frac{240\,000}{100 - 40} = 4\,000(件)$$

$$S_0 = \frac{F}{1 - \frac{C_v}{P_t}} = \frac{240\,000}{1 - \frac{40}{100}} = 400\,000(元)$$

（2）预测一定业务量下的企业利润水平。

[例2] 某企业根据市场预测,计划本季度生产销售 A 产品 6 000 台,预计全季度固定费用为 108 000 元,单位变动费用为 30 元,单位售价为 54 元,问该企业本季度可获得多少利润？

解：根据式(6):

$$Z = Q \cdot (P_t - C_v) - F = 6\,000 \times (54 - 30) - 108\,000 = 36\,000(元)$$

（3）确定实现目标利润的业务量。

应用上例数字,若该企业希望本季度获得 84 000 元利润,问 A 产品的销售量应达到多少？

解：根据式(3),可推出实现目标利润的销售量公式 $Q = \frac{F + Z}{P_t - C_v}$。将数据代入该式,得：

$$Q = \frac{108\,000 + 84\,000}{54 - 30} = 8\,000(台)$$

（4）分析判断企业经营安全状况。企业的经营状况是否稳定安全,通常可用经营安全率这一指标来判断。经营安全率的计算公式是：

$$L = \frac{Q - Q_0}{Q} \times 100\%$$

式中,Q 为实际销售量;Q_0 为保本点销售量。

L 越大,企业经营越安全。利用 L 判断企业经营安全状况的参考标准如表 3-8 所示。

表 3-8　　利用 L 判断企业经营状况的参考标准

经营安全率(%)	30 以上	25～30	15～25	10～15	10 以下
经营安全状况	安全	较安全	不太好	要警惕	危险

应用[例2]资料,可判断 A 产品的经营安全状况。A 产品的保本销售量为：

$$Q_0 = \frac{F}{P_t - C_v} = \frac{108\,000}{54 - 30} = 4\,500(台)$$

A 产品的经营安全率 $L = \frac{Q - Q_0}{Q} = \frac{6\,000 - 4\,500}{6\,000} \times 100\% = 25\%$

根据表 3-8 的标准,该企业的经营安全状况为较安全。

（5）确定实现经营目标的措施。

[例3] 某企业销售甲产品,上年销售量为1万件,每件售价为19元/件,单位变动费用15元/件,全年固定费用5 000元。企业计划本年利润比上年利润提高10%,问应采取

哪些措施？

解：分析计算如下：

上年度实际已得利润为：$10\,000 \times (19-15) - 5\,000 = 35\,000$(元)；本年计划实现利润为：$35\,000 \times (1+10\%) = 38\,500$(元)；为实现 38 500 元的目标利润，可以从以下几个方面采取措施（假定采取某项措施时，其他条件不变）

第一，降低单位变动费用(X_1)，节约物化消耗、活化消耗。

$38\,500 = 10\,000 \times [19 - (15 - X_1)] - 5\,000$；$X_1 = 0.35$(元)

第二，减少固定费用(X_2)。

$38\,500 = 10\,000 \times (19-15) - (5\,000 - X_2)$；$X_2 = 3\,500$(元)

第三，扩大销量(X_3)。

$38\,500 = (10\,000 + X_3)(19-15) - 5\,000$；$X_3 = 875$(件)

第四，提高售价(X_4)。

$38\,500 = 10\,000 \times [(19 + X_4) - 15] - 5\,000$；$X_4 = 0.35$(元)

(二) 风险型决策方法

1. 风险型决策方法概述

假设某一设备是影响武器装备系统效能的关键装备，必须在今后两年内配备部队 100 套。如果现在从友好国家进口设备，每套需要 450 万元。通过调查，依照目前国内的技术能力，在两年内研制成功的概率为 0.7，研制费用为 2 000 万元，若研制成功，生产费用为每套 200 万元，研制失败后再进口国外设备，则费用为每套 500 万元。为了保证武器装备的配备，应当如何选择方案较为合适？分析以上问题可以发现，上述决策问题都包括下列要素。

(1) 自然状态。它描述了决策问题所处的各种状态。如投资问题有三种自然状态，即产品畅销、一般和滞销；武器装备问题有两种自然状态，即研制成功和研制失败。显然，决策问题的自然状态是指一种客观存在。

(2) 行动方案。它是为解决决策问题，决策者可采取的行动。如投资问题，决策者可采取的行动方案有两种，即新建车间和扩建车间；武器装备问题，决策者可采取的行动有两种，即自行研制和进口。

(3) 后果。它是决策者采取了某一行动方案后可能获得的结果。对于投资问题，若采取新建车间的方案，有三种后果，即产品畅销时获利 50 万元，销路一般时获利 25 万元和产品滞销时亏损 5 万元。若采取扩车间的方案，有三种后果，分别为畅销时获利 35 万元、销路一般时获利 20 万元和产品滞销时获利 5 万元。由以上分析可以看出，在上述决策问题中，由于自然状态的不确定性，不论决策者采取什么样的行动方案，都可能产生多种不同的后果，即决策后果具有不确定性。

(4) 效用。效用是指客观结果在决策者心中的价值。由于个人的心理特征不同，决策者对决策将会带来后果的评价有他个人独特的感觉和反应，这种感觉和反应就是决策者认为的效用。如保险问题，即使家庭财产相差很小，不同的家庭却会有不同的评价，一些家庭积极参加保险，而另一些家庭不愿意参加。因此，进行决策之前，决策者可能要进行客观结果与效用之间的转换，确定各种方案的各种可能后果的效用。

在风险决策过程中，决策者所面临的决策环境不是完全地掌握，事件可能出现的状态不止一种，而是两种或两种以上。但是，决策者对即将发生的各事件状态和后果的概率是已知的，这种情况下的决策要冒一定风险。

综上所述,应用风险型决策方法必须具备以下条件:❶具有决策者期望达到的明确目标;❷存在决策者可以选择的两个以上的可行备选方案;❸存在着决策者无法控制的两种以上的自然状态(如气候变化、市场行情、经济发展动向等);❹不同行动方案在不同自然状态下的收益值或损失值(简称损益值)可以计算出来;❺决策者能估计出不同的自然状态发生的概率。风险决策问题通常有两种描述和解决方法,一是决策矩阵法;另一种是决策树法。常用方法为决策树法。

2. 决策树法概述

决策树法是指将决策的问题以树状图形来表达,并通过对树状图形的计算分析来选择决策行动方案的方法。这里的树状图形就称为"决策树"。

当决策涉及多方案选择时,借助由若干结点和分支构成的树状图形,可形象地将各种可供选择的方案、可能出现的状态及其概率,以及各方案在不同状态下的条件结果值简明地绘制在一张图标上,以便讨论研究。决策树形图的优点在于系统地、连贯地考虑各方案之间的联系,整个决策分析过程直观易懂、清晰明了。决策树形图可分为单阶段决策树和多阶段决策树。单阶段决策树是指决策问题只需进行一次决策活动,便可以选出理想的方案。单阶段决策树一般只有一个决策结点。如果所需决策的问题比较复杂,通过一次决策不能解决,而是要通过一系列相互联系的决策才能选出最满意方案,这种决策就称为多阶段决策。多阶段决策的目标是使各次决策的整体效果达到最优。决策树分析法是进行风险型决策分析的重要方法之一。该方法将决策分析过程以图解方式表达整个决策的层次、阶段及其相应决策依据,具有层次清晰、计算方便等特点,因而在决策活动中被广泛运用。

决策树一般由方块结点、圆形结点、方案枝、概率枝等组成。方块结点称为决策结点;由决策结点引出若干条细支,每条细支代表一个方案,称为方案枝;圆形结点称为状态结点,由状态结点引出若干条细支,表示不同的自然状态,称为概率枝。每条概率枝代表一种自然状态。在每条细枝上标明客观状态的内容和其出现概率。在概率枝的最末梢标明该方案在该自然状态下所达到的结果(收益值或损失值)。这样树形图由左向右,由简到繁展开,组成一个树状网络图,如图 3-6 所示。

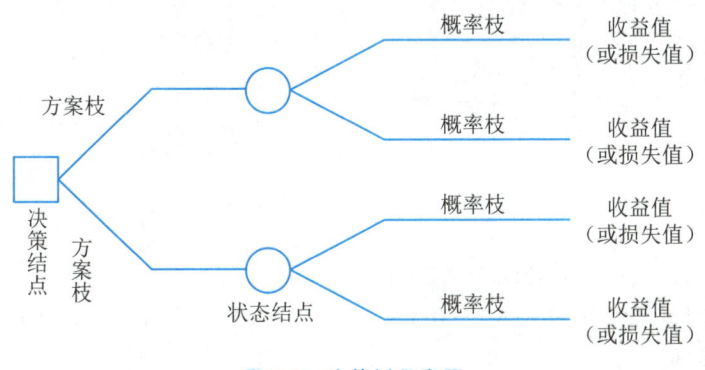

图 3-6 决策树示意图

3. 决策树法的具体步骤

(1) 画出决策树。决策树图是人们对某个决策问题未来可能发生的情况与方案可能结果在图纸上的表示。因此,画决策树图的过程就是拟定各种方案的过程,也是进行状态分析和估算方案条件结果的过程。所以,我们要对决策问题的发展动向步步深入地进行分析,并按决策树图的结构规范由左向右来推画出决策树图。

(2) 计算期望值。将各自然状态的收益值或损失值分别乘以概率枝上的概率,并将这些值相加,求出状态结点和决策结点的收益期望值或损失期望值。期望值的计算方法,从图的右边向左边逐步进行。一般把计算结果标示在相应状态结点的上方。

(3) 剪枝选定方案。根据不同方案期望值的大小,从右向左(逆推法)进行剪枝优选。舍去期望收益值小的方案,留下期望收益值最大的方案。在较复杂的决策问题中,此步骤常与上述计算期望收益值步骤交叉进行。修枝时要把剪枝符号画在图上,最后便可得出最优方案,并写出结论。

决策树分析法的主要特点是使用了决策树图,因而整个决策分析过程具有直观、简要、清晰等优点。

4. 决策树法实例

(1) 单阶段决策。

[例 4] 某企业为增加销售,拟定开发一个新产品。有两个方案可供选择。

方案一:投资 400 万元,建大车间。建成后,如果销路好,每年获利 75 万元;如果销路差,每年将亏损 10 万元。使用年限 10 年。

方案二:投资 150 万元,建小车间。建成后,如果销路好,每年获利 30 万元;如果销路差,每年将获利 5 万元。使用年限 10 年。

据市场调查预测,新产品方案在 10 年内,销路好概率是 0.7,销路差概率是 0.3。请决策哪个方案好?

解:对这一决策问题,可应用决策树法。

第一步,依据题意,画出决策树图,如图 3-7 所示。

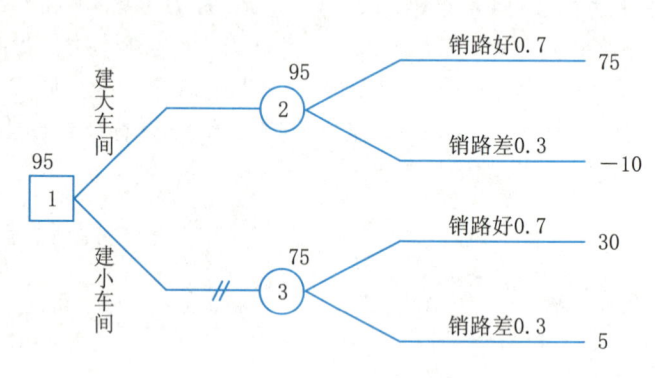

图 3-7 单阶段决策示意图

第二步,从右到左,计算各结点期望值。

结点 2 期望值:$0.7 \times 75 \times 10 + 0.3 \times (-10) \times 10 - 400 = 95$(万元)

结点 3 期望值:$0.7 \times 30 \times 10 + 0.3 \times 5 \times 10 - 150 = 75$(万元)

第三步,比较结点 2、3,舍去结点 3,决策结果,选择建大车间的方案。

单阶段决策计算简单,方法简便易行。

(2) 多阶段决策。如果决策问题较复杂,在决策中,一次决策不能解决问题,需要进行多次决策才能确定决策的行动方案,称为多阶段决策。

[例 5] 某连锁店经销商准备在一个新建居民小区兴建一个新的连锁店,经市场行情分析与推测,该店开业的前 3 年,经营状况好的概率为 0.75,营业差的概率为 0.25;如果头

3年经营状况好,后7年经营状况也好的概率可达0.85;但如果头3年经营状态差后7年经营状态好的概率仅为0.1,差的概率为0.9。兴建连锁店的规模有两个方案:一是建中型商店。二是先建小型商店,若前3年经营效益好,再扩建为中型商店。各方案年均收益及投资情况如表3-9所示。该连锁店管理层应如何决策?

表3-9　　　　　　　　　连锁经营店投资收益预测数据表

方　案	投资/万元	年收益/万元			
^	^	前3年		后7年	
^	^	经营好	经营差	经营好	经营差
甲:建中型店	400	100	10	150	10
乙:建小型店	150	60	2	60	2
经营好再扩建	再投210			150	10

解:决策分析步骤:

❶ 根据问题绘制决策树,如图3-8所示。

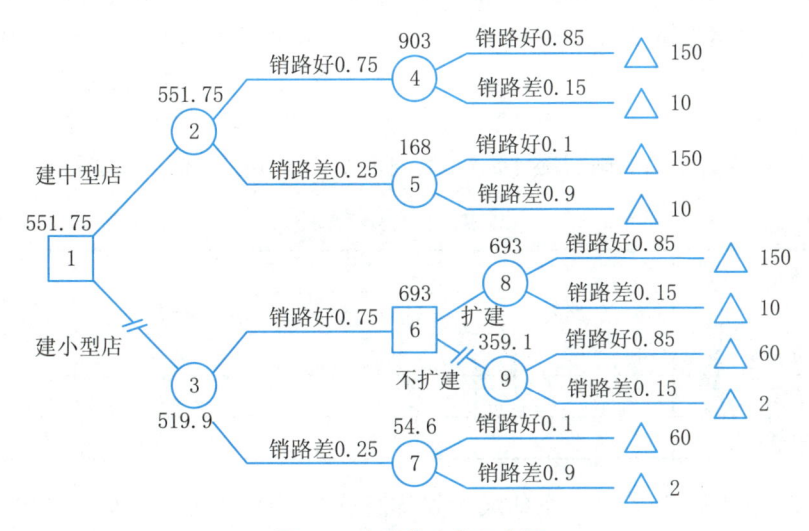

图3-8　多阶段决策示意图

❷ 计算各结点及决策点处的期望损益值。从右向左,计算每个结点处的期望损益值,并将计算结果填入图的相应各结点处。

结点8:$(150 \times 0.85 + 10 \times 0.15) \times 7 - 210 = 693$(万元)

结点9:$(60 \times 0.85 + 2 \times 0.15) \times 7 = 359.1$(万元)

对于决策点6来说,由于扩建后可得净收益693万元,而不扩建只能得净收益359.1万元,因此,应选择扩建方案,将不扩建方案枝剪掉。

所以有:

结点6:693万元

结点4:$(150 \times 0.85 + 10 \times 0.15) \times 7 = 903$(万元)

结点5:$(150 \times 0.1 + 10 \times 0.9) \times 7 = 168$(万元)

结点7:$(60 \times 0.1 + 2 \times 0.9) \times 7 = 54.6$(万元)

结点 2：$(100 \times 0.75 + 10 \times 0.25) \times 3 + 903 \times 0.75 + 168 \times 0.25 - 400 = 551.75$（万元）

结点 3：$(60 \times 0.75 + 2 \times 0.25) \times 3 + 54.6 \times 0.25 + 693 \times 0.75 - 150 = 519.9$（万元）

❸ 剪枝决策。比较两个方案可以看出，建中型商店可获净收益551.75万元，先建小商店，若前3年效益好再扩建，可得净收益519.9万元。因此，应选择建中型商店的方案为最佳方案，对另一方案进行剪枝。

通过以上例子可以看出，决策树分析法对于较复杂的多阶段决策十分有效，结合图形进行计算，使分析过程层次清晰。

（三）非确定型决策方法

当决策者只能掌握可能出现的各种状态，而各种状态发生的概率无从可知，这类决策就是非确定型决策（或称不确定型决策）。

1. 不确定型决策与风险型决策方法的区别

（1）风险型决策方法从合理行为假设出发，有严格的推理和论证。

（2）不确定型决策方法是人为制定的原则，带有某种程度上的主观随意性。

2. 不确定型决策方法

（1）大中取大法（或乐观决策法、极大极大损益值法）。基于决策者对未来前景持乐观态度，无论哪种方案都可以得到最好的结果。具体应用步骤为：❶找出每个方案的最大损益值；❷找出最大损益值中的最大值；❸决策。该最大值所对应的方案为按乐观决策法所选择的方案。例如，某企业开发新产品，有三种方案可供选择。不同方案在不同市场状态下的损益值不同，由于无法确切统计资料，各自然状态下出现的概率无法估计。

表 3-10　　　　　　　　大中取大法决策表　　　　　　　　单位：万元

方　案	损　益			最大损益值
	销路好	销路一般	销路差	
甲方案	60	40	-10	60
乙方案	40	30	5	40
丙方案	25	20	15	25

根据大中取大法分析，甲方案的最大收益值最大，因此甲方案为最佳方案，如表3-10所示。

（2）小中取大法（或悲观决策法、极小极大损益值法）。基于决策者对未来前景持悲观态度，无论哪种方案都可能得到最差的结果。具体应用步骤为：❶找出每个方案的最小损益值；❷找出最小损益值中的最大值；❸决策。该最大值所对应的方案为按悲观决策法所选择的方案。

表 3-11　　　　　　　　小中取大法决策表　　　　　　　　单位：万元

方　案	损　益			最小损益值
	销路好	销路一般	销路差	
甲方案	60	40	-10	-10
乙方案	40	30	5	5
丙方案	25	20	15	15

根据小中取大法分析，丙方案的最小收益值最大，因此丙方案为最佳方案，如表 3-11 所示。

（3）折衷准则法。折衷准则法主张用折衷系数调和一下，并计算折衷期望值，取折衷期望值最大的方案为最佳方案。具体应用步骤为：❶确定乐观系数为 α，悲观系数 β，使 $\alpha+\beta=1$；❷找出每个方案的最大损益值及最小损益值；❸计算每个方案的期望值＝最大损益值$\times\alpha$＋最小损益值$\times\beta$；❹决策。最大期望值所对应的方案为决策方案。令 $\alpha=0.3$，$\beta=0.7$，得表中数据。

表 3-12　　　　　　　　　折衷准则决策表　　　　　　　　　　　单位：万元

方　案	损　益			最大损益值	最小损益值	折衷期望值
	销路好	销路一般	销路差			
甲方案	60	40	－10	60	－10	11
乙方案	40	30	5	40	5	15.5
丙方案	25	20	15	25	15	18

根据折衷原则计算，丙方案的收益值最大，因此应选择丙方案为决策方案，如表 3-12 所示。

（4）最小后悔值法（或大中取小法）。后悔值原则是用后悔值标准选择方案。后悔值是指在某种状态下因选择某方案而未选取该状态下的最佳方案而少得的收益。具体应用步骤为：❶计算在每种状态下选择不同方案的后悔值；❷找出每个方案的最大后悔值；❸从最大后悔值中找出最小值；❹决策。

表 3-13　　　　最小后悔值法决策表之后悔值矩阵表　　　　　单位：万元

方　案	损　益			最大后悔值
	销路好（最大值60）	销路一般（最大值40）	销路差（最大值15）	
甲方案	60－60＝0	40－40＝0	15＋10＝25	25
乙方案	60－40＝20	40－30＝10	15－5＝10	20
丙方案	60－25＝35	40－20＝20	15－15＝0	35

根据上述表格分析，乙方案的最大后悔值最小，因此乙方案为最佳方案，如表 3-13 所示。

（5）机会均等法。将各种自然状态出现的概率认定为等同，进而转化为等概率的风险型决策。该方法是法国数学家拉普拉兹提出来的，故称之为拉普拉兹法。由于各个自然状态出现的概率无法估计，则认为它们是以等概率出现的。计算方法如表 3-14 所示。

表 3-14　　　　　　　　　机会均等法决策表　　　　　　　　　　单位：万元

方　案	损　益			期望值
	销路好	销路一般	销路差	
甲方案	60	40	－10	30
乙方案	40	30	5	25
丙方案	25	20	15	20

根据上述分析,甲方案的期望值最大,因此甲方案为最佳方案。

【小资料】

1. 实际工作中采用哪一种决策方法有相当程度的主观随意性。

2. 对于同一决策问题,采用不同决策方法可以得出不同的决策方案,理论上也不能证明对于解决不确定型问题应采取何种评选标准,但这并不表明在解决不确定型决策问题时可以任意选择决策准则,而应该根据实际情况,选择合适的决策方案。

【知识测试】

1. 在管理决策中,许多人认为只要选取满意方案即可,无须刻意追求最优的方案。对于这种观点,你认为(   )的解释最有说服力。

    A. 现实中不存在所谓的最优方案,所以选中的都是满意方案
    B. 现实决策中常常由于时间太紧而来不及寻找最优方案
    C. 由于管理者对什么是最优方案无法达成共识,只有退而求其次
    D. 刻意追求最优方案,常常会由于代价太高而最终得不偿失

2. 某企业运用原有技术优势,开发了一种固定资产投资极大的新产品,投产后很畅销。几家竞争对手看到了该产品有巨大潜力,也纷纷跃跃欲试。这时,有人从资料中发现该产品完全可以通过其他途径加以合成,而投资仅为原来的五分之一。该企业顿时陷入手忙脚乱的境地。分析计划过程,该企业最有可能在(   )环节上出了问题。

    A. 明确计划的前提条件
    B. 估量机会,确立目标
    C. 拟订派生计划
    D. 提出备选方案,经比较分析,确定最佳方案

3. 某项决策具有极大偶然性和随机性,又无先例可循且有大量不确定因素,其方法和步骤也难以程序化和标准化,这项决策就是(   )。

    A. 风险型决策   B. 不确定型决策   C. 程序化决策   D. 非程序化决策

4. 决策是工作和日常生活中经常要进行的活动,但人们对其含义的理解不尽相同,下列各项中,(   )的理解较完整。

    A. 出主意   B. 拿主意
    C. 既出主意又拿主意   D. 评价各种主意

5. 群体决策的缺点不包括(   )。

    A. 花费较多的时间   B. 易出现少数人的专制
    C. 产生的备选方案较少   D. 责任不明

6. 决策树适合的决策是(   )。

    A. 确定型决策   B. 非确定型决策   C. 风险型决策   D. A、B 和 C

7. 主要根据决策人员的直觉、经验和判断能力来进行的决策是(   )。

    A. 确定型决策   B. 不确定型决策
    C. 程序化决策   D. 非程序化决策

8. 不确定型决策和风险型决策的主要区别在于（   ）。
   A. 风险的大小   B. 可控程度
   C. 能否确定客观概率   D. 环境的稳定性

9. 某顾客准备在银行办理一期固定存款业务,在可供选择的三家银行中,一年期利率分别是 3.15%、2.98%、3.21%。该顾客面临的决策就是选择哪家银行。这种决策属于什么类型的决策？如果这三家银行都存在倒闭的可能,且知道倒闭的概率,则这种决策又属于何种类型的决策？如果不知道倒闭的概率呢？（   ）
   A. 确定型决策、风险型决策、非确定型决策
   B. 非确定型决策、风险型决策、确定型决策
   C. 确定型决策、非确定型决策、风险型决策
   D. 风险型决策、非确定型决策、风险型决策

10. 有一种说法认为"管理就是决策",这实际上意味着（   ）。
    A. 对于管理者来说只要善于决策就一定能够获得成功
    B. 管理的复杂性和挑战性都是由于决策的复杂性而导致的
    C. 决策能力对于管理的成功具有特别重要的作用
    D. 管理首先需要的就是面对复杂的环境作出决策

11. 某企业集团拟投资开发新产品,现有两个方案,假定其开发费用相同。开发甲产品,估计投产后,市场竞争不激烈时每年可获利 150 万元,市场竞争激烈时每年亏损 50 万元；开发乙产品,估计投产后无论市场竞争激烈与否,每年均可获利 70 万元。根据预测,这两种拟开发的产品投产后,出现市场竞争不激烈情况的概率为 0.6,出现市场竞争激烈情况的概率为 0.4。如果只能在这两个方案中选一个,你的评价是（   ）。
    A. 开发甲产品比开发乙产品好   B. 开发乙产品比开发甲产品好
    C. 开发甲产品与开发乙产品没什么差别 D. 根据以上资料尚无法下结论

12. 头脑风暴法实施的原则,说法错误的是（   ）。
    A. 会中对别人的建议不做任何评价
    B. 建议越多越好,想到什么就说什么
    C. 鼓励每个人独立思考
    D. 可以补充和完善已有的建议使它更具说服力

13. 决策遵循满意原则的原因,说法错误的是（   ）。
    A. 决策者很难收集到一切有效信息   B. 决策者只能制定数量有限的方案
    C. 追求最佳方案需要花大量时间和金钱 D. 决策者只有找到最优方案才会满意

14. 有家牛奶公司最近推出了送奶上门的新服务项目。平均说来,每个服务人员每天要负责临近 10 个街区住户的送奶任务,交通工具目前仅有电动三轮车。为减轻送奶员的不必要负担,公司有关人员想预先为各位送奶员安排好最短的驱车路线。计划中发现,每个送奶员实际上平均有 128 条可行的路线可供选择。在这种情况下,送奶路线安排问题属于（   ）。
    A. 不确定型决策   B. 确定型决策
    C. 风险型决策   D. 纯计划问题,与决策无关

15. 将决策分为战略决策、战术决策和业务决策的划分依据是（   ）。
    A. 决策的条件和状态   B. 决策问题的重复程度
    C. 决策的重要性   D. 决策主体

16. 业务决策,如任务的日常安排、常用物资的订货与采购等诸如此类的决策属于（　　）。

A. 风险型决策　　　B. 不确定型决策　　　C. 程序化决策　　　D. 非程序化决策

【技能测试】

1. 某轧钢厂为生产一种市场上畅销的薄钢板,销售价格为 2 400 元/吨,进行了试生产。当产量为 60 吨时,总成本为 40 万元;产量为 100 吨时,总成本为 48 万元。试求盈亏平衡点产量。

2. 某企业某产品的年计划产量为 1 250 件,单位产品价格为 8 000 元/件,单位变动成本费用为 4 800 元/件,年固定费用为 272 万元,试求:❶盈亏平衡的产量、盈亏平衡的销售额;❷若目标利润为 30 万元,单价、固定成本不变,单位变动成本增加 10%,求目标利润下的产量。

3. 某公司最近两年普通型自动洗衣机的销售数据如表 3-15 所示。

表 3-15　　　　近两年普通型自动洗衣机经销资料

年　份	销售额/万元	销售价格/元/台	总成本/万元
2015	3 100	1 000	2 640
2016	3 500	1 000	2 880

试求:❶固定成本、变动成本;❷盈亏平衡的产量;❸目标利润为 1 000 万元时的目标产量。

4. 某厂拟出两套方案,生产新产品,损益表如表 3-16 所示。

表 3-16　　　　两套方案投资收益预测数据

方　案	年损益值/万元		使用期/年	投资/万元
	销路好(0.7)	销路差(0.3)		
甲:建新生产线	80	−30	10	220
乙:技术改造	40	10	10	80

试用决策树法确定方案。

5. 某企业准备增添一台关键设备,使用年限 7 年,自然状态为利用该设备生产的产品销路,决定条件如表 3-17 所示。

表 3-17　　　　三套方案投资收益预测数据

方　案	年损益值/万元			投资额/万元
	销路好(0.4)	销路中(0.4)	销路差(0.2)	
引　进	50	30	−5	180
外　购	40	28	10	120
自　制	35	25	20	110

试用决策树法进行决策。

6. 某商场要经营一种全新商品，数据如表 3-18 所示。请分别用乐观准则、悲观准则、折衷准则、后悔值法、等概率法进行决策。

表 3-18　　　　各方案在各种自然状态下的收入情况表　　　　单位：万元

方　案	销售状态		
	畅　　销	一　　般	滞　　销
大批进货	盈利 42	盈利 30	亏损 10
中批进货	盈利 30	盈利 20	盈利 10
小批进货	盈利 22	盈利 18	盈利 16

【重点回顾】
1. 简述决策的分类。
2. 决策的程序。
3. 决策的原则。
4. 德尔菲法的步骤。
5. 头脑风暴法的步骤。

【能力测试】

领导力测试：你会决策吗？

决策能力是企业家维持其公司生存的必备素质。通过下面的测试题，来看看自己是不是决策高手吧！

题　目	选　项			选择
1. 我会在决策前发现并确定需要做出决定的问题	A. 是的	B. 有时会	C. 不会	
2. 我会获取尽可能多的信息和尽可能真实的信息	A. 是的，这样利于决策	B. 经常关注，但很难确保取得足够的真实信息	C. 从不在意信息积累	
3. 解决问题前我会拟上几个备选方案，以期找到更多的解决方式	A. 是的	B. 不一定	C. 我认为这样太费时间	
4. 我会让熟悉有关业务的人员参与决策	A. 是的	B. 有时这样	C. 不会	
5. 我设置了决策机制，来使决策尽量程序化	A. 是的，已经设置	B. 正在为此努力	C. 还没有	
6. 对于重大决策，我会让决策经过不同部门的论证	A. 是的，这样才会尽可能降低风险	B. 偶尔会让人们去论证	C. 还没有这样做	
7. 我会去实施没有反对意见的决策	A. 大家一致赞同的意见肯定没问题	B. 多数情况下会马上实施，但有时会想一想	C. 不会马上做，这里可能存在着风险	

续表

题 目	选 项			选择
8. 我会去执行只有一种解决方案的决策	A. 是的	B. 有时会	C. 不会	
9. 作决策时,我总是表现得决心很大,却忽视了具体情况的复杂性	A. 是的,我为此犯过错误	B. 有时是这样	C. 不是,我会综合考虑	
10. 我会让参与决策者的能力与决策的难易程度相匹配	A. 很少如此	B. 有时会这样安排	C. 是的	
11. 对于管理者的个人决策,我会设置一定的制约机制,使其慎重	A. 我还没有想过这方面问题	B. 有这方面想法,但未付诸实施	C. 是的,我已这样做	
12. 对于群体决策,我会对提出建设性意见者进行奖励	A. 没有这样做	B. 偶尔会口头表扬	C. 我会在精神和物质方面同时奖励	

评分规则:

1～6题选A得3分,选B得2分,选C得1分;7～12题选A得1分,选B得2分,选C得3分。最后将分数加总。

结果分析:

12～20分在企业经营者最容易出现的问题中,"决策失误"排在第一位,可见决策之难。从测评来看,你的决策能力较差,今后你需要采用更加合理的方式,集思广益、三思而后行,以此提高决策的正确性。

21～28分测评显示,你的决策能力一般。对一些有利于提高决策准确性的步骤或方法,你有时能自觉运用,但是有可能还没有建立程序化的决策机制,所以你需要在这些方面继续努力。

29～36分你是决策高手。决策做出后,通常会面临不可控的风险,你在决策上的慎重,包括你在决策程序上的关注,大大减少了决策失误,降低了决策风险,提高了企业的安全系数。

【拓展阅读】

提高决策能力有七个途径。

途径一:从博学中提高决策的预见能力。

途径二:从实践中提高决策的应变能力。

途径三:从思想上提高决策的冒险能力。

途径四:从心理上提高决策的承受能力。

途径五:从思维上提高决策的创造能力。

途径六:从信息上提高决策的竞争能力。

途径七:从群体上提高决策的参与能力。

【生命成长智慧】

选择能力是人的核心能力

本任务的内容是分析决策能力,其实也就是选择能力。唐代韩愈所作《师说》曾言:"师者,所以传道授业解惑也。"传道是教学生学会做人,授业是教学生学会做事,解惑是教学生学会选择。有困惑,不会选择,就是因为偏离了道,却不知道自己不会选择。因此,学会选择,是让自己随时回归到道上。选择的初衷是清晰人生的目的、使命和愿景,是自我认知的结果。

【任务思维导图】

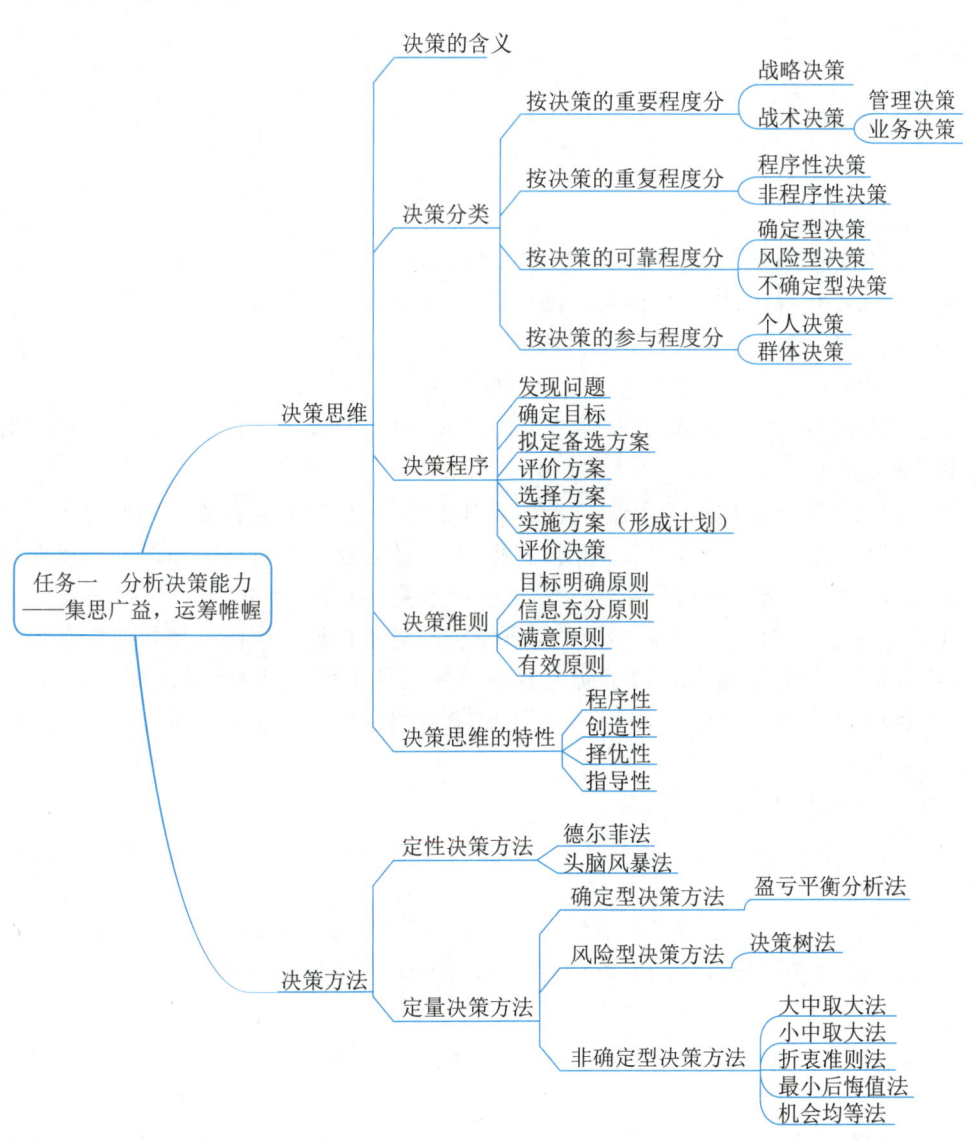

任务一 分析决策能力——集思广益,运筹帷幄

- 决策思维
  - 决策的含义
  - 决策分类
    - 按决策的重要程度分
      - 战略决策
      - 战术决策
        - 管理决策
        - 业务决策
    - 按决策的重复程度分
      - 程序性决策
      - 非程序性决策
    - 按决策的可靠程度分
      - 确定型决策
      - 风险型决策
      - 不确定型决策
    - 按决策的参与程度分
      - 个人决策
      - 群体决策
  - 决策程序
    - 发现问题
    - 确定目标
    - 拟定备选方案
    - 评价方案
    - 选择方案
    - 实施方案（形成计划）
    - 评价决策
  - 决策准则
    - 目标明确原则
    - 信息充分原则
    - 满意原则
    - 有效原则
  - 决策思维的特性
    - 程序性
    - 创造性
    - 择优性
    - 指导性
- 决策方法
  - 定性决策方法
    - 德尔菲法
    - 头脑风暴法
  - 定量决策方法
    - 确定型决策方法
      - 盈亏平衡分析法
    - 风险型决策方法
      - 决策树法
    - 非确定型决策方法
      - 大中取大法
      - 小中取大法
      - 折衷准则法
      - 最小后悔值法
      - 机会均等法

任务二　目标拟订能力
——志存高远，有的放矢

◇ **中国传统管理名言**

不积跬步，无以至千里；不积小流，无以成江海。——《荀子》

老骥伏枥，志在千里。——《步出夏门行·龟虽寿》

目不能两视而明，耳不能两听而聪。——《荀子·劝学》

孔子曰："君子有九思：视思明，听思聪，色思温，貌思恭，言思忠，事思敬，疑思问，忿思难，见得思义。"——《论语·季氏》

夫志当存高远。——《诸葛亮集·诫外甥书》

【学习情境】

玩过拼图吗？这是一个需要有高度耐心的游戏，会花费相当多的时间。如果今天要请你完成 3 000 片拼图，完成后的那个画面，正是你梦想人生中最美丽、最精彩的景象，但你不知道这画面的构图，也不知道其内容，更不知道它有哪些图像，请问你需要花多少时间，为手上花花绿绿的拼图片找到正确位置呢？因为你不知道拼图要完成的画面是什么样子，也许花 10 年、20 年时间，甚至一辈子都拼不出来。这是台湾的超级演讲家梁凯恩在其演讲中问的一个问题。

法国著名作家贝尔纳说："你想要什么，要什么样的，你知道它在哪里吗？请在一分钟内说出来。"如果你说不出来，如果你还没有想过，你就是还没有目标。如果你连目标都还没有明确，你又怎么能知道它在哪里，怎么去实现和拥有它？

本任务对于不同的学习者有不同的学习情境。对于在校学生而言是如何设定大学目标、学习目标、职业规划目标。对于初入职场或基层员工而言是如何制定自己的人生目标、职业目标、工作任务目标。对于团队组长或者基层主管而言涉及的是如何制定团队目标、部门目标。

【学习目标】

知识目标：理解目标的含义与作用；掌握目标制定程序；掌握有效目标的 SMART 原则。

能力目标：会制定切实可行有效的个人目标和团队目标；克服订立目标的误区。

素质目标：充分认识目标的重要性，养成良好的制定目标的习惯。

【学习任务】

1. 按照任务要求完成人生目标的重新规划，并把规划好的目标于下次课前交到老师处。

请大家研究五个问题，然后写下自己的答案，并加以讨论。这五个问题是：❶你个人以及职业上最大的能力以及缺点是什么？❷在今年内，你在个人生活及事业上最重要的目标是什么？❸你明年有什么重大的个人生活及事业目标？❹在未来的 5 年内，你在事业上将达到什么程度，将会获得多少收入？❺20 年后，你将住在什么地方？将从事什么工作？你将获得什么成就,足以使你的家人和同辈羡慕并传颂的成就？你的健康状况如何？你将有多少金钱或财产？

2. 为自己的团队设立愿景及具体目标,并运用SMART原则对目标进行自我评价。

3. 填写个人目标管理卡(表3-19),并组织团队成员签名。

表3-19　　　　　　　　　个人目标管理卡

我的人生目的	(个人的生命价值和意义,生命的理想状态)
我的使命	(崇高感,爱、众、善)
我的愿景	毕业后五年内成为什么样的人
我的大学目标	大学毕业时希望找到什么样的工作或者升学目标
我的年度或学期目标	专业学业：
	课外读书：
	社团活动：
	锻炼身体：
	勤工助学：
	孝敬父母：
	友善待人：
	养成习惯：
我可利用的资源	(实现目标,积累的与需要创造的资源有哪些)
实现目标的措施	(我要采取的行动措施)
周、月行动计划	
每天计划总结与自我觉察	
我是最棒的! 我一定做得到! 我一定会成功!	誓言人签名： 　　　　年　月　日

【导入案例】

有一位父亲带着三个孩子,获准到山林去猎杀过量的野猪。他们到了目的地。父亲问老大:"你看到了什么?"老大回答:"我看到了猎枪,还有野猪,还有一望无际的山林。"父亲摇摇头说:"不对。"父亲以同样的问题问老二,老二回答说:"我看见了爸爸、大哥、弟弟、猎枪,还有山林。"父亲又摇摇头说:"不对。"父亲又以同样的问题问老三,老三回答:"我只看到了野猪。"父亲高兴地说:"你答对了。"当我们看了这则故事后,我们获得了什么管理启示?

导入案例给了我们一个管理启示:一个人若想走上成功之路,首先必须要有明确的目标,目标一经确立,就要心无旁骛,勇往直前。计划是管理的首要职能,是管理职能中一个最基本的职能。计划是任何一个组织成功的核心,它存在于组织各个层次的管理活动中。管理者的首要职责就是做计划,就是组织企业员工进一步明确企业的目标,理解企业的目标,实现企业的目标。

一、目标的含义与作用

（一）目标的含义

目标是根据自身需求而提出的在一定时期内经过努力要达到的预期成果。目标有个人目标与组织目标之分。无论是个人目标还是组织目标，均具有层次性、多样性、网络化等特点。

（二）目标的作用

【拓展阅读】

哈佛大学曾经对一批智力、学历、环境都差不多的毕业生进行长达25年的跟踪调查，如表3-20所示。从调查数据表明，目标具有非常重要的作用。

表3-20　　　　　　　　目标状态与成就状态对比表

所占比例	目标状态	成就状态	生活状态
27%	没有目标	社会最底层	过得很不如意，经常失业靠领救济金过日子，并且常常都在抱怨人生的不公平，抱怨他人，抱怨社会
60%	目标模糊	社会中下层	生活稳定，但没有什么特别的业绩
10%	有清晰但比较短期的目标	社会中上层	生活状况稳步上升，成为各行各业中不可缺少的专业人士，如医生、律师、工程师、高级主管等
3%	有清晰且长期的目标	顶尖成功人士	几乎都成了社会各界的成功人士，不乏白手创业者、行业领袖、社会精英

1. 导向作用

目标就是风向标，它明确地指出组织或者个人的奋斗方向，展现出预期的前景。目标是一切人类活动的出发点。一切有组织的活动都是为了实现既定的目标所做出的努力。

2. 凝聚作用

如果大家都对目标非常认同，非常有信心，就会围绕在目标周围，产生强大的凝聚力。

3. 激励作用

目标是激励个人或者组织为实现既定目标发挥最大作用的力量源泉。个人只有明确了自己的目标，才能发挥潜能、创造佳绩；个人达到目标后，才会产生成就感。

4. 考核作用

实践表明，凭上级的主观印象和对下级的价值判断作为对主管人员绩效的考核依据是不客观、不科学的，因而不利于调动主管人员的积极性。正确的方法是根据明确的目标进行考核。

二、有效目标的SMART原则

（一）S——明确具体的（specific）

目标必须是明确的、具体的。所谓具体，就是要用具体的语言清楚地说明要达成的行为标准。所谓明确,就是目标的工作量、达成日期、责任人、资源等都是一定的,可以明确的。例如某企业总监的目标"达成与客户签约目标,为 2022 年同期的 150%"。此目标非常具体。

(二) M——可衡量的(measurable)

如果目标无法衡量,就无法为下属指明方向,也无法确定是否达到了目的。如果没有一个衡量标准,具体的执行者就会少做工作,尽量减少自己的工作量和为此付出的努力,因为他们认为没有具体的指标要求约束他们工作必须做到什么程度,所以只要似是而非地做些工作就可以了。这种问题可能出现在工作量化起来比较困难的行政部门,或者是技术部门中,上司不是十分了解具体的业务,无法进行有效的工作控制,在最终的工作评估中,又会因此产生争执。而某人制定的目标:五年内,我的年薪要达到 20 万元,我在公司的职位要当副总经理;2023 年 10 月 1 日前,买一辆价值 20 万元的白色的别克轿车;每星期与孩子沟通时间不少于 5 个小时。这样的目标清晰可衡量。目标的可衡量性可以从数量、质量、成本、时间、满意度等方面来描述。

(三) A——可接受的(acceptable)

目标必须是可接受的,即可以被目标执行人所接受。这里所说的接受是指执行人发自内心地愿意接受这一目标,认同这一目标。如果制定的目标是上司一厢情愿,执行人内心不认同,认为"反正你官大,压下来了,接受也得接受,不接受也得接受,那就接受吧,不过完成完不成可没把握,反正我认为目标太高,到时候完不成我也没办法,工资你愿意扣就扣吧。"你需要采取哪些行动来达到自己的目标?设计一套综合的、分步骤的行动计划。例如上面"我想改进自己的形象"这个目标,就可以假设有这些行动:报名参加商务礼仪课程,将所学的商务礼仪知识付诸实践;报名参加商务休闲着装课程;学习形象设计并为自己设计商务、晚宴及公关场合的形象。也有人说 A 代表 attainable 或 achievable,可实现的,还有人说 A 代表 attractive,有吸引力的。

(四) R——现实可行的(realistic)

目标在现实条件下出现不可行这种情况,常常是由于乐观地估计了当前的形势,一方面可能过高估计了达成目标所需要的各种条件,如技术条件、硬件设备、员工个人的工作能力等,制定了不恰当的工作目标,另一方面可能是错误地理解了更高层的公司目标,主观认为现在给下属的工作,下属能够完成,但从客观的角度来看,目标无法实现。一个无法实现的目标,从最基本的出发点就无法使目标管理进行下去。

(五) T——有时间限制的(timetable)

如果没有事先约定的时间限制,每个人就会对这项工作的完成时间各有各的理解,经理认为下属应该早点完成,下属却认为时间有的是,不用着急。等到经理要下属报成果的时候,下属会很惊讶,造成一方面经理暴跳如雷,指责下属工作不力,因此对下属做出不好的工作评价;另一方面下属觉得非常委屈和不满,降低了工作热情,同时还会感到上司不公平。

根据 SMART 原则,可对工作目标进行评价,如表 3-21 所示。表 3-22 个人目标有效性分析表用于个人进行 SMART 分析练习。

表 3-21　　　　　　　　　根据 SMART 原则工作目标评价

所制定的目标	对目标进行的评价
今年将销售费用降低 30%	目标具体明确、可进行衡量、有时间限制,至于可达成与否,视具体情况而定。但很多情况下,订立的费用降低目标并未经过认真思考,只是心血来潮
今天是 5 月 30 日,6 月 3 日是营销策划书交予客户的最后时间,策划部人员必须准时提交报告	这里规定了严格的时间限制,比较具体;由于达成的工作事先早已明确,这里只不过是提示准时提交市场策划书。这是通知不是目标
小红,你这个月的目标就是要把公司的车辆管好	这个工作目标非常不明确、不具体,更缺乏明确的衡量标准,究竟小红把工作做到什么程度算完成任务?
质检员一定要定期检查生产情况	工作要求不具体,什么是定期,定期的标准是什么没有界定,没有时间限制,工作完成以后,没有可衡量的具体指标
为了适应公司互联网业务的发展,人力资源部经理助理的目标是:6 月 10 日之前,协助人事经理召开一次招聘会;面试应聘人员;制定出新部门的工作规范,并交公司行政会讨论	目标清晰具体,有明确的时间限制和工作要求,从所涉及的内容来看,应该是人事经理助理近期能够实现的工作目标。行政性部门的工作目标一般不容易量化,但是,工作不容易不等于工作不能衡量

SMART 练习:设定的目标必须符合 SMART 原则,你是否按 SMART 原则设定目标?你掌握了 SMART 原则吗(在定量的或定性的目标中)?

表 3-22　　　　　　　　　个人目标有效性分析表

●请你设定一个定量的目标	●请你设定一个定性的目标
●用 SMART 衡量(请从你设定的目标中找出 SMART 各要点)	
S:	S:
M:	M:
A:	A:
R:	R:
T:	T:

三、设定目标的步骤

关于目标的设定,可以结合决策的步骤、目标管理法及 PDCA 循环等理论综合运用。此处重点介绍设定个人目标的步骤和方法。制定目标的过程,其实是盘点资源,确定实现目标的步骤。生活过得怎么样,在很大程度上取决于如何计划使用自己的时间和资源的分配,每一段时间,每一份资源的有效性都是选择的结果。

（一）问自己："真的很希望得到吗？"

热切的期待和欲望是人类一切活动的原动力。欲望越强烈，决心越大，自己越愿意付出代价。

（二）问自己："目标是不是明确的，可达到的，可以衡量的？"

只有明确而具体的目标才可衡量，而只有可衡量的目标才可能达到。否则只可能是笼统、空泛的无意义的大话而已。

（三）问自己："把目标写下来了吗？"

当你在书写时，你的思维活动在记忆中产生一种不可磨灭的印象，它告诉你的潜意识：这是真的。我不相信我的记忆，我只相信我的笔记。

（四）问自己："为什么要实现这个目标？"

写出实现这个目标的理由、好处和意义。理由或好处越多越好。这样做，有助于发现、认识目标的必要性和重要性，从而增加实现目标的紧迫感，获得强大的驱动力。

（五）问自己："规定实现目标的期限了吗？"

没有期限，就等于没有目标，就永远达不到成功的彼岸。期限，是衡量目标进展的尺度，是激发你向目标不断前进的动力。

（六）问自己："认清你所处的位置了吗？"

没有理想，就没有前进的方向。没有起始点，就无从规划自己的航程；即使有了地图和指南针，仍然会无可奈何地迷失方向，只有明确自己现在所处的位置，地图和指南针才能发挥作用。分析起始点，就是弄清现在所处的环境和条件。

（七）问自己："确认实现目标的障碍、找出克服障碍的方法了吗？"

人不是为了痛苦而活着，是为了幸福才活着，而痛苦却伴随着人生。确认障碍，是为了有备无患，从容不迫。同时要记住：障碍是对我们的锻炼和考验，而不能阻碍我们的前进。每前进一步都会有障碍，实现目标的过程，就是克服障碍的过程。对关键性障碍应找出不少于五个解决方案，其他每个障碍都要有克服的办法。

（八）问自己："确认达到目标所需的知识和技能了吗？"

为了实现目标而不断完善自己，作好知识和技能的充分准备。生命不息，学习不止。

（九）问自己："坚定实现目标的信念了吗？"

任何事，只要你持续地放在脑中，就可以成为你想要的模式。用钢铁般的意志坚信自己会成功，不承认失败的可能性。不迟疑、不害怕、不退缩。决不能放弃，放弃就是失败。确认对实现目标有帮助的人和团体。

（十）问自己："设定实现目标的计划了吗？"

一旦定了目标及实现目标（克服障碍）的方法，就要制定每年、每月、每周甚至每天的计划。计划，就是目标分解一览表。没有行动，再好的计划也只是白日梦。不要拖延，不要"以后"，立即就做，现在就做。

四、设定目标的误区

订立目标时,最危险的是陷入如表 3-23 所示的误区而订出伪目标。

表 3-23　　　　　　　　订立目标的误区诊断与正确做法

序号	误　　区	结　　果	正确的做法
1	将没有量化、没有时限的"想法"当成目标	结果是既无法衡量进度,也无法衡量结果,同时,易造成自己有意无意地压缩梦想以适应残酷的现实	不能将没有量化、没有时限的想法当成目标,而应该尽可能将目标量化、设定好完成目标的时限
2	将目标建立在现实可能性上而不是建立在自己的憧憬上	订立目标需要考虑现实出发点,但如果过分强调现实可能性而不是对未来的憧憬,则该目标十有八九不会是什么大的目标	设立目标要建立在自己的憧憬上,而不能给自己设定太过于现实的"天花板"
3	依据现有的信息确立目标,而不是先确立目标然后再寻找帮助目标达成的信息	目标一旦确立,你就无疑给自己的大脑潜意识下了一道指令:与之相关的信息就是重要的信息。随后,你的"网状系统"就会帮助你自动过滤有用信息	应该先确立目标,然后再去寻找帮助达成目标的信息,当然在设定目标之前先搜集适当的信息也是必要的
4	根据自己现有的能力确立目标,而不是先确立目标然后才去逐一锻炼达成该目标所必备的能力	根据现有能力确立目标,这样的目标肯定不会是具有挑战性的目标,并且你的潜力很难得到挖掘。目标永远要高于能力,否则潜力无法拓展,当然就无法实现大的目标	应该先确立目标,然后再制定锻炼计划,以达成目标所必备的能力,切不可等自己能力完全具备时才去行动

五、目标实施受阻时的应对措施

在实施目标的过程中,肯定会遇到种种没有预见到的情况与变化,如何对既定目标系统做出积极的调整呢?

第一步,第一反应应该是修正计划,而不是修正目标。如果更改目标已成为习惯,那么这个习惯很可能会让你一事无成。目标一旦确定,绝不可轻易更改,尤其是"终端目标"。可以不断修正的是达成目标的计划,包括到达终端目标之前的各个"路标"——过程目标。记住英国人的一句谚语:目标刻在石头上,计划写在沙滩上。

第二步,如果修正计划还无法达成目标,修正实现目标的方法。要找到并使用对的方法。如果找不到最好的方法,或者运用了错误的方法,都会妨碍目标的实现。

第三步,如果修正方法还无法达成目标,可以退而求其次,修正目标达成的时间。一天不行,用两天;一年不行,花两年;坚持到底,永不放弃,终将成功。修正计划还无法达成目标的原因是:当初制订计划时考虑得还不够周密。百密一疏,等于没有计划。

第四步,如果修正目标的时限还不行,只好退居"第三防线",修正目标的量。其实这已经是压缩梦想了。做这一决定时,请"三思而行",并千万告诫自己,不要轻易压缩梦想以适应残酷的现实。应有的思维模式是:不惜一切努力,找寻新的方法以改变现实,达成目标。

第五步，万不得已时，只好放弃目标。放弃本身就是一个残酷的选择，你不得不宣告失败。此时你一定在品尝着"成功很难，不成功更难"这句话的滋味。但是，如果你身上流淌着成功者的血液，那么你绝不会悲观气馁，也绝不会自责。因为即使"屡战屡败"，你仍可以"屡败屡战"。对于成功者而言，这个世界根本就没有失败，只有暂时还没有成功。只要你不服输，失败就绝不会是定局。

【知识测试】

1. 下列说法正确的有（　　）。
   A. 人们应该将目标建立在现实可能性上而不是建立在自己的憧憬上
   B. 人们应该将目标建立在自己的憧憬上而不是建立在现实可能性上
   C. 人们应当依据现有的信息确立目标，而不是先确立目标然后再寻找帮助目标达成的信息
   D. 人们应当先确立目标然后再寻找帮助目标达成的信息，而不是依据现有的信息确立目标
   E. 人们应当先确立目标然后再制定锻炼计划，以达成该目标所必备的能力

2. 人们通常无法达成目标的原因有（　　）。
   A. 设定了不可能的目标　　　　B. 设定的不是自己所要的目标
   C. 目标太模糊　　　　　　　　D. 缺乏动机
   E. 目标没有吸引力

3. 在目标设立过程中，（　　）做法是正确的。
   A. 尽可能量化企业目标　　　　B. 目标要被目标执行人所接受
   C. 目标期限应以长期目标为主　D. 期限要尽量明确
   E. 应该长期、中期、短期目标相结合

4. 下列关于目标的说法正确的有（　　）。
   A. 目标应具体明确，不能将没有量化、没有时限的想法当成目标
   B. 目标实现受阻第一反应是修正计划而不是修正目标
   C. 定量目标比定性目标重要
   D. 目标项次之间应具有独立性，不能发生某一任务不完成即影响其他目标的情况
   E. 目标之间要有关联性

5. 目标的作用有（　　）。
   A. 导向作用　　B. 凝聚作用　　C. 激励作用　　D. 考核作用
   E. 强制作用

【重点回顾】

1. 目标的含义与作用。
2. 目标制定程序。
3. 有效目标的SMART原则。

【拓展阅读】

某高职珠宝营销专业学生的人生目标如表 3-24 所示。

表 3-24　　某高职珠宝营销专业学生的人生目标

阶段性目标	分目标	具　体　目　标
短期目标 （大学三年）	顺利完成学业	努力学习珠宝首饰营销专业课程、取得好成绩
		完成商务管理专业专升本课程，并在取得自考本科文凭的基础上，努力考取学士学位
		打好英语和计算机基础，通过英语和计算机一级考试
	积极参与社会实践活动	多参与学校各项活动，培养多方面兴趣
		在系里担任学生干部和新生班主任工作，为同学们服务之余，又锻炼自身各方面的能力，提高综合素质
		在假期里积极参与社会实践活动，积累社会经验
	提高专业水平	努力学习专业知识，多阅读相关专业书籍，提高专业水平
	投身职场	找一份适合自己的工作，如营销策划助理，向营销方面发展
中期目标 （约在 27 岁前）	营销策划助理或销售助理、销售代表（约 2～3 年时间）	继续钻研相关专业知识，考取珠宝鉴定或营销等相关证书
		深入了解自己公司的业务发展，关注同行其他企业的情况，或与工作有关的社会信息
		在岗位上努力工作，发挥自我潜能，积累经验和客户资源，争取成为一名区域销售经理
	区域销售经理或市场推广经理（约 2～3 年时间）	尝试在市场人脉关系中建立知名度
		在企业中发挥自己的潜能，做好本职工作，带领好自己的团队，做好所负责区域的营销策划工作
		在行业中不断拓宽和巩固人际关系，树立自己的品牌
长期目标 （约在 27 岁后）	营销策划总监，成为业内精英（27～50 岁）	在实践中不断成长，不断自我增值，总结经验和扩充人脉，成为一名珠宝企业的营销策划总监，在企业内占有重要位置
		在珠宝首饰营销领域有所建树，能够成为业内精英，与整体团队一起创造价值，实现共赢
		为企业的长远利益着想，对企业的不足之处进行改革
	回馈社会、发展兴趣（50 岁后）	回馈社会，帮助社会上有需要的人
		尽力资助失学儿童，研究贫困儿童教育事业
		发展自己的兴趣，学习钢琴演奏

（资料来源：阚雅玲，朱权，游美琴.管理基础与实务[M].北京：机械工业出版社，2008：188-189.）

【生命成长智慧】

从生命成长角度看目标和计划的重要性

本任务的内容是目标拟订能力。制定目标和计划是一种职业化的能力,许多人没有开发出这方面的能力,吃了很多的亏、浪费了大把的时间,却不自知。一般有下面几种情况:

第一种,很多人处在"常立志"的状态,制定目标,只是说说而已。如果没有给要做事情安排出时间来做计划,没有思考的过程,落实的可能性就会大大降低。

第二种,有的人自认为自己要做什么都知道,懒得去制定目标,更不愿意花时间和精力去做计划,因为不习惯做这项工作。殊不知一旦事情多了,因为没有记录、思考和安排,想起的事,很快又忘了;或者是有很多的事情装在脑子里,觉得自己很忙;或者是总被突发事情驱使,让自己常常处在救火状态。

比如,小王忘了给客户送资料,赶紧冲出去送资料。在路上同事来电话说,例会开始,他心里涌出抱怨和委屈:"我正在给客户送资料,没有时间参加例会,我这么忙,你们怎么不理解我。"实际上,本来是没有冲突的事情,变成了冲突,还怪别人不理解他。因为心情不好,到了客户那里,带着情绪,跟客户沟通不顺畅,麻烦就更大了。

他总是处在忙乱中,面临的总是紧急且重要的事情。对工作、对同事、对领导充满了抱怨和委屈,认为大家都跟他过不去,都没看到他的努力……

这就是缺乏目标和计划意识的状态,时间用得七零八落,什么时候都是着急的、忙乱的。

会做事的人,有目标、有计划、有流程、有步骤,心里清清楚楚。比如给客户送资料,决定了,就安排出时间。单位例会,这是例行工作,做计划的时候,自然就留出这个时间。每个阶段做反思总结,该沟通的随时和定期沟通,很少出现意外的情况。日常中的许多意外,都是没有提前安排造成的。

"忙"是"心十亡",即做事不会用心。要解决忙的问题,就要学会用心,合理地用好自己的时间,并有效地用他人的时间为自己做事。就是说,要把目标和计划变成思维方式,这也是挖掘自身潜能的有效方法之一。

第三种,期望能够做完所有想做的事。许多人都有一种习惯——总想把所有的事情都做完,如果做不完,就认为自己不够好。同时,又没有取舍、没有目标和计划,心里常常是一团乱麻,没有重点、没有准备,突发的事情时常发生。

其实,"懒得去做"与"把事情全部做完"同出一辙,这是不会选择和安排时间的两个极端,结果都是被事情所推动,总是为不做事找借口。

仅仅会确定目标和计划是不够的,但是,凡事亲力亲为的人,总想把事情都做完,会显得很忙、很累,能做的事十分有限。

要改变这种情况,可以参加或学习"效能提升"的课程或讲座,反复琢磨和实践,很快就能发现做的事情比原来的多了,时间的付出却少了。

所以说,要实现自己的志向,让自己的时间效率更高、工作更有效,制定目标和计划这件事是不可或缺的。

制定目标和计划如果成为一种习惯,做任何事,都有明白的思路,知道轻重缓急,知道每个时段聚焦的重点,这是节省时间的有效途径。有的人认为制定目标和计划是浪费时间,其实,缺乏对时间的计划,会浪费更多的时间。无论在哪里、做什么,都需要有制定目标和计划的职业化习惯。

【任务思维导图】

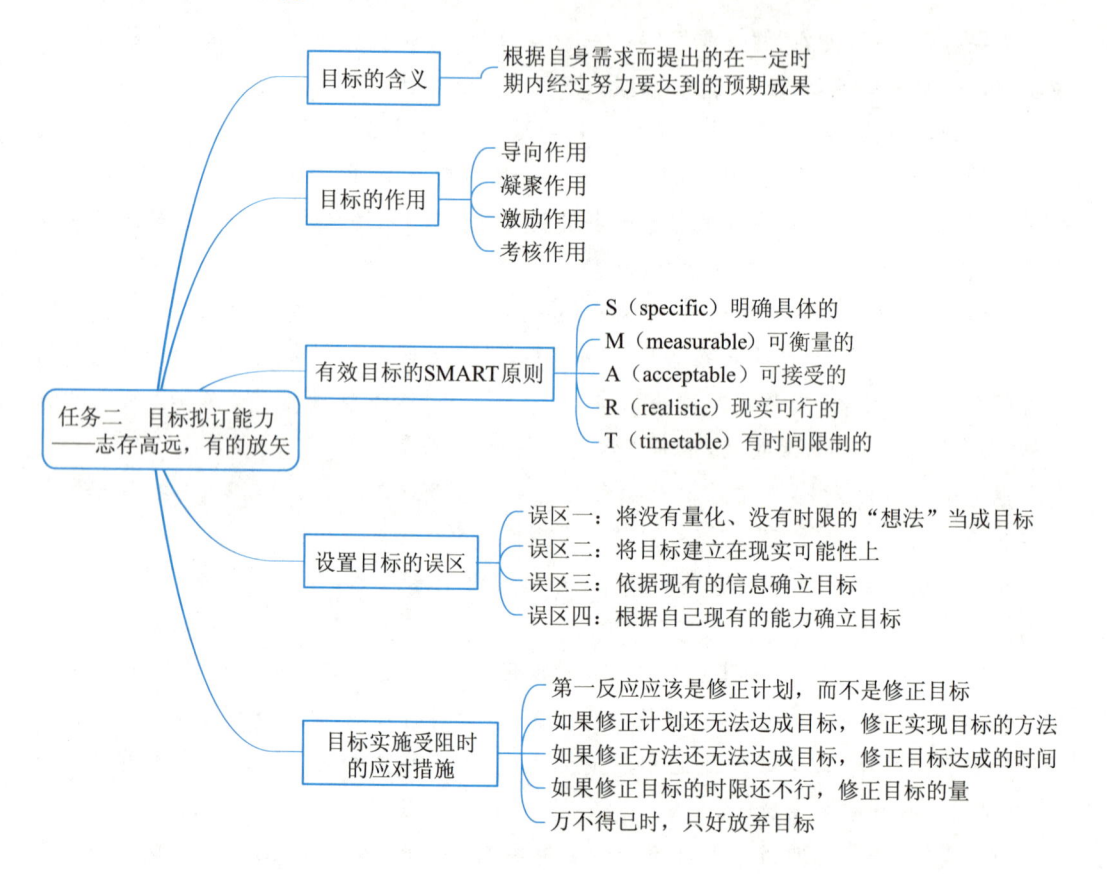

```
任务二  目标拟订能力
——志存高远,有的放矢
├─ 目标的含义 ── 根据自身需求而提出的在一定时期内经过努力要达到的预期成果
├─ 目标的作用
│   ├─ 导向作用
│   ├─ 凝聚作用
│   ├─ 激励作用
│   └─ 考核作用
├─ 有效目标的SMART原则
│   ├─ S(specific)明确具体的
│   ├─ M(measurable)可衡量的
│   ├─ A(acceptable)可接受的
│   ├─ R(realistic)现实可行的
│   └─ T(timetable)有时间限制的
├─ 设置目标的误区
│   ├─ 误区一:将没有量化、没有时限的"想法"当成目标
│   ├─ 误区二:将目标建立在现实可能性上
│   ├─ 误区三:依据现有的信息确立目标
│   └─ 误区四:根据自己现有的能力确立目标
└─ 目标实施受阻时的应对措施
    ├─ 第一反应应该是修正计划,而不是修正目标
    ├─ 如果修正计划还无法达成目标,修正实现目标的方法
    ├─ 如果修正方法还无法达成目标,修正目标达成的时间
    ├─ 如果修正目标的时限还不行,修正目标的量
    └─ 万不得已时,只好放弃目标
```

任务三 计划制订能力
——筹谋之道,周密为宝

> ◇ **中国传统管理名言**
>
> 一年之计,莫如树谷;十年之计,莫如树木;终身之计,莫如树人。——《管子·权修》
>
> 知彼知己,百战不殆。——《孙子·谋攻篇》
>
> 凡事预则立,不预则废。——《礼记·中庸》
>
> 临渊羡鱼,不如退而结网。——《汉书·董仲舒传》
>
> 物有本末,事有终始,知所先后,则近道矣。——《大学》

【学习情境】

制定了有效的目标后,为实现目标,就要把目标转化为计划。目标必须转化为各项工作,如果只是将其作为一种"意愿"的表达,那么这些目标便形同废纸。而要转化为工作,就必须是具体的、清晰的和可测量的,是一项"限期"完成的特定的责任指派。有的人没有计划,被惯性所控制,天天如此,月月如此,年年如此,一辈子糊涂纠结;有的人认为计划赶不上变化,被名利与感受所控制,总在折腾,总在寻找,总在变化,像坐过山车;有的人认真做计划,每天进步一点点,每月进步一小步,每年进步一大步,越活越精彩,每天都在做生命经历的精加工。

【学习目标】

知识目标:理解目标与计划的关系;掌握计划的含义、要素、类型;掌握计划的程序。

能力目标:会根据既定的目标制定详细的计划。

素质目标:养成科学制定工作、生活、学习、活动计划的良好习惯。

【学习任务】

1. 分别制定一份学期学习计划、月度学习计划及周学习计划。

2. 为自己的团队制定一个挑战性的目标并设定相应的计划。

3. 为举办电子商务大赛或秘书风采大赛、物流管理技能大赛、明日营销之星大赛拟订一份计划。

一、计划的含义和内容

(一)计划的含义

计划是指关于组织未来的蓝图,是对组织在未来一段时间内的目标和实现目标的途径的策划与安排。

要实现既定的目标,就要对拥有的有限资源在时间和空间上进行统筹安排。计划首先是策划,即对未来要发生的事情预先考虑。计划是个统称,它还有其他的叫法,如设想、规划、打算、安排、意见、要点、方案等,这些术语的不同主要体现在适用时间的长短、适用范围的大小和内容的详略上,如"规划"是对本单位、本部门长期(一般在五年以上)的工作进行安排,其工作涉及面广,内容较概略。而"方案"则是对本单位、本部门近期或短期内的某项任务、课题的具体实施,对目的、要求、方式、方法都作全面安排。

(二)计划的内容要素

计划的内容要素如表 3-25 所示,其中加有括弧者为计划的最主要内容,简称为计划的 5W2H。

表 3-25　　　　　　　　　　计划内容要素

要　素	所要回答的问题	内　　容
前提条件	该计划在何种条件下有效	预测、假设、实施条件
目标任务	做什么(what)	最终结果、工作要求
目　的	为什么做(why)	理由、意义、重要性
战　略	如何做(how)	途径、方法、战术

续　表

要　素	所要回答的问题	内　　容
责　任	谁来做（who）	人选、奖惩措施
时　间	何时做（when）	起止时间、进度安排
范　围	涉及哪些部门或地区（where）	组织层次或地理范围
预　算	需投入多少资源（how much）	费用、代价
应变措施	实际与前提不相符时怎么办	最坏境况计划

（三）目标与计划的关系

制定了明确的目标，接下来就是将目标转化为详细的行动计划。计划是使用可以动用的资源达到预先设定的工作目标的一种方法，是一个系统性的步骤。目标就像地图中某一个具体的地点，而计划则是到达指定地点的路线图，它要说明什么时间从哪儿开始，第一步到达哪儿，第二步到达哪儿，直至最终到达目的地。

二、计划的表现形式

根据表现形式的不同，计划可分为宗旨、目标、战略、政策、规则、程序、规划、预算等，如表 3-26 所示。

表 3-26　　　　　　　　　计划表现形式分析

表现形式	含　　义	举　　例
宗旨	反映的是组织的价值观念、经营理念和管理哲学等根本性的问题。即回答组织是干什么的	华为："在电子信息领域实现顾客的梦想，并依靠点点滴滴、锲而不舍的艰苦追求，使我们成为世界级领先企业" 中国移动："创无限通信世界做信息社会栋梁"
目标	宗旨的具体化，表现为组织在计划期内要追求的结果	某企业计划一年内将利润增长 10% 广州本田的目标是创造世界上最高水平的产品
战略	为了实现组织长远目标所选择的发展方向、所确定的行动方针以及资源分配方针的一个纲领。战略并不是孤立的，而是为实现宗旨和目标服务的，又为重大政策和各种规划提供原则	企业为了实现年内 10% 的利润增长，是以大批量、单一品种、低成本为原则还是以小批量、多品种、供应齐备为生产原则
政策	预先确定的用来指导和沟通决策过程中思想和行为的明文规定。制定政策应以有效完成目标为前提，以组织的战略为指导思想	实行大批量、单一品种、低成本的战略时，要制定的相应的员工招聘政策、提级增薪政策、价格竞争政策等。"政策好比指路牌"。政策在应用中具有自由处置权
程序	为完成某一特定计划而规定的一系列步骤。许多管理活动是重复发生的，处理这类问题应该有标准方法	决策程序、招聘程序、制造企业的工艺程序。如果说政策是人们思考问题的指南，那么程序则是行动的指南
规则	对具体场合和具体情况下，允许或不允许采取某种特定行动的规定	例如在某个特定场所要求戴安全帽就是一种规则。规则在应用中不具有自由处置权、不规定时间顺序

续表

表现形式	含义	举例
规划	为了实施既定方针所必需的目标、政策、程序、规则、任务分配、执行步骤、使用的资源等,属于综合性计划	国家科学技术发展规划;质量管理小组活动规划;职工培训规划等
预算	数字表示预期结果的一份报表	某企业的财务收支预算

三、计划的分类

(一)根据计划对组织影响范围和影响程度的不同,分为战略性计划和战术性计划

战略性计划,是指应用于整体组织,为组织设立总体目标和寻求组织在所对应的环境中获得持续发展的带有全局性的计划。战术性计划,是指用来规定总体目标如何实现的具体实施方案和细节。

【小资料】

战略性计划和战术性计划的不同点如表 3-27 所示。

表 3-27　　　　　　战略性计划和战术性计划比较

比较类别	战略性计划	战术性计划
时间跨度	长	短
涉及范围	宽广	较窄
内容操作性	抽象、概括、不要求直接的操作性	具体、明确,通常要求具有可操作性
任务	设立组织总体目标	在既定目标框架下提出具体行动目标
风险程度	高	低
目的	确保"做正确的事"	追求"正确地做事"
要回答的问题	做什么、为什么要做	何人在何时、何地通过何种办法,以及使用多少资源做

(二)根据计划内容的详细程度不同,分为指导性计划和具体性计划

指导性计划,是指只规定一些一般方针,指出重点或者努力方向的计划。具体性计划,是指具有明确的目标、实施步骤、执行方案的计划。指导性计划是具体性计划的方向,具体性计划是指导性计划的落实。在大型组织中,战略计划、长期计划大多是指导性计划,战术计划、基层的短期计划一般是具体计划。

【小资料】

一个企业提出未来的 6 个月中计划使利润增加 5%,这是指导性计划;而为了实现增加利润 5%,则明确规定在未来 6 个月内,成本降低 4%,销售额要增加 6%,这就是具体性计划。

(三)根据计划期的长短不同,分为长期计划、中期计划和短期计划

长期计划、中期计划、短期计划的区分是相对的。对不同规模的组织,其标准是不一

样的。如企业通常以一个自然年度作为财务决策的时限,在这个时限内,还必须进行分月、分季的核算。因此,月、季计划可以看作是企业短期计划,年度计划就是企业的中期计划,一年以上的计划就是企业的长期计划了。而政府大多是五年一届。年度计划一般就是短期计划,一至五年的计划就是中期计划,五年以上的才称为长期计划。长期计划起主导作用,中期计划、短期计划以长期计划为基础,是对长期计划的逐步落实。长期计划多是组织粗线条的发展构想,短期计划则是具体的实施性方案。

四、计划工作的程序

(一)确定计划前提(前提)

计划是为决策的组织落实而制定的,了解决策者的选择,理解有关决策付诸执行所面临的外部环境特点以及企业内部所需具备的资源和能力条件,是编制行动计划的前提。关于计划前提条件的类型和性质,可以从不同角度进行分类。

1. 外部和内部的前提条件

外部和内部的前提条件比较,如表 3-28 所示。

表 3-28　　　　　　　　　外部和内部的前提条件比较

内外部条件	细分分类	举例	特点	对策
外部前提条件	宏观	政治环境、社会文化环境、经济环境、技术环境、自然环境等	既是机会也是威胁;只能认识它、利用它,而不能改变它	认真学习、掌握、执行党的基本方针政策,及时了解、分析面临的特殊环境
	具体环境条件	竞争对手状况、替代产品市场状况、供应商环境等		
内部前提条件	物质环境	组织内部的资源拥有情况、利用情况	企业内部资源优化配置需要企业的战略思考	摸清家底,找出优势、分析劣势;加强企业文化的培育
	文化环境	组织文化(企业内部共同接受的信仰、价值观念及行为准则)	组织文化对成员个人的行为产生影响	

2. 定量和定性的前提条件

定量条件是指可以用数字表示的对计划工作具有影响的因素,定性条件是指那些难以用数字表示对计划工作具有影响的因素。在实际工作中,许多人往往比较重视定量因素的作用,忽视定性因素。但许多定性因素有可能起着比定量因素更为重要的作用。例如,产品声誉好坏对销售和利润就有实质性的影响;社会稳定能为企业创造良好的生产环境;国家的价格、税收政策对企业的生产经营有激励或限制作用。

3. 可控的和不可控的前提条件

计划前提条件中,有些因素对单个企业或组织而言是无法控制的,如人口增长、未来价格水平、国家税收、财政政策等;有些因素是企业或者组织可以在一定程度上加以控制的,如企业的市场占有率、员工思想稳定性等;有些因素是企业可以完全控制的,如企业的市场开拓政策。在计划工作中,对可控的前提条件,应当制定出具体的影响、控制和改变的措施和策略;对不可控的条件,要规定出适应和应变的办法。

确定计划的前提条件,需要注意以下几点:一是要合理选择关键性的前提条件;二是提供多套备选的计划前提条件；三是保证计划前提条件的协调一致。

（二）确定计划目标（决策）

这一阶段计划工作的实质也就是决策，前面有专门论述，在此不再赘述。

（三）分解计划目标（分解）

组织目标的分解可以沿空间和时间两个方向进行，也即把决策确定的组织总体目标分解落实到各个部门、各个活动环节乃至各个人，同时也将长期目标分解为各个阶段的分目标。目标分解的结果是在组织中形成两种目标结构，一是目标的空间结构，二是目标的时间结构，如图3-9所示。在目标的空间结构中，总体目标应该对部门目标的制定起指导作用，而部门目标反过来则对整体目标的实现起保证作用。在目标的时间结构中，长期目标应该对短期目标的制定起指导作用，而短期目标则应成为长期目标实现的保证。目标分解的结果，要使组织上下左右及前后时期的目标相互衔接、彼此协调，形成一个完整的目标体系。

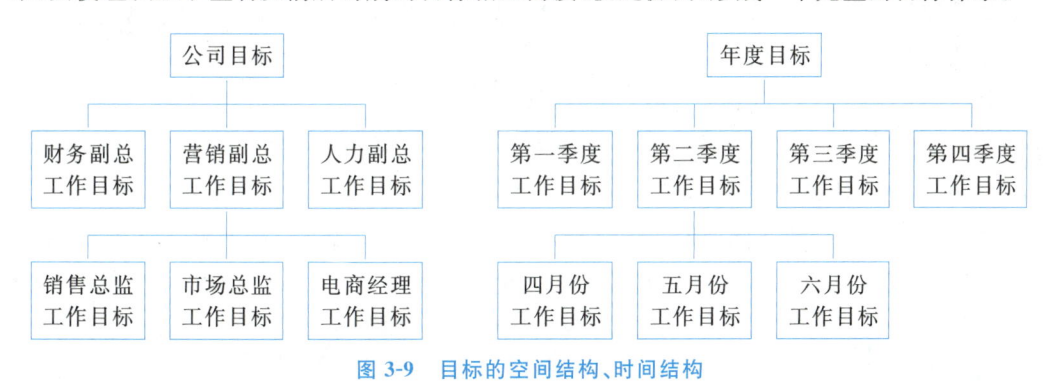

图3-9　目标的空间结构、时间结构

（四）综合平衡目标（平衡）

（1）任务的平衡。综合平衡首先是任务的平衡。为此要分析由目标结构决定或与目标结构对应的组织各部分在各时期的任务是否能相互衔接和协调，因此包括任务的时间平衡和空间平衡。时间平衡要分析组织在各时段的任务是否能有机地衔接起来，从而确保组织的长远目标随着各个时期的任务逐步完成，得到实现；空间平衡则要研究组织的各个部分的任务是否保持相应的比例关系，从而保证组织的整体活动协调地进行。

（2）任务与资源的平衡。综合平衡还要研究组织活动进行与资源供应之间的平衡，分析组织能否在适当的时间筹集到适当品种、数量和质量的资源，从而能否保证组织活动的连续性、稳定性。

（3）任务与能力的平衡。综合平衡要分析不同环节在不同时期的任务与能力之间是否平衡，即研究组织的各个部分是否能够保证在任何时候都有足够的能力去完成规定的任务。由于组织的内外环境和活动条件经常发生变化，从而可能导致任务的调整，因此在任务与能力平衡的同时，还要留有一定的余地，以保证这种将会产生的任务调整在必要时有可能进行。

综合平衡要求积极的平衡，而不是消极的平衡。管理者应该不断挖掘潜力、调动员工的积极性，采取措施、对策克服自身薄弱环节。

（五）编制下达执行（执行）

在综合平衡的基础上，组织即可为各个部门编制各个时段的行动计划，并下达执行。由各部门以至个人负责执行的行动计划，应该是围绕总体行动方案而制定的派生计划。计划执行的基本要求是：全面均衡地完成计划。一方面要求全面执行，各项指标都要按计划规定完成,不能有所偏废。另一方面要求根据时段的具体要求,做好各项工作,按年、月、日,甚至旬、周、日完成计划,以建立正常的活动秩序,保证组织稳步地发展。

五、计划的意义

(一) 不做计划的误区

针对不做计划的一些理由,需要明了做计划的道理,如表 3-29 所示。

表 3-29　　　　　　　　　　为什么不做计划

不做计划的理由	要做计划的理由
变化太快,计划跟不上变化	正因为有变化才需要做计划
计划完成不了	没完成才知道有问题
有计划太约束,不自由	计划是有效实现目标的手段
没有时间做计划	不做计划不知如何利用时间
计划没有用	计划有没有用、怎么做,做了才知道
不知道如何做计划	那就学习如何做计划

(二) 计划的功能与作用

计划是实现目标的蓝图,如表 3-30 所示。目标不是什么花瓶,你需要制定计划,脚踏实地、有步骤地去实现它。通过计划合理安排时间和任务,使自己达到目标,也使自己明确每一个任务的目的。

表 3-30　　　　　　　　　　计划的功能与作用

功　　能	作　　用
明确方向	集中资源
明确目标	行动指南
明确路径	减少不确定性
明确方法	提高效率
明确责任	提高积极性
明确标准	成就人生价值

【实战练习】

验证计划的作用

首先,回忆并记录前几天时间运用情况(今天);然后安排学习有关时间管理方面的知识(明天);做一份从大后天开始的一周书面计划安排(后天)。从大后天开始计划的执行,并每天总结。在实施计划一周后对该周计划执行情况进行总结。对照计划前后个人生活的变化,验证计划的作用,总结计划制定与执行中存在的问题,总结经验。

【知识测评】

1. 管理过程中的其他职能都只有在(　　)确定了目标以后才能进行。

A. 计划职能　　　B. 组织职能　　　C. 领导职能　　　D. 决策职能

2. 狭义的计划是指（　　）。

A. 执行计划　　　B. 制定计划　　　C. 计划准备　　　D. 检查计划

3. 以下不属于计划工作的基本特征的是（　　）。

A. 普遍性　　　　B. 首位性　　　　C. 无意识性　　　D. 效率性

4. （　　）也被称为数字性计划。

A. 政策　　　　　B. 目标　　　　　C. 规则　　　　　D. 预算

5. 战略性计划一般关注（　　）。

A. 正确地做事　　B. 把事做正确　　C. 做正确的事　　D. 涉及范围窄

6. 公司政策规定工作人员享有假期，为实施这项政策公司编制了度假时间表，制定了假期工资比率、支付办法，以及申请度假的详细说明，这属于（　　）。

A. 规划　　　　　B. 程序　　　　　C. 策略　　　　　D. 规则

7. 计划按表现形式分为（　　）。

A. 战略、战术和作业计划　　　　　B. 综合、专业和项目计划
C. 指导性计划和具体性计划　　　　D. 战略、程序、规则、规划等

8. 某君到百货商店考察，随手翻阅了其规章制度手册，有三条特别引起他的注意：我们只售高贵时髦的衣服和各种高级用具；货物售出超过 30 天，不再退还购货款；在退还顾客购货款前，营业员需注意检查退回的货物，然后取得楼层经理的批准。这三条规定的常用计划形式（　　）。

A. 都是规则　　　　　　　　　　　B. 都是政策
C. 分别是政策、程序、规则　　　　D. 分别是政策、规则、程序

9. 很多企业的管理者认为，在当前这样一个飞速变革的经营环境中，制定计划到底有多大意义？在他们中间流传着"计划赶不上变化"的说法。在下面诸多观点中，最有道理的是（　　）。

A. 变化快要求企业只需要制定短期计划
B. 计划制定出来后，在具体实施时，经常要进行大的调整，因此计划的必要性不大
C. 尽管环境变化速度很快，但还应该像以前一样制定计划
D. 变化的环境要求制定的计划更倾向于短期和指导性的计划

【重点回顾】

1. 目标与计划的关系。
2. 什么是计划，计划的要素有哪些？
3. 计划的程序有哪几个步骤？

重点回顾答案

【管理测试】

计划能力测试

这是一个好的工作计划吗？

自 问 问 题	是	否
目标是否是总目标的重要组成？		
目标是否实际？		
目标是否能够衡量？		
目标是否明确？		
分目标的实现是否能够使总目标实现？		
每个行动计划是否都有自己的目标？		
行动计划中,每个工作是否都有负责人和完成时间？		
行动计划中,负责人是否都是你部门的人员？		
根据实际情况判断,负责人是否能够胜任安排的工作任务？		
是否让所有参与者都明确了计划的实质内容？		

【生命成长智慧】

计划就是盘点资源

本任务的内容是计划制定能力。计划,就是为了实现目标,盘点资源,什么时间、用什么资源、做什么事、做到什么程度。

资源,包括人、财、物、时间、信息、环境、自己的身体器官等。

天上不会凭空掉馅饼,一个人志向的实现,需要一系列资源的组合应用,并需要争取和创造资源。实现目标中的"采取措施",指的就是如何合理利用、争取、创造资源。

下面主要以大学学生为例,来谈谈资源都有哪些。

(1) 人。包括老师、同学、家长、朋友、其他可以提供帮助的人,都是资源。

人这个资源,对一个人的志向实现,是关键性的要素。每个人都想自己能够遇到生命中的贵人,其实,贵人不是凭空出现的,而是靠自己吸引和培养的。很多时候,贵人就在身边,但是不认识、不利用,就不会成为贵人。

(2) 财和物。对学生来说,财和物的需求,是有限的。对父母提供的学习条件,要拥有一颗感恩的心,并努力让自己未来得到更多的财富。现在有限的钱要花在哪里？如何看待财富？压岁钱如何使用？零花钱用在哪里？资源的使用是需要智慧的,要让钱为后续赚钱创造条件,如果把钱花在不合适的地方,只会给自己平添烦恼和痛苦。

(3) 时间。沉溺于手机、游戏中是浪费时间的。偶尔玩玩,作为放松的手段,倒也无可厚非。如果一天除了吃饭、睡觉就是坐着学习,未必就是合理利用时间,需要劳逸结合,有节奏地生活。

(4) 信息。在大数据时代,收集信息对个人的发展越发重要,收集、整理和应用信息的能力称为"数据力"。无论做什么、在哪里,学会沉淀知识,不断总结经验教训,记录自己成长的脚步,也是值得利用的资源,让现在变成未来的财富。

(5) 环境。孟母三迁的故事,是孟母为孟子创造的合适的外在环境。孟母的智慧在于知道环境的作用是很大的,环境的影响可能超过个人的努力。

(6) 自己的身体器官。一个人的身体资源,包括眼、耳、口、身、心等,是内在的主动的环境,是人最应该把控的资源。

眼睛要拥有观察到事物的内在规律、观察到自己和他人的状态的能力;耳朵要拥有听见、听懂、听进别人的话的能力,尽量接近耳聪目明;嘴巴要能够好好说话、直意表达与尽意表达,并且学会不懂就问;身体要保持健康的状态,保证学习时能够专注、运动和劳动时有力量,而且动作灵活,给自己自信和力量感,能够觉察到自己表达的肢体语言,呈现良好的形象;内心要拥有本源能力,对外在的世界有感觉、对当下发生的事能够觉察、能够感知到自己和他人的需求、感知到外在人、事、物的状态。

【任务思维导图】

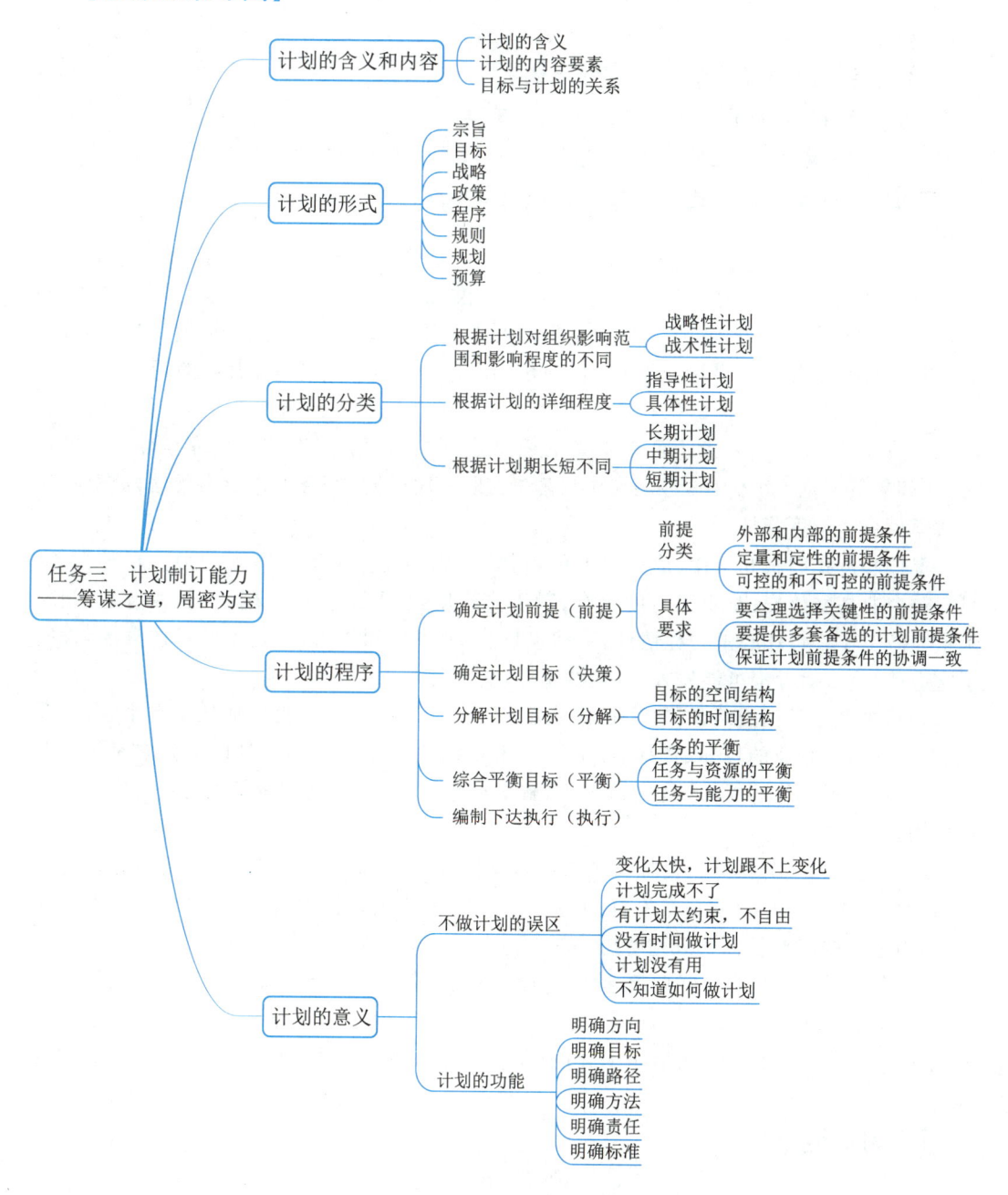

```
任务三　计划制订能力
——筹谋之道,周密为宝
├─ 计划的含义和内容
│   ├─ 计划的含义
│   ├─ 计划的内容要素
│   └─ 目标与计划的关系
├─ 计划的形式
│   ├─ 宗旨
│   ├─ 目标
│   ├─ 战略
│   ├─ 政策
│   ├─ 程序
│   ├─ 规则
│   ├─ 规划
│   └─ 预算
├─ 计划的分类
│   ├─ 根据计划对组织影响范围和影响程度的不同
│   │   ├─ 战略性计划
│   │   └─ 战术性计划
│   ├─ 根据计划的详细程度
│   │   ├─ 指导性计划
│   │   └─ 具体性计划
│   └─ 根据计划期长短不同
│       ├─ 长期计划
│       ├─ 中期计划
│       └─ 短期计划
├─ 计划的程序
│   ├─ 确定计划前提(前提)
│   │   ├─ 前提分类
│   │   │   ├─ 外部和内部的前提条件
│   │   │   ├─ 定量和定性的前提条件
│   │   │   └─ 可控的和不可控的前提条件
│   │   └─ 具体要求
│   │       ├─ 要合理选择关键性的前提条件
│   │       ├─ 要提供多套备选的计划前提条件
│   │       └─ 保证计划前提条件的协调一致
│   ├─ 确定计划目标(决策)
│   ├─ 分解计划目标(分解)
│   │   ├─ 目标的空间结构
│   │   └─ 目标的时间结构
│   ├─ 综合平衡目标(平衡)
│   │   ├─ 任务的平衡
│   │   ├─ 任务与资源的平衡
│   │   └─ 任务与能力的平衡
│   └─ 编制下达执行(执行)
└─ 计划的意义
    ├─ 不做计划的误区
    │   ├─ 变化太快,计划跟不上变化
    │   ├─ 计划完成不了
    │   ├─ 有计划太约束,不自由
    │   ├─ 没有时间做计划
    │   ├─ 计划没有用
    │   └─ 不知道如何做计划
    └─ 计划的功能
        ├─ 明确方向
        ├─ 明确目标
        ├─ 明确路径
        ├─ 明确方法
        ├─ 明确责任
        └─ 明确标准
```

任务四　计划执行能力
——千里之行，始于足下

> ◇ **中国传统管理名言**
>
> 合抱之木生于毫末，九层之台起于累土，千里之行始于足下。——《道德经》第六十四章
>
> 为者常成，行者常至。——《晏子春秋》
>
> 君子欲讷于言而敏于行。——《论语·里仁》
>
> 不闻不若闻之，闻之不若见之，见之不若知之，知之不若行之。——《荀子》
>
> 己欲立而立人，己欲达而达人。——《论语·雍也》

"想干与不想干"是有没有责任感问题，是"德"的问题；"会干与不会干"是"才"的问题，但是不会干而干是被动的，是按照别人的要求去干；"能干与不能干"是创新的问题，即能不能不断提高自己的目标。"没有任何借口"体现的是一种负责、敬业的精神；一种服从、诚实的态度；一种完美的执行能力。我们需要的正是具备这种精神的人：他们想尽办法去完成任务，而不是去找任何借口，哪怕看似合理的借口。企业成长要靠全体员工共同努力，如果员工觉得工作目标无法掌握、工作成果不被认同、本身工作能力无法发挥时，工作效率就会大幅度降低。

责任心是我们做好工作、成就事业的前提，是战胜工作中诸多困难的强大精神力量。只有对企业高度负责、对职工高度负责、对工作高度负责，才会尽心竭力、兢兢业业、精益求精地做工作。责任心是一种情怀，一种担当，一种境界和觉悟，它是企业的防火墙，没有了这道墙，什么病毒都可能侵入，再强的企业也会垮掉。

执行力就是贯彻战略意图、完成预定目标的操作能力，是企业内部从上至下、各个层次、各个环节对企业的目标、指标、任务一丝不苟地执行所具有的一种能力。它是把握规律、创造性开展工作的能力，是化解矛盾、解决问题的能力，也是狠抓落实、坚决完成任务的能力。

"三分战略，七分执行"，目标与结果能否有机统一，关键在执行，执行力度直接决定实现目标的效果。执行力就是竞争力、创造力、生产力，缺乏执行力，再好的制度也只是纸上谈兵，再远大的战略目标也只是空想。

责任心与执行力是相互联系、相辅相成的统一体。加强责任心是为提高执行力服务的，是提高执行力的基础和前提，没有责任心，执行力根本无从谈起。执行力是责任心的体现和最终落脚点，两者共同构成优秀员工立足岗位、奉献企业的重要素质和能力。

责任心不强的员工产生的浪费

【学习情境一】

管 理 寓 言

有一个实验：不同的三组人，让他们步行前往 15 千米以外的不同的三个村庄。

第一组的人不知道村庄的名字,也不知道路程多远,仅告诉他们跟着向导走。走了两三千米就有人叫苦叫累,几乎走到一半时有人愤怒了,抱怨为何要走这么远,何时才能走完,一多半时甚至有人坐在路边不愿走了,他们的情绪越走越低落。

第二组的人知道村庄的名字和路段,但也不知道路程有多远,只能凭经验估计时间和距离。走到一半时大部分人就很想知道他们已走了多远,那些比较有经验的人说:"也许走了接近一半的路程。"于是大家又向前走,走到四分之三时,大家情绪开始低落,开始觉得疲惫不堪,路程似乎还很长呢,有人说:"也许快到了!"大家就继续努力前进。

第三组的人知道村子的名字、路程,而且通过看里程碑可以随时知道自己所前进的路程,人们边走边看里程碑,每减少一千米大家便有一小阵的快乐。他们用歌声和笑声来消除疲劳,情绪一直高涨,很快就到达了目的地。

通过这个案例我们可以看出,当人们有明确的行动目标,并把自己的行动对照目标,可以清楚地知道自己的行进距离和与目标相距的距离时,动机就会得到维持和加强,人们就会克服一切困难,努力达到目标。所以在管理上要让团队知道自己的目标和及时对比来激励团队。

【学习目标】

知识目标:理解目标管理的由来;理解目标管理的概念、特点;掌握目标管理的三个阶段八个步骤;理解目标管理的优缺点。

能力目标:会运用目标管理理论进行团队管理及参与团队工作。

素质目标:转变管理观念,强化参与意识,增强合作精神,提升协作能力。

【学习任务】

拟定某公司经营目标管理方案(表 3-31)。

表 3-31　　　　　　　　某公司目标管理方案

团队名称		团队组长	
组织的整体目标和战略			
下属单位和部门分配主要的目标及分解讨论过程			
各成员具体工作任务及行动方案			
工作反馈方式			
基于绩效的奖励机制			

一、目标管理

(一)目标管理的由来

目标管理创始于 20 世纪 50 年代的美国。它是以泰罗的科学管理理论和后期的行为科学理论为基础形成的一套计划执行实施的管理制度。实践证明,目标管理是一种行之有效的科学管理方法。

【人物介绍】

著名的美国管理学家彼德·F.德鲁克（Peter F. Drucker，1909—2005）对目标管理的发展和使之成为一个体系作出了重大贡献。1954年德鲁克在《管理的实践》中强调指出：凡是业绩影响企业健康成长的地方都应设立目标，通过设立目标使下级进行自我管理和控制。通用电气公司率先在实践中实施了目标管理，取得了较好的效果。我国从1978年开始推行的全面质量管理、企业中实行的指标层层分解的经济责任制、归口管理等，也有些类似于目标管理。由于目标管理在产生的初期主要用于对主管人员的管理，所以也被称为"管理中的管理"。

彼德·F.德鲁克

（二）目标管理的概念

目标管理，是组织的最高领导层根据社会需要和组织所面临的形势，制定出一定时期内组织活动所要达到的目标，然后层层落实，要求下属各部门主管人员以至每个员工根据上级制定的目标制定出自己的工作目标和相应的保证措施，形成一个目标体系，并把目标完成的情况作为工作绩效评定的依据的一种管理制度或方法。

（三）目标管理的程序

1. 目标管理的实施阶段

（1）建立目标体系。实行目标管理，首先要建立一套完整的目标体系。这项工作要从企业的最高主管部门开始，然后由上而下地逐级确定目标。图3-10为目标管理的目标展开图。

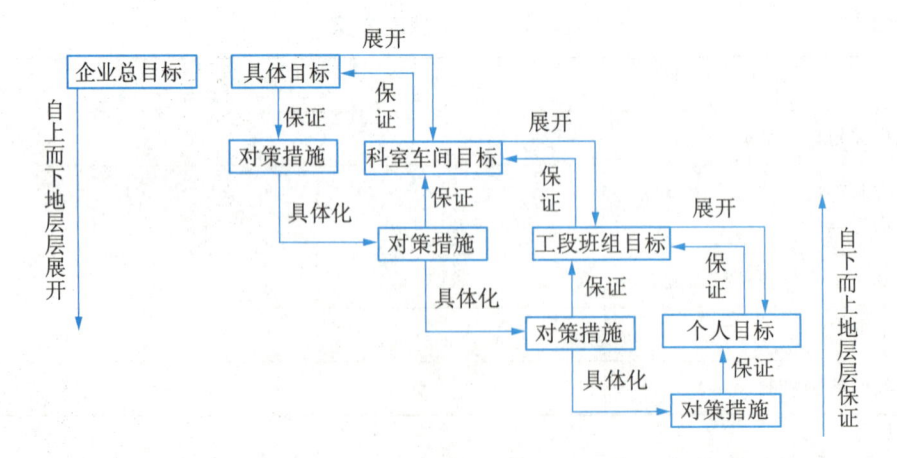

图3-10 目标管理的目标展开图

最高层目标的建立。首先分析和研究组织的外部环境和内部条件，根据组织可供利用的机会和面临的威胁，以及组织自身的优势和弱点，通过上级主管人员的意图与员工意图的上下沟通，对目标项和目标值反复商讨、评价、修改，取得统一意见，最终形成组织目标。目标管理体系如图3-11所示。

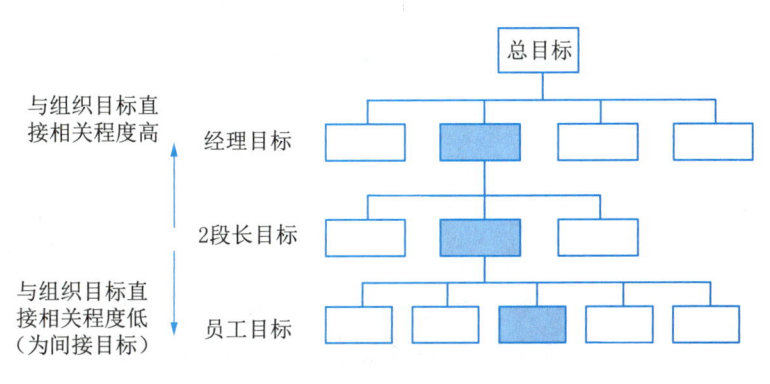

图 3-11 目标管理体系图

组织的总目标制定以后，就要把它分解落实到下属各部门、各单位直至员工个人，即目标展开。目标展开的方法是自上而下层层展开，自下而上层层保证。上下级的目标之间通常是一种"目的—手段"链的关系：某一级的目标，需要用一定的手段来实现，这些手段就成为下一级的次目标，按级顺推下去，直到作业层的作业目标，从而构成一种锁链式的目标体系。目标展开可以用系统图法，以企业为例，如图3-12所示。

图 3-12 某公司目标体系展开图

目标体系应与组织结构相吻合，从而使每个部门都有明确的目标，每个目标都有人明确负责。但是，组织机构往往不是按组织在一定时期的目标建立的。因此，有时会发现一个重要的分目标找不到对此负全面责任的主管部门，而组织中的有些部门又很难为其确定重要的目标，这种情况反复出现，说明组织机构已不适应组织的发展，可能最终导致对组织结构的调整。

在制定目标时，管理人员也要建立衡量目标完成的标准，并把衡量标准与目标结合起来。

(2) 组织实施目标。目标既定，主管人员就应放手把权力交给下级成员，而自己去抓重点的综合性管理。这样，下属人员也会产生强烈的责任感，在工作中发挥自己的聪明才智和创造性，针对自己的不足，积极寻求自我提高，进而力争达到自己的目标。

【小资料】

斯蒂芬·P·罗宾斯的研究结果显示,当高层管理者对企业目标管理(MBO)高度负责,并且亲身参与 MBO 的实施过程时,生产率的平均改进幅度达到 56%;而对应高层管理低水平的承诺与参与,生产率的平均改进幅度仅为 6%。完成目标主要靠执行者的自我控制,如果在明确了目标之后,作为上级主管人员还像从前那样事必躬亲,便违背了目标管理的宗旨,不能达到目标管理的效果。当然,这并不是说,上级确定了目标之后就撒手不管了,上级的管理主要表现在指导、协助、提出问题、提供情报以及创造良好的工作环境方面。

(3) 检查、评价目标。对各级目标的完成情况,要事先规定出期限,定期进行检查。检查的方法可以灵活地采用自检、互检和责成专门的部门进行检查。检查的依据就是事先确定的目标。对于最终结果应当根据目标进行评价,并根据评价结果进行奖罚。经过评价使目标管理进入下一轮循环过程。

2. 目标管理的八个步骤

(1) 制定组织的整体目标和战略。这是一个从战略制定到战略目标的过程。企业经营战略为首,没有战略就没有发展。目标管理首要的是目标的制定,而这个目标必须围绕战略需要进行科学设定。从战略到目标是一个从意图到明确的过程,没有这个过程,战略只能是一种意图,只能是一种打算,在一定程度上没有目标支撑的战略也只能是设想。有了目标,战略就有了清晰的目的和方向。因此,制定目标的依据必须是战略。没有脱离战略的目标,也没有没有目标的战略。两者既是从属的关系,又是相辅相成的关系,缺一不可。确定目标的条件如图 3-13 所示。

图 3-13 确定目标的条件

(2) 对下属单位和部门分配主要的目标。组织的整体目标和战略制定好以后,就需要把组织的整体目标分配给下属单位和部门,将目标进行空间上的分解,这是一个从战略目标到战略计划的过程。一般来说,凡是战略目标都有简单明了的特点。作为战略目标,还只是一个"纲"。要想"纲举目张",还必须把简单的战略目标用计划的形式将其相对具体化。这个具体的过程就是战略计划的制定。计划比较目标而言相对具体,有组织、有时间、有步骤、有途径、有措施,甚至有方法。这是一个把目标"翻译"成"实施"的转变。没有战略实施计划,目标再明晰,就如砧板上的鲜肉,不可能自动变成美味佳肴。这一过程要考虑的事情很多,最重要的是资源配置。离开资源问题,计划再详细也是无法实施的。

（3）下级部门管理人员与上级一起拟定本部门的具体目标。战略计划制订出来以后，就要进入从战略计划到目标责任的过程。计划有了，谁来执行？这是计划实施的关键，但是，有人执行没有责任也是枉然。因此，最关键的还是目标责任以及目标责任人的问题。目标责任就是对目标达成与否的功过承载，责任人就是承载这种功过的具体人。没有责任体系和责任保障，再好的计划也会落空。因此，计划一旦制定，随之而来的就是一定要落实责任人。这一步的具体做法是下级部门管理人员与上级一起拟定本部门的具体目标，形成一个严密的责任体系。这个责任体系应该是全员、全方位、全过程的。

（4）部门的所有成员设定自己的具体目标。通过各部门主管人员与上级及下级的沟通，部门主管人员要带领部门所有成员设计制订具体目标，这就是一个从目标责任到目标实施的过程。责任落实到位以后，就是带着责任进行目标的实施了。应该引起高度注意的是，在责任—实施的转换过程中，要讲求把责任量化成一个个可操作、可实现、可考量的具体目标，这种目标的设定和实施，一定要突出如下要点：目标是具体的，可以衡量的，可以达到的，具有相关性的，具有明确的截止期限的。

（5）上级与下级共同协商实现目标的行动方案。在目标实施中，为了确保目标的达成，还必须加强实施过程的督导。即要求上级与下级沟通，反复协商实现目标的行动方案。督，就是对实施情况予以监督；导，就是在实施中予以必要的指导。要相信实施部门和人员的自主管理，但是，没有必要的监督、大撒手、放任不管也是不行的。监督的目的在于督办、督察、督促；在于催办、帮办、协办；在于强化对目标管理的执行力度。要知道：一个由数百人、数千人的个人行动所构成的公司，是经不起其中1%或2%的行动偏离目标的。光有监督也不行，还必须有指导，指导的目的在于实现途径的引导、思想情绪的疏导、不佳行为的训导、偏执行为的劝导、知识能力的教导。一句话，就是要最大限度地挖掘潜力、激发热情，使管理过程、人员、方法和工作安排都围绕目标运行；进而发挥人的积极性、主动性和创造性。

（6）组织实施行动方案。这是一个从目标督导到目标实现的过程。目标的实现，按组织层级分类可以划分为整体目标、部门目标、班组目标、个人目标；按专业系统分类可以划分为管理目标、生产目标、营销目标、财务目标、技术目标等；按时间阶段分类可划分为愿景目标、长期目标、中期目标、短期目标、突击目标等。如果说督导的过程是以人为本的目标管理，那么，目标实现的过程分类就是客观实际的科学保证。

（7）定期检查实现目标的进展情况，并向有关部门的个人反馈。目标实现之后，并不等于过程的完结，还必须进行另一个过程——从目标实现到目标评价，并且在目标实现过程中也要定期检查目标的实现情况，并及时给相关部门的个人反馈。这里有三点必须进行评价：一是评价实现目标的各种资源使用情况，如多少、优劣等；二是实现的目标是否还有弹性空间，如是否可以当作基准、是否可以更加先进、是否可以保持相对稳定等；三是所实现的目标对于可持续发展能否带来推动和促进。

（8）基于绩效的奖励将促进目标的成功实现。以终为始是目标管理的最高境界。因此，从成果评价到目标刷新，也是一个自我超越的过程。基于绩效的奖励与评价，必要的时候适当举行庆功大会也是值得提倡的。经过评价的目标成果，正是新的目标管理的开始。它是依据、是基准、是下一个目标的平台,从目标评价到目标刷新的过程。能否超越原来已经实现的目标,这在很大程度上反映了一个企业、一个领导者的雄心。当然,"大跃进"是不客观的,"冒进"更是危险的,但是,"不进则退"也是必然的。所以,哪怕是百分之几或者百分之零点几的超越都是企业的进步。或增加,或递进,都要根据企业的实际来进行选择性的刷新。

(四)目标管理的特点

目标管理方法的应用相比传统管理方法有如下特点(如图 3-14 所示):

(1) 参与性。实施目标管理要求组织各部门、各成员从制定目标到制定行动方案、实施方案、检查、评价反馈全过程都要共同参与其中,改变自上而下布置任务、被动完成任务的模式。

(2) 客观性。实施目标管理要求全体成员共同参与设定目标、制订行动方案、评价实施效果等,工作绩效的评估与考核以客观工作成果为依据,可以有效地克服仅凭上级主管评价的弊端。

(3) 自我控制性。实施目标管理,明确了各自的目标、任务、资源、行动方案,真正实现"要我做"到"我要做"的转变。因此实现目标过程中的工作进展、工作效果等方面均可以较好地实现自我控制。

(4) 分权性。实施目标管理过程中,需要通过上下级反复沟通讨论目标制定、行动方案等,客观上要求各级主管改变单纯命令式高度集权的管理模式,从上到下层层下放决策权限,激活组织各成员的工作积极性。

(5) 责任性。实施目标管理的上下级反复沟通的过程实际上就是每个层级成员共同担负为实现组织目标共同努力的责任的过程。由于上下级不仅对任务目标进行反复沟通,也要对实现目标的行动方案、资源、权力等全面沟通,各成员之间的责任也会更加清晰,势必对提升组织各成员的责任心有较大的帮助。

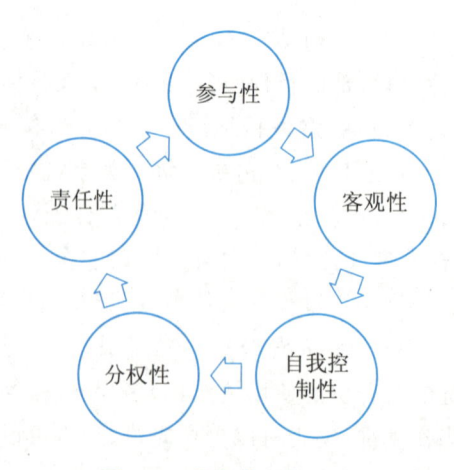

图 3-14 目标管理的特点

(五)目标管理与传统管理的区别

目标管理与传统管理的区别,如表 3-32 所示。

表 3-32　　　　　　　　　目标管理与传统管理对照比较表

比较项目	传统管理方法	目标管理法
设置目标的方法	一般是上级部门制定目标并作为任务下达,下级没有自主权	上下级共同制定目标,下级有充分的自主权
员工参与程度	部门和员工作为"执行者",没有多少发言权	企业各部门和员工充分发表意见
个人目标与企业目标的关系	部门和个人利益容易与整体规划发生冲突	强调个人目标与组织目标的有机统一,个人利益与集体利益的统一
管理方式	往往采用命令式,下级只有责任却没有完成任务所需的权力	采用自我管理的方式,员工可以确定工作方法
管理导向	过程导向。不要求部门和员工了解自己做的工作对整体目标的意义	结果导向。部门和员工清楚自己做的工作对整体目标的意义
绩效评估方式	根据上级制定的评价标准,由考核部门评价成果,易掺杂主观原因	根据上下级结合制定的评价标准,由员工自我评价工作成果并作出相应改进

(六) 目标管理的优点及其局限性

1. 优点

严格实施目标管理,有助于提高工作绩效,有助于改进组织结构和职责分工,有助于实现有效控制,可提高组织整体工作的协调一致性,增强全体员工的团结合作精神和凝聚力。目标管理强调参与,进一步调动了员工的主动性、积极性和创造性,促进了意见交流和相互了解,改善了人际关系。

2. 局限性

尽管目标管理有很多优点,但方法本身和方法的运用过程中,也存在一定的局限性。

(1) 对目标管理的原理和方法宣传不够。目标管理常常使人误认为简单易行,从而疏忽了对它的深入了解和认识。如果把目标管理付诸实施的管理人员及下属人员对有关原理,如目标管理是什么,它怎样发挥作用,为什么要实行目标管理,在评价业绩时它起什么作用,以及参与目标管理的人能够得到什么好处等缺乏重视和理解,则会影响目标管理的实施效果。

(2) 制定目标缺乏统一指导。实施目标管理必须给目标制定者提供必要的指导准则,使他们了解计划工作的前提条件和组织的基本战略和政策。否则,就无法制定出正确的目标,计划工作必然会脱离实际,目标管理也就无法发挥作用。

(3) 制定有利于考核的目标难度很大。一方面,要建立始终具有挑战性又有限度的可考核目标难度很大,它需要做很多的研究工作;另一方面,制定目标过于着重经济效果或远离实际,除会对个人产生过大的压力外,还可能会出现下级人员为追求过高目标而不择手段采取违法或不道德做法的情况。

(4) 过多强调短期目标。很多单位在目标管理计划中所确定的目标往往是一个季度或更短的短期目标。过分强调短期目标所导致的短期行为对长远目标的安排可能会带来不利影响,这就要求高层管理者对各级目标制定者予以指导,以确保短期目标为长期目标服务。

(5) 目标管理的哲学假设不一定都存在。Y 理论对于人类的动机所做的假设过于乐观,实际上,人是有"机会主义"本性的,尤其在监督不力的情况下更是如此。因此,在许多情况下,目标管理所要求的承诺、自觉、自治气氛难以形成。

(6) 缺乏灵活性。明确的目标和责任是目标管理的主要特点,也是目标管理取得成效的关键。但是,计划是面向未来的,而未来存在许多不确定因素,这就需要根据已经变化了的计划工作前提进行修正。管理人员对修改目标往往表现出迟疑和犹豫不决。一是因为如果目标经常修改就说明它不是经过深思熟虑和周密计划的结果,目标本身便无价值可言;二是若修订一个目标体系,那么所花费的精力可能与制定一个目标体系相差无几,牵涉面和付出代价较大。因此,实行目标管理,存在这种不能随时按组织目标、计划前提条件、组织政策等变化而迅速变化的危险。

【学习情境二】

计划在执行过程中,有时需要根据情况进行调整。这不仅是因为计划活动所处的客观环境可能发生了变化,而且可能因为人们对客观环境的主观认识有了改变。为了使组织活动更加符合环境特点的要求,必须对计划进行适时的调整。滚动计划方法是编制具有灵活性、能够适应环境变化的一种长期计划方法。

【学习目标】

知识目标:理解滚动计划法的含义;掌握滚动计划法的步骤、方法;理解运用滚动计划法的优缺点。

能力目标:会运用滚动计划法制定工作、学习计划。

素质目标:养成运用滚动计划法制定工作计划、学习计划的习惯。

【学习任务】

1. 运用滚动计划法制定一份自己的学习计划。要求分别以学期、周、日为滚动周期制定三期滚动计划。

2. 运用滚动计划法制定一份团队能力训练计划并付诸实施。要求以周为单位首先制定一份六周能力训练计划。要求第一、第二周的计划具体到可以马上执行;第三、第四周的计划列出具体项目及训练思路;第五、六周的计划仅列出训练项目。

二、滚动计划法

(一) 滚动计划法的含义

滚动计划法,是一种动态编制计划的方法。它不像静态分析那样,等计划全部执行完了之后再重新编制下一个时期的计划,而是根据计划的执行情况和环境的变化情况,在编制或调整计划时,均将计划按时间顺序向前推进一个计划期,即向前滚动一次,使之在计划管理过程中始终保持一定时期的完整计划的一种编制计划的方法。这种方法适用于任何类型的计划。

(二) 滚动计划法的编制方法

(1) 先编制出第一个一定时期的完整计划,如企业编制出 2024—2028 年的 5 年经营战略计划。

(2) 当第一个计划期(如 1 年)结束后,结合计划实际完成情况,分析实际完成情况与计划的差异,找出差异发生的原因。

(3) 分析本计划期内外部环境条件的变化,以及企业经营方针的调整,确定计划的修正因素。

(4) 本期计划向前推进一年到 2025 年,编制出第二个完整的 5 年计划(2025—2029 年)。

(5) 如此不断向前滚动,不断延伸,使企业始终保持一个完整的 5 年计划。

(6) 考虑到计划的适用性,编制滚动计划可采用"近细远粗"的办法,即在整个长期计划内,近期的计划可编制得详细、具体些,第一个计划期的计划可以详细到作为年度计划使用;离编制期较远的计划期的计划,可编制得概括些、抽象些。

滚动计划法如图 3-15 所示。

图 3-15 滚动计划法

(三) 滚动计划法的优缺点

滚动计划法主要应用于长期计划的制定和调整。长期计划面对的环境较为复杂,有许多因素组织本身难以控制,采用滚动计划法,便可适时根据环境变化和组织活动的实际进展情况进行调整,使组织始终有一个为各部门、各阶段活动导向的长期计划,体现了计划的动态适应性。这种"近细远粗"计划的连续滚动,既切合实际,又有利于长远目标的实现,同时使计划具有弹性,与时俱进,便于根据新时期新情况,把握时机,避免风险。滚动计划法还有广泛的适应性,既可用于编制长期计划,也可用于编制短期年度计划或者月度作业计划等。但该方法的缺点是计划编制的工作量较大,计划成本较高。

【经典案例】

滚动计划法让 S 公司插上成功的翅膀

每逢岁末年初,各企业的领导者都会暂时放下手中的其他工作,与自己的核心团队一同踏踏实实地坐下来,专门花些时间制定来年的工作计划,以求为下一年插上希望和成功的翅膀,让企业各项事业在当年业绩的基础上更上一层楼。但外部环境千变万化,内部条件变数难料,怎样"高明"的计划才能让企业来年12个月的"漫长"计划科学合理、高效务实,所有的工作都能按部就班、一帆风顺呢?

S公司是中国东部地区一家知名企业,原有的计划管理水平低下,粗放管理特征显著,计划管理与公司实际运营情况长期脱节。为实现企业计划制定与计划执行的良性互动,在管理咨询公司顾问的参与下,S公司逐步开始推行全面滚动计划管理。

首先,S公司以全面协同量化指标为基础,将各年度分解为4个独立的、相对完整的季度计划,并将其与年度紧密衔接。在企业计划偏离和调整工作中,S公司充分运用了动态管理的方法。所谓动态管理,就是S公司年度计划执行过程中要对计划本身进行3次定期调整:第一季度的计划执行完毕后,就立即对该季度的计划执行情况与原计划进行比较分析,同时研究、判断企业内外环境的变化情况。根据统一得出的结论对后3个季度计划和全年计划进行相应调整;第二季度的计划执行完毕后,使用同样的方法对后2个季度的计划和全年计划执行相应调整;第三季度的计划执行完毕后,仍然采取同样方法对最后一个季度的计划和全年计划进行调整。

S公司各季度计划的制定是根据近细远粗、依次滚动的原则开展的。这就是说,每年年初都要制定一套繁简不一的四季度计划:第一季度的计划率先做到完全量化,计划的执行者只要拿到计划文本就可以一一遵照执行,毫无困难或异议;第二季度的计划要至少做到50%的内容实现量化;第三季度的计划也要至少使20%的内容实现量化;第四季度的计划只要做到定性即可。同时,在计划的具体执行过程中对各季度计划进行定期滚动管理——第一季度的计划执行完毕后,将第二季度的计划滚动到原第一计划的位置,按原第一季度计划的标准细化到完全量化的水平;第三季度的计划则滚动到原第二季度计划的位置并细化到至少量化50%内容的水平,依次类推。第二季度或第三季度计划执行完毕时,按照相同原则将后续季度计划向前滚动一个阶段并予以相应细化。本年度4个季度计划全部都执行完毕后,下年度计划的周期即时开始,如此周而复始,循环往复。

其次,S公司以全面协同量化指标为基础建立了三年期的跨年度计划管理模式,并将其与年度计划紧密对接。

跨年度计划的执行和季度滚动计划的思路一致。S公司每年都要对计划本身进行一次定期调整第一年度的计划执行完毕后,就立即对该年度的计划执行情况与原计划进行比较分析。同时研究、判断企业内外环境的变化情况,根据统一得出的结论对后三年的计划和整个跨年度计划进行相应调整;当第二年的计划执行完毕后,使用同样的方法对后三年的计划和整个跨年度计划进行相应调整,依次类推。

S公司立足于企业长期、稳定、健康地发展,将季度计划—年度计划—跨年度计划环环相扣,前后呼应,形成了独具特色的企业计划管理体系,极大地促进了企业计划制定和计划执行相辅相成的功效,明显提升了企业计划管理、分析预测和管理咨询的水平,为企业整体效益的提高奠定了坚实的基础。

思考题:

1. 推行滚动计划有何作用?S公司为何要推行滚动计划?
2. S公司是怎样推行年度滚动计划的?
3. S公司是如何推行季度滚动计划的?

【学习情境三】

小林接到上级的一项工作任务,他对工作任务进行分解后发现完成本工作任务包含 12 项活动,每项活动时间总和为 47 天,但是经理说客户需要在 20 小时以内完成此工作。小林该怎么做才能完成任务呢?

【学习目标】

知识目标:理解网络计划技术的概念;熟悉网络图的构成要素;理解网络图的绘制规则;掌握网络图的绘制步骤和网络图的计算。

能力目标:会根据任务分解工作目标;会绘制网络图;会进行网络计算。

素质目标:养成科学分解工作任务、合理安排工作时间和任务、科学规划时间的习惯。

【学习任务】

1. 根据课后习题绘制网络图。
2. 进行网络图计算。
3. 找出关键线路。
4. 分析网络图优化的思路。

三、网络计划技术

(一) 网络计划技术概述

网络计划技术,是一种通过网络图的形式来表达一项工程或生产项目的计划安排,并利用系统论的科学方法来组织、协调和控制工程或生产进度和成本,以保证达到预定目标的一种科学管理技术。

网络计划技术的基本原理是:利用网络图来表示计划任务的进度安排,反映其中各项作业(工序)之间的相互关系;在此基础上进行网络分析,计算网络时间,确定关键线路和关键工序;并且利用时差,不断改进网络计划,以求得工期、资源和成本的优化方案。

网络计划技术不仅适用于按期组织生产的单件小批生产类型和新产品试制,而且适用于按量组织生产的大量大批生产类型中的生产技术准备工作,还可适用于制定长期计划、编制工程预算、组织物资供应等工作。它特别适用于一次性的大规模工程项目,如电站、油田、建筑工程等。工程项目越大,协作关系越多,生产组织越复杂,网络计划技术就越能显示出其优越性。

我国于 20 世纪 60 年代初期开始推广这种技术。在宝钢建设、航天工程、大型实验、第十一届亚运会等工程中都得到了成功的应用。

【生活案例】

甲乙两工程师从早上 6 点起床到上班前有一系列活动要做。对于同样的活动过程,甲每天忙乱不堪,甚至迟到;而乙却能又快又好,为什么会这样呢?图 3-16 显示了他们各自不同的活动方式。

甲：穿衣→刷牙→洗脸→做稀饭→热馒头→吃早饭→收拾房间→整理→出门上班

乙：穿衣→刷牙洗脸／做稀饭→热馒头→收拾房间→整理→吃早饭→出门上班

图 3-16　统筹规划示意图

(二) 箭线式网络图的构成要素

(1) 任务。任务是网络图的首要的构成要素。一张网络图就是一项任务，一次只解决一个任务，不同时解决两项任务。

(2) 活动。活动是指一项作业或一道工序。完成一项活动需要消耗一定资源和时间。有些不消耗资源，只占用时间的工作，也是一项活动。通常用一条箭线"——→"表示，上部标明名称，下部标明所需时间。箭头表示活动前进的方向，箭线的箭尾表示活动的开始，箭头表示活动的结束。

(3) 结点(事项)。结点是指网络图中两个或两个以上箭线的交点，标志着前项活动的结束或后项活动的开始。它是活动完成的瞬间，既不消耗资源，也不占用时间。在网络图中，结点一般用圆圈"○"表示，内部标上号码，如图 3-17 所示。第一个结点称作网络始结点(始点事项)，最后一个结点称作网络终结点(终点事项)，其余结点叫做中间结点(中间事项)。

①——工作名称／时间——②------③
网络始结点　　中间结点　　网络终结点

图 3-17　结点与箭线示意图

图右端虚线表示"虚活动"，它不消耗时间和资源，只表明一项活动和另一项活动间的相互依存和制约关系。

(4) 作业时间。作业时间是指某项活动必须消耗的时间。它是网络计算的基础，是编制网络图的主要依据，网络图的作用在很大程度上取决于所采用的作业时间是否可靠。由于网络计划主要用于一次性的工程项目，所以一般无定额资料可供参考，往往只能用经验估计方法确定其作业时间。

(5) 路线。路线是指从网络始点事项开始，顺着箭头方向到网络终点事项，中间由一系列首尾相接的结点和箭线组成的通路。路线中各项活动的作业时间之和就是该路线所需要的时间，称为"路长"，一个网络图中有很多条线路，其中时间最长的路线称为"关键路线"。网络图分析主要是找出整个工程中的关键路线。

(三) 箭线式网络图的绘制规则

(1) 不允许出现循环路线。从左到右排列，不应有回路。否则将使组成回路的工序永远不能结束，工程永远不能完工。如图 3-18 中 a 是错误的。

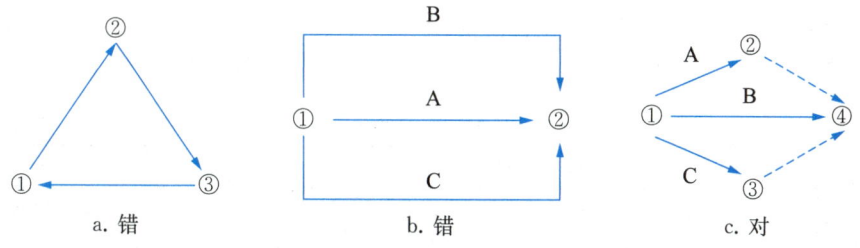

图 3-18 活动在网络图中的正确表示法

(2) **两结点之间只允许有一条箭线**。但进入一个结点或从一个结点出发的箭线可以不止一条,如图 3-18 中 b 是错误的。遇有几道工序平行作业或交叉作业时,必须引进结点和虚作业来表示,如图 3-18 中 c 所示。

(3) **箭线的首尾都必须有结点**。不允许从一条箭线的中间引出另一条箭线。如图 3-19 中,a 是错误的,b 是正确的。

图 3-19 中途活动正确的表示法

(4) **网络图只能有一个始结点和一个终结点**。为表示工程的开始和结束,在网络图中只能有一个始结点和一个终结点。没有先行作业(或后序作业)的结点应同网络起点(或终点)连接。如图 3-20 中,a、b 都是错误的。

注意:箭线最好不要出现垂直及箭头向左的情形。

图 3-20 完整网络图的错误表示法

(5) **结点要统一编号,且不允许重复**。箭头结点编号要大于箭尾结点编号。

(四)箭线式网络图的绘制步骤

绘制网络图前,必须调查三件事:一个工程的全部活动,各项活动间的衔接关系,完成各项活动所需时间,如表 3-33 所示。然后按以下步骤绘图。

(1) **划分作业项目**,也就是进行任务的分解。要恰当地确定工作包含的内容,使网络图的结构复杂程度适中。

(2) **确定活动间的相互关系**。相互关系包括工艺的、组织的制约和先后顺序。为了绘图简单,所有工作用英文字母代替,因此表中要给出英文字母和工作内容的对照。另外,表中要给出各项工作的前项工作。

(3) **列出活动表**。按衔接顺序由小到大编排结点号码、确定作业代号。

给工作的起点、终点编号总的规则是:按从左到右、从上到下,由小到大进行编号。也可以利用表格对各项活动的起点、终点编号，然后根据结点编号绘图。这种方法适合计算机编号绘图。

表 3-33　　　　　　　某新产品推销活动计划表

活动代号	活动说明	活动耗时	前项活动
A	广告计划	2	—
B	推销员培训	2	—
C	商店管理人员训练计划	2	—
D	电视、报纸广告发布	3	A
E	广告拷贝	4	A
F	准备推销资料	7	B
G	准备商店管理人员训练用的资料	6	B
H	广告后继续在新闻机构宣传	4	D, E
I	挑选和审查接受训练的商店管理人员	10	C
J	实施训练计划	3	G, I
K	正式销售产品	4	F, H, J

(4) 绘制初步的网络图，如图 3-21 所示。

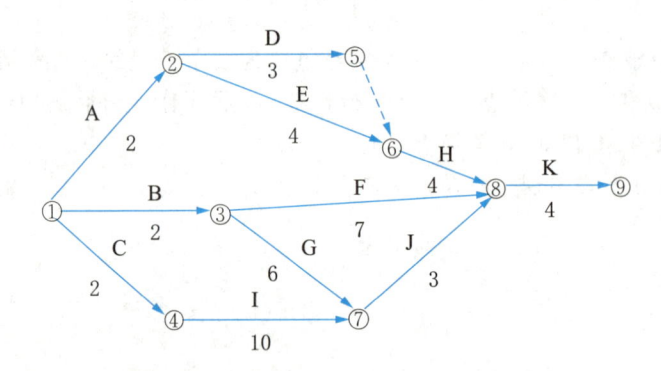

图 3-21　新产品推销网络关系图

(五) 网络图技术的计算

1. 作业时间的确定

(1) 单一时间估计法。这种方法是对各项作业的作业时间只确定一个估计值。这种方法用于不可知因素较少，或有类似经验可循的情况。

(2) 三点估计法。由于工作时间的不确定性，要用概率分布曲线对工作时间进行估计。需要三个时间值：最乐观的完工时间、最保守的完工时间和最有可能的完工时间，然后求出作业时间平均值。计算公式如下：

$$T = \frac{a + 4m + b}{6}$$

式中，a：最乐观的完工时间；b：最保守的完工时间；m：最有可能的完工时间。

表 3-34 给出了计算各项工作的作业时间的一个例子。

表 3-34　　　　　　　　　　　作业时间计算表

活动代号	结点编号 i	结点编号 j	三种时间估计/天 a	三种时间估计/天 m	三种时间估计/天 b	$T=\dfrac{a+4m+b}{6}$
A	1	2	1	2	3	2
B	1	3	1	2	3	2
C	1	4	1	2	3	2
D	2	5	1	2	9	3
E	2	6	2	3	10	4
F	3	8	3	6	15	7
G	3	7	2	5	14	6
H	6	8	1	4	7	4
I	4	7	4	9	20	10
J	7	8	1	2	9	3
K	8	9	4	4	4	4

2. 网络时间参数的计算

(1) 结点最早可能开始时间。结点最早可能开始时间,是指从该结点开始的各项工作最早可能开工的时刻。计算结果记在结点旁的"□"内。计算各个结点的最早可能开始时间是从网络始点事项开始,从左向右沿箭线方向逐个计算,直至网络终点事项。网络终点事项无后续工作,所以它的开始时间等于它的结束时间。计算方法如下:

网络图始结点的最早可能开始时间记为零;箭头结点的最早可能开始时间为箭尾结点的最早开始时间加上作业时间;所得数值不一致时,应选择最大数值。

依照上述方法计算出各结点最早开始时间。计算过程如下:

始结点❶:0;

结点❷:始结点❶最早开始时间+A 活动作业时间=0+2=2;

结点❸:始结点❶最早开始时间+B 活动作业时间=0+2=2;

结点❹:始结点❶最早开始时间+C 活动作业时间=0+2=2;

结点❺:结点❷最早开始时间+D 活动作业时间=2+3=5;

结点❻:结点❷最早开始时间+E 活动作业时间=2+4=6;

　　　结点❺最早开始时间+虚活动作业时间=5+0=5;

所以结点❻最早开始时间=max{6,5}=6。

按此方法计算可得:

结点❼:12;

结点❽:15;

终结点❾:19。

(2) 结点最迟必须开始时间。结点最迟必须开始时间,是指从该结点开始的各项活动最迟必须开工,否则将无法按期完工的时刻。若在此时刻不能完成,势必影响后续工作按时开始。将计算结果记在结点旁的"△"内。计算各结点的最迟必须开始时间是从网络终

点事项开始,从右向左,逆箭线方向逐个计算,直至网络始点事项。计算方法如下:

  终结点最迟必须开始时间即为最早可能开始时间(因为结点所代表的事项本身不消耗时间);箭尾结点最迟必须开始时间为箭头结点最迟必须开始时间减作业时间;所得数值不一致时,应选择最小数值。

  依照上述方法计算出的各结点最迟必须开始时间。计算过程如下:

终结点 ❾:19;

结点 ❽:终结点 ❾最迟必须开始时间－K 活动作业时间＝19－4＝15;

结点 ❼:结点 ❽最迟必须开始时间－J 活动作业时间＝15－3＝12;

结点 ❻:结点 ❽最迟必须开始时间－H 活动作业时间＝15－4＝11;

结点 ❺:结点 ❻最迟必须开始时间－虚活动作业时间＝11－0＝11;

结点 ❹:结点 ❼最迟必须开始时间－I 活动作业时间＝12－10＝2;

结点 ❸:结点 ❽最迟必须开始时间－F 活动作业时间＝15－7＝8;

   结点 ❼最迟必须开始时间－G 活动作业时间＝12－6＝6;

所以结点 ❸最迟必须开始时间＝min{8,6}＝6。

按此方法计算可得:

结点 ❷:7。

始结点 ❶:0。

上述例题网络图结点时间计算如图 3-22 所示。

  (3)结点时差。结点时差是指结点上最迟必须开始时间与最早可能开始时间之差。

  在网络图中,有些工作的开始与结束时间可前可后,在一定条件下,对后续工作和整个计划任务的完成没有影响,而另一些工作在时间上卡得很死,没有机动的余地。为了区别这些不同情况,就要计算时差。

  时差,是指在不影响整个任务完工期的条件下,某项工作从最早开始时间到最迟开始时间,中间可以推迟的最大延误时间。它表明某项工作可以利用的机动时间,因此也叫松弛时间、宽裕时间。计算和利用时差,是网络计划技术中一项重要内容,它是决定关键路线的科学依据,同时也为计划的进度安排和资源合理分配提供了可能性。其计算方法如下:

    结点时差＝结点最迟必须开始时间－结点最早可能开始时间

  3. 确定关键路线和工期

  关键路线有两种定义,第一种是松弛时间为零的工作组成的路线;第二种是各项工作时间总和最长的路线。根据这两种定义方式,要列出网络图的所有路线,分别计算它们的时间和,其中需要时间最长的路线就是关键路线。"□"和"△"内数值相同的结点组成的路线就是关键路线。关键路线上各项活动的作业时间之和,即为整个任务的工期。

  如上例,关键路线为:❶→❹→❼→❽→❾(C→I→G→K);工期为:19 天。

  由关键工作和关键路线的定义,我们可以得出这样的几个要点:

  (1)项目的总工期是由关键路线的工作总时间决定的。

  (2)因为关键路线上各项工作的总时差均为零,所以其中任何工作如果不能按期完成,则会使整个计划的完工期推迟相同的时间。

  (3)如果要缩短项目的计划完工期限,应当设法缩短某些关键工作的作业时间;而缩短非关键工作的作业时间,对计划完工期影响不大。

  (4)某个项目网络计划中的关键路线可能不止一条。

关键路线在完工期估计、资源合理配置、成本工期优化等诸多网络优化问题中起着重要作用。在进行资源合理配置、成本工期优化时,主要是缩短关键路线的时间,从非关键路线调派资源支持关键路线的缩短。

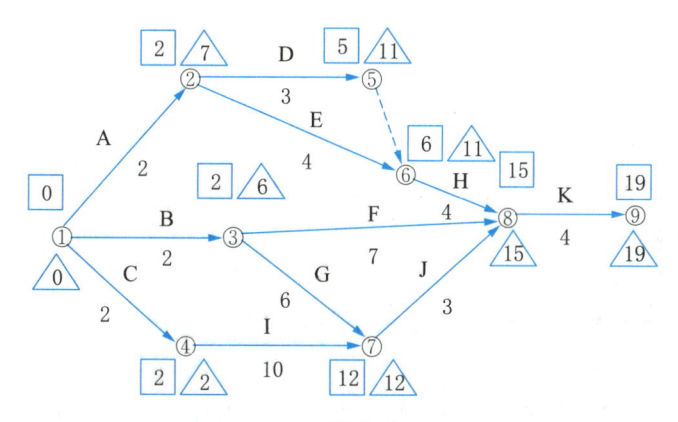

图 3-22 网络图结点时间计算

【知识测试】

一、单项选择题

1. 首先把目标管理作为一套完整的管理思想提出的是( )。
   A. 弗雷德里克·温斯洛·泰罗　　B. 乔治·埃尔顿·梅奥
   C. 赫伯特·西蒙　　　　　　　　D. 彼得·德鲁克

2. 目标管理思想诞生于( ),但最早将目标管理理论应用于管理实践的国家是日本。
   A. 美国　　　B. 德国　　　C. 法国　　　D. 英国

3. 网络图中的关键路线是指( )。
   A. 占用时间最短,宽裕时间最少的活动序列
   B. 占用时间最长,宽裕时间最多的活动序列
   C. 占用时间最短,宽裕时间最多的活动序列
   D. 占用时间最长,宽裕时间最少的活动序列

4. 计划制定中的滚动计划法是动态的和灵活的,以下说法中不正确的是( )。
   A. 按前期计划执行情况和内外环境变化,定期修订已有计划
   B. 不断逐期向前推移,使短、中、长期计划有机结合
   C. 按近细远粗的原则来制定,避免对不确定性远期的过早安排
   D. 滚动计划法太繁琐了,没有任何意义和价值

5. 以下关于目标管理的特点的描述,错误的是( )。
   A. 主观性　　　　　　　　B. 参与性和分权性
   C. 自我控制性　　　　　　D. 责任性和客观性

二、多项选择题

1. 下列关于目标管理的说法正确的有( )。
   A. 目标管理提供了一种将组织目标体系转换为组织部门和各成员目标的有效方式

B. 目标管理中所强调的自主管理是指下属自主制定目标

C. 目标管理主张目标的设定必须是参与式的

D. 目标管理强调目标定量和定性相结合

E. 目标管理强调的是上下级共同商议确定目标

2. 关于关键路线，下列说法正确的有（　　　）。

A. 一个网络图中只有一条关键路线

B. 关键路线的路长决定了整个计划任务所需的时间

C. 关键路线上各工序完工时间提前或推迟都直接影响着整个活动能否按时完工

D. 确定关键路线，据此合理地安排各种资源，对各工序活动进行进度控制，是利用网络计划技术的主要目的

E. 各项工作时间总和最长的路线为关键线路

3. 滚动计划方法的作用包括（　　　）。

A. 计划更加切合实际，并且使战略性计划的实施也更加切合实际

B. 使长期计划、中期计划与短期计划相互衔接

C. 使短期计划内部各阶段相互衔接

D. 大大加强了计划的弹性

E. 滚动计划法还有广泛的适应性，既可用于编制长期计划，也可用于编制短期年度计划或者月度作业计划等

4. 目标管理相比传统的管理，下列说法正确的有（　　　）。

A. 目标管理强调上下级共同制定目标，传统管理目标一般是上级制定的

B. 目标管理比传统管理能更好地实现个人目标与组织目标的统一

C. 目标管理的管理方式是命令式的，传统管理采用的是自我管理方式

D. 目标管理不要求部门和员工了解自己做的工作对整体目标的意义

E. 目标管理根据上下级共同制定的评价标准，由员工自我评价工作成果并作出相应改进

5. 下列对于滚动计划法的评价，正确的有（　　　）。

A. 滚动计划法加大了计划编制和实施工作的任务量

B. 滚动计划法使长期计划、中期计划、短期计划相互衔接

C. 滚动计划法大大加强了计划的弹性

D. 滚动计划法是一种静态的执行战略性计划的方法

E. 滚动计划法可以避免战略性计划的不确定性带来的不良后果

【技能训练】

1. 根据给出的任务、工序、时间、前后工序关系等条件，进行网络图的绘制和网络时间计算。某项工程的各项活动之间的相互关系和作业时间如表3-35所示。根据表中资料，完成下列要求：❶绘制网络图；❷计算各结点的最早可能开始时间和最迟必须开始时间；❸找出关键线路和该工程的工期。

表 3-35　　　　　　某工程项目作业衔接关系与作业时间表

活动代号	紧后作业	作业时间/天	活动代号	紧后作业	作业时间/天
A	CD	10	E	G	5
B	EF	10	F	H	8
C	EF	12	G	/	7
D	G	5	H	/	2

2.某项工程的各项活动之间的相互关系和作业时间如表 3-36 所示。试据表中资料，完成下列要求：❶绘制网络图；❷计算各结点的最早可能开始时间和最迟必须开始时间；❸找出关键线路和该工程的工期。

表 3-36　　　　　　某工程项目作业衔接关系与作业时间表

活动代号	先行作业	作业时间/天	活动代号	先行作业	作业时间/天
A	/	3	E	B	5
B	/	2	F	CD	6
C	A	4	G	CD	5
D	B	7	H	EF	3

3.某项目的活动关系和活动时间如表 3-37 所示，试画出网络图，并确定关键路线及工期。

表 3-37　　　　　　某项目作业衔接关系与作业时间表

活动代号	A	B	C	D	E	F	G	H	I
紧前活动	—	—	A	A	B、C	D	E	B、C	F、G、H
活动时间/天	4	5	2	8	7	12	6	15	3

【重点回顾】

1. 目标管理的三个阶段和八个步骤。
2. 滚动计划法的含义、步骤、示意图。
3. 箭线式网络图的构成要素。

重点回顾答案

【生命成长智慧】

心想事成的奥秘

本项目内容是计划执行能力，其中有很重要的目标管理。目标管理理论讲的就是设定一个目标如何去达成。心想事成，就是心里想要的能够圆满达成，这是宇宙法则。心里所想如果坚定，身体全身的细胞、所有的神经都会在潜意识的作用下，配合做出行动，实现所想的目标。如何做到心想事成？

第一，敢想，系统地想。如果心里总觉得不足、不够、有一颗穷的心，即使得到了，也会以各种方式给损耗掉，这是被"人之道"所控制。相反，有一颗富足的心，总是感恩已经得到的，感恩别人的支持和帮助，把钱用在有意义的、满足别人的需求上，就可以吸引更多想要的，这是被"天之道"所眷顾。想清楚了，全世界的资源都会来帮你。所以说，要敢想，而且是系统地想，这是立志的过程，还要知道如何落实。

第二，感知到且承认自己的不足，并设法改善。一个人的发展靠优势，成长靠劣势。一个团队，一个企业要持续提升，要靠不断地发现和感知短板，把短板拉长，整个"桶"的水平就提高了。承认自己的不足，不自卑，不抗拒和排斥，肯下功夫去问、去学、去干、去分享，创造条件弥补不足，让自己不断地走向完整。

第三，用心践行、总结、修正、再践行、再总结。对需要做的事，寻找其背后的意义，有了意义，就可以不嘀咕，自动自发地、用心地去做。过程中，注意自我觉察，每天和阶段性地反思总结，摸出做事的规律。根据反思和总结的结果，修正做法、改善关系，不断养成良好的做事习惯。

【任务思维导图】

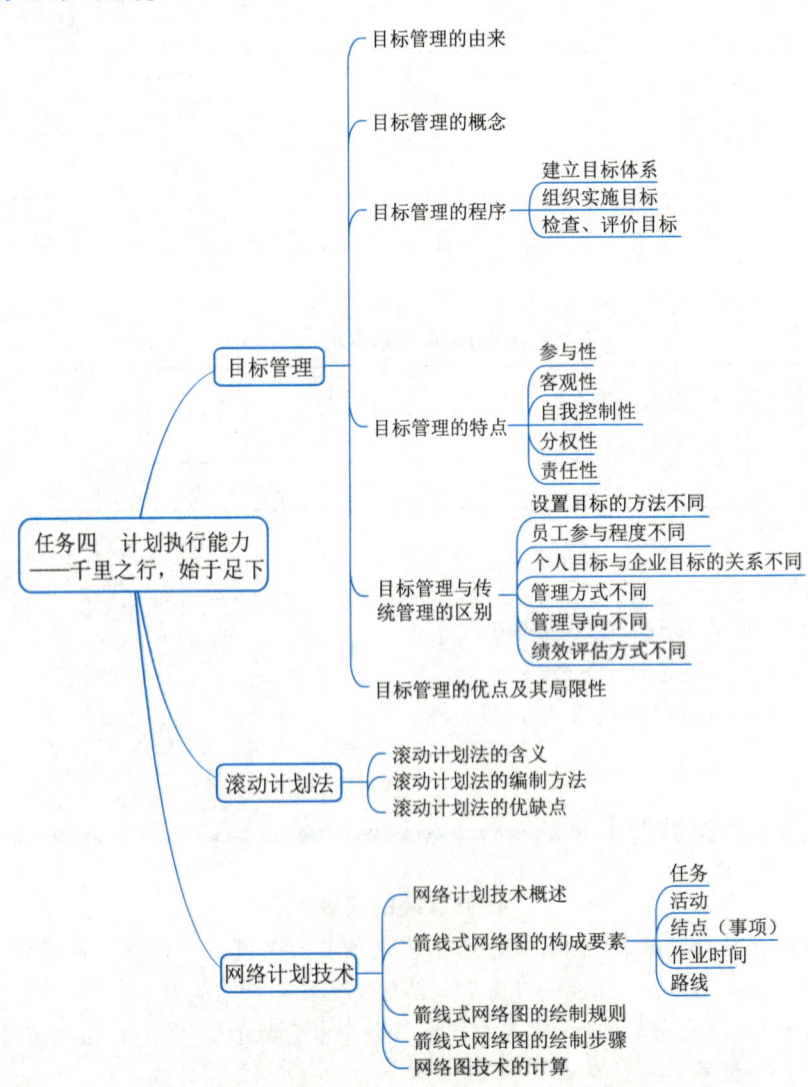

```
任务四 计划执行能力
——千里之行，始于足下
├── 目标管理
│   ├── 目标管理的由来
│   ├── 目标管理的概念
│   ├── 目标管理的程序
│   │   ├── 建立目标体系
│   │   ├── 组织实施目标
│   │   └── 检查、评价目标
│   ├── 目标管理的特点
│   │   ├── 参与性
│   │   ├── 客观性
│   │   ├── 自我控制性
│   │   ├── 分权性
│   │   └── 责任性
│   ├── 目标管理与传统管理的区别
│   │   ├── 设置目标的方法不同
│   │   ├── 员工参与程度不同
│   │   ├── 个人目标与企业目标的关系不同
│   │   ├── 管理方式不同
│   │   ├── 管理导向不同
│   │   └── 绩效评估方式不同
│   └── 目标管理的优点及其局限性
├── 滚动计划法
│   ├── 滚动计划法的含义
│   ├── 滚动计划法的编制方法
│   └── 滚动计划法的优缺点
└── 网络计划技术
    ├── 网络计划技术概述
    ├── 箭线式网络图的构成要素
    │   ├── 任务
    │   ├── 活动
    │   ├── 结点（事项）
    │   ├── 作业时间
    │   └── 路线
    ├── 箭线式网络图的绘制规则
    ├── 箭线式网络图的绘制步骤
    └── 网络图技术的计算
```

任务五　汇报控制能力
——善始善终，掷地有声

◇ **中国传统管理名言**

千丈之堤，以蝼蚁之穴溃；百尺之室，以突隙之烟焚。——《韩非子》

天下从事者，不可以无法仪，无法仪而其事能成者，无有。——《墨子·法仪》

不以规矩，不能成方圆。——《孟子·离娄上》

子曰：欲速则不达，见小利则大事不成。——《论语·子路》

举网以纲，千目皆张。——《新论·离事》

【学习情境一】

小林参加工作不久，接到了上司的一项工作任务。他对工作任务的完成很有信心。但是不知道工作完成后应该如何恰如其分地向上司汇报工作。

【学习目标】

知识目标：掌握汇报的分类；掌握如何聆听上级的工作指示；掌握如何选择汇报的时机；掌握汇报的礼仪；掌握汇报的步骤等。

能力目标：会选择适当的时机、恰当的内容、恰当的语言、优雅的礼仪向上级汇报工作。

学习目标：养成主动与上级沟通的习惯；养成主动向上级汇报工作的习惯。

【学习任务】

1. 根据自身工作实际，主动向上级进行一次口头、书面汇报工作训练。
2. 根据汇报工作训练反思自己选择汇报的时机是否正确。
3. 根据汇报工作训练反思自己的汇报步骤是否正确，有哪些需要改进的地方。
4. 根据汇报工作训练反思自己的工作汇报礼仪是否符合要求。

一、工作汇报

法约尔认为，在一个企业中，控制就是核实所发生的每一件事是否符合所规定的计划、所发布的指示以及所确定的原则，其目的就是要指出计划实施过程中的缺点和错误，以便加以纠正和防止重犯。控制对每件事、每个人、每个行动、每个组织的成效都起作用。

一个成功的人必然是一个善于汇报工作的人，因为在汇报工作的过程中，他能得到领导对他最及时的指导，更快地成长，也因为在汇报工作的过程中，他能够与主管建立起牢固的信任关系。那么，在我们的工作中，如何才能协调好上下级关系，及时向上级汇报我们的成绩，或者我们应当怎样向上级汇报工作呢？

（一）汇报的分类

汇报工作可分为主动汇报和被动汇报。

主动汇报,就是汇报方根据需要主动向领导汇报工作,这种汇报的内容一般有两种:一是工作上的新思路、新想法,在没实施之前向领导进行汇报,以求得领导的指导、肯定,以便在决策上"合法化"。二是工作上遇到了自己难以克服的困难或重大问题,需要向领导反映,以求得领导的指点和帮助。

被动汇报,就是领导要求汇报,汇报者按照领导的要求进行汇报,包括汇报内容、汇报方式、汇报时间等,都"被动"地服从领导。这种汇报一般是汇报单位或个人在特定的时间内某一方面或几个方面工作的开展情况。

(二) 用心聆听上级的指示

上级委派任务的时候,应该认真聆听,并且真正了解上级的意图和工作重点。如果了解错了工作指引,就会误解上级的意图或要求。因此,认真地接收上级指引,有助于以后制定自己的汇报内容,尝试运用传统的"5W2H"方式,快速而准确地记录工作要点。这就是先要弄清工作中的时限或时间(when)、地点(where)、有关的人物(who)、为了什么目的(why)、需要做什么工作(what)、怎样去做(how)及工作的投放量(how much)。

接收了上级的工作指引后,马上整理有关的记录,然后简明扼要地向上级复述一次,主要检测内容是否有错漏,或者是否有令大家误会的地方。只有获得上级的确认,才可以进行下一个环节,即简明扼要地表明个人的见解。如果上级所委派的只是一项简单任务,你可以简单地表明个人的态度,那就是请上级放心,你可以按时完成任务;如果那是一件较为困难及复杂的工作,则应该有条理地向上级阐述开展工作的方法及预计内容,并且征求上级的指导或建议。

开展工作的时候,也需要向上级汇报,提出工作所需的人手及资源调配、费用开支的情况等,以便获得上级的答复和寻求解决方案。

(三) 如何选择汇报时机

汇报要注意合适的时机,调整心理状态,创造融洽气氛,减少突兀的感觉。向上级汇报工作要先缓和以及营造有利于汇报的氛围。汇报之前,可先就一些轻松的话题作简单的交谈。这不但是必要的礼节,而且汇报者可借此稳定情绪,理清汇报的大致脉络,打好腹稿。这些看似寻常,却很有用处。

(1) 在自己职权范围内能够处理的,完毕后向上级进行汇报。

(2) 上级比较关注的要做好中间报告,进程随时向上级进行报告。

(3) 在自己权利范围以外的,遇到困难的、比较难处理的,向上级进行报告,寻求上级支持并完成。

(4) 当你的工作已经取得了初步的成绩时,主动向上级汇报自己前一阶段的工作和下一步的打算。

(四) 汇报工作应注意的问题

1. 明确目的,准备充分

事先一定要思考清楚:这次汇报应该达到什么目的,这是一个带有根本性、方向性的问题,也是要汇报的主题思想。可以说,这个问题解决好了,你的汇报就成功了一大半。

2. 简单明快,抓住重点

根据汇报目的和领导的要求,选择重点内容,并找准切入点,简明扼要地将要汇报的内容言简意赅、条理清晰、清楚明白地进行汇报。

3. 审时度势，灵活把握

有时在汇报当中上级会提出一些要求，如汇报内容的增减、对一些问题的关注程度、汇报时限的变化等。遇有这类情况时就要调整汇报思路，这也是应变能力的考验。不要再去照本宣科，要选准重中之重，用最佳切入点、最精练的语言，把最重要的问题汇报好，在被动中求主动，处理得好也能收到事半功倍之效。要给上级留下提问的空间，针对他的发问消除他的疑虑。

4. 实事求是，以线带面

向上级汇报工作，无论怎么切入，怎么加工润色，都必须本着认真负责的态度和实事求是的精神，一定要把汇报工作建立在事实清楚的基础之上，决不能凭主观想象随意编造，更不能弄虚作假欺骗上级。一般来说，汇报要抓住一条线，即本单位工作的整体思路和中心工作；展开一个面，即分头叙述相关工作的做法措施、关键环节、遇到的问题、处置结果、收到的成效等内容。正所谓"若网在纲，有条而不紊。"

5. 积极主动，尊重上级

一方面要养成主动向上级汇报工作的习惯；另一方面，主动汇报的同时一定要充分尊重上级，提供问题的观点让上级做出判断与选择。汇报工作最重要的是提出解决问题的方案而不是简单地提出问题。

（五）工作汇报礼仪要求

（1）汇报前遵守时间，不可失约。应树立极强的恪守时间的观念，不要过早抵达，影响上级其他工作；也不要迟到，让上级等候过久。轻轻敲门，经允许后才能进门。不可大大咧咧，破门穿堂，即使门开着，也要用适当的方式告诉上级有人来了，以便上级及时调整体态、心理。

（2）汇报中注意仪表、姿态。站有站相，坐有坐相，文雅大方，彬彬有礼。汇报内容要全面到位、实事求是。汇报口音要吐字清晰，语调、声音大小恰当。有喜报喜，有忧报忧，语言精练，条理清楚，不可"察言观色"，投其所好，歪曲或隐瞒事实真相。

（3）汇报后。上级如果谈兴犹在，不可有不耐烦的体态语产生，应等到由上级表示结束时才可以告辞。告辞时，要整理好自己的材料、衣着与茶具、座椅，当上级送别时要主动说"谢谢"或"请留步"。

【学习情境二】

西湖公司是由李先生靠3 000元创建起来的一家化妆品公司。公司开始时只经营指甲油，后来逐渐发展成为颇具规模的化妆品公司，资产已达6 000万元。李先生于1984年发现自己患癌症之后，对公司的发展采取了两个重要措施：❶制定了公司要向科学医疗卫生方面发展的目标；❷高薪聘请雷先生接替自己的职位，担任董事长。

雷先生上任以后，采取了一系列措施，推进李先生为公司制定的进入医疗卫生行业的计划：在特殊医疗卫生业方面开辟一个新行业，同时开设一个凭处方配药的药店，并开辟上述两个新部门所需产品的货源、运输渠道。与此同时，他在全公司内建立了一个严格的控制系统：要求各部门制定出每月的预算报告，每个部门在每月初都要对本部门的问题提出切实的解决方案，每月定期举行一次由各部门经理和顾客参加的管理会议。要求各部门经理在会上提出自己本部门在当月的主要工作目标和经济来往数目。同时他特别注意资产回收率、销售边际及生产成本等经济动向。他也注意人事、财务收入和降低成本费用方面的问题。

由于实行了上述措施,该公司获得了巨大成功。到 20 世纪 80 年代末期,年销售量提高 24%,到 1990 年销售额达到 20 亿元。然而进入 90 年代以来,该公司逐渐出现了问题。1992 年出现了公司有史以来第一次收入下降趋势。商品滞销、价格下跌。主要原因:❶化妆品市场的销售量已达到饱和状态;❷该公司制造的高级香水,一直未能打开市场,销售情况没有预测的那样乐观;❸国外公司对本国化妆品市场的占领;❹公司在国际市场上出现了不少问题,如推销员的冒进得罪了推销商,公司形象未能很好地树立。

雷先生也意识到公司存在的问题。准备采取有力措施,以改变公司目前的处境,他计划要对国际市场方面进行总结和调整。公司开始研制新产品。他相信用大量资金研制的医疗卫生工业品不久也可进入市场。

【学习目标】

知识目标:理解控制的含义,控制的类型;掌握控制的基本过程;掌握控制的原则;掌握有效控制的要求。

能力目标:会运用控制的基本原理对所开展的工作进行有效控制。

素质目标:养成对工作目标进行有效科学合理控制的习惯。

【学习任务】

1. 雷先生在西湖公司里采用了哪些控制方法?
2. 假设西湖公司原来没有严格的控制系统,雷先生在短期内推行这么多控制措施,其他管理人员会有什么反应?
3. 就西湖公司目前的状况而言,怎样健全控制系统?

二、工作控制

(一) 控制的含义

控制,指为了确保组织的目标以及为此而拟订的计划能够实现,各级主管人员根据事先确定的标准,对下级的工作进行衡量和评价,并在出现偏差时进行纠正,以防止偏差继续发展或今后再度发生;或者,根据组织内外环境的变化和组织发展的需要,在计划的执行过程中,对原计划进行修订或制定新的计划,并调整整个管理工作的过程。也就是说,控制的结果可能有两种:一种是纠正实际工作和原有计划及标准的偏差;另一种是纠正组织已经确定的目标及调整因变化了的内外环境的偏差而变化了的计划。

(二) 控制的类型

1. 按控制信息的性质分为反馈控制、现场控制和前馈控制

(1) 反馈控制。反馈控制是在活动完成之后,通过对已发生的工作结果的测定来发现偏差和纠正偏差的控制。反馈控制是一种事后的控制,其实质是利用过去的情况来指导现在和将来。反馈控制对于本次完成的活动已不再具有纠偏的作用,但它可以防止将来的行为再出现类似的偏差,可以说这是一种亡羊补牢的做法。

反馈控制的主要优点:一是它为管理者提供了关于计划执行的效果究竟如何的真实信息。如果反馈显示标准与现实之间只有很小的偏差,说明计划的目的是达到了;如果偏差很大,管理者就应该利用这一信息及时采取纠正措施,或参考这一信息使新计划制定得更有效。二是它可以增强员工的积极性,因为人们希望获得评价他们绩效的信息,而反馈正好提供了这样的信息。

反馈控制的主要缺点是时滞问题，即从发现偏差到采取更正措施之间可能有时间延迟现象，在进行更正的时候，实际情况可能已经发生了很大的变化，而且往往是损失已经造成了。

（2）现场控制。现场控制是一种发生在计划执行的过程之中的控制。管理者在活动进行的同时就给予控制，可以在发生重大损失之前及时纠正问题。它是一种主要为基层管理者所采用的控制方法，一般都在现场进行，做到偏差即时发现，即时了解，即时解决。

现场控制的关键就是做到控制的及时性，因此有赖于信息的及时获得，多种控制方案的事前准备，以及事发后的镇静和果断，因而也显示出现场控制的难度。在现场控制中，虽然在产生偏差与管理者做出反应之间肯定会有一段延迟时间，但这种延迟是非常小的。控制的效果很大程度上取决于管理者的个人素质、作风、指导的方式方法，以及下属对这些指导的理解程度。其中，管理者的言传身教具有很大的作用。

（3）前馈控制。前馈控制是管理者最渴望采取的控制类型，因为它能避免预期出现的问题，防患于未然。与反馈控制以有关过去的信息为导向不同，前馈控制旨在获取有关未来的信息，依此进行预测，将可能出现的执行结果与计划要求的偏差预先确定出来，或者事先察觉内外环境条件可能发生的变化，以便提前采取适当的处理措施预防问题的发生。前馈控制是一种面向未来的控制，它期望防止问题的发生，而不是当问题出现时再补救，所以它克服了时滞现象。

反馈控制、现场控制和前馈控制的比较如表 3-38、图 3-23 所示。

表 3-38　　　　反馈控制、现场控制和前馈控制对照表

类　　型	反馈控制	现场控制	前馈控制
信息来源	事后	过程	事前
关注重点	工作结束	偏差信息	未来信息
表现方式	亡羊补牢	立竿见影	防患未然
利	业绩评价激发员工	消除偏差提高能力	将损失消除在发生前
弊	损失已经发生	容易产生对立	难以完善
基本目的	总结经验借鉴未来	及时消除偏差	明确目标资源配置

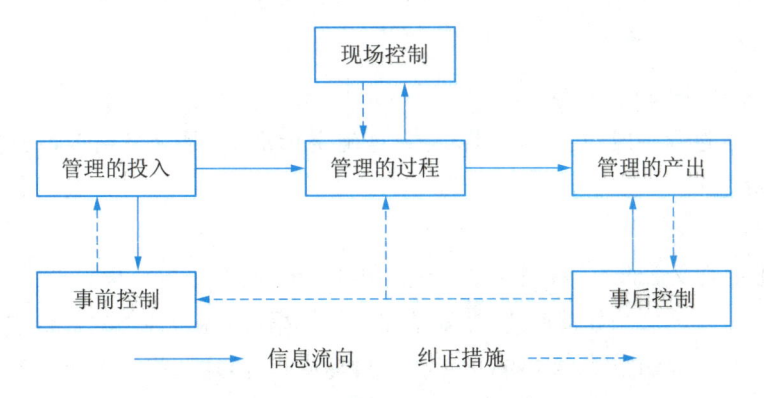

图 3-23　反馈控制、现场控制和前馈控制示意图

> 【小思考】
> 请思考下列实例各属于哪一种控制?
> (1) 企业中使用的财务报表分析、产成品质量检验、工作人员成绩评定。
> (2) 工人的操作发生错误时,工段长有责任向其指出并做出正确的示范动作帮助其改正。
> (3) 提前雇用员工可以防止潜在的工期延误;司机在驾驶汽车上坡时提前加速可以保持行驶速度的稳定;原料在进厂之前或投入生产过程之前对其进行检验,以及设备进行预防性维修等。

2. 按控制的主体分为直接控制和间接控制

(1) 直接控制。在一般情况下,计划目标的完成情况,主要取决于直接对这些计划目标负责的管理部门的主管人员。直接控制就是用来改进管理者未来行动的一种方法。其控制主体是直接责任者。着眼于培养更好的主管人员,使他们能熟练地应用管理的概念、技术和原理,能以系统的观点来进行和改善他们的管理工作,从而防止出现因管理不善而造成的不良后果。

(2) 间接控制。指通过建立控制系统,对被控制对象进行控制的一种方法。其控制主体是直接责任者的监督人。着眼于发现工作中出现的偏差,分析产生的原因,并追究其个人责任,使之改进未来的工作。

【管理故事】

魏文王问名医扁鹊说:"你们家兄弟三人,都精于医术,到底哪一位最好呢?"
扁鹊答说:"大哥最好,二哥次之,我最差。"
文王再问:"那么为什么你最出名呢?"
扁鹊答说:"我大哥治病,是治病于病情发作之前。由于一般人不知道他事先能铲除病因,所以他的名气无法传出去,只有我们家的人才知道。我二哥治病,是治病于病情初起之时。一般人以为他只能治轻微的小病,所以他的名气只及于本县里。而我扁鹊治病,是治病于病情严重之时。一般人都看到我在经脉上穿针管来放血、在皮肤上敷药等大手术,所以以为我的医术高明,名气因此响遍全国。"

(三) 控制职能的基本过程

控制的基本过程一般包括三个步骤:一是确定标准,二是衡量绩效,三是采取措施。如图 3-24 所示。

1. 确定标准

(1) 标准的含义。标准,就是衡量实际工作绩效的尺度。标准从计划中来,但不能用计划代替标准进行控制。如前所述,计划是控制的依据,但各种计划的详尽程度是各不一样的。有些计划已经制定了具体的、可考核的目标或指标,这些指标就可以直接作为控制的标准。但多数计划是相对比较抽象、概括的,这时需要将计划目标转换为更具体的、可

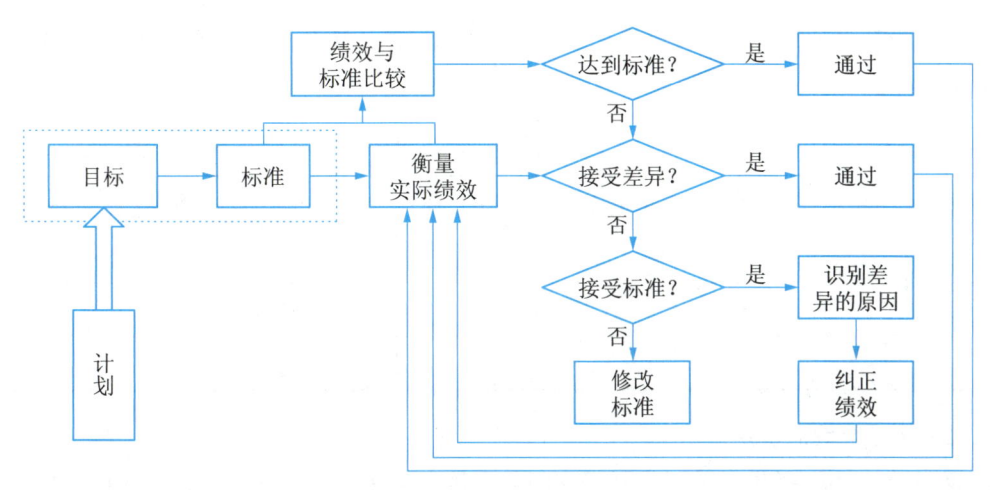

图 3-24　控制过程示意图

测量和考核的标准,以便于对所要求的行为结果加以测评。例如,某车间计划将本月产量提高 10%,这类目标往往要等到计划期快结束时才可以衡量是否达到要求,因而对平时工作的考核性较差。如果能将"车间的产量提高 10%"的目标转换为"每个职工每班生产 110 个部件",无疑更便于日常检查和评价。任何一个组织,其针对某一工作的控制标准都应该有利于组织整体目标的实现。在此前提下,对每一项工作订立的控制标准都必须有明确的时间界限和具体内容要求。

为了进行有效的控制,需要特别注意对于计划的实施具有关键意义的那些因素。管理者不可能随时注意到计划实施过程中的每一个细节,只能将注意力集中于计划执行中的一些主要影响因素上。这些主要影响因素通常被称为关键点,控制住了关键点也就控制住了全局。

(2) 常见的控制标准。❶时间标准,如工时、交货期等;❷数量标准,如产品产量等;❸质量标准,如产品等级、合格率、次品率等;❹成本标准,如单位产品成本、期间费用等。

【案例分析】

关于"文件核算制"

据某报报道:每年 2 月,本是机关文印室最繁忙的时期,但 H 市 S 区政府文印室今年并不紧张——区政府新设的"文件核算制"削平了往年的"文山"高峰。该区规定,每打印一份文件,8 开纸收费 8 元,16 开纸收费 4 元,加印一张双面 8 开收费一角,单面 8 开收费七分,16 开纸对半计价。文印费又批准打印的部门从该部门业务费中开支,节约有奖,超支自负。此令一出,各部门反映强烈,"文山"不推自倒。

对上面的报道进行分析,试回答下面问题:S 区政府的做法是否真正有效?请结合本问题分析制定控制标准应依据的原则。

2. 衡量绩效

(1) 含义。衡量绩效就是测定实际工作成绩,并将实际工作成绩与标准相比较。衡量绩效的目的是为了给管理者提供有用的信息，为采取纠正措施提供依据。表 3-39 为任务实施情况检查表。

表 3-39　　　　　　　　　任务实施情况检查表

序号	任务	标准	检查方式	检查时间	检查人	检查结果	备注

（2）衡量绩效的常用方法。

❶ 个人观察。提供了关于实际工作的最直接和最深入的第一手资料。这种观察可以包括非常广泛的内容，因为任何实际工作的过程总是可以观察到的。通过观察得到的信息不同于阅读报告得到的信息，个人观察可以获得员工面部表情、声音语调以及急慢情绪等这样一些常被其他方法忽略的信息。

❷ 统计报告。计算机的广泛使用使统计报告的制作日益方便，因此管理者也越来越多地依靠统计报告来衡量实际的工作绩效。然而尽管统计数据可以清楚显示多种数据之间的关系，但它对实际工作提供的信息是有限的，统计报告只能提供几个关键的数据，它忽略了其他许多重要的因素。

❸ 书面报告。比统计报告相比较慢，但比口头报告正式。这种形式比较精确和全面，且易于分类存档和查找。

3. 采取措施

控制的最后一个步骤就是根据衡量和分析的结果采取适当的措施。若衡量绩效的结果比较令人满意，可以维持原状；如果发现偏差，就要分析偏差产生的原因，采取有效合理的应对措施。

（1）偏差产生的原因：❶执行过程中发生的；❷计划本身不符合客观实际。

（2）不同偏差原因的应对措施：❶如果偏差是由于标准本身的制定引起，则应重新修订标准；❷如果偏差是由于绩效不足产生的，则应改进实际绩效。

（3）纠偏行动的措施。一是立即纠正措施，即立即将出现问题的工作纠正到正确的轨道上；二是彻底纠正措施，这是指要分析偏差是如何发生的和为什么会发生，然后从产生偏差的地方进行纠正。当有偏差出现时，管理者应首先采取立即纠正措施，以免造成更大的损失，然后对偏差进行认真的分析，采取彻底纠正措施，使类似的问题不再发生。如图 3-25、图 3-26 所示。

（四）控制的原则和要求

1. 控制的原则

（1）系统控制原则。系统是一个由各种相互作用、相互制约的要素为达到共同目的而组成的有机体。系统控制是指在控制中要树立目的性、全局性、层次性的观点。

（2）以人为中心原则。人是控制的主体。在控制中应充分发挥人的主观能动作用。

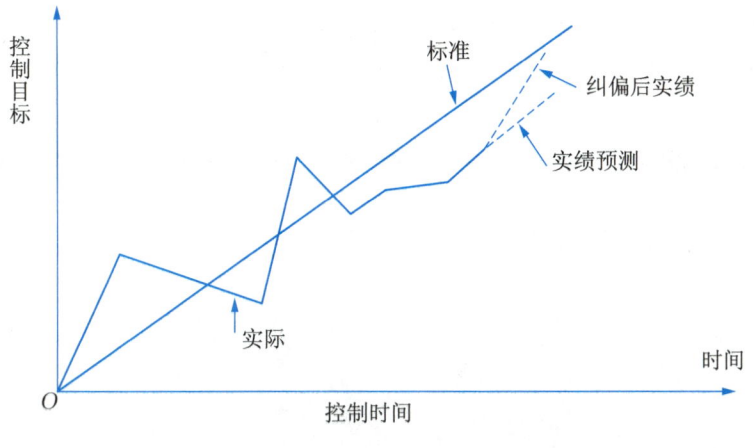

图 3-25　控制的"纠偏"作用

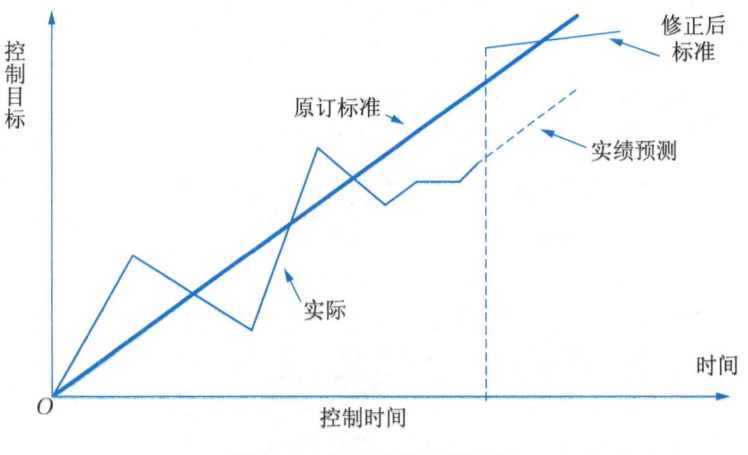

图 3-26　控制的"调适"作用

（3）**例外与重点原则**。凡对达到组织目标没有重要意义的项目与事务，要培养敬业精神、工匠精神。严格地用"例外"来控制。控制的重点应放在对组织目标有重要意义的项目与事务。

（4）**弹性原则**。任何一个控制系统，为了同外界进行正常的物质、能量和信息交换，同外部环境之间保持积极的动态适应关系，都必须充分考虑到各种变化的可能性，使管理系统整体或内部各要素、层次在各个环节和阶段上保持适当的弹性。

2. 控制的要求

（1）**适时控制**。组织活动中产生的偏差只有及时采取措施加以纠正，才能避免偏差的扩大，或防止偏差对组织不利影响的扩散。

纠正偏差的最理想方法应是在偏差未产生以前，就注意到偏差产生的可能性，从而预先采取必要的防范措施，防止偏差的产生。

（2）**适度控制**。即控制的范围、程度和频度要恰到好处。为此应注意以下几个问题：防止控制过多或控制不足；处理好全面控制与重点控制的关系；使花费一定的控制费用得到足够的控制效益。

（3）**客观控制**。有效的控制必须是客观的，符合组织实际的。为此，控制过程中必须要贯彻"实事求是"的思想,必须要客观地了解和评价被控制对象的活动状况及其变化,必须深入实地调查研究。

【知识测试】

1. 某公司销售部的推销员张某,在2016年上半年的工作中一个人实现了80万元的销售业绩,在同行业的推销人员看来这已经大大超额完成了工作任务。张某明确地向销售主管提出额外奖金的要求,但是最后只见到对销售业绩排在前10位的销售人员的张榜表扬,根本没有奖金发放的迹象。张某非常失望。假定这位销售主管是一位称职的管理者,你认为他不给推销人员发额外奖金的最大可能是( )。

    A. 他担心每个推销员过分追求销售量,从而忽视服务质量
    B. 公司正处在扩张阶段,诸多方面需要资金,不能发额外奖金
    C. 公司中其他推销人员也同样超额完成了销售任务
    D. 公司没有预先制订计划标准,缺少控制和考核的依据

2. 俗话说,"牵牛要牵牛鼻子",以下最符合管理的原则的评论是( )。

    A. 世界上只有糟糕的将军,没有糟糕的士兵
    B. 企业要选择关键控制点
    C. 抓主要矛盾
    D. 大船航行靠舵手

3. 控制工作中,评估和分析偏差信息时,首先要做的是( )。

    A. 判断偏差产生的主要原因   B. 判断偏差的严重程度
    C. 找出偏差产生的确切位置   D. 找出偏差产生的负责人

4. 一个工人每天或每周必须生产一定数目的零件,他必须保持不超过1‰的废品率,在指定的6个月时间完成预定的工作,在生产特定数目的零件时不能超过所规定的物料消耗。对于控制来讲,这是在( )。

    A. 衡量实际绩效   B. 进行差异分析
    C. 采取纠偏措施   D. 明确控制标准

5. 管理人员在事故发生之前就采取有效的预防措施,防患于未然,这样的控制活动,是控制的最高境界,即( )。

    A. 即时控制   B. 前馈控制   C. 现场控制   D. 反馈控制

6. 控制工作得以展开的前提是( )。

    A. 建立控制标准   B. 分析偏差原因   C. 采取矫正措施   D. 明确问题性质

7. 管理控制工作的一般程序是( )。

    A. 确定控制标准、衡量绩效、采取措施
    B. 采取措施、衡量绩效、确定控制标准
    C. 确定控制标准、采取措施、衡量绩效
    D. 衡量绩效、采取措施、确定控制标准

8. 管理控制通过( ),可以发现管理活动中的不足之处。

A. 拟定标准　　　　B. 衡量绩效　　　　C. 纠正偏差　　　　D. 信息反馈

9. 最适用于过程不可观察,结果可观察的控制方式是(　　)。
A. 前馈控制　　　　B. 现场控制　　　　C. 反馈控制　　　　D. 预先控制

10. 下列关于反馈控制的说法中,错误的有(　　)。
A. 反馈控制的优点是它为管理者提供了关于计划执行的效果究竟如何的真实信息
B. 反馈控制就是"防患于未然"
C. 企业中使用的财务报表分析、产成品质量检验等都属于反馈控制
D. 反馈控制可以说是一种亡羊补牢的做法

11. 注重于对已发生的错误进行检查并改进,属于(　　)。
A. 事前控制　　　　B. 过程控制　　　　C. 事后控制　　　　D. 直接控制

12. "亡羊补牢,犹未晚也",可以理解成是一种反馈控制行为。下面各种情况中,更贴近这里表述的"羊"与"牢"的对应关系的一组概念是(　　)。
A. 企业规模与企业利润　　　　B. 产品合格率与质量保证体系
C. 降雨量与因洪水造成的损失　　　　D. 医疗保障与死亡率

13. "治病不如防病,防病不如讲卫生"。根据这一说法,以下几种控制方式中,最重要的方式是(　　)。
A. 事后控制　　　　B. 实时控制　　　　C. 反馈控制　　　　D. 前馈控制

14. 直接控制、间接控制划分的标准是(　　)。
A. 按照主管人员与控制对象的关系划分　　B. 按照业务范围划分
C. 按照控制的时间划分　　D. 按照控制对象的全面性划分

15. 在现代管理学中,管理人员对当前的实际工作是否符合计划而进行测定并促使组织目标实现的过程,被称为(　　)。
A. 领导　　　　B. 组织　　　　C. 创新　　　　D. 控制

16. 控制工作得以展开的前提是(　　)。
A. 建立控制标准　　B. 分析偏差原因　　C. 采取矫正措施　　D. 明确问题性质

17. 所有权和经营权相分离的股份公司,为强化对经营者行为的约束,往往设计有各种治理和制衡的手段,包括:❶股东们要召开大会对董事和监事人选进行投票表决;❷董事会要对经理人员的行为进行监督和控制;❸监事会要对董事会和经理人员的经营行为进行检查监督;❹要强化审计监督,如此等等。这些措施(　　)。
A. 均为事前控制
B. 均为事后控制
C. ❶事前控制,❷同步控制,❸❹事后控制
D. ❶❷事前控制,❸❹事后控制

【重点回顾】
1. 汇报工作应注意哪些问题?
2. 控制的程序。
3. 控制的原则。

【能力测试】

倾听能力测试题

请回想你在与他交往沟通时的表现,然后用"是"或"否",真实地回答下列问题:

1. 我常常试图同时听几个人的交谈。
2. 喜欢别人只给我提供事实,让我自己作出解释。
3. 有时假装自己在认真听别人说话。
4. 认为自己是非言语沟通方面的好手。
5. 常常在别人说话之前就知道他要说什么。
6. 如果不喜欢和某人交谈,常常用注意力不集中的方式结束谈话。
7. 常常用点头、皱眉等方式让说话人了解我对他说的内容的感觉。
8. 常常别人刚说完,就谈自己的看法。
9. 别人说话的同时,我常常思考接下来我要说的内容。
10. 说话人的谈话风格常常影响我对内容的倾听。
11. 为了弄清对方所说的观点,常采取提问的方式,而不进行猜测。
12. 为了理解对方的观点,总会狠下功夫。
13. 常常听自己喜欢听的内容,而不是别人表达的内容。
14. 当我和别人意见不一致时,大多数人认为我理解了他们的观点和想法。
15. 别人说话的同时,也在评价他讲的内容。

题目4、12、13、15为"是",其余为"否"。将答错的题个数加起来乘以7,再用105减去这个乘积,就是最后得分。评判:91～105分,说明有良好的倾听习惯;77～90分说明有很大的进步空间;76分以下,说明应该在倾听技巧方面下更大的功夫。

【生命成长智慧】

及时复盘,让经历变成财富

本任务的内容是汇报控制能力。控制的关键就是要复盘。"复盘"这个概念是由围棋界提出来的,每个棋手在下完一盘棋后,就要回忆自己和对手在该场棋局中的落子,斟酌这其中的奥妙。"复盘"的意义就在于让自己知道,是不是真正完成了目标,过程中存在哪些不足。如果不及时复盘,就不知道自己的问题出在哪里,只顾朝前走,却忘了回头看,应该对照自己的行为,及时梳理问题出在哪里,才能够更好地走好未来每一步。《了凡四训》的改过之法:"然人之过,有从事上改者,有从理上改者,有从心上改者;工夫不同,效验亦异。"复盘亦可以从事、理、心三个维度展开,"事"的层面分析事情本身学会了没有;"理"的层面分析知识、原理、道理明白了没有;"心"的层面分析内在是否实现了从惯性做事到感知到自己的惯性并愿意转化和打开。

【任务思维导图】

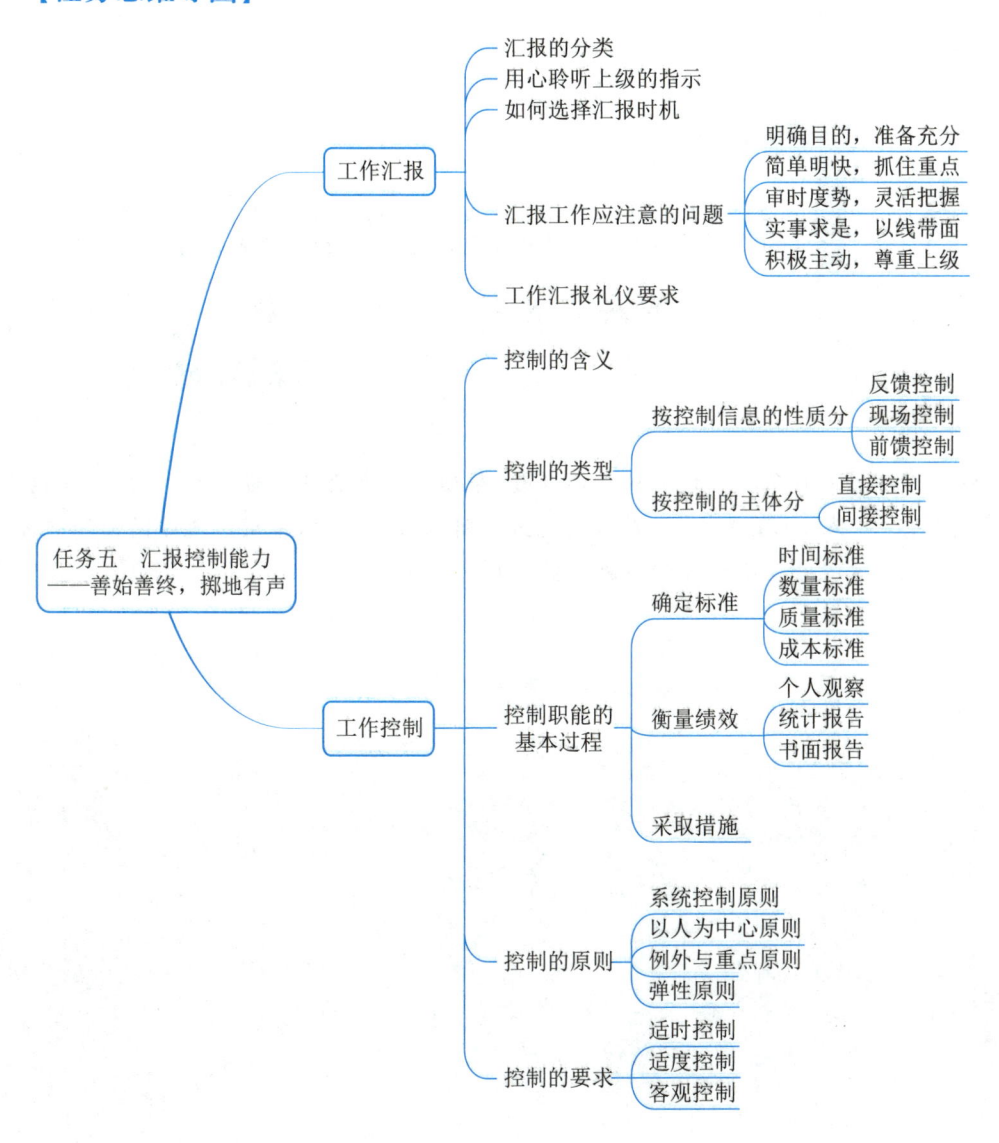

- 任务五 汇报控制能力——善始善终，掷地有声
  - 工作汇报
    - 汇报的分类
    - 用心聆听上级的指示
    - 如何选择汇报时机
    - 汇报工作应注意的问题
      - 明确目的，准备充分
      - 简单明快，抓住重点
      - 审时度势，灵活把握
      - 实事求是，以线带面
      - 积极主动，尊重上级
    - 工作汇报礼仪要求
  - 工作控制
    - 控制的含义
    - 控制的类型
      - 按控制信息的性质分
        - 反馈控制
        - 现场控制
        - 前馈控制
      - 按控制的主体分
        - 直接控制
        - 间接控制
    - 控制职能的基本过程
      - 确定标准
        - 时间标准
        - 数量标准
        - 质量标准
        - 成本标准
      - 衡量绩效
        - 个人观察
        - 统计报告
        - 书面报告
      - 采取措施
    - 控制的原则
      - 系统控制原则
      - 以人为中心原则
      - 例外与重点原则
      - 弹性原则
    - 控制的要求
      - 适时控制
      - 适度控制
      - 客观控制

模块四　团队协作能力
——单兵必易折，众者则难摧

本模块主要从团队协作能力培养的角度，帮助您提升团队建设能力、组织设计能力、任务分配能力、职权配置能力、指挥协调能力等团队协作能力，希望您通过阅读和训练迅速把自己培养成为一名善于合作的协作型员工。

任务一　团队建设能力
——同心协力，其利断金

> ◇ **中国传统管理名言**
> 单者易折，众则难摧。——《三十国春秋·西秦录》
> 君子周而不比，小人比而不周。——《论语·为政》
> 二人同心，其利断金。——《周易·系辞上》
> 用众人之力，则无不胜也。——《淮南子》
> 一手独拍，虽疾无声。——《韩非子·功名》

【学习目标】

知识目标：掌握团队的概念、高效团队的九个特征；熟悉团队精神的要素；理解团队建设的四个阶段、团队角色理论。

能力目标：会分析自己在团队中的角色、懂得分析诊断各自团队处于什么阶段；会根据团队状况进行团队领导。

素质目标：学会团队思考与讨论；树立团队意识，培育团队精神；增强集体荣誉感；增强社会责任感。

【学习任务】

1. 进行团队角色测试，并诊断团队角色是否缺失，如何完善？
2. 诊断团队所处阶段，并找出团队存在的问题，并提出整改措施。

一、团队与团队精神

团队是将分散的个人结合成具有特定功能的有机整体。具有共同的利益和目标,是形成团队的主要条件,团队成员为之产生协作的愿望。团队精神是团队全体成员共同认可、遵守的信念、制度,是浓缩的团队文化。

理想的团队成员应具有以下团队精神:富有责任感;乐于助人;合作精神;恰当地沟通;尊重他人、信任他人;恰当处理、应对冲突,正确对待分歧;忠诚;正确对待批评;积极进取。

二、高效团队的九个特征

一个高效的团队应具有九个方面的特征,如图 4-1 所示。

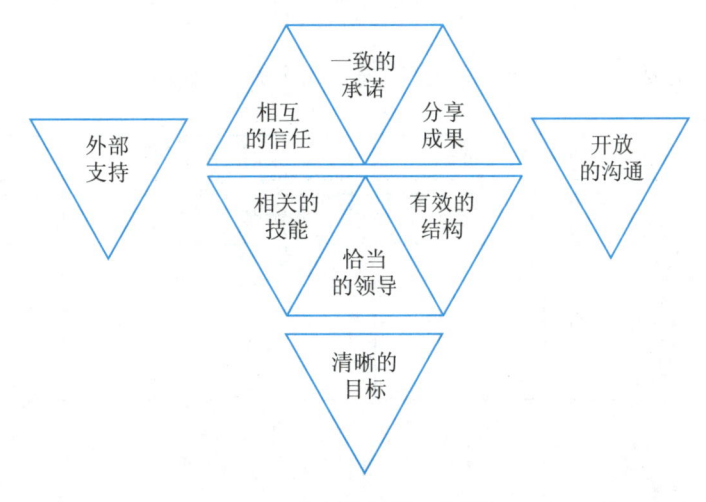

图 4-1 高效团队的九个特征

(一) 清晰的共同目标

一个团队有了明确的共同目标才能更方便确定事情的轻重缓急;有助于确立一些明确的行为准则;确定并把握核心的任务和目标,避免产生内耗,有效地为团队成员指引方向和提供动力;提高每个团队成员的绩效水平。

在制定团队目标过程中一定要确保团队目标是具体的、可衡量的、有挑战性的、团队成员有高度共识可接受的、有明确完成期限的目标。

(二) 恰当的领导

群龙不能无首,高效的团队一定要有个优秀的团队领导,这个优秀的领导可以使团队的目的、目标和方式密切相关,并且有意义;可以促进团队中各种技能的组合,并提高技术水平;可以搞好团队与外部人员的关系,为团队的发展清除障碍;可以为团队中的其他成员创造机会。

团队领导应具备以下特质:善于沟通、视野广阔、有合作精神、专心、有想象力、有先见之明、自信、正直、有勇气、守诺。

(三) 相关的技能

团队成员必须有相关的技能,这是高效团队存在的基础。所谓相关的技能,要求团队成员之间的技能要有互补性;团队内部要互相学习彼此的技能;创造学习型组织。

学习型组织应包括五项要素:建立共同愿景;团队学习;改变心智模式;自我超越;系

统思考。

（四）有效的组织结构

高效团队中有效的组织结构要求明确个人责任和组织责任；培养团队成员的责任感和信心；明确不同技能的成员的角色定位；要有利于团队和个人的学习。

（五）培养相互信任的精神

信任是合作的开始，也是团队发展的基石。一个不能相互信任的团队，是没有凝聚力的团队，是没有战斗力的团队。信任能使人处于相互包容、相互帮助的人际氛围中，易于形成团队精神以及积极热情的情感。信任能使每个人都感觉到自己对他人的价值和他人对自己的意义，满足个人的精神追求。信任还能有效地提高合作水平及和谐程度，促进工作的顺利开展。

信任的要素主要有信用、可靠、亲切、方向等四个方面，如图 4-2 所示。

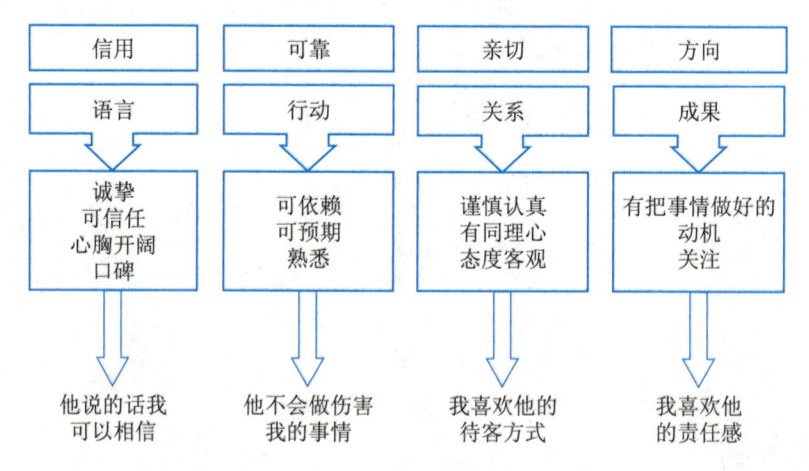

信用	可靠	亲切	方向
语言	行动	关系	成果
诚挚 可信任 心胸开阔 口碑	可依赖 可预期 熟悉	谨慎认真 有同理心 态度客观	有把事情做好的动机 关注
他说的话我可以相信	他不会做伤害我的事情	我喜欢他的待客方式	我喜欢他的责任感

图 4-2　信任的要素

（六）一致的承诺

高效的团队成员对团队表现出高度的忠诚和承诺，为了能使群体获得成功，他们愿意去做任何事情，我们把这种忠诚和奉献称为一致承诺。对成功团队的研究发现，团队成员对他们的群体具有认同感，他们把自己属于该群体的身份看作是自我的一个重要方面。

团队承诺的四个方面：明确；力所能及；共识；未来潜力。

（七）分享成果

高效的团队必须要注重团队成果的分享，团队取得成果时，哪怕只是取得阶段性的成果，团队成员也注重在内部的分享和共识，避免个别人独享成果，或埋没他人成绩的现象发生。

有效的成果分享要包括以下四方面的要素：明确工作的成果是什么；根据个体的贡献进行评估和激励；以群体为基础进行绩效评估；分享团队成果。

（八）开放的沟通

高效的团队从沟通开始。开放的沟通最主要的目的是把所有团队成员的潜能、积极性和责任感都调动起来，这也是整个组织和社会发展到一定程度的必然要求。开放的团队文化、扁平的组织架构、永久的知识沉淀、高效的沟通，并汲取团队的才智，确保工作顺利推进,并帮助企业打造学习型工作氛围。

开放的沟通要做到创造一个便于沟通的环境,利用先进的交流工具,端正沟通态度,打消团队成员的沟通顾忌,团队领导带头。

(九) 外部的支持

随着社会的发展,组织跟组织之间协作的要求越来越高,得到外部的支持就变得非常重要了。如何得到外部的支持,最核心的点还是找到不同团队之间的共同目标,只要有了共同的目标,共同的追求,相互之间的合作才变为可能。

得到外部支持需要把握以下几个要素:目标分享;让外部认同;不断沟通;吸收创新想法。

三、团队建设的阶段

一般团队建设都要经历形成、动荡、规范、表现四个阶段,如图 4-3 所示。在形成阶段,团队成员被动地理解和接受他人,关注团队的发展,沟通时小心翼翼;经过一段时间的观察后由于个人利益与团队利益、目标及各自角色的争论,容易导致关系紧张,团队呈现一定的动荡,团队成员的行为表现将处于低谷状态;在动荡阶段经过团队领导进行制度的规范约束、加强团队成员之间的沟通,成员之间开始合作,团队内部开始达成一定的平衡,团队开始有一定的协作,团队成员的绩效逐渐提升;随着团队变得越来越成熟,各团队成员发挥角色功能,理解如何沟通面对挑战,开始有一定的成果,团队绩效发生质的飞跃。如表 4-1 所示。

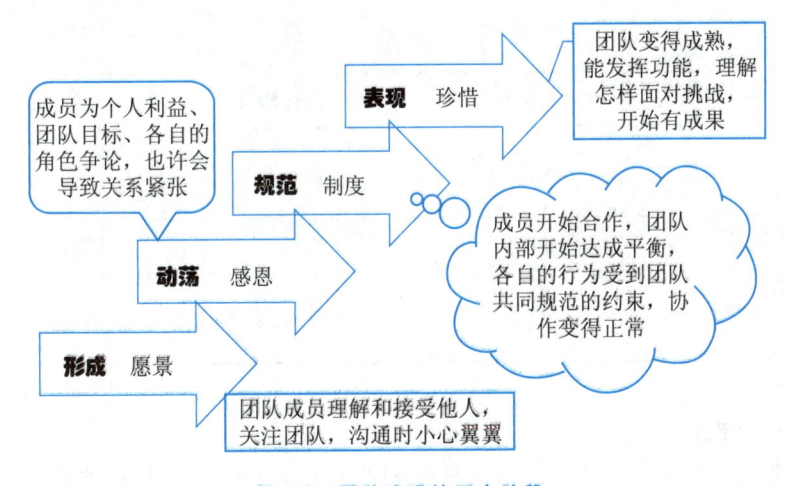

图 4-3 团队建设的四个阶段

表 4-1　　　　　　　　　　　团队建设四阶段比较

关系项	形成阶段	动荡阶段	规范阶段	表现阶段
感受和想法	激动,骄傲,害怕……我是谁?我们应该干什么?你是谁?	谁最适合去做?我该信任谁?期待与现实脱节 我们将如何去合作?如何解决分歧?有挫折感和焦虑感	团队的归属感,我能信任团队成员并且他们也信任我,我们能够完成任务	愉快,激动,通过团队参与自我受到鼓舞,强烈的成就感

续表

关系项	形成阶段	动荡阶段	规范阶段	表现阶段
可观察到的行为表现	警惕,提防,不确定,焦虑 最低限度的沟通,试探环境或核心人物 缺乏自信	争论,防卫,竞争,思想分歧 抱怨和挑战他人/领导者 考虑如何一起工作 生产力遭受持续打击	强烈的团队本位意识,团队内的人际关系进一步发展并经受住了考验,合作态度明显,程序和行为规范得以建立并得到认可和实施,沟通频繁	挑战自我/管理能力,工作热情,高水平的相互支持,把团队的进步看成是个人的进步,有能力解决团队内的问题,工作程序流畅,自愿尝试新办法
团队需求	了解目标、成员资格、角色、责任、工作任务、准则、程序……	达成共识的程序,行为规范,解决分歧,解决问题	解决问题,作出决定,指导的技能	保持团队动力,接受新成员和新的资源,衡量绩效表现
所需要的领导艺术	引导——确定目标,明确任务,告知团队何时、何地做什么,单向交流	辅导——探讨差异,提供咨询,说服,讲解,作出最终决定	支持——参与,倾听,鼓励	授权——观察,监控,提供很少的指导,只要定下目标,团队就会完成,走上了自我发展/管理的良性轨道
对角色的理解	忽略	模糊	清晰	自发
信任	评估带头人	只信任带头人	信任程序	信任成员
带头人应关注的焦点	个人的任务	人际互动	任务互动	团队的自我发展
团队关系	没有/遥远	冲突	机械	协同
团队成员的感受	焦虑	沮丧	有希望	热情

四、团队角色理论

剑桥产业培训研究部前主任贝尔宾博士和他的同事们经过多年在澳大利亚和英国的研究与实践,提出了著名的贝尔宾团队角色理论,即一支结构合理的团队应该由八种人组成,这八种团队角色如表 4-2 所示。

表 4-2   团队角色特征分析

角色	典型特征	积极特性	能容忍的弱点	在团队中的作用
实干者	保守,顺从,务实可靠	有组织能力、实践经验,工作勤奋,有自我约束力	缺乏灵活性,对没把握的主意不感兴趣	1. 把谈话与建议转换为实际步骤; 2. 考虑什么行得通,什么行不通; 3. 整理建议,使之与已经取得一致意见的计划和已有的系统相配合

续　表

角　色	典型特征	积极特性	能容忍的弱点	在团队中的作用
协调者	沉着，自信，有控制局面的能力	对各种有价值的意见不带偏见地兼容并蓄，看问题比较客观	在智能以及创造力方面并非超常	1. 明确团队的目标和方向； 2. 选择要决策的问题，并明确先后顺序； 3. 帮助确定团队中的角色分工、责任和工作界限； 4. 总结团队感受和成就，综合团队建议
推进者	思维敏捷，开朗，主动探索	有干劲，随时准备向传统、低效率、自满自足挑战	好激起争端，爱冲动，易急躁	1. 寻找和发现团队讨论中可能的方案； 2. 使团队内的任务和目标成形； 3. 推动团队达成一致意见，并朝向决策行动
创新者（智多星）	有个性，思想深刻，不拘一格	才华横溢，富有想象力，智慧，知识面广	不重细节，不拘礼仪	1. 提供建议； 2. 提出批评并有助于引出相反意见； 3. 对已形成的行动方案提出新的看法
信息者（外交家）	性格外向，热情，好奇，联系广泛，消息灵通	有广泛联系人的能力，不断探索新的事物，勇于迎接新的挑战	事过境迁，兴趣易转移	1. 提出建议，并引入外部信息； 2. 接触持有其他观点的个体或群体； 3. 参加磋商性质的活动
监督者	清醒，理智，谨慎	判断力强，分辨力强，讲求实际	缺乏鼓动和激发、被鼓动和激发的能力	1. 分析问题和情景； 2. 对繁杂的材料予以简化，并澄清模糊不清的问题； 3. 对他人的判断和作用作出评价
凝聚者	擅长人际交往，温和，敏感	有适应能力，能促进团队的合作	在危急时刻往往优柔寡断	1. 给予他人支持，并帮助别人； 2. 打破讨论中的沉默； 3. 采取行动扭转或克服团队中的分歧
完美者	勤奋有序，认真，有紧迫感	理想主义者，追求完美，持之以恒	常常拘泥于细节，容易焦虑，不洒脱	1. 强调任务目标要求和活动日程表； 2. 寻找并指出错误、遗漏和被忽视的内容； 3. 刺激其他人参加活动，并促使团队成员产生时间紧迫的感觉

在团队工作过程中，通常由创新者首先提出观点；信息者及时提供信息资料；实干者开始实施计划；推进者希望赶紧实施；协调者在想谁干合适，如何分工；监督者开始对方案作评价；完美者紧抠细节，凝聚者润滑调适。

五、团队角色分配应注意事项

（一）角色齐全

唯有角色齐全，才能实现功能齐全。正如贝尔宾博士所说的那样，用我的理论不能断言某个群体一定会成功，但可以预测某个群体一定会失败。所以，一个成功的团队首先应该是实干者、信息者、协调者、监督者、推动者、凝聚者、创新者和完美者这八种角色的综合平衡，缺一不可，如表 4-3 所示。

表 4-3　　　　　　　　　　团队角色好处及缺位的危害

角　色	好　　处	缺位危险
实干者	善于行动	计划无法落实到地
协调者	找到合适的人	团队领导力不强，工作不适配
推进者	让想法立即变成行动	工作效率低下，进度慢
创新者	善于出主意	思维局限
信息者	善于发掘情报	信息封闭
监督者	善于发现问题	计划方案易出现问题
凝聚者	善于化解矛盾	人际关系变得紧张
完美者	强调细节	做的工作会比较粗糙

（二）容人短处，用人所长

知人善任是每一个管理者都应具备的基本素质。管理者在组建团队时，应该充分认识到各个角色的基本特征，容人短处，用人所长。在实践中，真正成功的管理者，对下属人员的秉性特征的了解都是很透彻的，而且只有在此基础上组建的团队，才能真正实现气质结构上的优化，成为高绩效的团队。

（三）尊重差异，实现互补

对于一份给定的工作，完全合乎标准的理想人选几乎不存在——没有一个人能满足我们所有的要求。但是一个由不同个性人员组成的团队却可以做到完美无缺——它并非是单个人的简单罗列组合，而是在团队角色上亦即团队的气质结构上实现了互补。也正是这种在系统上的异质性、多样性，才使整个团队生机勃勃，充满活力。

（四）增强弹性，主动补位

从一般意义上而言，要组建一支成功的团队，必须在团队成员中形成集体决策、相互负责、民主管理、自我督导的氛围，这是团队区别于传统组织及一般群体的关键所在。除此之外，从团队角色理论的角度出发，还应特别注重培养团队成员的主动补位意识——即当一个团队在上述八种团队角色出现欠缺时，其成员应在条件许可的情况下，能够增强弹性，主动实现团队角色的转换，使团队的气质结构从整体上趋于合理，以便更好地达成团队共同的绩效目标。事实上，由于多数人在个性、禀赋上存在着双重、甚至多重性，也使这种团队角色的转换成为可能，这一点也是被实践所证实了的。

【重点回顾】

1. 高效团队的九个特征。
2. 分别描述八种团队角色。
3. 团队建设的四个阶段。

【知识测试】

1. 团队动荡阶段，团队领导所需的领导艺术是（　　）。
   A. 引导：确定目标，明确任务，告知团队做什么
   B. 辅导：探讨差异，提供咨询，说服，讲解
   C. 支持：参与，倾听，鼓励
   D. 授权：观察，监控

2. 团队形成阶段带头人应关注的焦点是（　　）。
   A. 个人的任务　　　　　　　　B. 人际互动
   C. 任务互动　　　　　　　　　D. 团队的自我发展

3. 下列不属于学习型组织要素的是（　　）。
   A. 建立共同愿景　　　　　　　B. 团队学习
   C. 超越他人　　　　　　　　　D. 系统思考与改变心智模式

4. 李强是研发团队中的成员，他非常善于核查工作细节，保证不出现任何差错。他在团队中的角色可以称为（　　）。
   A. 推进者　　　　　　　　　　B. 支持者
   C. 监督者　　　　　　　　　　D. 完美者

5. 一支完全由"谋士"组成的团队，将十分擅长（　　）。
   A. 倡导和支持新思想　　　　　B. 分析思想
   C. 总结思想　　　　　　　　　D. 产生创新思想

6. 华星公司的项目团队是一个有效的团队，这个团队利用各种角色的人来承担各种职责，李某是一个会设定目标、制定计划、组织人力、建立制度，以保证按时完成任务的人，那么李某在团队中的角色为（　　）。
   A. 实干者　　B. 监督者　　C. 信息者　　D. 推进者

7. 创美公司成立了一个新的团队，但团队中缺少一个能帮助人们相处并能解决棘手问题的人，所缺少的这个角色是（　　）。
   A. 推进者　　B. 创新者　　C. 实干者　　D. 协调者

8. 关于团队角色安排，下列说法中，说法错误的是（　　）。
   A. 角色齐全，容人短处，用人所长　　B. 尊重差异，实现互补
   C. 增强弹性，主动补位　　　　　　　D. 人数一定要8个

【能力测试】

团队角色问卷

对下列问题的回答，可能在不同程度上描绘了您的行为。每题有8句话，请将10分分配给这8个句子。分配的原则是：最能体现您行为的句子分最高，依次类推。最极端的情况也可能是10分全部分配给其中的某一句话。请根据您的实际情况把分数填入表4-4团队角色答题纸中。

1. 我认为我能为团队做出的贡献是——

    a. 我能很快地发现并把握住新的机遇

    b. 我能与各种类型的人一起合作共事

    c. 我生来就爱出主意

    d. 我的能力在于,一旦发现某些对实现集体目标很有价值的人,我就及时把他们推荐出来

    e. 我能把事情办成,这主要靠我个人的实力

    f. 如果最终能导致有益的结果,我愿意面对暂时的冷遇

    g. 我通常能意识到什么是现实的,什么是可能的

    h. 我选择行动方案时,能不带倾向性也不带偏见地提出一个合理的替代方案

2. 在团队中,我可能有的弱点是——

    a. 如果会议没有得到很好的组织,控制和主持,我会感到不痛快

    b. 我容易对那些有高见而又没有适当地发表出来的人表现得过于宽容

    c. 只要集体在讨论新的观点,我总是说得太多

    d. 我的客观看法,使我很难与同事们打成一片

    e. 在一定要把事情办成的情况下,我有时使人感到特别强硬以至专断

    f. 可能由于我过分重视集体的气氛,我发现自己很难与众不同

    g. 我易于陷入突发的想象之中,而忘了正在进行的事情

    h. 我的同事认为我过分注意细节,总有不必要的担心,怕把事情搞糟

3. 当我与其他人共同进行一项工作时——

    a. 我有在不施加任何压力的情况下,去影响其他人的能力

    b. 我随时注意防止粗心和工作中的疏忽

    c. 我愿意施加压力以换取行动,确保会议不是在浪费时间或离题太远

    d. 在提出独到见解方面,我是数一数二的

    e. 对于与大家共同利益有关的积极建议我总是乐于支持的

    f. 我热衷寻求最新的思想和新发展

    g. 我相信我的判断能力有助于做出正确的决策

    h. 我能使人放心的是,对那些最基本的工作,我都能组织得井井有条

4. 我在工作团队中的特征是——

    a. 我有兴趣更多地了解我的同事

    b. 我经常向别人的见解进行挑战或坚持自己的意见

    c. 在辩论中,我通常能找到论据去推翻那些不甚有理的主张

    d. 我认为,只要计划必须开始执行,我有推动工作运转的才能

    e. 我不在意使自己太突出或出人意料

    f. 对承担的任何工作,我都能做到尽善尽美

    g. 我乐于与工作团队以外的人进行联系

    h. 尽管我对所有的观点都感兴趣,但这并不影响我在必要的时候下决心

5. 在工作中我得到满足,因为——

    a. 我喜欢分析情况,权衡所有可能的选择

b. 我对寻找解决问题的可行方案感兴趣

c. 我感到,我在促进良好的工作关系

d. 我能对决策有强烈的影响

e. 我能适应那些有新意的人

f. 我能使人们在某项必要的行动上达成一致意见

g. 我感到我的身上有一种能使我全身心地投入工作中的气质

h. 我很高兴能找到一块可以发挥我想象力的天地

6. 如果突然给我一件困难的工作,而且时间有限,人员不熟——

    a. 在有新方案之前,我宁愿先躲进角落,拟定出一个解脱困境的方案

    b. 我比较愿意与那些表现出积极态度的人一道工作

    c. 我会设想通过用人所长的方法来减轻工作负担

    d. 我天生有紧迫感,将有助于我们不会落在计划后面

    e. 我认为我能保持头脑冷静,富有条理地思考问题

    f. 尽管困难重重,我也能保证目标始终如一

    g. 如果集体工作没有进展,我会采取积极措施去加以推动

    h. 我愿意展开广泛的讨论,意在激发新思想,推动工作

7. 对于那些在团队工作中或与周围人共事时所遇到的问题——

    a. 我很容易对那些阻碍前进的人表现出不耐烦

    b. 别人可能批评我太重分析而缺少直觉

    c. 我有做好工作的愿望,能确保工作的持续进展

    d. 我常常容易产生厌烦感,需要一、二个有激情的人使我振作起来

    e. 如果目标不明确,让我起步是很困难的

    f. 对于遇到复杂的问题,我有时不善于加以解释和澄清

    g. 对于那些我不能做的事,我有意识地求助他人

    h. 当我与真正的对立面发生冲突时,我没有把握使对方理解我的观点

表 4-4   团队角色问卷答题纸

题号	选项	得分	选项	得分	选项	得分	选项	得分	选项	得分	选项	得分	选项	得分	选项	得分
1	g		d		f		c		a		h		b		e	
2	a		b		e		g		c		d		f		h	
3	h		a		c		d		f		g		e		b	
4	d		h		b		e		g		c		a		f	
5	b		f		d		h		e		a		c		g	
6	f		c		g		a		h		e		b		d	
7	e		g		a		f		d		b		h		c	
总计																

表 4-5　　　　　　　　　　团队角色对照评分表

题号	实干者	协调者	推进者	创新者	信息者	监督者	凝聚者	完善者
1	g	d	f	c	a	h	b	e
2	a	b	e	g	c	d	f	h
3	h	a	c	d	f	g	e	b
4	d	h	b	e	g	c	a	f
5	b	f	d	h	e	a	c	g
6	f	c	g	a	h	e	b	d
7	e	g	a	f	d	b	h	c
总计								

团队角色分析：

将答题纸上所得分分类填入表 4-5 中，进行总计，可以发现，在团队的八种角色中，你在哪种角色上得分最多，你在团队中就是哪种角色。如果两种角色得分相同，那么你就同时具有这两种角色。

【生命成长智慧】

不多事、不误事、不坏事

本任务是学习团队建设能力，从生命成长的角度来说，无论作为团队领导还是团队成员，都应该坚守不多事、不误事、不坏事的原则。不多事、不误事、不坏事的原则看似简单，要求不高，实则蕴意深刻。

"不多事"就是尽好本职、守好本分，看好自己的门，走好自己的路，做好自己的事，不该看的不看，不该问的不问，不该说的不说，不该做的不做，不缺位也不越位，不无事生非，知事晓事不多事，就会太平无事。

"不误事"就是勇于担当、敢于负责，坚持高标准、严要求，把岗位作为锻炼自己的舞台，认真履职尽责，把工作作为展示自己才能的载体，这是一种牢记使命、敬岗敬业的责任自觉。也只有责任才能使一个人坚持和长久。

"不坏事"就是走得端、行得正，不坏别人的事、不坏大家的事、不坏集体的事。现在职场里，有些人名利思想作怪、价值取向错位，"红眼病"严重，喜欢搬弄是非、挑拨离间、混淆黑白，他们不是跟事过不去，而是跟人过不去、跟心过不去。岂不知，举头三尺有神明，多行不义必自毙。要有阳光心态，光明磊落，坦坦荡荡，与人为善。

【任务思维导图】

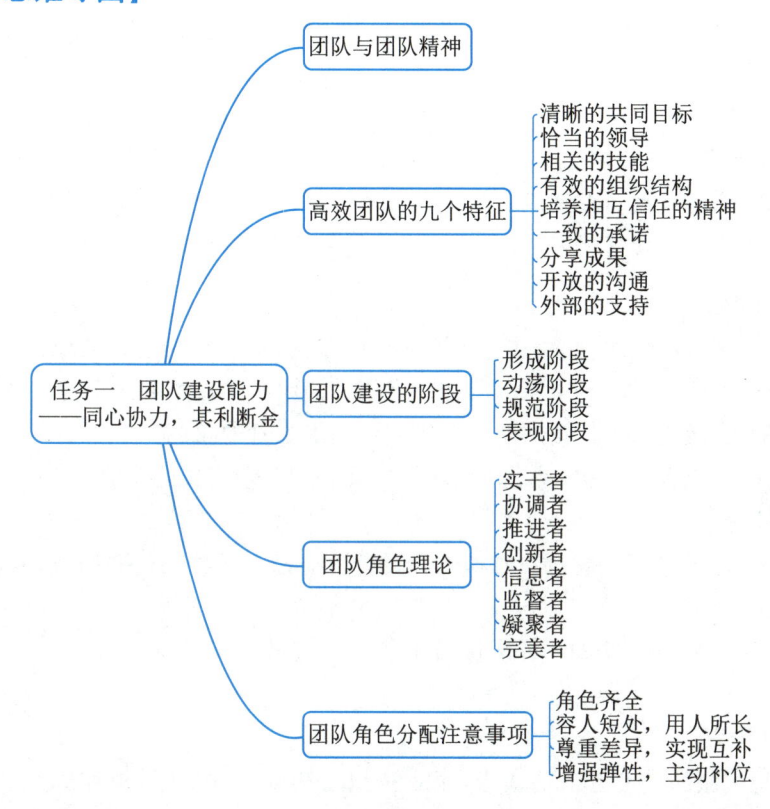

任务一 团队建设能力
——同心协力，其利断金

- 团队与团队精神
- 高效团队的九个特征
  - 清晰的共同目标
  - 恰当的领导
  - 相关的技能
  - 有效的组织结构
  - 培养相互信任的精神
  - 一致的承诺
  - 分享成果
  - 开放的沟通
  - 外部的支持
- 团队建设的阶段
  - 形成阶段
  - 动荡阶段
  - 规范阶段
  - 表现阶段
- 团队角色理论
  - 实干者
  - 协调者
  - 推进者
  - 创新者
  - 信息者
  - 监督者
  - 凝聚者
  - 完美者
- 团队角色分配注意事项
  - 角色齐全
  - 容人短处，用人所长
  - 尊重差异，实现互补
  - 增强弹性，主动补位

任务二　组织设计能力
——分工合作，聚合凝力

◇ **中国传统管理名言**

齐景公问政于孔子。孔子对曰："君君、臣臣、父父、子子。"——《论语·颜渊》

名不正则言不顺，言不顺则事不成——《论语·子路》

故军士虽众，统百万之夫如一人。夫节制工夫始于什伍，以至队哨，队哨而至部曲，部曲而至营阵，营阵而至大将。——《练兵实纪·严节制》

军不可从中御，军中之事，不闻君命，皆由将出。——《六韬·龙韬·立将》

组织的功能，在聚合安人的力量，协同一致。——曾仕强

【学习情境】

李莉的难题

李莉刚刚从某快餐连锁店的服务员晋升为主管。上任的第一天，工作很顺利。这一天的大部分时间，连锁店经理都在，他教给李莉日常工作程序和工作方法，并且安排好一天里的大部分工作。但是，第二天，什么事情都变得不顺利了。首先，有三个员工没有上班；临近中午时又有两个单位要求中午给他们送去200份盒饭；偏巧快餐店的一台用于加

工食品的微波炉又坏了;经理又打电话来说,他今天不到店里来了,要李莉对所有员工的表现作个评价,然后向他汇报。李莉以前从来没有做过管理工作,这些事也没有遇到过,而且由于有三个人没有来上班,人手严重不足,所以李莉有点不知所措。

在什么位置上就要考虑什么问题。作为基层主管,必须清楚明白地知道自身所处的位置、层级、所担负的岗位职责以及所拥有的权力。必须具备与所承担的角色相适应的管理知识、管理技能和管理心智模式。既不能把自己混同于一个普通员工,自己应该管的事情不去管;又不能越权处理问题,去管自己不应该管的事情。

【学习目标】

知识目标:理解组织的含义;熟悉组织设计的步骤;理解组织设计的原则;掌握组织部门化、层级化的方法;掌握职务设计的形式;掌握不同组织结构图的区别与联系。

能力目标:会运用组织设计的基本原理认清基层主管的角色。

素质目标:养成善于组织、善于协调组织内部各种关系的良好职业素养。

【学习任务】

1. 小组作业:为模拟公司进行组织结构设计。应设立哪些部门和岗位,需要招聘什么样素质的人?

2. 画出组织结构图,并编写各岗位描述书。

一、组织的含义

社会系统学派的代表巴纳德认为,正式组织有三个基本要素:协作意愿、共同目标和信息沟通。管理工作中组织的职能是指一个分配和安排组织成员之间的任务、权力和资源,以便他们能够开展工作,实现组织目标的过程。

1. 组织的类型

按组织内部是否存在正式分工关系分类,组织可分为正式组织和非正式组织。对于任何组织来说,无论其规模大小,正式组织和非正式组织都交互存在。

正式组织是指具有一定结构、统一目标和特定功能的行为系统。它有明确的目标、任务、结构和相应的机构、职能和成员的权责关系,以及成员活动的规范。我们一般谈到组织都是指正式组织。在正式组织中,其成员保持着形式上的协作关系,以完成企业目标为行动的出发点和归宿点。

人们在正式组织所安排的工作和人们在相互接触中,必然会有以感情、性格、爱好相投为基础形成若干人群,这些群体不受正式组织的行政部门和管理层次的限制,也没有明确规定的正式结构,但在其内部也会形成一些特定的关系结构,形成一些不成文的行为准则和规范。相对于正式组织来说,组织内的同乡、战友、牌友、球友等这些小群体就属于非正式组织。

非正式组织是在共同的工作中自发产生的,形式灵活,沟通顺畅,具有较强的凝聚力和渗透力。非正式组织形成的原因很多,如工作关系、兴趣爱好、血缘关系等。究其根本原因,它是人们追求一种在正式组织内无法满足的感情需求的体现。

2. 非正式组织的作用

非正式组织的作用有积极和消极两个方面。

当非正式组织的目标与正式组织目标一致时,非正式组织对正式组织管理可以起到积极的促进作用。其积极作用主要表现在：一是弥补成员的情感和社交需要。非正式组织可以增进成员间的交流和沟通，加深成员的安全感和归属感。二是缓解矛盾，增强组织的凝聚力和向心力。非正式组织成员的构成不受部门和级别限制，能给人提供心理认同等条件，有助于强化个人协作意愿，创造一种更加和谐、融洽的人际关系，提高成员的相互合作精神。三是扩大信息交流，完善意见沟通。一般来说，非正式组织覆盖组织的各个部门，可弥补常规信息收集渠道的不足。

非正式组织通常也会给组织带来一些潜在的问题。其消极作用主要表现在：一是抵制变革。当组织面临改革时，往往会影响到岗位的调整，进而遭到非正式组织成员的抵制，造成组织创新的惰性。二是目标冲突。当企业目标与非正式组织目标不一致或损害其利益时，往往会影响组织目标的贯彻实施。而且，成员个人既属于某个正式组织，又隶属于某个非正式组织，容易产生角色任务的冲突，从而降低组织活动的效率。三是从众压力。非正式组织要求成员行为一致性的压力，常常束缚其成员个人的发展，影响个人工作的积极性。如果成员不遵守群体规范，他将受到各种各样的制裁。

二、组织设计步骤

组织设计是组织工作中最重要、最核心的一个环节，着眼于建立一种有效的组织结构框架、对组织成员在实现组织目标中的分工协作关系做出正式、规范的安排。组织设计的目的，就是要形成实现组织目标所需要的正式组织。组织设计的步骤如图4-4所示。

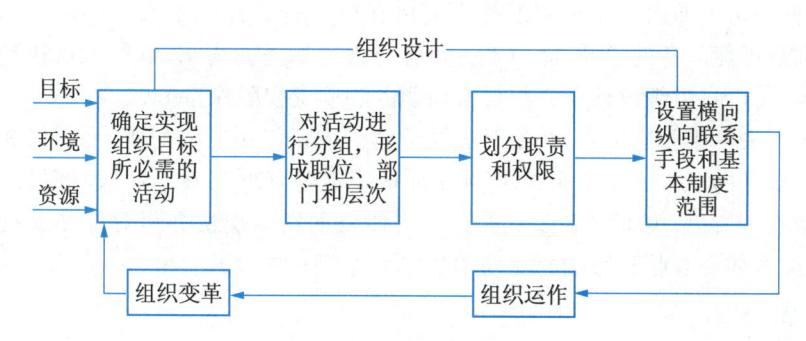

图 4-4 组织设计的步骤

（一）确定目标与活动

严格地说，确定目标属于计划工作的内容，组织工作通常是从确定实现目标所必需的活动开始的。

对企业生存发展影响重大的关键性活动，应该成为组织设计工作关注的焦点。其他的各种次要活动应该围绕主要的关键活动来配置，以达到次要活动服从服务和配合主要活动，确保企业使命、目标的实现。

（二）活动分组

分组，指的是组织单位的划分和整合，如图4-5所示。对活动进行分组，就是要考虑企业中哪些活动应该合并在一起，哪些活动应该分开。在分组过程中，要根据组织资源和环境条件对实现目标所必需的活动进行分组。总的原则是，贡献相同或相似的活动应该归并在一起，由一个单位或部门承担。例如，产品销售和市场营销活动可以合并在一个单位内，库存控制和采购职能以及质量检验和质量管理工作，可以合并在一起（贡献相似性）。

同时,在进行部门分合时还应该考虑尽可能使一项活动对其他活动的联系距离保持最短(关系相近性)。如苏宁易购曾于2013年将物流事业部纳入电子商务经营总部,支持小件商品全国快递服务、就体现了关系相近性。

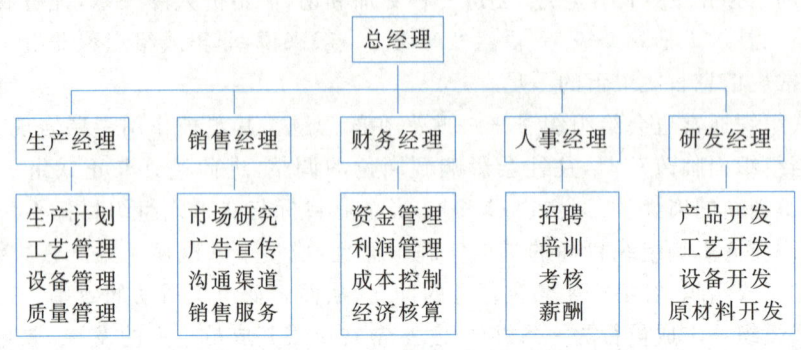

```
                          总经理
    ┌──────────┬──────────┼──────────┬──────────┐
  生产经理    销售经理    财务经理    人事经理    研发经理
  生产计划    市场研究    资金管理    招聘        产品开发
  工艺管理    广告宣传    利润管理    培训        工艺开发
  设备管理    沟通渠道    成本控制    考核        设备开发
  质量管理    销售服务    经济核算    薪酬        原材料开发
```

图 4-5　活动分组示意图

(三) 配备人员,赋予职权

分好组,划分好部门以后,就要根据工作和人员相称的原则为各职位配备合适的人员,并通过决策任务的分析确定每个职务所拥有的职责与权限。

工作和人员相匹配,职位和能力相适应,也即"人与事相结合",这是组织设计和人员配备工作中必须考虑的一个重要原则。为此,在职务设计时必须保持工作的适当的广度和深度,以便满足人的内在需求和发挥人的潜在能力;同时,配备人员必须考虑其现有的或经过培训后可能具备的素质、能力是否适合所设定职务的需求,以便人员得到最为妥当的配置。另一方面,组织设计还必须设法使职务和职责权限保持一致。

分配某人去承担相应工作,必须明确赋予他完成该工作任务的职责,同时相应地授予他履行该项职务的职权。而决策任务的分析是确定各管理层次、各管理部门的职责和职权的重要依据。所以,决策权应该下放到尽可能低的组织层次并尽可能使其接近活动现场,同时应注意使所有受到影响的活动和目标都得到充分考虑。

(四) 部门整合

如果说组织设计的前几个步骤重点在于把整个企业的活动分解为各个组成部分(各部门、各层次、各职位),那么这一步骤就是要设置各层次、各部门之间纵向与横向联系的手段,把各组成部分联结成一个整体,以使整个组织能够协调一致地实现企业的总体目标。可以说,分化与整合,或者说分工与协调,这是组织工作的两个核心内容。组织分化达到什么样的程度,相应的整合手段也应该达到同等程度的协调功能。

(五) 制度确立

在各部门纵向、横向联系手段确定以后就要进行业务流程和运行规范的设计。业务流程是指一组共同为顾客创造价值而又相互关联的活动。对业务流程进行合理设计,能够促进企业各方面工作走向规范化、标准化、正常化,同时可简化员工培训,使新手更好地适应工作,并促进组织的分权化管理。其设计内容通常包括流程步骤的确定、各步骤工作开展的先后顺序、各步骤的输入和输出信息以及负责的岗位部门等。

当然,规模较大的企业除了要设计业务流程这一基本的制度规范外,还要制定出指导组织运行的其他各项规章制度,包括人员招聘和选拔制度、人员培训与激励制度、工作命令与报告制度、绩效考核与评价制度等,使各方面的工作有"法"可依,达到有序、规范的运作状态。

三、组织设计原则

(一) 目标统一原则

目标统一是要求组织结构的设计和组织形式的选择必须有利于组织目标的实现。这就要求在组织设计时应以事为中心,因事而设置机构、职务,做到人与事高度配合。也就是要求使组织目标活动的每项内容都落实到具体的岗位和部门,事事有人做,人人有事做。这是组织设计的逻辑性要求。

(二) 指挥链与统一指挥原则

【管理定理】

手 表 定 理

手表定理是指一个人有一只表时,可以知道现在是几点钟,当他同时拥有两只表时,却无法确定。两只手表并不能告诉一个人更准确的时间,反而会让看表的人失去对准确时间的信心。手表定理在企业经营管理方面,给我们一种非常直观的启发,就是对同一个人或同一个组织的管理,不能同时采用两种不同的方法,不能同时设置两个不同的目标,甚至每一个人不能由两个人同时指挥,否则将使这个企业或这个人无所适从。手表定理所指的另一层含义在于,每个人都不能同时选择两种不同的价值观,否则,你的行为将陷于混乱。

指挥链原则是指要求指挥命令和汇报请示都必须沿着一条明确而又不间断的路线逐级传递,上级不越级发号施令(但可越级检查),下级也不越级汇报请示(但可越级告状和建议)。

统一指挥原则指组织中每个下属应当而且只能向一个上级主管直接汇报工作。

要形成指挥链,要求等级链必须是连续的,不能中断;任何下级只能有一个直接上级;不允许越级指挥;职能机构无权干涉直线指挥系统的工作。

(三) 管理幅度原则

管理层次是随着组织规模的扩大和关系的复杂化而产生的,与规模、管理幅度密切相关。任何一个主管人员有效地监督、指挥其下属的人数都是有限的。这里所讲的上级直接指挥下属的数目就是管理宽度,也有的称之为管理跨度或管理幅度。管理幅度要考虑的问题是一个主管到底直接领导多少人才能保证管理是有效的。一般的认识是,理想的管理宽度为4~8人,但实际经验表明这个数字将根据人员及具体情况不同而不同。管理幅度受很多因素的影响。

(四) 权责一致原则

在组织设计时,既要明确规定每一管理层次和各个部门的职责范围,又要赋予完成其职责所必需的管理权限,使职责与职权相协调。只有职责没有职权、或权限太小,则其积极性、主动性必然要受到束缚,实际上也不可能承担起应有的责任;相反,只要职权而不承担任何责任,或责任程度小于职权,将会导致滥用权力和瞎指挥,产生官僚主义。因此应尽量避免这种现象的产生，设计时应将职务、职责和职权形成规范，订立章程，使在其位的人有所遵从。

（五）集权与分权相结合原则

为了保证有效的管理，必须实行集权分权相结合的领导体制。该集中的权力集中起来，该下放的权力则分给下级，这样才能加强组织的灵活性和适应性。详见模块四任务四。

（六）精干高效原则

精干是机构少，人员精；高效是工作效率和工作质量高。精干高效是要求在服从由组织目标所决定的业务活动需要的前提下，力求减少管理层次，精简管理机构和人员，充分发挥组织成员的积极性，提高管理效率，更好地实现目标。只有机构精简、队伍精干组织的，工作效率才会提高。如果组织层次繁多，机构臃肿，人浮于事，则势必导致人力资源的浪费，并滋生官僚主义作风。因此必须强调精干高效的原则。

（七）分工协作原则

组织结构的设计和组织形式的选择越能反映目标所必需的各项任务和工作的分工，以及彼此间的协调，委派的职务则越能适合担任这一职务的人的能力与动机，其组织结构和形式就越是有效。这就要求组织设计应按照提高管理专业化程度和工作效率的要求，把组织的目标分成各级、各部门以及各个人的目标和任务，使之都了解自己在实现组织目标中应承担的工作职权。协作是与分工相联系的一个概念，有分工就必然有因此而带来的协作问题。部门之间难免产生利益冲突，如安全部门在减少事故方面的种种努力可能被生产部门看作是故意找麻烦；对于畅销产品，销售部门期望的交货日期，生产部门也许感到难以接受，等等。因此组织设计应尽量减少冲突、增加协调。

组织设计的原则和要点，如图 4-6 所示。

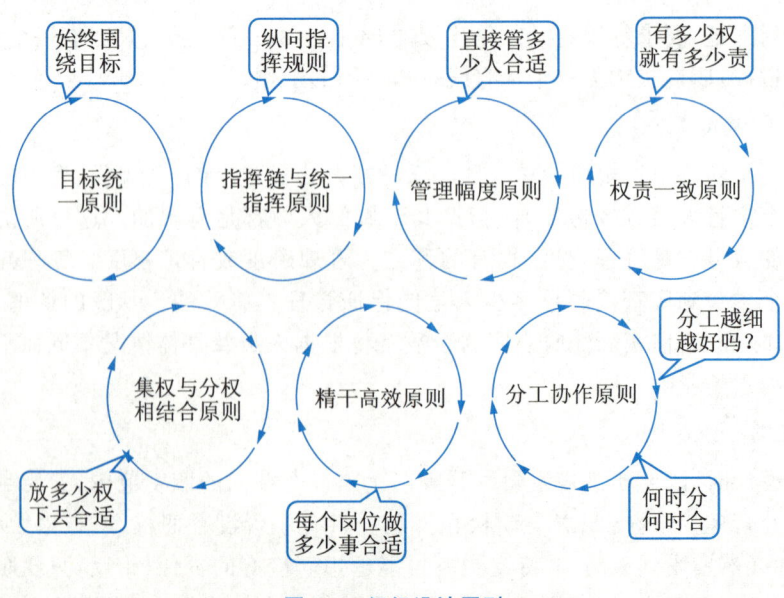

图 4-6 组织设计原则

【小思考】

生产部长说："如果我们不生产,什么也不会发生。"技术开发部部长打断说："如果我们不进行设计,什么事也不会发生。"销售部部长说："如果不是我们把产品卖出去,那才真是什么都不会发生呢!"上述谈话说明该组织在哪方面存在严重问题?

四、组织部门化

组织结构设计的实质是按照劳动分工的原则将组织中的活动专业化,而劳动分工又要求组织活动保持高度的协调一致性。协调的有效方法就是组织的部门化。组织的部门化,主要是解决组织的横向结构问题。部门是指组织中主管人员为完成规定的任务有权管辖的一个特定领域。但部门这一术语在不同的组织有不同的称呼,如企业称其为公司、部和处、车间、科室等;军队用师、团、营、连等称呼;政府单位则称部、局、处、科等。部门划分的目的在于确定组织中各项业务的分配与责任的归属,以求分工合理、职责明确、有效地达到组织的目标。

(一) 职能部门化

把相同或相似的活动归并在一起,作为一个管理单位即为职能部门化,是一种传统而基本的广泛采用的组织结构形式。如图 4-7 中的财务、生产、营销、采购研发、人事、法律等基本职能。

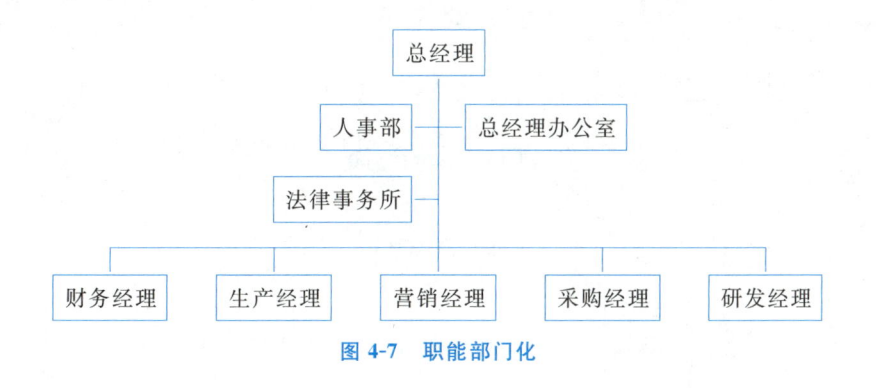

图 4-7 职能部门化

(二) 产品部门化

按照企业向社会提供的产品来划分部门,如图 4-8 中的 A 产品总经理与 B 产品总经理。

(三) 区域部门化

按地理区域划分部门,如图 4-9 中的中国市场部、日本市场部、韩国市场部、澳大利亚市场部。

(四) 顾客部门化

按照服务对象或用户的不同类型来划分部门,如图 4-10 中的零售商部、批发商部、法人团体部以及某公司划分男装市场部、女装市场部、童装市场部、老人市场部。

图 4-8 产品或服务部门化

图 4-9 地域部门化

图 4-10 顾客部门化

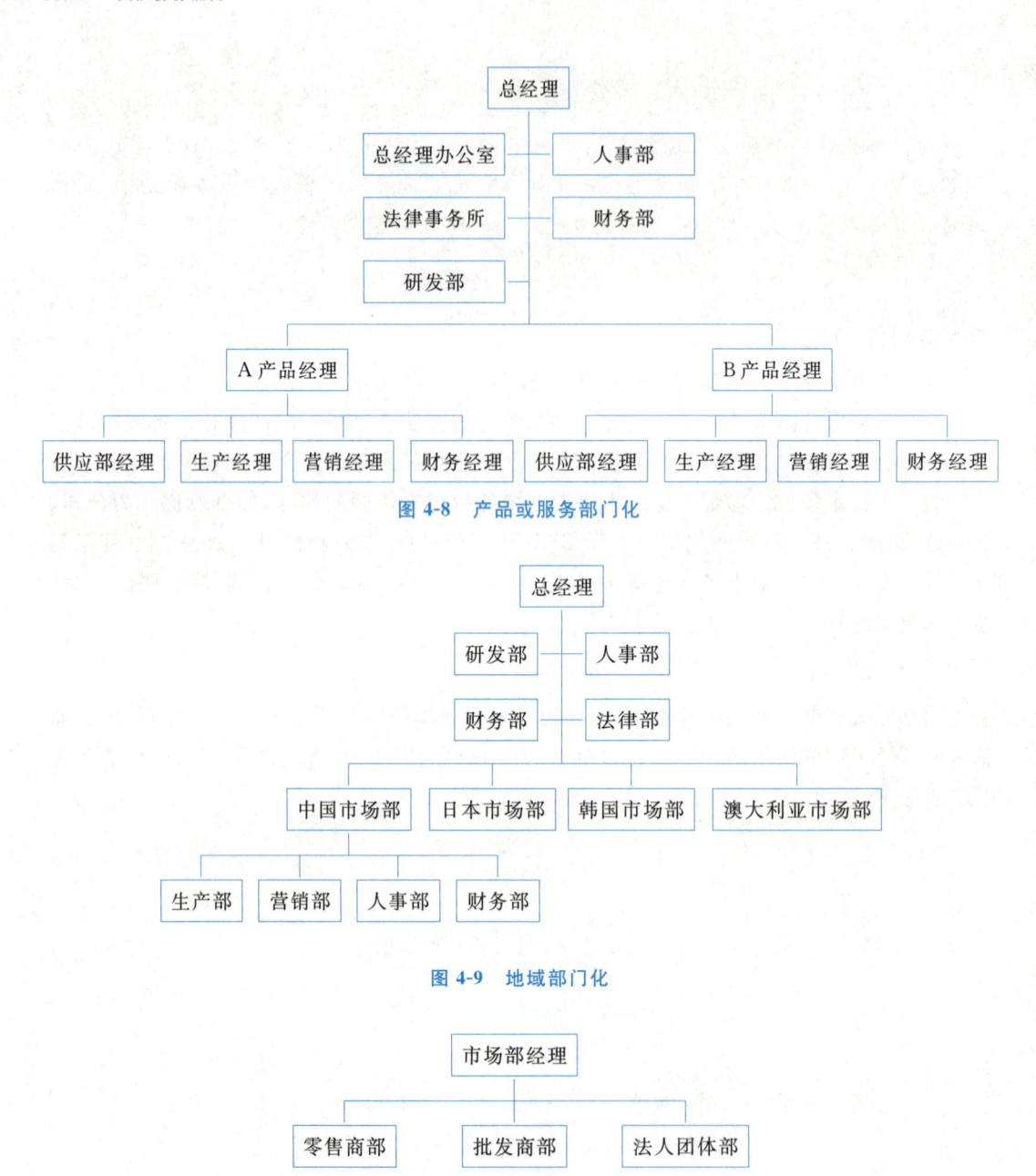

(五) 时间部门化

按照时间划分部门,如医院、交通部门、生产企业等采用的早、中、晚班轮班制。

(六) 设备部门化

按照使用的设备不同来划分部门,如医院的心电图室、B超室、胃镜室、CT室等。

(七) 流程部门化

按照生产过程、工艺流程或设备来划分部门即为流程部门化。大型的制造企业常采用这种组织结构形式。如图 4-11 中的燃煤供应部、锅炉部、汽轮机部、发电机部、送配电部等。

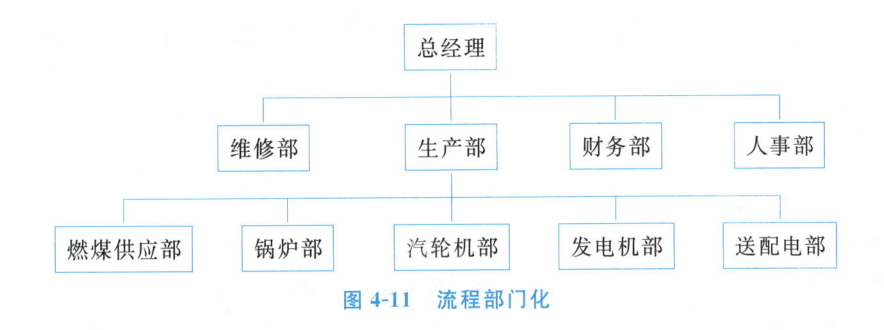

```
                    总经理
    ┌──────┬────────┼────────┬──────┐
   维修部  生产部   财务部   人事部
         ┌────┬────┼────┬────┐
      燃煤  锅炉  汽轮机 发电机 送配电
      供应部  部    部    部    部
```

图 4-11　流程部门化

不同组织部门化方式的优缺点及适用情形如表 4-6 所示。

表 4-6　　　　　　　　　不同部门化方式的比较

部门化方式	优　点	缺　点	适　用　举　例
职能部门化	有利于专业化管理；节约人力、提高效率、简化训练	片面强调部门工作，容易各自为政；主管过于专业化；环境适应性差	制造企业把工作归类为财务、生产(制造)、销售(市场)、采购、研究与开发、人事、总务和计划8个基本的职能部门；生产职能细分为：制造、质量控制、技术、设备等
产品部门化	适应能力强；有利于调动内部积极性	独立性太强；整体性差，协调和控制相当困难，对管理人员能力要求高	某汽车工业公司内部分别设客车分公司、卡车分公司等。海尔的组织结构是：集团下辖冰箱、冷柜、洗衣机、空调、金融及生物工程事业发展部
区域部门化	对本地区顾客与环境能迅速反应	地区分散，人力和控制系统成本增加	某公司把部门划分为华南中心、华北中心、东北中心、西北中心
顾客部门化	有效满足顾客的喜好和特殊要求	部门协调困难	电力公司分普通用户和专业用户部门，分别为居民用电和单位用电服务
时间部门化	便于集中管理	不同部门协调困难	生产企业的早、中、晚三班制；交通、邮电、医院等轮班制
设备部门化	便于专业化管理	设备使用协调难度大	如医院的心电图室、脑电图室、B超室等部门
流程部门化	易于形成流水线	前后流程协调困难	如某生产厂分为燃煤供应部、锅炉部、汽轮机部、发电机部、供配电部

五、组织层级化

组织层级化是指组织结构设计中需要确定管理层级数目和有效的管理幅度，需要根据组织集权化的程度，规定纵向各层级之间的权责关系，最终形成一个能够对内外环境要求做出动态反应的有效组织结构形式。组织的层级化，主要是解决组织的纵向结构问题。

(一) 管理层次与管理幅度的概念

(1) 管理层次：组织内部纵向管理系统所划分的等级数。一个组织中集中着众多的员工，作为主管，不可能面对每一个员工直接进行指挥和管理，这就需要设置管理层次，逐级地进行指挥和管理。一个组织中，管理层次的多寡，一般是根据组织中工作量的大小和组织规模的大小来确定的。工作量较大的组织、组织规模较大的组织通常管理层次多一些,反之管理层次就比较少。

管理层次对组织有重要的影响。一般来讲,在可能的情况下,组织内的管理层次应该尽量少。减少管理层次的好处有:可以减少管理人员,节约管理费用;可以加快信息传递,有助于提高管理工作效率;可以增加上下级直接接触的机会;有助于增加共识,消除隔阂,加强指导,提高领导的有效性;有助于扩大下属的管理权限,调动下属人员工作的积极性、主动性和创造性,以提高其管理能力和管理水平;可以克服机构复杂、人浮于事、文件过多、官僚主义等机关综合征。

(2) 管理幅度:一个主管人员能直接有效地管辖的下属人数。管理幅度与层次成反比关系。

组织层次受到组织规模和管理幅度的影响。它与组织规模成正比。组织规模越大,组织的工作越复杂,其层次也就越多;在组织规模已确定的情况下,组织层次与管理幅度成反比。即上级直接领导的下属越多,组织层次就越少,反之就越多,如图 4-12 所示。

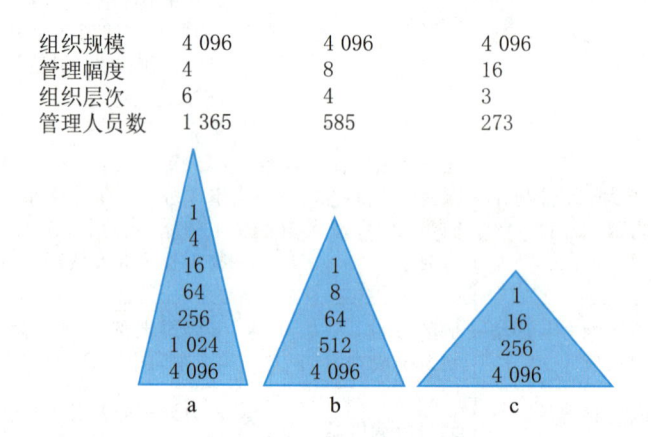

组织规模	4 096	4 096	4 096
管理幅度	4	8	16
组织层次	6	4	3
管理人员数	1 365	585	273

a
1
4
16
64
256
1 024
4 096

b
1
8
64
512
4 096

c
1
16
256
4 096

图 4-12 管理幅度、管理层次、组织规模关系图

(二) 影响管理幅度的因素

管理幅度的大小直接决定了管理层次的多寡;管理人员数量的多寡;相互之间协调工作的难度;上下级之间的信息传递的失真度;办事效率等。因此管理幅度大小的确定,显得尤为重要。但是从理论上论证或实践中归纳管理幅度的适当数量界限,是极为困难的。在组织结构设计中,应首先分析影响管理幅度的因素,然后根据实际情况灵活地确定其数量。有效管理幅度的影响因素主要有如下几种:

(1) 管理者的素质和能力。综合素质较高的管理者,其管理幅度往往可以大些。

(2) 下属的素质和能力。一般来讲,下属的素质能力越高,管理者的管理幅度越大。

(3) 工作内容和性质。主管所处的管理层次越高,则管理幅度越小;下属工作内容越相似,则管理幅度越大;计划越完善,则管理幅度越大;主管所承担的非管理事务越多,则管理幅度越小。

(4) 工作环境。一般而言,环境越稳定,管理幅度越大;环境越不稳定,幅度越小。

(5) 工作条件。助手配备情况:配备有助手,则管理幅度可增大;信息手段的配备情况:信息手段越先进,则管理幅度可越大;下属工作地点的相近性:下属工作地点越相近,则管理幅度越大。现实中上级的管理幅度要小于下级的管理幅度。

【小资料】

"一个管理者适宜管理多少下属？"这是古典组织设计理论中被反复讨论的问题。不同的学者在这个问题上的看法不尽相同，一些学者认为是 5~6 人，而其他一些学者则认为可达 10~12 人甚至更多。而在电子商务环境中，有人认为，管理幅度可以达到 150 人。

（三）组织层级化的两种结构

组织层级化的两种结构，如表 4-7 所示。

表 4-7　　　　　高耸型结构与扁平型结构的区别与联系

比较类别	高耸型结构（宝塔式）	扁平型结构
含　义	管理层次众多；管理幅度比较小	管理层次少，管理幅度大
优　点	❶ 严密监督、控制； ❷ 主管人员同直属人员联系沟通； ❸ 各级主管职务位置多，为下属人员提供较多晋升机会等	❶ 管理费用减少； ❷ 沟通联系渠道快，减少信息失真； ❸ 更多授权，有利于激发下属热情等
缺　点	❶ 层次多引起管理费用增加； ❷ 信息传递时间长； ❸ 信息内容被扭曲； ❹ 给社会带来等级身份改变等	❶ 管理人员负担重，难以对下属细致指导； ❷ 下级人员需要自动、自发、自律，易失控； ❸ 同级之间沟通比较困难

六、职务设计的形式

职务设计与分析是组织设计的最基础工作。职务设计是在目标活动逐步分解的基础上，设计和确定组织内从事具体管理工作所需的职务级别和数量，分析担任该职务的人员应负的责任以及应具备素质要求。职务设计的形式通常有三种：职务专业化、职务扩大化和职务丰富化。

职务设计的三种形式比较，如表 4-8 所示。

表 4-8　　　　　　　职务设计形式比较

比较项目	职务专业化	职务扩大化	职务丰富化
含　义	将职务划分为细小的任务	通过增大职务范围而使之得到横向扩展	通过增加工作的评价职责使职务纵向扩展
优　点	提高人员的工作熟练程度； 减少因工作变换而损失的时间； 有利于使用专用设备； 减少员工的培训要求； 扩展企业招工对象的来源范围； 降低生产的劳动成本	发展员工的多样技能； 减少工作的单调和枯燥感	从增加员工对工作的自主性和责任心的角度，使其体验工作的内在意义、挑战性和成就感
缺　点	造成工作之间的协调成本上升； 使工作人员的积极性受到影响； 导致员工的厌烦和不满情绪； 影响工作的质量和总体效率	员工技能要求高； 招聘成本高； 培训要求高	人员素质要求高； 管理控制要加强

七、常见组织结构形式

(一) 直线制组织结构

含义：直线制组织结构没有职能机构，从最高管理层到最基层，实行直线垂直领导，是最早使用，也是最为简单的一种组织结构形式，也是一种集权式的组织结构形式，如图 4-13 所示。

```
                    厂长
        ┌────────────┼────────────┐
     车间主任      车间主任      车间主任
        │            │            │
      班组长        班组长        班组长
```

图 4-13 直线制组织结构

优点：沟通迅速；指挥统一；责任明确。
缺点：管理者负担过重，难以适应复杂职责。
适用：企业规模不大，职工人数不多、生产和管理工作比较简单，没必要按职能实行专业化管理的小型企业。

(二) 职能制组织结构

含义：又称为"U"型结构。设置若干职能部门，并都有权在各自业务范围内向下级下达命令，如图 4-14 所示。

```
                    厂长
        ┌──────┬──────┬──────┐
      生产科  销售科  财务科  人事科
        └──────┴──────┴──────┘
              车间主任或工段长
```

图 4-14 职能制组织结构

优点：有利于专业管理职能的充分发挥，提高专业化程度，能够充分发挥职能机构的专业管理工作；减轻直线管理人员的工作负担。
缺点：破坏统一指挥原则，不利于明确划分直线领导人员和职能机构的职责和权限；各职能机构往往都从本单位的业务工作出发，不能很好地相互配合，横向联系差，环境适应性差，不利于培养高层次管理人员。
适用：很少有企业采用这种结构。

(三) 直线职能制组织结构

含义：既设置纵向的直线指挥系统，又设置横向的职能管理系统，以前者为主体建立的二维管理组织。职能部门拟订的计划方案以及指令统一由直线领导批准下达，职能部门对下级领导者和下级机构无权直接下达命令和进行指挥，只起业务指导作用，除非上级直线管理人员授予他们某种职能职权，如图 4-15 所示。

图 4-15 直线职能制组织结构

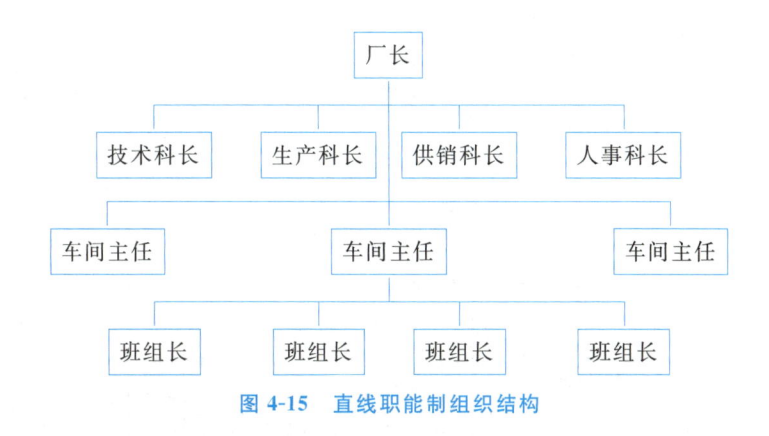

优点:既保证统一指挥,又加强专业管理。

缺点:直线人员与参谋人员关系难协调;权力高度集中于最高管理层,下级缺乏必要的自主权;信息传递路线长,反馈较慢,不易迅速适应新情况。

适用:目前绝大多数中小型企业,甚至学校、机关、医院都采用这种模式。

(四)事业部制组织结构

含义:事业部制又称为部门化组织结构,在直线职能框架基础上,把企业的生产经营活动按产品或地区不同,设置独立核算、自主经营的事业部;在总公司的领导下,统一政策,分散经营,即"政策制定集权化,业务经营分权化",如图 4-16 所示。

图 4-16 事业部制组织结构

优点:有利于发挥事业部的积极性,主动性,更好地适应市场;改善了企业的决策结构,缩小了核算单位;公司高层集中思考战略问题;有利于培养综合管理人才;有利于开展多元化经营,增强了企业生产经营活动的适应能力。

缺点:存在分权带来的不足,指挥不灵,机构重叠;增加了管理费用负担;各事业部之间本位主义严重,调度和反应不够灵活;对管理者要求能力更高。

适用:企业规模较大,产品种类较多、各种产品之间的工艺差别也较大,市场条件变化较快,面对多个不同市场、要求适应性比较强的大型联合企业或跨国公司。

(五)矩阵制组织结构

含义:由按职能划分的纵向指挥系统与按产品、项目组成的横向系统结合而成的两维组织。横向系统的项目所需的人员从各职能部门抽调,接受本职能部门和项目组的双重领导;项目组一般针对项目临时成立,项目结束后,项目组立即撤销,人员回到原部门工作;为了保证完成特定的组织目标,每个项目小组都设有负责人,在企业最高领导人的直接领导下工作，如图 4-17 所示。

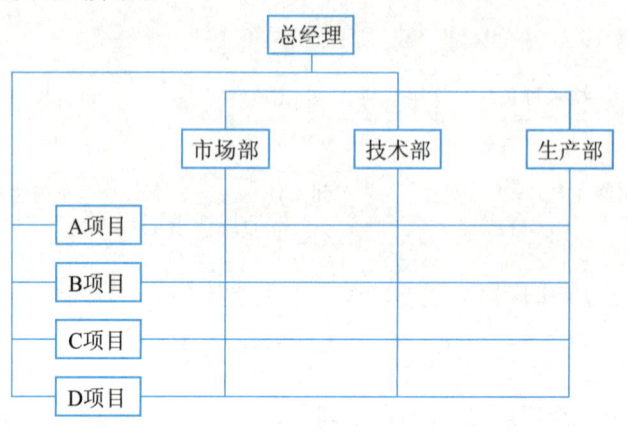

图 4-17 矩阵制组织结构

优点：纵横结合，有利于配合；有较强的应变能力。
缺点：影响命令统一原则的贯彻；横向项目经理管理工作更多地依靠协调，对其要求较高。
适用：适用于以完成项目为主或者完成专项性临时性任务，尤其是设计、研制、项目开发等工作的企业，如军工、航天科技、高科技企业、建筑项目施工企业等。

（六）模拟分权制组织结构

含义：模拟分权制是一种介于直线职能制和事业部制之间的结构形式，如图 4-18 所示。许多大型企业，如连续生产的钢铁、化工企业由于产品品种或生产工艺过程所限，难以分解成几个独立的事业部。又由于企业的规模庞大，以致高层管理者感到采用其他组织形态都不容易管理，这时就出现了模拟分权制组织结构形式。所谓模拟，就是要模拟事业部制的独立经营，单独核算，而不是真正的事业部，实际上是一个个"生产单位"。

特点：这些生产单位有自己的职能机构，享有尽可能大的自主权，负有"模拟性"的盈亏责任，目的是要调动他们的生产经营积极性，达到改善企业生产经营管理的目的。需要指出的是，各生产单位由于生产上的连续性，很难将它们截然分开，就以连续生产的石油化工为例，甲单位生产出来的"产品"直接就成为乙生产单位的原料，这当中无需停顿和中转。因此，它们之间的经济核算，只能依据企业内部的价格，而不是市场价格，也就是说这些生产单位没有自己独立的外部市场，这也是与事业部的差别所在。

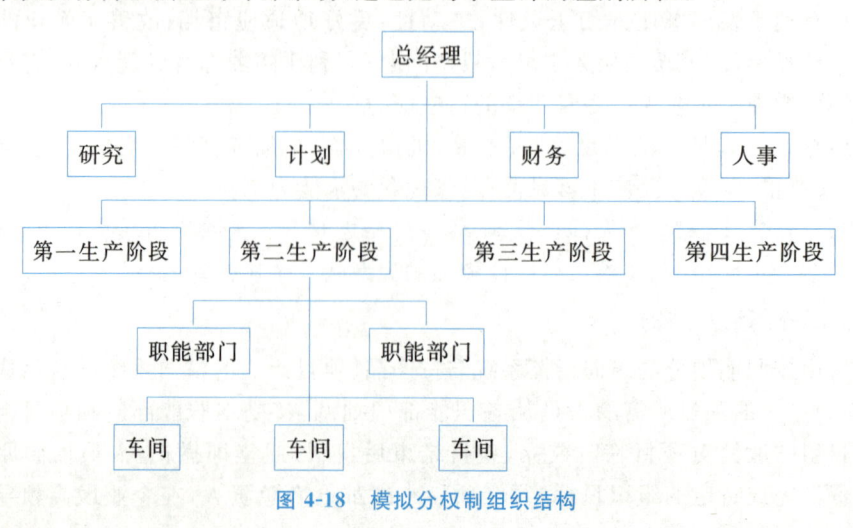

图 4-18 模拟分权制组织结构

优点:模拟分权制的优点除了调动各生产单位的积极性外,还能解决企业规模过大不易管理的问题。高层管理人员将部分权力分给生产单位,减少了自己的行政事务,从而把精力集中到战略问题上来。

缺点:不易为模拟的生产单位明确任务,造成考核上的困难;各生产单位领导人不易了解企业的全貌,在信息沟通和决策权力方面也存在着明显的缺陷。

各种组织结构形式的对照比较,如表 4-9 所示。

表 4-9　　　　　　　　　常见组织结构形式比较表

类型	含义	管理结构	管理费用	决策效率	管理责任	对管理者要求	典型不足	适用情形
直线制	各级管理者都按垂直系统对下级进行管理,不设专门的职能管理部门,层次分明	简单	低廉	迅速	明确	要求管理者有多种管理专业知识和生产技能	环境适应性差	产品单一、工艺简单、规模较小的小型企业
职能制	各级管理者均配备通晓业务的专门人员和职能机构作为辅助者直接向下发号施令	混乱	成本高,且易导致浪费	横向联系差,到时决策缓慢	混乱	对管理者专业知识要求单一	破坏统一指挥原则	很少采用
直线职能制	既设置直线主管,又设置职能部门,分别从事职责范围内的专业管理,但对下只进行业务指导,提出建议,无权向下属直接发号施令	相对比较清晰	管理通畅,有利于发挥每一位管理人员的作用	有赖于直线部门与参谋部门的协调	长期应用易导致横向沟通的矛盾与不协调	要求认真培养管理者责任心及职能部门之间的协作能力	对环境变化反应迟钝	绝大多数中小型企业
事业部制	在直线职能框架基础上,设置独立核算、自主经营的事业部	复杂	成本高,需要靠高成长业绩支撑	关键在于调动各事业部的积极性	统一政策、分散经营,责任清晰	对管理者能力要求及其综合素质要求较高	政策统一性与分散经营的协调难度很大	多个领域或地域从事多种经营的大型企业
矩阵制	按职能划分的纵向指挥系统与按产品、项目组成的横向系统结合的两维组织	破坏命令统一原则	成本高,易导致相互推诿	易培养合作精神与全局观	清晰、明确	对项目负责人要求高	不利于专业人员长远发展,难以树立责任心	适用于专项性、临时性、研究型任务
模拟分权制	介于直线职能制和事业部制之间的结构形式	比较复杂	成本高,需要靠高成长业绩支撑	各生产单位领导人不易了解企业的全貌	统一政策、分散经营,责任清晰	对管理者能力要求及其综合素质要求较高	不易为模拟的生产单位明确任务,考核困难	由于产品品种或生产工艺过程所限,难以分解成独立事业部的钢铁或化工企业

【知识测试】

一、单选题

1. 出现较早,适用于小型企业的组织结构是(　　)。
   A. 事业部制　　　　　　　　　　B. 矩阵制
   C. 直线职能制　　　　　　　　　D. 多维立体结构

2. 采用"集中决策,分散经营"的组织结构是(　　)。
   A. 直线型　　B. 职能型　　C. 事业部制　　D. 矩阵型

3. 部门划分是为了解决组织的(　　)问题。
   A. 纵向结构　　B. 横向结构　　C. 纵向协调　　D. 横向协调

4. 部门划分普遍采用的是按(　　)划分。
   A. 产品　　B. 地区　　C. 职能　　D. 时间

5. 组织集权或分权的程度,一般依管理层次拥有的(　　)权来确定。
   A. 领导　　B. 决策　　C. 计划　　D. 时间

6. 管理层次产生的主要原因是(　　)。
   A. 职能分工的需要　　　　　　　B. 管理幅度的限制
   C. 权责明确的需要　　　　　　　D. 部门划分的需要

7. 组织规模一定时,组织层次和管理幅度呈(　　)关系。
   A. 正比　　B. 指数　　C. 反比　　D. 相关

8. 层次划分的目的是解决组织的(　　)问题。
   A. 纵向协调　　B. 横向结构　　C. 纵向结构　　D. 横向协调

9. 沸光广告公司是一家大型广告公司,业务包括广告策划、制作和发行。考虑到一个电视广告设计至少要经过创意、文案、导演、美工、音乐合成、制作等专业的合作才能完成,下列(　　)组织结构能最好地支撑沸光公司的业务要求。
   A. 直线制　　B. 职能制　　C. 矩阵制　　D. 事业部制

10. 对于业务广泛的公司,要应付复杂多变的环境,以下(　　)组织形式是最合适的。
    A. 直线职能式　　　　　　　　　B. 矩阵式
    C. 事业部制　　　　　　　　　　D. 委员会制

11. 许多从小到大发展起来的企业,在其企业发展的初期采用的是直线制的组织结构,这种结构所具有的最大优点是(　　)。
    A. 能够充分发挥专家的作用,提高企业的经营效益
    B. 加强了横向联系,能够提高专业人才与专用设备的利用率
    C. 每个下级能够得到多个上级的工作指导,管理工作深入细致
    D. 命令统一,指挥灵活,决策迅速,管理效益提高

12. 一家产品单一的跨国公司在世界许多地区拥有客户和分支机构,该公司的组织结构应考虑按(　　)因素来划分部门。
    A. 职能　　B. 产品　　C. 地区　　D. 矩阵结构

13. 有一天,某公司总经理发现会议室的窗户很脏,好像很久没有打扫过,便打电话将这件事告诉了行政后勤部负责人,该负责人立刻打电话告诉事务科长,事务科长又打电话给公务班长,公务班长便派了两名员工去清理,很快就将会议室的窗户擦干净。过了一段时间,同样的情况再次出现。这表明该公司在管理方面存在着(　　)问题。

  A. 组织层次太多　　　　　　　B. 总经理越级指挥
  C. 各部门职责不清　　　　　　D. 员工缺乏工作主动性

14. 企业管理人员设计组织的管理层次和管理幅度,确定各个管理部门和岗位,规定他的责任和权力。这些工作称为(　　)。

  A. 职能分析　　　　　　　　　B. 管理规范设计
  C. 组织结构设计　　　　　　　D. 协调方式的设计

15. 某总经理把产品销售的责任委派给分管市场经营的副总经理,由其负责所有地区的经销办事处,但同时总经理又要求各地区经销办事处的经理们直接向总会计师汇报每天的销售数字,而总会计师也可以直接向各经销办事处经理们下达指令。总经理的这种做法违反了(　　)原则。

  A. 责权对应　　　　　　　　　B. 统一指挥
  C. 集权化　　　　　　　　　　D. 职务提高、职能分散

16. 某公司有员工64人,假设管理幅度为8人,该公司管理人员和管理层次分别为(　　)。

  A. 10人,4层　　　　　　　　B. 9人,2层
  C. 9人,4层　　　　　　　　　D. 8人,3层

17. 风华实业公司采用职能型组织结构,这种组织结构可能带来的最大缺陷是(　　)。

  A. 各部门之间难以协调　　　　B. 多头指挥
  C. 高层管理者难以控制　　　　D. 职权职责不分

18. 河北省邯郸钢铁厂是一家拥有300多亿资产的巨型组织,在目前钢材多样化和高科技化的市场需求面前,您认为最适宜的组织结构形式是(　　)。

  A. 直线职能制　　B. 矩阵制　　C. 委员会制　　D. 事业部制

19. 社会系统学派的代表巴纳德提出了构成组织的基本要素,它们包括(　　)。

  A. 共同的目标,相互的协调,信息的交流
  B. 共同的目标,协作的意愿,信息的沟通
  C. 共同的目标,协作的意愿,情感的沟通
  D. 合作的意愿,信息的交流,情感的融合

20. 责任、权力、利益三者之间不可分割,必须是协调的、平衡的和统一的。这就是组织工作中的(　　)原则。

  A. 目标任务　　　　　　　　　B. 分工协作
  C. 责权利相结合　　　　　　　D. 统一指挥

21. 在组织规模一定的条件下,管理层次越少,其管理幅度就会(　　)。

  A. 越大　　　B. 越小　　　C. 不变　　　D. 不确定

22. 确定合理的管理幅度是进行组织设计的一项重要内容。关于什么是合理的管理幅度,对于下列四种说法,你最赞同(　　)。

A. 管理幅度越窄,越易控制,管理人员的费用也越低

B. 管理幅度越宽,组织层次越少,但管理人员的费用会大幅度上升

C. 管理幅度应视管理者能力、下属素质、工作性质等因素的不同而定

D. 管理幅度的确定并不是对任何组织都普遍重要的问题,无须过多考虑

23. 关于管理幅度和管理层次,下述说法中明显不正确的是(　　)。

A. 管理层次一般与组织规模成正比

B. 组织成员越多,管理层次一般也就越多

C. 在组织规模一定的条件下,管理层次与管理幅度成反比

D. 主管所能直接控制的下属越多,管理层次一般也就越多

24. 在(　　)情况下,管理幅度可以适当加大。

A. 所处管理层次较高的主管人员　　　B. 工作环境不稳定

C. 计划完善　　　　　　　　　　　　D. 不同下属工作岗位的分布比较分散

25. 中华商务中心是一家合资企业,以物业经营为主要业务。目前有写字楼租户272家,公寓租户426家,商场租户106家。公司在总经理下设有物业部、市场部、财务部、人事部、公关部、业务发展部等部门。物业部下设置了写字楼管理部、公寓管理部、商场管理部以及其他配套部门。试问,其整个公司和物业部内部的组织结构设计分别采取了(　　)的划分形式。

A. 职能部门化和顾客部门化　　　　　B. 顾客部门化和职能部门化

C. 均为职能部门化　　　　　　　　　D. 均为顾客部门化

26. 组织中各层次领导负责行使该层次全部管理工作,不设职能机构,这样的组织结构形式称为(　　)组织结构。

A. 直线制　　　B. 直线职能制　　　C. 分部制　　　D. 矩阵制

27. 汪力是民营企业的职员,他经常接到来自上边的两个有时甚至相互冲突的命令。(　　)是导致这一现象的最本质原因。

A. 组织设计上采取了职能型结构

B. 出现了越级指挥问题

C. 组织层次设计过多

D. 组织运行中有意或无意地违背了统一指挥原则

28. 易导致多头领导,不能实行统一指挥的组织形式是(　　)。

A. 直线制　　　B. 职能制　　　C. 直线职能制　　　D. 事业部制

29. 在以下组织结构形式中,能够有效结合组织的纵向垂直管理和横向水平管理的组织结构形式是(　　)。

A. 直线职能制　　　B. 部门直线制　　　C. 事业部制　　　D. 矩阵制

30. 某公司随着经营规模的扩大,其由总经理直管的营销队伍也从3人达到近100人。最近公司发现营销人员似乎有点松散,对公司的一些做法也有异议,但又找不到确切的原因。从管理的角度看,你认为出现这种情况的主要原因最大可能在于(　　)。

A. 营销人员太多,产生了鱼龙混杂的情况
B. 总经理投入的管理时间不够,致使营销人员产生了看法
C. 总经理的管理幅度太宽,以至于无法对营销队伍实行有效沟通
D. 营销队伍的管理层次太多,使得总经理无法与营销人员实行有效沟通

31. 非管理性事务的增多会使管理幅度(   )。
    A. 增加   B. 不变   C. 缩小   D. 扩大

32. 组织纵向结构设计的结果是(   )。
    A. 组织的部门化   B. 组织的层级化
    C. 管理幅度   D. 职务分析与设计

33. 按照地域的分散化程度划分企业的业务活动,继而设置管理部门的是(   )。
    A. 产品部门化   B. 地域部门化
    C. 顾客部门化   D. 职能部门化

34. 按照工作或业务流程来组织业务活动的是(   )。
    A. 职能部门化   B. 地域部门化
    C. 流程部门化   D. 顾客部门化

35. 某公司人力资源部在公司的快速发展时期,为公司人力资源的开发利用做出了重要贡献。有人说,这在相当程度上得益于人力资源部前几年在内部进行了较细致的专业分工,从而使有关人员可以快速熟悉专业,提高业务水平。但近来公司领导发现该部门工作效率和工作质量出现了一定的滑坡,许多成员不满于单调乏味的工作。对此,你认为应当(   )。
    A. 严格内部规章制度,以改善工作作风和工作态度
    B. 调整该部门领导班子,促其改变当前的工作面貌
    C. 以工作丰富化为原则,进行工作和职务再设计
    D. 调整该部门的工作目标,将部门职能分解出去

36. 某企业采用直线职能制的组织结构,企业中共有管理人员42人,其中厂长1人,车间主任4人,班组长18人,职能科长3人,科员16人。每一岗位均不设副职。这时,厂长的管理幅度为(   )。
    A. 4   B. 7   C. 22   D. 23

37. (   )最适宜采用矩阵式组织结构。
    A. 汽车制造厂   B. 医院
    C. 电视剧制作中心   D. 学校

38. 在一个组织中,如果有几个部门的工作性质、业务内容和运行方式相同或相似,则按组织设计的要求应该(   )。
    A. 合并   B. 改设   C. 撤销   D. 保持原样

39. 管理幅度小而管理层次多的组织结构是(   )组织结构。
    A. 扁平型   B. 高耸型   C. 直线型   D. 直线职能型

40. 组织中主管人员监督管辖其直接下属的人数越是适当,就越是能够保证组织的有效运行,是组织工作中(   )原理的内容。

A. 目标统一   B. 责权一致
C. 管理幅度   D. 集权与分权相结合

二、多选题

1. 职能部门化的局限性表现在,不利于产品结构的调整(　　)。
   A. 难以形成统一的政策   B. 不利于高级管理人员的培养
   C. 环境适应性差   D. 部门之间活动不协调
   E. 不利于专业化管理

2. 关于事业部制的说法正确的有(　　)。
   A. 实行多种经营,分散经营风险   B. 实行分权化管理
   C. 改善了决策机构、缩小了核算单位   D. 提高了对管理者的要求
   E. 适用于大型联合企业或跨国公司

3. 职能型组织结构的优点有(　　)。
   A. 便于专业管理   B. 部门间易于协调
   C. 减轻直线人员的负担   D. 适应环境变化
   E. 有利于培养上层主管人员

4. 直线型组织结构的优点有(　　)。
   A. 结构简单   B. 分工较细   C. 策划迅速   D. 民主管理
   E. 权责明确

5. 扁平结构的优点是(　　)。
   A. 缩短了上下级的距离   B. 信息纵向流通快
   C. 难于监督下级   D. 宜于横向协调
   E. 管理费用低

6. 扁平结构的主要缺点是(　　)。
   A. 监管下级难度大   B. 上下级协调差
   C. 管理费用高   D. 同级间沟通联络困难
   E. 影响下级的积极性和创造性

【重点回顾】
1. 组织设计的步骤分哪几步?
2. 组织设计的原则有哪些?
3. 组织部门化的方式有哪些?
4. 影响管理幅度的因素有哪些?
5. 常见组织结构的形式有哪些?

【案例分析】

巴恩斯医院

10月的一天,戴安娜给医院院长戴维斯打来电话,要求立即做出新的人事安排。从戴

安娜急切的声音中,戴维斯能够感觉到发生了什么事。他让戴安娜马上过来见他。大约5分钟后,戴安娜走进了戴维斯的办公室,递给他一封辞职信。

"院长,我再也干不下去了,"她开始申诉道:"我在产科当护士长已经四个月了,我简直干不下去了。我有两个上司,每个人都有不同的要求,都要求优先处理。要知道,我只是一个凡人。我已经尽最大努力适应这种工作,但看来是不可能的。让我举个例子吧。请相信我,这是一件平平常常的事,像这样的事,每天都在发生。昨天早上7:45我来到办公室,发现桌上放了一张字条,是杰克逊(医院的主任护士,负责全院护士工作)给我的。她告诉我,她上午10点需要一份床位利用情况,供她下午在向董事会报告时使用。我知道,这样一份报告至少需要一个半小时才能写出来。30分钟后,乔伊斯(戴安娜的直接主管,基层护士监督员)走进来问我,为什么我的两位护士不在值班。我告诉她,雷诺次医生(外科主任)从我这里要走了她们两位,说是急诊外科手术正缺人手,需要借用一下。我告诉她,我也反对过,但雷诺次坚持说只能这么办,你猜,乔伊斯说什么?她叫我立即让这些护士回到产科部。她还说,一个半小时以后,她会回来检查我是否把这件事办好了!我跟你说,院长,这种事情每天都会发生好几次。一家医院能这样运作吗?"

思考题:

1. 这家医院的正式指挥链是怎样的?请画图说明。
2. 在本案例中,有人越权行事了吗?
3. 院长应当怎么做来改进现状?
4. 如果你是戴安娜,你将如何处理不同的、甚至于相互冲突的要求?
5. 你是否同意"这家医院的组织结构并没有问题。问题在于,戴安娜不是一个有效的监管者,不能胜任自己的工作"的说法?为什么?

【生命成长智慧】

分工合作,同心协力

本任务的内容是组织设计能力。从生命成长的角度来看,组织设计分工的目的不是为了分工而分工,分工的目的是为了更好地合作,更有利于组织目标的实现。因此一定要树立分工合作、同心协力的意识。同心山成玉,协力土变金。

团队是一个集体,团结协作、主动补台不只是一种工作方法,更是一种品行操守、一种胸怀胸襟。互相补台,好戏连台;互相拆台,一起垮台。工作中互帮互助,就可能避免错误,或是将损失降到最低,若是各人自扫门前雪,不管他人瓦上霜,就易一荣俱荣,一损俱损。很多工作需要团队合作既要提高个人单兵作战能力,也提高团队的整体作战能力,超越个体认知和个体力量的局限,发挥1+1>2的效果。班子成员之间、部门之间、同事之间,要重视互帮互助,还要善于帮助别人。当然,帮助也不是说毫无主见的盲从,更重要的是发现问题和不足,大胆提出意见,修正方案,不断完善;帮助也不是毫无原则的迁就,对涉及个人利益的小事要讲风格,至于事关原则性的问题,则要敢于"拆台",这样的拆台恰恰是为了大局考虑。

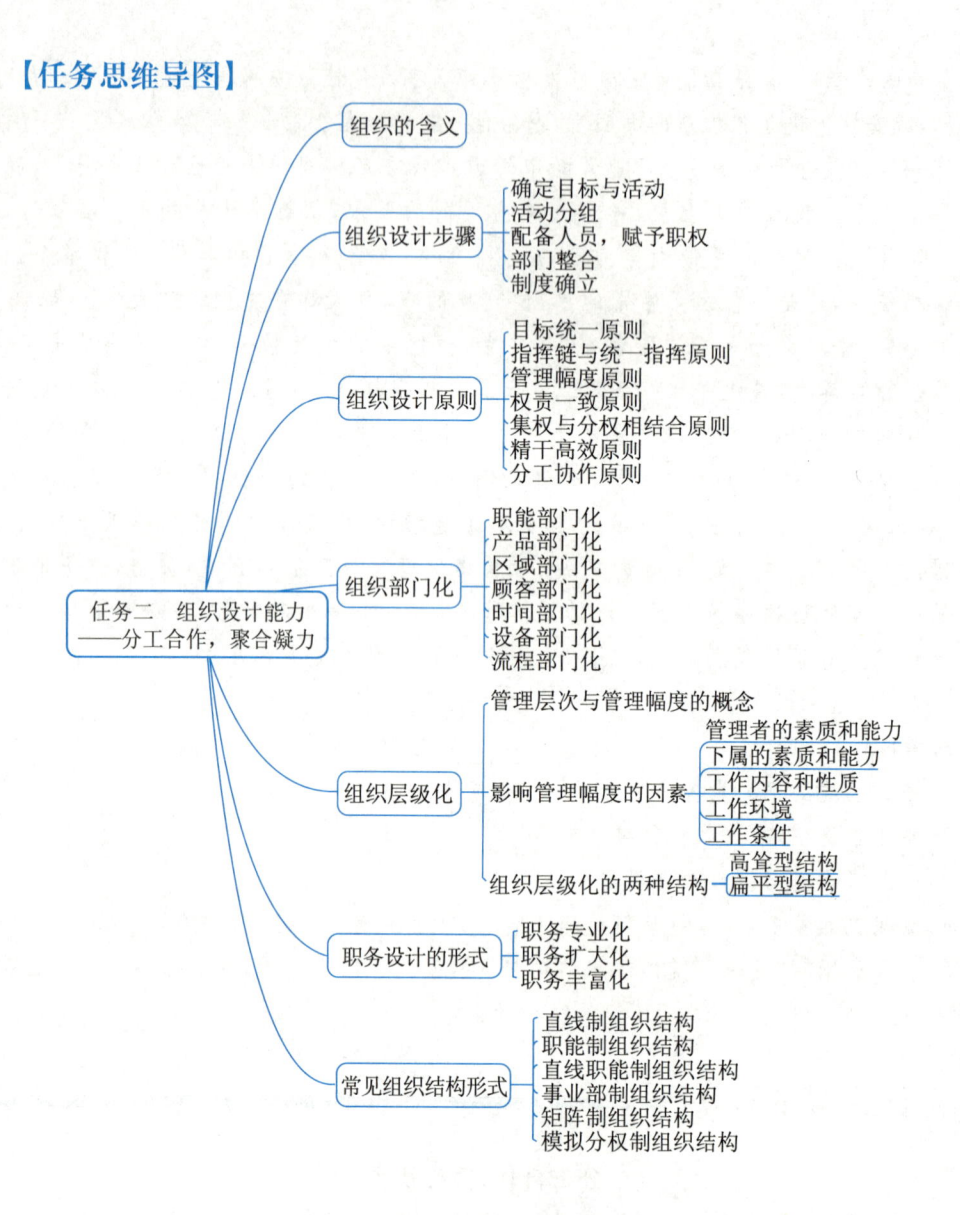

【任务思维导图】

任务二　组织设计能力——分工合作，聚合凝力

- 组织的含义
- 组织设计步骤
  - 确定目标与活动
  - 活动分组
  - 配备人员，赋予职权
  - 部门整合
  - 制度确立
- 组织设计原则
  - 目标统一原则
  - 指挥链与统一指挥原则
  - 管理幅度原则
  - 权责一致原则
  - 集权与分权相结合原则
  - 精干高效原则
  - 分工协作原则
- 组织部门化
  - 职能部门化
  - 产品部门化
  - 区域部门化
  - 顾客部门化
  - 时间部门化
  - 设备部门化
  - 流程部门化
- 组织层级化
  - 管理层次与管理幅度的概念
  - 影响管理幅度的因素
    - 管理者的素质和能力
    - 下属的素质和能力
    - 工作内容和性质
    - 工作环境
    - 工作条件
  - 组织层级化的两种结构
    - 高耸型结构
    - 扁平型结构
- 职务设计的形式
  - 职务专业化
  - 职务扩大化
  - 职务丰富化
- 常见组织结构形式
  - 直线制组织结构
  - 职能制组织结构
  - 直线职能制组织结构
  - 事业部制组织结构
  - 矩阵制组织结构
  - 模拟分权制组织结构

任务三　任务分配能力
——落实任务，责任到位

◇ **中国传统管理名言**

人人好公,则天下太平;人人营私,则天下大乱。——《刘鹗·老残游记》

夫尺有所短,寸有所长,物有所不足。智有所不明,数有所不逮,神有所不通。——《卜居》

良农不为水旱不耕,良贾不为折阅不市,士君子不为贫穷怠乎道。——《荀子·修身》

有能则举之,无能则下之。——《墨子》

敬者何？不怠慢、不放荡之谓也。——《朱熹·朱子语类》

【学习情境】

许多管理者常常是不合格的委派者。他们虽然也分配工作,但对工作的情况、下属的情况却不完全了解。他们常常把工作分配给不适当的人去做,结果当然不会好。等到浪费了很多时间以后,他们便又卷起袖子亲自去做。这样一来,不仅浪费了时间和金钱,而且打击了下属的积极性。现代管理者的一个非常重要的职责就是要把工作有效地委派给别人去做。要怎样做到有效地委派呢?

【学习目标】

知识目标:熟悉委派工作的基本步骤;掌握安排工作任务的几个关键点;熟悉贝尔宾团队角色理论。

能力目标:会按照科学步骤安排工作任务;会根据团队成员情况安排团队角色;会在团队中发挥好自己的团队角色功能。

素质目标:善于在团队中与团队成员和睦相处;善于协调团队工作任务;善于委派工作;善于在团队中发挥好自己的作用。

【学习任务】

1. 根据自身团队情况进行一次工作委派过程的描述并评价委派工作效果。
2. 进行团队角色测试,明确自身适合扮演的团队角色。
3. 评估自身在团队中的角色扮演情况。
4. 对自己的团队进行诊断与角色评估。

一、任务分配能力的含义

任务分配能力,是用人之长、指导并安排好他人工作的能力。安排工作任务、发布工作指令是管理者的日常工作之一,也是进行有效管理的一个重要技巧。它就像团队主管的一个权杖,用以体现他的权威和能力,有效管理部属员工,履行好他的职责和权力。

二、分配任务常见问题

(1) 没有找对人。这种情况有两种,一种就是喜欢把事情交给令自己放心的员工,不管事情的性质、内容,也不管到底应该由哪些部门哪些人负责,全部让自己可以放心的人负责。另外一种就是特别忙碌的主管,这种主管在忙起来的时候喜欢抓瞎,不管那件事情应该谁负责,也不管那个人能不能做得了那件事,只是抓来就用。这就是没有找对人。

(2) 没有说对事。有的主管在没有听明白或者没有看明白所要办理事情的内容之前就匆匆找到下属简单交代两句,然后再匆匆从下属眼前消失。这种任务分配很容易导致经理自己都没有弄明白自己对员工的要求,员工当然更不能明白,导致员工办事的效率下降,有时为了一件事情要来回跑好几趟,员工不但心情受到了影响,对主管的信心也会逐渐降低。

(3) 没有说清楚。有的主管在发布命令的时候喜欢言简意赅,多说一个字都不愿意。使得员工不知道该找谁,该怎么办,该在什么时候办完,办到什么程度才算满意,这一系列的问题,主管都没有交代清楚,员工怎么能高效地完成,这又影响了员工的士气。再者,由于主管的权威,员工尽管没有听清楚,也不敢去问,没有办法的情况下只能拖延,最后不但事情没有办好,员工的拖拉作风却逐渐养成了。

三、分配工作任务的步骤

美国学者 J·W·李、M·皮尔斯提出了有效委派系统的七个步骤。如果你能认真地遵守这些步骤,就能够提高自己的委派工作能力,改进部门的工作效率和效果,把自己从具体事务中解放出来。这七个步骤如图 4-19 所示;所涉及的目标任务书如表 4-10 所示。

委配工作任务的步骤

图 4-19 委派工作流程图

（七个步骤：选定需委派的工作、选定能够胜任的人、确定委派时间和方法、制定委派计划、委派工作、检查工作进展情况、检查评价委派系统）

表 4-10　　　　　　　　　目标任务书

目标名称：在……时间（在……条件下），达到……结果。
目标标准：

序号	完成步骤	步骤标准	问题分析	原因措施	时间表	责任人	支援部门	检查人	考核结果
1									
2									
3									
4									

四、安排工作任务的关键点

（一）责任到位

安排工作任务时,责任一定要分担到具体人身上,一件事一个人负责。

指定一个人负责,即主帅,其他人协助,不可两人或更多人同时负责同一件事,否则,就会出现"三个和尚没水喝"的情况,你指望他,他指望你,拖延推诿。一件事只能由一个人主要负责,其他人员协助,但一个人可以同时负责几件事。

（二）期限明确

一般要限定工作任务的完成时间,即便是错误的判断得出可能错误的完成时间,也比没有日期限定的效果要好。

限定时间时,一定要有具体的时间,不可笼统地讲尽快完成,尽快是多快? 不清楚。一两天? 三五天? 一个月? 概念模糊。如果时间判断有误,在限定的时间内完不成工作项目包含的内容,可以申请延期,但申请时一定要列明原因,比如,是缺人手?资金?技术?偶然有不可按时完成的任务,可以原谅,但长期不能按期完成工作任务的,一定要作检讨,检查问题点。常规的例行任务,其完成时间不言自明,这样的情况可以不作时间限制,如,吃完中午饭把会议室布置一下(一般公司是下午两点开例会),即两点前必须完成。

(三)标准具体

要告诉部下,完成任务好坏的标准,但前提条件是这个标准是否有可操作性。

好坏的标准要具体。好的标准是什么?不具体,随便搞一下也是好,认真也是好。比如,这批货要达到国家A级标准,这就很具体,A级标准有具体的量化数据,如表面硬度、拉伸度、柔韧度等,都有数据标准。达不到就是不好,只有达到了才是好,让人一目了然。有些在工作中已经养成的惯性的标准,如果没有必要更改,则可以不作其他要求,例如,ISO程序文件内审,内审员已经很明白审核过程与审核标准,就没有必要再下达标准了。

(四)控制得当

要形成"领导可能会来检查"的感觉与气氛。首先,要时不时地抽查。抽查内容很广。劳动纪律、衣着容貌、质量、过程,工作是否保质保量地如期完成等。对出现问题的现象,至少给予5次以上的点名批评,才能使之牢记,才能在以后的工作中避免重复发生此问题。但要考虑具体人的心理承受能力。

以上四点,任何一条存在问题,都会使任务的完成大打折扣。对于未按时完成任务的情况,可以进行罚款,罚款用于公共活动。还可以禁止参加会议一次,具体会议的内容,可以请其他人员转达,可令其向其他员工打听,这样他会觉得面子上过不去,以后自然会改正。对于屡教不改者,可以罚抄规章制度五次,罚背操作规程等。但无论如何,对于未按时完成任务的情况,一定要惩罚。

【知识测试】

1. 下列关于工作任务安排说法正确的有(　　)。
   A. 一件事只能由一个人主要负责,其他人员协助,但一个人可以同时负责几件事
   B. 一个人只能负责一件事情,但一件事可以由几个人负责
   C. 一般要限定工作任务的完成时间,即便是错误的判断得出可能错误的完成时间,也比没有日期限定的效果要好
   D. 要告诉部下,完成任务好坏的标准,但前提条件是这个标准是否有可操作性
   E. 要形成"领导可能会来检查"的感觉与气氛

2. 分配工作任务的基本要求说法正确的有(　　)。
   A. 责任到位　　B. 期限明确　　C. 标准具体　　D. 控制得当
   E. 书面下达

【重点回顾】

1. 委派工作的基本步骤有哪些?
2. 安排工作任务要注意哪几个关键点?

【生命成长智慧】

事情，即事和情

本任务的内容是任务分配能力，即安排下属完成事情的能力。在安排任务的时候，务必平衡好事和情两个方面。事和情是两回事，两方面的关系矩阵如图 4-20 所示。

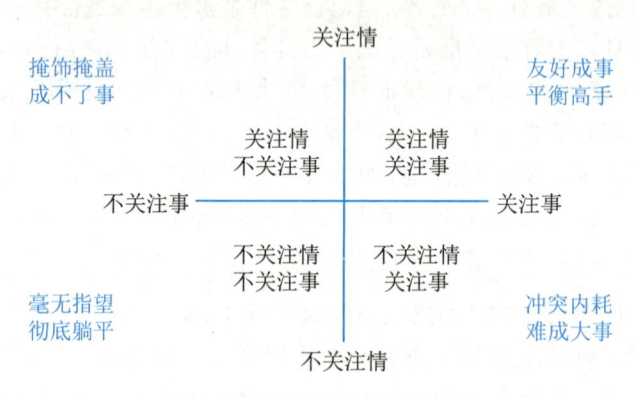

```
                        关注情
                          |
    掩饰掩盖                |           友好成事
    成不了事                |           平衡高手
                          |
              关注情       |    关注情
              不关注事     |    关注事
                          |
    不关注事 ———————————————+———————————————  关注事
                          |
              不关注情     |    不关注情
              不关注事     |    关注事
                          |
    毫无指望                |           冲突内耗
    彻底躺平                |           难成大事
                          |
                        不关注情
```

图 4-20 "事"和"情"的矩阵图

要把事情做好，必须关注事和情的平衡，成为"平衡高手"，做到友好成事。

(1) 感性不足，理性有余的人往往只关注事，不关注情。这是很多冲突的来源之一，有冲突，就会有内耗，在内耗中成事的效率和品质必然会大打折扣。

(2) 要提高合作成效和工作效能，需要学习成为"平衡高手"，友好成事，既关注事，也关注情。

(3) 理性不足感性有余的人，是关注情，不关注事的"烂好人"，在一起玩很开心，但是，他不敢触碰问题，不敢直意表达，掩饰掩盖不良的情绪，不易成事。

(4) 最后一类是不关注事也不关注情，什么都指望不上或者叫彻底躺平的人。

【任务思维导图】

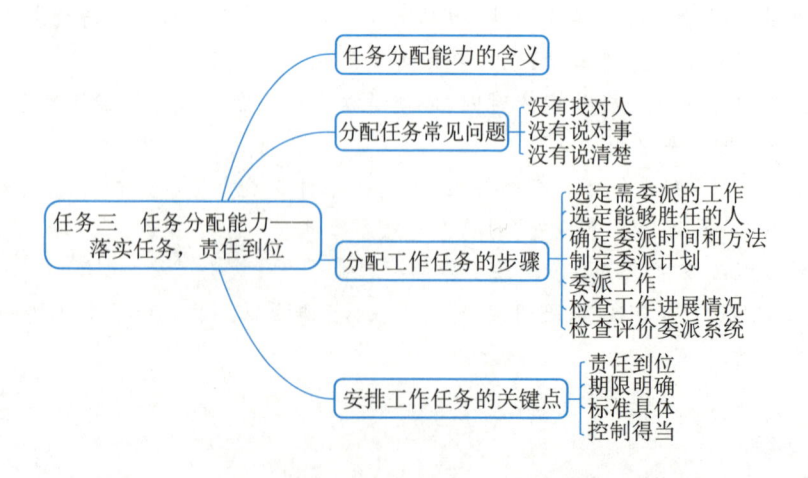

```
                            ┌─ 任务分配能力的含义
                            │
                            ├─ 分配任务常见问题 ─┬─ 没有找对人
                            │                  ├─ 没有说对事
                            │                  └─ 没有说清楚
                            │
任务三  任务分配能力——       │                   ┌─ 选定需委派的工作
       落实任务，责任到位 ───┤                   ├─ 选定能够胜任的人
                            ├─ 分配工作任务的步骤─┼─ 确定委派时间和方法
                            │                   ├─ 制定委派计划
                            │                   ├─ 委派工作
                            │                   ├─ 检查工作进展情况
                            │                   └─ 检查评价委派系统
                            │
                            │                    ┌─ 责任到位
                            └─ 安排工作任务的关键点┼─ 期限明确
                                                 ├─ 标准具体
                                                 └─ 控制得当
```

任务四　职权配置能力
——权责分明,张弛有度

◇ **中国传统管理名言**

事在四方,要在中央;圣人执要,四方来效。——《韩非子·扬权》

义之所在,不倾于权,不顾其利。——《荀子·荣辱》

道不可见,用在不可知。——《韩非子·主道》

欲知平直,则必准绳;欲知方圆,则必规矩。——《吕氏春秋·自知》

道虽迩,不行不至;事虽小,不为不成。——《荀子·修身》

【学习情境】

谁拥有权力

王华明近来感到十分沮丧。一年前,他获得某名牌大学工商管理硕士学位后,在毕业生人才交流会上,凭着满腹经纶和出众的口才,他力压群雄,成为某大公司的高级管理职员。由于其卓越的管理才华,一年后,他又被公司委以重任,出任该公司下属的一家面临困境的企业的厂长。当时,公司总经理及董事会希望王华明能重新整顿企业,使其扭亏为盈,并保证王华明拥有完成这些工作所需的权力。考虑到王华明年轻,且肩负重任,公司还为他配备了一名高级顾问严高工(原厂主管生产的副厂长),为其出谋划策。

然而,在担任厂长半年后,王华明开始怀疑自己能否控制住局势。他向办公室高主任抱怨道:"在我执行工厂管理改革方案时,我要各部门制定明确的工作职责、目标和工作程序,而严高工却认为,管理固然重要,但眼下第一位的还是抓生产、开拓市场。"更糟糕的是,他原来手下的主管人员居然也持有类似的想法,结果这些经集体讨论的管理措施执行受阻。倒是那些生产方面的事情推行起来十分顺利。

1. 王华明和严高工的权力各来源于何处?

2. 严高工在实际工作中行使的是什么权力?你认为,严高工作为顾问应该行使什么样的职权?

3. 这家下属企业在管理中存在什么问题?如果你是公司总经理助理,请就案例中该企业存在的问题向总经理提出你的建议以改善现状。

【学习目标】

知识目标:理解职权、集权与分权的含义;理解集权与分权的影响因素;理解分权的途径;理解制度分权与授权的区别;理解直线职权与参谋职权的含义与区别;掌握授权主要考虑的三个方面工作;掌握授权的好处、授权的原则;了解授权的准备工作等;重点掌握授权的步骤。

能力目标:会选择合适的事情、合适的人员、合适的地点、合适的方式进行授权;会在团队内部进行职权的合理配置。

素质目标:养成制度分权与授权有机结合的权力配置习惯,提升工作效率。

【学习任务】

组织一次团队会议,讨论授权事宜。以下提供了有用的分析步骤。你可以利用另外的纸张做笔记。

1. 询问团队成员:他们认为授权的含义是什么。
2. 得出一个定义,写下来。记下授权是否被认为是完全正面的行为。
3. 问他们对授权的感觉,如果授权给他们,他们每天会做什么?
4. 你需要做什么,使他们感觉到更有权力?
5. 思考为什么授权对于团队及商业是有益的,陈述益处。
6. 怎样提高授权能力?有哪些计划?如果不能实施,给以解释。然后与你的主管经理讨论这个问题。

一、职权、集权与分权

(一) 职权的含义

职权是职务范围内的管理权限。主管人员想要通过下属人员去完成某项任务,就必须拥有包括指挥、命令等在内的各种必须具备的权力。换言之,职权是主管人员履行职责的一种工具。这种工具是组织由一定的正式程序所赋予某职位的。

职权的配置分为横向和纵向两个方向,如表 4-11 所示。

表 4-11　　　　　　　　　　职权配置的方向

名称	含义	举例
横向配置	依目标需要而将职权在同一管理层次的各管理部门和人员之间进行合理配置	公司将人员招聘权交给人事部,而将人员使用权交给各业务部门
纵向配置	依目标需要而将职权在不同管理层次的部门或人员之间进行分割,主要表现为集权和分权	在事业部体制中,总公司将相当大的一部分权力交给下属的事业部,就属于一种分权体制

(二) 集权与分权的含义

集权与分权反映的是纵向职权关系,是指组织中决策权限的集中与分散程度。集权,即决策权限主要集中在高层领导者手中,集权意味着职权集中到较高的管理层;分权,就是在组织中将决策的权限分配给中下层组织单位的一种倾向,表示职权分散。个组织中。

集权与分权是相对的概念。如果组织生产经营活动的所有决策权限都集中在企业最高领导人手中,这样的组织无疑是高度集权的。但这样做会使最高领导负担过重,其他管理职能难以发挥作用。组织的最高领导者如果希望其他管理人员分担管理职责,就需要有一定程度的分权。但组织中也不可能存在绝对的分权,因为如果高层管理者将职权全部下放,自己作为管理人员的必要性就不复存在,相应的职位就可以取消。集权和分权作为两种倾向,它们所体现的只是权力分散程度上的差别,而不是两种截然相反的极端。实际中的组织能力都是处于一定程度的集权与分权状态之中。通常衡量分权程度的标志有:下属决策的重要性、决策的幅度、决策的频度、决策的控制程度。

二、职权类型

组织中的管理人员是以直线主管和参谋两类不同身份来从事管理工作的,他们的作用不同,对组织活动的展开和目标的实现都是必要的。

一般从职权关系的角度理解直线和参谋。直线关系是一种指挥和命令的关系,授予直线人员的是决策和行动的权力;参谋关系是一种服务和协助的关系,授予参谋人员的是思考、筹划和建议的权力。

组织内的职权有三种类型:直线职权,参谋职权,职能职权。

(一) 直线职权

直线职权,是直线人员所拥有的包括发布命令及执行决策等的权力,也就是通常讲的指挥权。直线主管,是指能领导、监督、指挥、管理下属的人员。每位直线主管都拥有直线职权,只不过会因他们所处层次不同其职权的大小及范围各有不同而已。由于直线职权的存在,组织的上层到下层的主管人员之间就形成了一个权力线,这个权力线被称为指挥链或指挥系统。在这条指挥链中,职权的指向由上至下。由于指挥链中存在着不同管理层次的直线职权,故指挥链又叫层次链。

(二) 参谋职权

参谋职权,是某个职位或部门所拥有的辅助性职权,包括顾问性、服务性、咨询性和建议性等职权,旨在协助直线职权有效地完成组织目标。作为一个主管人员,当他同上级打交道或同其他部门发生联系时,他又成为参谋人员。参谋职权根据其职权发挥的作用不同,又通常细分为建议权、强制协商权、共同决定权。建议权是指参谋人员的权限仅局限于提供建议、提案或协助,其意见可能得到有关人员的欢迎和采纳,也可能被置之不理。强制协商权是指参谋人员的影响力在一定程度上有所提高,也即有关人员在做出决策之前必须先询问和听取参谋人员的意见。共同决定权是指参谋人员的权限提高到了足以影响有关人员自主决定权的程度,其意见将直接影响决策结果。

(三) 职能职权

职能职权,是指参谋人员或某部门的主管人员所拥有的原属直线主管的那部分权力。在纯粹参谋的情况下,参谋人员所具有的仅仅是辅助性职权,并无指挥权。但是,随着管理活动的日益复杂,主管人员不可能是完人,也不可能通晓所有的专业知识,仅仅依靠参谋的建议还很难作出最后的决定。这时,为了改善和提高管理效率,主管人员就把一部分本属自己的直线职权授予参谋人员或部门主管人员,这便产生了职能职权。

三、授权及其原因

(一) 授权的概念

授权就是委派工作和分配权力的过程,通常授权也叫委派。

授权,指由领导者授予直接被领导者以一定的权力,使其能够自主地对授权范围内的工作进行决断和处理。授权后,领导者拥有指挥和检查监督的权力,被授权者负有完成任务与报告的责任。授权只发生在领导者与直接被领导者之间,隔级之间不应该存在授权问题。

授权包括以下三个方面工作:

(1) 上级分配给下级一项任务或职责，指明下级该做什么工作。

(2) 授予下级相应的职权去完成所分派的任务。例如，使用资金、指挥别人工作、对外代表公司等权力。

(3) 确定下级对上级应承担的责任。

(二) 拒绝授权的理由及诊断

拒绝授权的理由及诊断，如表 4-12 所示。

表 4-12　　　　　　　　　　拒绝授权的理由及诊断表

领导者反对理由	心理误区诊断	弊端
这件事只有我最拿手	工作主义倾向或者技术专家心态，往往都愿意抱着事情不放，重视技术，忽视管理	领导者总是重复做同样的事情，无法迅速进步，下属也无法成长
下属不会明白我想要什么		
教下属如何做的时间里，自己早就做好了		
担心失去控制	担心失去对下属的控制，担心下属功高盖主	容易埋没下属的才干，工作也无法做到最好
担心下属风头盖过自己		
我是老大我说了算	权力主义倾向，热爱权力胜过热爱工作，管理意味着权力的行使	容易造成人心低下，士气低沉，工作绩效下降，甚至导致下属出走
权力就是一切		
缺乏授权的环境		

(三) 授权的原因(好处)

1. 集中精力办大事，并使主管有时间学习新的技能

授权能够减少领导者的负担，使其从繁重的工作中解脱出来，腾出时间学习新的技能，或者集中精力，处理好重大问题的决策和全局性的指挥。如果领导者什么事都管，不授任何权力，必然没有充足的时间去考虑事关全局的大事，也不可能有时间去学习新的技能。这对领导者自身的发展是很不利的。

2. 提升下属的士气和信心

授权增强了下属执行任务的信心，并使下属相信自己对组织作出了有影响的贡献。授权也提升了下属工作的士气，十足的信心和高昂的士气使他们工作更为主动，在面对困难时能坚持不懈地去完成他们的目标和领导者的抱负。

3. 帮助建立有效的人际关系，改善上下级关系

授权不同于专权之处，在于它能使下属从层层"听喝"的消极被动状态，转变为各自有责的积极主动状态；使上下级之间的关系从类似主仆关系转变为合作共事、相互支持、逐级负责的关系。这将帮助领导者建立有效的人际关系，使上下级关系更为融洽。

4. 有益于信息传递，提高工作效率

授权减少了某些繁琐而又并非必要的请示和批复的工作环节，这就必然会加快事务处理的速度，提高工作效率。被授权的下属得向领导者及时报告进展情况，使得上下级之间的信息传递快速、顺畅。尤其在市场经济条件下，工作的快节奏，市场的多变性，信息的

快速传递和良好的工作效率显得更加重要。

5. 有助于培养下属的才干

有职无权或者有责无权，会限制下属履行职责的积极性，束缚其能力的发挥，并且容易养成消极被动的心理状态。而职务与权力相适应，责任和权力相一致，则必定会增强下属的责任心，激发其工作热情，使其才智和能力得到充分的发挥。专权压抑下级的才干，分权才能使其得以展示。在有挑战性的工作锻炼下，下属的才干也会得到进一步的培养。

【小资料】

雀巢公司在管理上给每个分公司负责人以充分的自主权。公司总裁马歇尔说："没有固定不变的管理风格，可以自由运用各种发展机会，我们希望每家分公司都能独立地发展。"从一开始建厂，雀巢公司就从该地的出资者中选择出有管理才能的人，来担任该地雀巢公司的经理。最引人注目的生产、销售的基本方针都由这位经理定夺。雀巢公司只是在广告、巡回销售、员工教育等方面提供必要的协助。

四、授权的原则

不管对领导者还是对于普通下属，授权都是一件严肃而重要的事情。要根据所授事项的性质、特点和难易程度，来确定合适的授权人选。为了保证授权稳妥得当，在授权的过程中，必须遵循以下基本原则：

（一）因事设人，视能授权原则

将权力授予靠得住的人，这是授权的一条最根本的准则。授权不是权力分配，不是利益分配，不是荣誉照顾，而是为了把事情办好，因此必须把思想品质好、有事业心、有责任心、有相应才能、有充沛精力的人作为授权对象。其中，具有必要的才能来完成任务很重要，如果没有这方面的才能，完不成授权的目标，那授权就是失败的。

（二）责权对应原则

授权解决了下属有责无权的状态，有利于调动下属的积极性。但在实践中要防止另一种倾向，即避免发生有权无责或权责失当的现象。有权无责，是指用权时就容易出现随心所欲、缺乏责任心的情况；权大责小，是指用权时就会疏忽大意，责任心也不会很强；权小责大，是指下属将无法承担权力运用的责任。

因此，授予多大的权力，就要负有多大的责任；要求负多大的责任，就应该授予多大的权力。注意保持权力和责任的对应、对等关系。

（三）逐级授予原则

授权应在直接上司与在他领导下的直接下属之间进行，不能越级授权。例如，局长直接领导处长，就应向处长授权，而不能越过处长直接向科长或科员授权。越级授权，势必造成权力紊乱，破坏上下级之间的正常工作关系，将不利于工作正常运行。

（四）信任原则

授权过程中，领导者应本着"用人不疑，疑人不用"的精神，信任下属，让他们在自己职权内自主地处理工作,不要过多地干预他们的工作。但是,不多干预不等于不能干预,不等于不闻不问。领导者应当超越指挥层次去听取群众的意见,了解实际情况,需要时对被授权者给以必要的指导和帮助,以便使授予的权力能够顺畅、充分、有效地行使。

(五)有效控制原则

授权不是撒手不管。撒手不管的结果必然是失控,而失控将会降低授权的所有积极作用。权力一旦失控,后果不堪设想。因此,既要授权,又不能失控;既要调动和发挥下属的积极性和主动性,又要保持领导者对整个工作的有效控制,这就成为授权工作中必须遵守的一条原则,同时也是领导者应努力学习掌握的艺术。例如,建立正常的工作报告制度、绩效考核制度、预算审计制度等,或者当被授权人的工作严重失误时,授权人应能够立即收回权力或者完全接手过来。

要防止失控,确保控制的有效性,可以通过制定明确的工作准则和考核方法,落实严格的报告制度,实行行之有效的监督措施,一旦发现下属严重偏离目标,应当及时加以纠正。

【案例分析】

萨拉授权了吗?

萨拉抱怨说:这两个人在受聘到公司的头几个月里,我一直耐心细致地告诉他们,在他们开始工作的头几个月里,凡是涉及付款和订货的事情都要先与我商量一下。并叮嘱他们,在未了解情况以前,不要对下属人员指手画脚。但是,几个月过去了,到现在已有一年多的时间,他们还是一点创造性也没有——大、小事情都来问我。格雷格说:"上周,我找萨拉,要他签发一张支票。他说不用找他了,我自己就有权决定。但是,在一个月之前,我找不到他,只好自己签发了一张支票,结果我签发的支票被退了回来,原因是说我的签字没有被授权认可。为此,我上个月写了一个关于授权于我签字的报告,但他一直没有批下来。我敢说,萨拉办事毫无章法,对工作总是拖延。他的工作往往要拖后一个多月。我可以肯定地说,我递给他的要求授权的报告恐怕还锁在抽屉里没看过呢!"凯西接着说:"你说他的工作毫无章法,我也很有同感。两个星期前,他叫我到办公室去,交给我一项任务,并要我立即做好。在进行这项工作时,我也想得到一些下级人员的帮助,找过一些人,但是却无法得到这些人的帮助。他们说,除非他们得到萨拉的允许,否则他们就没有时间来帮助我。今天是完成这项工作的最后日期,然而,我却还没有完成。他又要抓我的辫子了,又要把责任推给我了。我认为,萨拉担心我们把工作搞得过于出色,他担心我得到提拔……"

思考题:

1. 你能看出本例中的授权过程出现什么问题吗?
2. 萨拉与其下属两个助手应如何改进他们的关系?
3. 你认为本例中的情况是否具有一定的普遍性?

五、授权的影响因素

授权的影响因素,如表 4-13 所示。

表 4-13　　　　　　　　　　　授权的影响因素

影响因素	解 释 或 举 例
工作任务	工作任务本身是否重要。如果任务非常重要,只有领导者亲自挂帅才能完成,而别人不能够胜任。例如,企业的一些不宜公开的材料和数字等
决策代价	分析所要完成的目标,由不同人完成会产生什么样的决策代价。决策的代价是否在领导者职责的承受范围之内。例如,购买飞机,型号不能买错
时间限制	事情如果非常紧急,采用授权的方式可能时间会拖长;如果事情并不紧急,即使是下属做得不够到位,还可以给他提出修改意见,所以需要看时间的紧急程度
主管领导风格	必须了解主管本身是何种领导风格。命令式的领导喜欢布置任务,告诉下属做什么,如何做;授权型的领导会把大量的事情授予下属去完成
下属特性	下属的成熟度、发展阶段都对授权结果产生影响。下属成熟度越高越易于授权;成熟度低的员工也可以授权,但授权时要慎重
企业特性	企业处于何种发展阶段同样对授权结果产生影响。企业发展到成熟期,授权行为就应该相应多一些
团队的状态	如果下属对领导者有不满情绪或者产生抵触,最好不要轻易授权。必须先解决员工的思想问题,否则授权的风险太大

六、授权前的准备

(一) 企业本身要为授权做好准备

在授权的过程中,企业本身要做好相应的准备,要从传统型的企业向现代企业过渡。成功公司的领导者,都是授权型的领导,这些企业中已经形成了授权的大环境和空间。如果企业还是停留在过去集权式领导体制之下,很难有授权的环境。

真正的授权,不是个人想做就能做到的,而是一个整体的链条。企业只有从传统型的企业向现代型的企业迈进,才能真正体验到授权对于企业的好处,这就是企业的转变。

(二) 相关人员为授权做好准备

在人员方面也要做好准备。这涉及人员态度和观念的转变。领导者必须接受授权的观念,不能抵触授权。成熟公司的领导者,需要管理很大的范围。他们依然觉得轻松自如,就是因为他们把授权当成了一种工作习惯;如果不愿意授权,领导者将变成忙忙碌碌的主管,工作辛苦但工作绩效却不如别人。

(三) 标准化任务

越是标准化工作流程的事情越好授权。如果事情已经有标准化、操作化的流程,就只需要按照流程去做,结果一般差别不大。所以,越是标准化流程的任务越好授权,越是不确定的任务,越要慎重去授权。

(四) 强调授权的气氛

授权之前,领导者要强调授权的气氛,每一个主管都要把自己扮演成授权的"鼓吹者"。领导者向下属授权时,要明确鼓励下属不怕失败,充分去行使自己的职权。出了问题,领导者要勇于承担责任。适当的冒险是值得鼓励的。

七、如何进行有效授权

(一) 确定任务

授权的第一步骤就是确定什么样的工作任务需要授权,也就是为授权寻找目标,确定能够授权的任务。需要注意的是,并不是所有的事情都可以授权,有些事情是不能授权给下属的。

对于不同层级的领导者,可以授权出去的任务范围不同,领导者级别越高,可授权的范围就越长。下面具体说明可以授权的任务范围以及不可授权的事务。

1. 什么事情需要授权

对于领导者,划分、确定可以授权的工作任务也是其工作内容之一。那么,哪些事情可以大胆授权给下属完成呢?一般来说,可以授权的事情包括:

(1) 日常性的工作和重复性的劳动。日常性的工作和重复性的劳动,往往会浪费领导者宝贵的时间资源,增加领导者的工作负担。这部分工作需要的技能并不很高,可以授权下属来完成。

(2) 专业性强的工作。领导者自身可能对于专业性很强的工作非常拿手,或者对下属的专业能力信心不足,因此对是否要授权心存疑虑。专业性强的工作也要授权出去,这是对领导者自身的解放,也是对下属能力的锻炼。

(3) 职业爱好。职业爱好也需要授权出去。例如,领导者喜欢同顾客打交道,但并不是所有跟顾客打交道的事情都需要领导者亲自去做。所有的谈判、合同和职业爱好的事情都应该授权给下属,领导者只需要保持必要的监督。

(4) 发展的机会。领导者应该授权下属发展的机会。如果下属在完成工作任务的过程中,能够获得很大成长,领导者就应该考虑给他发展的机会。应该授权的事情都授权给下属,领导者只做自己该做的事情,绝不做下属该做的事情。

2. 哪些事情不可以授权

领导者应根据不同事物的特殊性质,清楚地认识事务的重要性。有些关键性的事务是必须由领导者亲自去完成的,不能授权给下属去做的事情包括:

(1) 人事或者机密事务。人的问题是最重要的问题。因此,领导者要把握对直接下属和关键部门的人事任免权,即组织人事权,这样就能保证领导机构的运转正常和高效。对于高度机密的事务,也必须由领导者亲自完成,否则领导者就有逃避责任的嫌疑。

(2) 制定政策的事务。制定政策的事务,其影响面非常广,因而属于非常重要的事情,领导者最好亲自关注。另外,还有一些事情也需要领导者亲力亲为,这些事务具体包括:危机问题、对直接下属的培养以及上级领导者要求亲自处理的事情。

(二) 选择受权人

选择受权人,也就是选择领导者授权的对象。领导者需要寻找具有工作能力、又能够负责的人员作为受权人。选择受权人的原则是做到人事相宜,受权人的能力必须与工作任务相吻合,量其能,授其权。

为了确保受权人的正确选择,领导者必须了解受权人。例如,应该了解他的职业目标、个人兴趣和个人愿望等。领导者最需要了解的是受权人的能力和优势以及存在的欠缺。如果有必要,应该对人员进行临时的能力训练。选择受权人时,领导者所要考虑的问题是多方面的,详细内容如表 4-14 所示。

表 4-14　　　　　　　　　　选择受权人要考虑的内容

项　目	内　　容
选择受权人的考虑指标	考虑下属的能力(知识、技能、经验)、态度、兴趣、信心、发展目标等
	考虑下属目前的工作量
	考虑下属目标正在从事的工作类型
选择受权人的目标	获得直接的工作绩效
	培养员工(优秀＝合适?)
	评价员工
对受权人的甄别	任务要求与员工能力,人事相宜
	员工的职业目标
了解受权人的方法	沟通职业目标、兴趣、愿望,但尊重隐私
	与以前的上司讨论
	回顾个人档案
	工作风格测试
受权人的能力训练	面对面指导、试做、训练结果反馈

(三) 明确沟通

(1) 明确沟通的内容。领导者与下属沟通时,应该明确告诉下属:要做什么,为什么,工作对象以及成本。

(2) 沟通时注意传授工作诀窍。领导者在和员工的沟通过程中,要注意传授工作的要诀。针对具体的工作任务,领导者要传授给下属的工作诀窍包括:这项工作过去的情形;这项工作的深层动机;常用的工作程序;微细节的提示。

(3) 宣布授权的技巧。进行沟通时还需要注意宣布授权的技巧。授权不能私下授受,而宜公开授权。另外,领导者在宣布授权时,要让下属感到:❶领导重视这项工作,这项工作对于公司整体的使命负有责任;❷领导信任他们,他们有能力把这件事做得十分出色;❸这件工作是不可能轻易做好的,承担者需要付出足够的奋斗与智慧;❹这件工作只有他们做才是最合适的,领导在充分思考之后决定交给他们来完成;❺领导是他们坚强的后盾,遇到确实不能解决的困难,领导会出面为他们扫清障碍。

(四) 授权后跟踪

跟踪过程中,领导者应该根据下属的发展阶段确定对这名下属跟踪的频率。跟踪的频率过高,将使下属产生不信任感。授权后,完成目标所必须的资源应该随时到位。

在跟踪过程中,发现下属的问题应该认为是正常的。遇到问题,可以与下属一起讨论,共同解决主要的问题。当工作完成时,领导者有必要认可下属的工作绩效,必要的时候可以开庆功会。

受权人在职责范围内可以自主决定,但领导者同时拥有监督任务完成进度、要求受权人随时报告工作进展的权力。在授权跟踪的过程中,领导者应该注意加强对授权工作的控制。真正的授权就是让下属放手工作,但是放手绝不等于放弃控制和监督。任何对授权控制的忽略,都可能导致严重的后果,致使授权的失败。

【知识测试】

一、单项选择题

1. 组织中管理人员的主要关系是（   ）。
   A. 直线关系   B. 参谋关系
   C. 直线与参谋关系   D. 整合关系

2. 关于授权的好处说法错误的有（   ）。
   A. 提高下级的士气和信息
   B. 有助于培养下属的才干
   C. 能使管理者集中精力办大事
   D. 可以偷懒,把自己不想做的事给下属做

3. 下列关于直线和参谋说法正确的是（   ）。
   A. 必须授予参谋行动和决策的权力,以发挥其作用
   B. 向参谋授权必须谨慎,授予之后也应该经常亲自指挥
   C. 设置参谋职务,是管理现代化组织的复杂活动所必需的
   D. 参谋的作用发挥失当,应该予以取消

4. 对一家大型企业来说,授权具有非常重要的意义,错误的是（   ）。
   A. 有利于中层干部的培养
   B. 使高层管理人员从日常事务中解脱出来,可以有更多的时间休息
   C. 充分发挥下属的专长,弥补授权者自身的不足
   D. 提高下属的工作情绪,增强其责任心,从而提高效率

5. 以下四种做法中,（   ）最能说明该组织所采取的是较为分权的做法。
   A. 采取了多种有利于提高员工个人能力的做法
   B. 努力使上级领导集中精力于高层管理
   C. 更多、较为重要的决定可由较低层次的管理人员作出
   D. 采取积极措施减轻上级领导的工作负担

6. 下列组织结构中分权程度最高的是（   ）。
   A. 直线制   B. 职能制   C. 直线职能制   D. 事业部制

7. 某公司属下分公司的会计科长一方面要向分公司经理报告工作,另一方面又要遵守由总公司财务经理制定和设计的会计规章、会计报表。会计科长的直接主管应该是（   ）。
   A. 总公司财务经理   B. 总公司总经理
   C. 分公司经理   D. 总公司财务经理和分公司经理

8. 分权的主要意义错误的是（   ）。
   A. 可以让下级来参与上级的决策,从而提高下级的工作积极性
   B. 使得下级可以先斩后奏,从而提高应变能力
   C. 以减轻上级领导的工作负担,使他们能够集中精力处理高层管理问题
   D. 以使上级领导有更多的时间处理对外关系

9. 当企业外部环境比较稳定,预测可信度较高,部门之间的协作关系可以较多地运用规范的手段来实现,权力分配可以体现( )的特点。
   A. 集权　　　　B. 分权　　　　C. 均权　　　　D. 授权

10. 若企业高层管理人员能力较强,则适于采用( )。
    A. 均权管理　　B. 分权管理　　C. 集权管理　　D. 不确定

11. 大批量生产的企业生产专业化程度较高,产品品种少,主要是进行标准化生产,对职工技术要求相对较低,一般适于采用( )组织形式。
    A. 集权式　　　B. 分权式　　　C. 均权式　　　D. 不确定

12. 根据决策的重要性,若较低层次作出的决策比较重要,影响面较大,则表明该组织的权力划分特征是( )。
    A. 分权程度较高　　　　　　　B. 集权程度较高
    C. 集权分权程度相当　　　　　D. 不确定

13. 一般来说,集权或分权的程度,根据各管理层次拥有的( )权的情况来确定。
    A. 领导　　　　B. 决策　　　　C. 计划　　　　D. 组织

14. 在企业中,财务主管与财会人员之间的职权关系是( )。
    A. 直线职权关系　　　　　　　B. 参谋职权关系
    C. 既是直线职权关系又是参谋职权关系　D. 都不是

15. 判断一个组织分权程度的主要依据是( )。
    A. 按产品设置多个事业部　　　B. 设置多个中层的职能机构
    C. 命令权的下放程度　　　　　D. 管理幅度和管理层次的增加

16. 某公司财务经理授权会计科长管理应付账款,会计科长由于太忙,不能亲自处理,便授权属下一位会计师负责此事。会计科长对应付账款的管理是( )。
    A. 不再负有责任　　　　　　　B. 仍然负有责任
    C. 责任虽没有消除但是减轻了　D. 不再负主要责任

17. 解决直线与参谋的矛盾,综合直线与参谋的力量,要处理的主要矛盾是( )。
    A. 权力与责任的关系
    B. 统一指挥与充分利用专业人员知识的平衡
    C. 统一领导与分级管理的关系
    D. 集权与分权的关系

18. 下述关于直线职权与参谋职权的论述错误的是( )。
    A. 参谋职权从属于直线职权
    B. 参谋有时也能行使职能职权
    C. 设置参谋职权,利用参谋人员的知识是任何一个组织所必需的
    D. 同级的各种参谋机构的参谋职权是平行的、并列的

19. 下面( )职能部门需要较大的集权。
    A. 销售　　　　B. 顾客服务　　C. 生产　　　　D. 财务

20. 你认为( )的说法最能说明企业所采取的是越来越分权的做法。
    A. 更多的管理人员能对下属提出的建议行使否决权
    B. 下属提出更多的建议并有更大的比例被付诸实施
    C. 较低层次的管理人员愿意提出更多、更重要的改进建议
    D. 采取了更多的措施减轻高层主管的工作负担

二、多项选择题

1. 组织内职权的类型有（　　　）。
   A. 决策职权　　　　B. 参谋职权　　　　C. 职能职权　　　　D. 直线职权
   E. 领导职权

2. 衡量集权与分权程度的标志有（　　　）。
   A. 下级决策的幅度　　　　　　　　　B. 下级决策的频度
   C. 下级决策的重要性　　　　　　　　D. 下级对决策控制的程度
   E. 下级决策金额的大小

3. 下列因素中对分权有促进作用的是（　　　）。
   A. 组织规模增大　　　　　　　　　　B. 政策的统一性
   C. 活动的分散性　　　　　　　　　　D. 缺乏受过良好训练的管理人员
   E. 控制技术的提高

4. 下面（　　　）的情况是由于过分集权引起的。
   A. 降低决策质量　　　　　　　　　　B. 降低企业员工的工作积极性
   C. 增加企业各部门之间的摩擦　　　　D. 削弱了企业的应变能力
   E. 提高决策质量

5. 授权所包括的要素有（　　　）。
   A. 分派任务　　　　B. 控制下属　　　　C. 授予权力　　　　D. 明确责任
   E. 严密监视

6. 授权应遵循的原则有（　　　）。
   A. 因事设人，视能授权　　　　　　　B. 明确所授事项
   C. 不可越级授权　　　　　　　　　　D. 授权适度
   E. 适当控制

7. 影响组织集权与分权程度的因素有（　　　）。
   A. 决策的代价　　　　　　　　　　　B. 决策的影响面
   C. 管理哲学　　　　　　　　　　　　D. 决策的数量
   E. 组织的规模

8. 下列几种情况，集权属于程度高的有（　　　）。
   A. 上层决策数目多　　　　　　　　　B. 下级作出的决策事关重大
   C. 基层决策数目多　　　　　　　　　D. 决策审批手续复杂
   E. 决策审批手续简单

【重点回顾】
1. 影响集权与分权的因素有哪些？
2. 为什么要授权？
3. 授权的原则有哪些？
4. 授权有哪些步骤？
5. 职权类型有哪些？请分别作出简要解释。

【能力测试】

授权能力测试

利用下列问题可了解你的授权工作做得如何。回答下面所有的问题。

1. 你是否将绝大部分时间都花在完成需要你的个人技能和权限的任务上了？
2. 你是否将本来可以由其他人完成的工作授权给了能够完成任务的最底层员工去做？
3. 你是否相信员工能够成功完成所授权的工作并对此充满信心？
4. 你的员工是否了解你对他们的期望？
5. 你是否花时间认真为各项工作挑选合适人选？
6. 你在授权工作时是否就任务的所有方面向员工进行了清晰的描述？
7. 你在给予建议之前是否给员工足够的时间去自己解决问题？
8. 你是否将授权作为一种帮助员工发展新技能、提供挑战性工作的方式？
9. 你注重的是任务完成的结果还是用于完成任务的方法？
10. 你是否授予了员工完成授权任务所需要的权威？
11. 你是否认识到可能出错，而且错误是你的员工学习过程的一个重要组成部分？
12. 你是否简明扼要地说明了预期的结果，并让你的员工为完成这些结果承担责任？
13. 你是否通过适度的反馈与跟进行动给你的员工提供支持？
14. 与你的员工分享控制权让你感到坦然吗？
15. 你是否能够认识到，作为授权人，你对授权任务的结果负有最终责任？

如果你对以上至少12个问题回答"是"，说明你的授权工作做得不错。如果你对3个或3个以上的问题回答"否"，说明你需要提高授权技能。对那些你回答了"否"的问题，你可以去了解在下次授权时如何改变行为方式，并进行排练。

制度分权与授权的区别

【生命成长智慧】

自觉按职能职责做事，永远忠于职守

处在什么岗位就要履行什么职责，岗位就是责任，职务就是责任。不管是在公司部门还是在各自的家庭里，每个人都有一定的职能职责，这是我们做事的前提和方向，方向不对，努力白费。明确了职能职责，更要忠于职守，就是忠诚地担起自己的岗位责任和职责操守，时刻提醒自己工作就意味着责任，这是所有职业规范的基本要求。每个人首先要熟悉自己工作岗位的职能职责，对自己职能职责范围内的事，都要主动地去做，尽心尽力地去做，千万不要事事等领导来安排，那不是一个好员工。其实，每个人都做好了自己的本职工作，也是大贡献。当然，也要有更高的追求，要努力发扬"职业精神""工匠精神"，以强烈的事业心和责任感来对待工作，自觉做到"有信念、讲规矩、有纪律、讲道德、有品行、讲奉献"，苦累面前多思得，工作当中多思责，"专心致志，以事其业"，做到在其位、谋其政、负其责、尽其力、干大活、出新彩、干出水平。

254　模块四　团队协作能力

【任务思维导图】

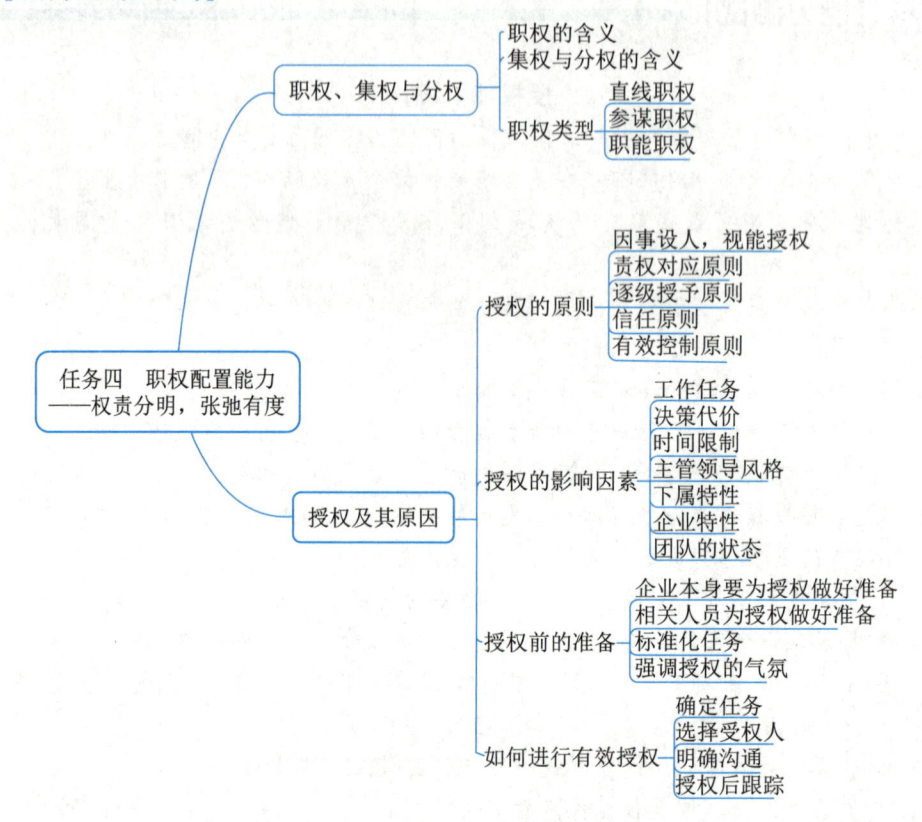

```
任务四　职权配置能力
——权责分明，张弛有度
├── 职权、集权与分权
│   ├── 职权的含义
│   ├── 集权与分权的含义
│   └── 职权类型
│       ├── 直线职权
│       ├── 参谋职权
│       └── 职能职权
└── 授权及其原因
    ├── 授权的原则
    │   ├── 因事设人，视能授权
    │   ├── 责权对应原则
    │   ├── 逐级授予原则
    │   ├── 信任原则
    │   └── 有效控制原则
    ├── 授权的影响因素
    │   ├── 工作任务
    │   ├── 决策代价
    │   ├── 时间限制
    │   ├── 主管领导风格
    │   ├── 下属特性
    │   ├── 企业特性
    │   └── 团队的状态
    ├── 授权前的准备
    │   ├── 企业本身要为授权做好准备
    │   ├── 相关人员为授权做好准备
    │   ├── 标准化任务
    │   └── 强调授权的气氛
    └── 如何进行有效授权
        ├── 确定任务
        ├── 选择受权人
        ├── 明确沟通
        └── 授权后跟踪
```

任务五　指挥协调能力
——现场指挥，有效协调

◇ **中国传统管理名言**

君子和而不同,小人同而不和。——《论语·子路》

祸兮福之所倚,福兮祸之所伏。——《道德经·第五十八章》

故知胜有五:知可以战与不可以战者胜;识众寡之用者胜;上下同欲者胜;以虞待不虞者胜;将能而君不御者胜。——《孙子·谋攻》

天行健,君子以自强不息。地势坤,君子以厚德载物。——《周易·乾》

天下之人皆相爱,强不执弱,众不劫寡,富不侮贫,贵不敖贱,诈不欺愚。凡天下祸篡怨恨,可使毋起者,以相爱生也,是以仁者誉之。——《墨子·兼爱中》

【学习情境】

如果你是某公司的总经理,在周末接到一个重要客户的电话。客户非常着急,因为他们向公司购买的设备出了故障,需要紧急更换零部件。但是这个公司全体人员都下班了。在这种情况下,你认为总经理应该怎么办?

【学习目标】

知识目标:掌握指挥的概念;理解影响指挥有效性的因素;理解工作协调的含义;理解

工作协调的类型、方式。

能力目标：会有效指挥工作；会协调工作关系。

素质目标：养成良好的指挥、协调工作的基本工作素质。

【学习任务】

1. 以模拟公司为单位组织进行。在其总经理指挥下，由其成员在一块空地上用一条 20 米长的绳子围成一个正方形，绳子不能有剩余。

2. 公司成员按照此次任务要求进行分工，除总经理之外，设总经理秘书 1 名、部门经理 4 名、部门成员若干名。

3. 活动开始时，主持者先将总经理同其成员隔开，向其说明游戏规则，再由总经理通过其秘书向各部门经理下达用绳子围正方形的命令。总经理不可直接指挥。

4. 部门经理再指挥其下属（要蒙上眼睛）用绳子围正方形。部门经理要与操作人员（其下属）保持 5 米的距离。

5. 在围正方形的过程中，主持者要不断设置新障碍，增加围正方形的困难。这样，总经理可能有新的指示下达，部门经理有新的或不明确的问题要向总经理请示，但都必须通过秘书传递。

一、工作指挥

（一）指挥的含义

广义上的指挥，包括指示、部署、指导与协调等基本手段，并具体体现为事前准备工作的安排与督导，目标任务落实的部署与检查，实施过程中的指导与激励，对实施过程中出现矛盾进行协调等工作环节与行为。狭义的指挥是指领导者对组织内人员的活动进行分派和指导。

（二）指挥的步骤

1. 工作实施准备

（1）要"吃透两头"。有效实施的前提，是"吃透两头"。一方面正确把握目标与任务要求，理解目标与任务的本质内涵、工作标准与完成时限，以便准确地加以落实；另一方面，要全面了解与任务相关的环境、条件等因素，因地因时制宜，量力而行，以保证有针对性地落实。

（2）配置好资源。特别是人员、资金与所需物资，在数量与质量上与实现工作任务的要求相匹配。

2. 工作部署

（1）选准时机。借助某种机遇来推进目标与任务的落实，充分利用各种有利的时机、氛围、条件，为任务的落实创造尽可能好的环境因素。

（2）部署任务。有四个要求：❶要进行目标与任务的层层分解，把企业的目标分解落实到部门与人员；❷要使下级明确目标标准与完成时限，实行目标与任务的量化管理；❸制定详尽可行的对策计划与落实措施；❹资源、条件、权限要落到实处，以确保目标与任务的实现。

（3）实行严格的工作责任制。有四个要求：❶要明确责任者，包括直接责任者、第一责任者；❷要落实责任，特别要讲量化的标准与完成时限，落实到人；❸实行充分授权，使责任者有职有权，以保证任务的完成；❹要建立有效激励和严厉的责任追究措施与制度。

3. 指导与激励

管理者要结合工作实际，及时进行指挥与指导，并适时进行激励，最大限度地调动员工努力工作的积极性，以促进工作的有效开展。

（三）指挥形式

1. 不同载体的指挥形式

管理者的指挥形式，按所采用的不同载体，可划分为口头指挥、书面指挥和会议指挥三种，如表 4-15 所示。

表 4-15　　　　　　　　　　不同载体的指挥形式

名　称	含　义	特　点	注 意 事 项
口头指挥	管理者用口头语言的形式直接进行指挥	直接、简明、快速、方便	1. 内容表达要清晰、准确； 2. 用语简洁有力，详略得当； 3. 讲究语言艺术
书面指挥	管理者采用书面文字形式进行指挥	准确性、规范性、确定性和可储存性	1. 加强针对性； 2. 增强规范性； 3. 提高写作质量
会议指挥	通过多人聚集，共同研究或布置工作	快速下达、即时反馈	1. 控制会议的议题与规模、次数； 2. 必须做好充分的会前准备； 3. 科学地掌握会议； 4. 狠抓会议内容的落实与反馈

2. 不同强制程度的指挥形式

管理者的指挥行为，一般都带有一定程度的强制性。但指挥又不是单纯的强制行为，总是需要辅以一定程度的说服、教育与思想工作，两方面相互配合，不可偏废。按不同强制程度，指挥形式主要可分为以下几种，如表 4-16 所示。

表 4-16　　　　　　　　　　不同强制程度的指挥形式

名　称	含　　义	特　点	注 意 事 项
命令、决定	命令是要求下级无条件执行；决定是对一些事项所做出的决策或规定	强制性、直接性和时效性	1. 必须遵循客观规律，从实际出发； 2. 必须采取简明扼要的表达方式，并有很强的可操作性； 3. 注意实施方式的艺术性和有效性
建议、说服	建议是以平等身份提出供参考的意见；说服是摆事实，讲道理，以理服人	引导、说理性质，不带或只有微弱的强制性	1. 要以平等的身份进行交流； 2. 管理者提出的见解、意见要有较高水平； 3. 加强信息反馈与控制
暗示、示范	暗示是指通过各种语言、行为、政策及其他形式，对下级的行为进行某种隐含性的引导；示范则指以自身的模范带头作用来影响、带动下级的行为	隐含性、间接性和自觉自愿性	1. 要有鲜明的目的性； 2. 选择恰当的行为方式； 3. 要有其他形式的有机配合

3. 不同适用范围的指挥形式

从管理者进行指挥所适用的范围上划分,管理者的指挥行为又可分为指示与规范。指示是指管理者针对某一管理问题所做出的一次性指令或要求。规范是指管理者制定的用以解决某一类问题的原则、程序及办法。

(四) 指挥能力与指挥有效性

1. 指挥能力

指挥能力,就是指领导者按照既定的决策要求,统筹安排,率领下属,实现其既定的目标任务,履行其基本职能的能力。俗话说:"强将手下无弱兵。"由此可见,领导者的指挥能力非常重要。如果指挥无方,即使执行人员能力很强,也无法充分发挥作用。衡量领导者能力强弱的主要标准为:一是看其能否最大限度地调动下属的积极性,发挥其积极作用;二是看其能否最有效地统一其下属的行动,充分发挥整体效能;三是看其是否能有效地利用一切条件,并充分发挥其在工作中的最大效率;四是看其是否能机动灵活地运用各种手段及方法,处理好各种内外关系,使既定总体目标得以顺利、圆满实现。

2. 指挥有效性的因素

管理者指挥的有效性主要受五个因素影响,分别是权威、指挥内容的科学性、指挥形式的适宜性、指挥对象和环境,只有综合处理好以上因素,才能实现有效指挥。为了保障指挥的有效性,最早由法约尔提出了统一指挥原则。法约尔认为,无论什么工作,一个下级只能接受一个上级的指挥,如果两个或者两个以上领导人同时对一个下级或一件工作行使权力,就会出现混乱局面。后人对法约尔的提法加以发展:一个人只能接受统一的命令。数名领导需要协商后才能下达的命令,由领导协商一致后,再行下达。

3. 指挥注意事项

(1) 不能越级指挥:上级对下级可以越级检查,但不能越级指挥,如图 4-21 所示。

图 4-21　上级对下级指挥关系图

(2) 不能越级报告:下级对上级可以越级申述;不能越级报告,如图 4-22 所示。

图 4-22　下级对上级报告关系图

二、工作协调

【拓展阅读】

中国南方有的地方每年都要举行热闹的龙舟赛会。那赛龙舟的场面甚是壮观。一声锣响,十来条披红挂彩的龙舟在江岸边数万名观众的呐喊声中箭一般地冲出去。你看那龙舟上的十几名划船人,在号令员的指挥下,动作是多么的协调一致!似乎有一条无形的绳索将他们联系在一起,而绳索的一端紧紧握在号令员的手中,随着号令员的指挥,他们强壮的手臂同时地举起来,又同时地划下去,那种高度一致的行动确实令人赞叹。行动最协调一致的船肯定会最先到达目标。胜利的荣誉不是属于个人的,而是属于龙舟上的整体,包括号令员和每一位划船手。如果哪位经理总是坐在办公室里苦苦思索他企业里的人为什么总像一盘散沙,那么,他应该看看赛龙舟,一定会大受启发,茅塞顿开。如此说来,"人事管理"的根本就是协调。

要把个人的自身利益与组织的集体利益结合起来,而个人的利益可能是和组织的利益相矛盾的;既要执行组织的规则和程序,又要照顾到个人的需要。规则与程序的存在是为减少凭个人好恶行事,以维护集体的利益;但同时每个个人都有他们各自特殊的需要,而这些需要常常由于要执行规则与程序而不能得到满足。必须平衡个人需要和集体准则,但平衡常常带来矛盾。要解决这些问题,就要协调。

(一)工作协调的含义

工作协调是指通过各种管理手段,解决组织运行中的各种矛盾,使经营管理活动平衡、有效地运行和稳定发展的管理行为。

(二)工作协调的类型

主要包括横向协调与纵向协调两种基本类型。

1. 工作纵向协调的四个原则

(1)坚持维护统一指挥原则。

(2)相互尊重职权。

(3)加强信息沟通。下级多请示,多汇报;上级也要对下级多征求意见、多通报。

(4)建立清晰的等级链,并明确划定各自的职责权限。

2. 工作横向协调的三种基本方式

(1)制度方式。制度方式主要有四种具体做法:❶对经常性业务与工作制定标准、程序与规范,实现管理工作标准化,从制度规范体系上保证协调。这是制度协调最基本的方法。❷对于需要各部门根据变化随机处理的问题,要通过例会制度进行协调。❸建立有联系的横向部门之间的信息沟通制度,遇有例外情况,可进行跨部门直接沟通。❹涉及多个部门的例外性问题,可采用联合办公和现场调度的形式进行协调。

(2)组织方式。组织方式主要有四种具体做法:❶对于需要多个部门长期协调的,可建立常设委员会或任务小组。借助委员会的协调,可保证该项重点工作的有效实施。❷对于需要多个部门共同参与完成的临时性任务,可依需要设立临时性的委员会或任务小组。在委员会或任务小组的协调下,突击完成该项任务,任务完成后委员会解散。❸对于职权相关的几个部门,可由一名上级领导来分管,以有利于这几个部门的协调。❹对于需要经常进行各部门工作协调的,可设置专职的协调部门,专司协调工作。

(3)人际关系方式。人际关系方式主要有三种具体做法:❶培养健康融合的组织文化,使各部门人员之间有共同的价值取向,建立合作、融洽的人际关系。这是最重要的人际关系协调方式。❷对于需要紧密配合的部门,应使其合署办公,促进人员沟通与工作配合。❸建立基层管理运营组织,如专项工作小组、科研攻关小组等,使组织成员密切配合。

【知识测试】

1. 广义的指挥包含(　　)。
   A. 事前准备工作的安排与督导　　B. 目标任务落实的部署与检查
   C. 实施过程中的指导与激励　　　D. 对实施过程中出现的矛盾进行协调
   E. 绩效考核与绩效评价

2. 工作部署要满足以下(　　)的要求。
   A. 要进行目标与任务的层层分解,把企业的目标分解落实到部门与人员
   B. 要使下级明确目标标准与完成时限,实行目标与任务的量化管理
   C. 制定详尽可行的对策计划与落实措施
   D. 资源、条件、权限要落到实处,以确保目标与任务的实现
   E. 要建立有效激励和严厉的责任追究措施与制度

3. 管理者指挥的有效性主要受(　　)因素影响。
   A. 权威　　　　　　　　　　　　B. 指挥内容的科学性
   C. 指挥形式的适宜性　　　　　　D. 指挥对象
   E. 环境

4. 按所采用的载体不同,可将指挥划分为(　　)。
   A. 口头指挥　　B. 指示　　C. 示范　　D. 书面指挥
   E. 会议指挥

5. 关于口头指挥的说法错误的有(　　)。
   A. 直接性　　　B. 便捷性　　C. 确定性　　D. 可储存性
   E. 规范性

6. 提高会议指挥效能的说法正确的有(　　)。
   A. 控制会议的议题与规模、次数　　B. 必须做好充分的会前准备
   C. 科学地掌握会议　　　　　　　　D. 速战速决,注重效率
   E. 狠抓会议内容的落实与反馈

7. 关于指挥的说法正确的有(　　)。
   A. 命令是要求下级无条件执行,带有很强的强制性、直接性和时效性,但要注意实施方式的艺术性和有效性
   B. 说服是摆事实,讲道理,以理服人,不带或只有微弱的强制性,要求管理者提出的见解、意见要有较高水平
   C. 暗示是通过各种语言、行为、政策及其他形式,对下级的行为进行某种隐含性的引导
   D. 示范是指以自身的模范带头作用来影响、带动下级的行为,带有隐含性、间接性和自觉自愿性

E. 管理者的指挥行为，一般都带有一定程度的强制性。但指挥又不是单纯的强制行为，总是需要辅以一定程度的说服、教育与思想工作，两方面相互配合，不可偏废

8. 下列关于指示与规范的说法正确的有（　　）。

A. 从管理者进行指挥所适用的范围上划分，管理者的指挥行为又可分为指示与规范

B. 规范是指管理者针对某一管理问题所做出的一次性指令或要求

C. 指示是指管理者制定的用以解决某一类问题的原则、程序及办法

D. 指示是指管理者针对某一管理问题所做出的一次性指令或要求

E. 规范是指管理者制定的用以解决某一类问题的原则、程序及办法

9. 下列属于纵向协调的基本原则的是（　　）。

A. 坚持维护统一指挥原则

B. 相互尊重职权

C. 加强信息沟通

D. 建立清晰的等级链，并明确划定各自的职责权限

E. 下级多请示、多汇报；上级也要对下级多征求意见、多通报

10. 下列属于工作横向协调的基本方式的是（　　）方式。

A. 制度　　　　B. 组织　　　　C. 人际关系　　　　D. 上级调解

E. 诉讼

【重点回顾】

1. 影响指挥有效性的因素有哪些？
2. 如何协调工作？

重点回顾答案

【生命成长智慧】

想问题、做事情要尽可能合情合理

本任务的内容是指挥协调能力。指挥与协调工作是否有效主要取决于想问题、做事情是否合情合理。合情合理就是要合乎情理、合乎原则，两者兼顾。现实社会中，有时候合情不一定合理，合理不一定合情。中国自古就是人情社会，"投桃报李""滴恩泉报""千里送鹅毛，礼轻情义重"等传统观念在人们的头脑中根深蒂固。人不可能脱离现实生活、没有感情，肯定也要讲人情，不近人情的人是缺少情商、缺乏魅力和感召力的。但是，人情也有其世俗庸俗乃至功利丑恶的一面，只讲人情不讲原则的人，颠倒人情与原则的关系，丧失自己的立场和原则，迟早要"栽跟头"。

当然，情与理也不是完全对立的，一个人既不能太死板机械，更不能太圆滑世故，尤其面对重大利益和重要人事问题，要自觉和严密地设置人情防火墙，自己不去突破，也严防别人逾越。要重视人际关系，但不可刻意去追求搞好人际关系，要学会以简单对复杂，别人复杂，自己要简单。要同情弱者有善心，努力做到情理兼顾，在不好兼顾的情况下，坚持原则就是最好的选择，也是唯一的选择，只有这样才能保全自己，也才能做到"自己不打倒自己，别人永远打不倒你"。

【任务思维导图】

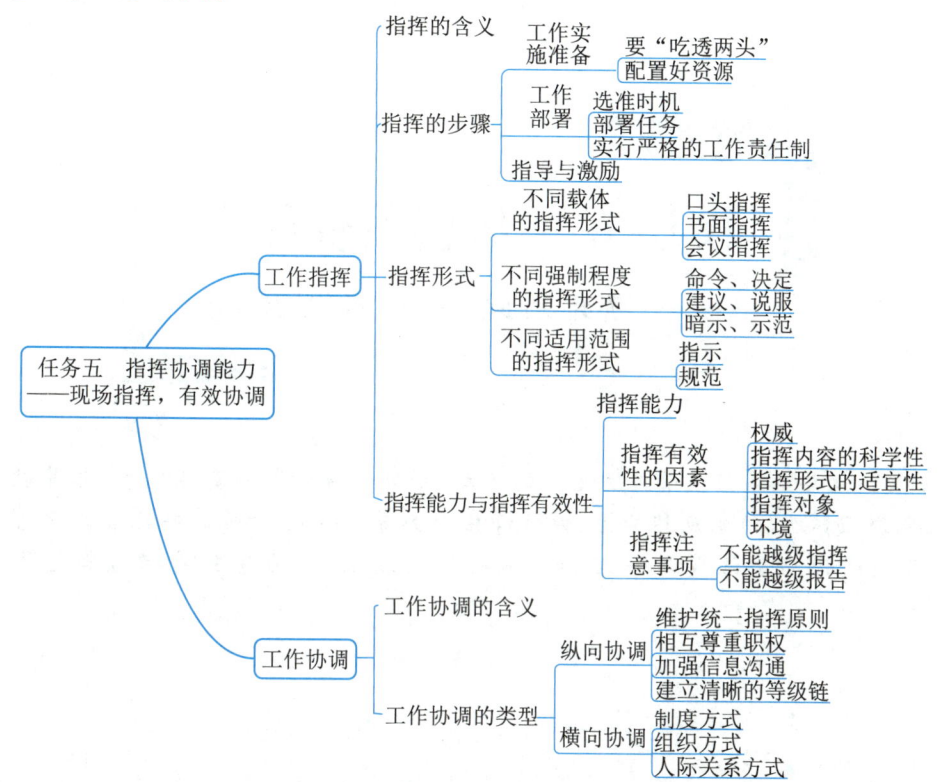

- 任务五 指挥协调能力——现场指挥，有效协调
  - 工作指挥
    - 指挥的含义
    - 指挥的步骤
      - 工作实施准备
        - 要"吃透两头"
        - 配置好资源
      - 工作部署
        - 选准时机
        - 部署任务
        - 实行严格的工作责任制
      - 指导与激励
    - 指挥形式
      - 不同载体的指挥形式
        - 口头指挥
        - 书面指挥
        - 会议指挥
      - 不同强制程度的指挥形式
        - 命令、决定
        - 建议、说服
        - 暗示、示范
      - 不同适用范围的指挥形式
        - 指示
        - 规范
    - 指挥能力与指挥有效性
      - 指挥能力
      - 指挥有效性的因素
        - 权威
        - 指挥内容的科学性
        - 指挥形式的适宜性
        - 指挥对象
        - 环境
      - 指挥注意事项
        - 不能越级指挥
        - 不能越级报告
  - 工作协调
    - 工作协调的含义
    - 工作协调的类型
      - 纵向协调
        - 维护统一指挥原则
        - 相互尊重职权
        - 加强信息沟通
        - 建立清晰的等级链
      - 横向协调
        - 制度方式
        - 组织方式
        - 人际关系方式

模块五　基层主管能力
——顺民则政兴，逆民则政废

　　本模块主要从基层主管能力培养的角度，帮助您提升领导影响能力、指导教练能力、团队激励能力、追踪反馈能力、评估考核能力等基层主管所需要具备的能力。希望您通过阅读和训练成为一名善于带兵的基层主管，为您驰骋职场奠定坚实的基础。

任务一　领导影响能力
——有效领导，模范表率

> ◇ **中国传统管理名言**
> 爱人者，人恒爱之；敬人者，人恒敬之。——《孟子·离娄章句下》
> 夫仁者，己欲立而立人，己欲达而达人。——《论语·雍也》
> 为政以德，譬如北辰，居其所而众星共之。——《论语·为政》
> 惟公则生明，惟廉则生威。——《传家宝》
> 其身正，不令而行；其身不正，虽令不从。——《论语·子路》

【学习情境】

　　你刚升任了一个基层主管工作岗位，你的下属分别是下面四种情形，你应该如何对待呢？

　　状况1：一位新员工，正在接受岗前培训，他很想把事情做好，也非常自信，只是还没有多少工作方法和经验。

　　A. 指导下属按标准步骤完成工作

　　B. 提出工作要求，也听听下属的建议

　　C. 询问下属对工作目标的想法，并予以鼓励和支持

　　D. 尽量不干扰他的正常工作

　　状况2：你的下属经过一段时间的培训，已基本了解自己的工作职责和工作流程，只是

与前一阶段相比工作动力明显不足。

  A. 友善地加强互助,但继续留心他们的表现

  B. 让他们按照自己的方式工作

  C. 尽可能做出一些让他们感觉自己是很重要、且有参与感的安排

  D. 强调工作完成的重要性及期限

  状况3:你的下属遇到挑战性的问题,显得信心不足。过去虽然有类似情况,但在你的鼓励下多半问题都能自行解决,而且人际关系也很正常。

  A. 加入进去和他们一同解决问题

  B. 让他们自行处理

  C. 尽量纠正他们

  D. 鼓励他们针对问题自行解决,并适时给予意见

  状况4:你正计划对一项日常工作程序进行细节调整,而你的下属在这方面有丰富的经验,并期待着改革尽快实施。

  A. 让他们来共同参与变革,并适当提供意见

  B. 宣布变革并严密地予以监督

  C. 让他们自行变革,将结果向你汇报

  D. 听取他们的意见,但决定权在于你

【学习目标】

  知识目标:理解领导的本质内涵;理解领导的功能;掌握领导者的权力运用;熟悉领导理论的脉络;理解两种不同的领导行为的区别与联系;掌握四种领导风格与员工四个阶段或者四种不同情形之间的匹配;掌握四种领导风格的共同特征。

  能力目标:善于运用领导者的权力提高领导效能;善于分析员工不同特点;娴熟地在四种领导风格与员工四个阶段或者四种不同情形之间进行切换。

  素质目标:提高自身的领导修养水平;提升自身的领导素质;加强领导能力修炼。

【学习任务】

  1. 完成领导风格测评。

  2. 分析团队成员属于哪种员工类型,并匹配合适的领导风格。

  3. 每个团队搜集分析一个知名企业家的领导特点,并进行演讲。

一、领导及其功能

(一) 领导的内涵

  现代领导理论认为,<u>领导是指导和影响群体或组织成员,为实现所期望的目标而作出努力和贡献的过程或艺术</u>。领导的本质是一种影响力,即领导通过其影响力来影响追随者的行为以达到组织目标。

(二) 领导的功能

1. 指挥功能

  指挥是领导的一项重要功能,是确保决策得以执行的重要条件。指挥功能有两种主要的实现形式:❶命令;❷合理授权。

2. 指导功能

指导是获取、保持、发展组织核心竞争力和创新力的必然要求,已成为反映时代需求的一项重要领导功能。

3. 协调功能

协调是为了实现领导战略目标而对领导活动中出现的矛盾和问题所做的调整过程。领导协调的内容非常广泛,具体包括:领导系统与环境的协调,领导系统内部各子系统之间的协调,领导系统内外人际关系的协调,领导活动中不同功能、目标、利益的协调,等等。

4. 激励功能

激励,是指激发人的积极性、主动性、创造性的过程。激励功能是领导的主要功能之一,其内容主要包括:❶提高被领导者接受并执行组织目标的积极性与自觉性;❷通过物质环境和心理气氛的营造,提高被领导者的行为效率。

5. 影响功能

此处所说的影响功能特指领导者的非权力性影响力,主要来源于领导者个人的人格魅力,来源于领导者与被领导者之间的相互感召和相互信赖。领导者以自身的榜样作用影响员工,使之自愿地追随、服从和无条件地支持领导者。

二、领导者的权力

权力是一种控制力,又是一种影响力。领导工作,从狭义的角度讲,即是领导者运用其拥有的权力,以一定的方式对他人施加影响的过程,意味着使他人的态度和行为发生改变。美国管理学者弗兰奇和雷文认为领导者的影响力(或权力)基础为五种:

(1) 法定权力,指组织内各领导职位所固有的合法的、正式的权力。这种权力可以通过领导者利用职权向直属人员发布命令、下达指标来直接体现。

(2) 奖赏权力,指提供奖金、提薪、升职、赞扬,理想的工作安排和其他任何令人愉悦的东西的权力。与法定权力密切相关。

(3) 强制权力,指给予扣发工资、奖金、降职、批评乃至开除等惩罚措施的权力。

(4) 专家权力,由个人的特殊技能或某些专业知识产生的权力。

(5) 感召和参考权力,这是与个人品质、魅力、经历、背景等相关的权力。

关于领导者的权力,可以概括如表 5-1 及表 5-2 所示。

表 5-1　　　　　　　　领导者的权力分类与比较

领导者的权力类型		来源及影响	被领导者的感受	
职位权力(职权)	法定权力	习惯观念(组织制定)	服从感	"力"使人慑服
	奖赏权力	激发欲望(利益引诱)	敬重感	
	强制权力	望而生畏(惩罚威胁)	敬畏感	
个人权力(影响力)	专家权力	获得信任(知识技能)	敬佩感	"才"使人折服
	感召权力	获得尊敬(人格魅力)	敬爱感	"德"使人心服

表 5-2　　　　　　　　　职位权力与影响力的比较

项　目	职　位　权　力	影　响　力
来　源	法定职位,由组织带来规定	完全依靠个人素质、品质、业绩和魅力
范　围	受时空限制,受权限限制	不受时空限制,可以超越权限,甚至超越组织的局限
大　小	不因人而异	因人而异,同一职位的经理,有的有影响力,有的没有
方　式	以行政命令的方式实现,是一种外在的作用	自觉接受,是一种内在的影响
效　果	服从、敬畏,也可以调职、离职的方式逃避	追随、信赖、爱戴
性　质	强制性地影响	自然地影响

【经典案例】

狱 官 李 离

如果你不愿意负责任,你就不能当领导。这是一个常识,也是一种人生态度。一个人有多重要,通常与他所负责任多少成正比。

春秋晋国有一名叫李离的狱官,他在审理一件案子时,由于听从了下属的一面之辞,致使一个人冤死。真相大白后,李离准备以死赎罪。晋文公说:"官有贵贱,罚有轻重,况且这件案子主要错在下面的办事人员,又不是你的罪过。"李离说:"我平常没有跟下面的人说我们一起来当这个官,拿的俸禄也没有与下面的人一起分享。现在犯了错误,如果将责任推到下面的办事人员身上,我又怎么做得出来。"他拒绝听从晋文公的劝说,伏剑而死。

正人先正己,做事先做人。管理者要想管好下属必须以身作则。示范的力量是惊人的。不但要像先人李离那样勇于替下属承担责任,而且要事事为先、严格要求自己,做到"己所不欲,勿施于人"。一旦通过表率树立起在员工心中的威望,将会上下同心,大大提高团队的整体战斗力。得人心者得天下,做下属敬佩的领导将使管理事半功倍。

三、领导理论综述

(一)领导特质(性格)理论

领导特质理论主要研究领导者的个性对领导有效性的影响。其思路是根据领导效果的好坏,找出好的领导人与差的领导人在个人品质或特性方面有哪些差异,由此确定优秀领导者应具备的特性。反过来再根据成功领导者应具备的特点,考察某个领导者是否具备这些特点,据此断定他是不是优秀的领导人。关于特性理论,可以分为两种:一种是传统特性理论,认为领导者所具有的特性是天生的,由遗传决定;另一种是现代特性理论,认为领导者的特性和品质是在实践中形成的,是可以通过教育训练培养的。领导特质(性格)理论缺点有:性格难以测量;所得结论不一致;没有考虑被领导者的情况;等等。

(二)领导行为理论(领导作风理论)

领导行为理论不强调领导者的天赋与素质,而注重领导者本身的行为与作风。认为领导者对被领导者所采取的控制方式不同,将会影响组织气氛,从而影响其成员行为和工作效率。主要研究成果包括:勒温的三种领导方式理论、伦西斯·利克特的四种管理方式理论、领导四分图理论、管理方格理论、领导连续统一体理论,这些理论主要是从对人的关心和对生产的关心两个维度,以及上级的控制和下属参与的角度对领导行为进行分类,这些理论在确定领导行为类型与群体工作绩效之间的一致性关系上取得了有限的成功,主要的缺点是缺乏对影响成功与失败的情境因素的考虑。

(三) 领导权变理论(环境理论或动态领导理论)

领导权变理论认为,领导是一种动态的过程,而且领导的有效行为应随着被领导者的特点和环境的变化而变化。权变理论是由美国学者提出的,他们在研究中发现,对领导行为有效性的评价,实际上并不取决于领导者所采用的某一特定领导方式,而是根据该领导方式所应用的环境而定,因此,与特定环境相适应的领导方式是有效的,反之,则往往是无效的。在一种环境下具有相当效能的领导方式,在另一种环境下可能失去效能。它的研究成果包括菲德勒权变模型、情境领导理论、路径目标理论和领导者参与模型。

上述领导理论的对照比较,如表 5-3 所示。

表 5-3　　　　　　　　　不同领导理论的比较

领导理论	所处时期	基本观点	研究基本出发点	研究结果
领导特质理论	20 世纪 40 年代以前	领导的有效性取决于领导者个人特性	好的领导者应具备怎样的素质	各种优秀领导者的图像
领导行为理论	20 世纪 40 年代到 60 年代早期	领导的有效性取决于领导行为和风格	怎样的领导行为和风格是最好的	各种最佳的领导行为和风格
领导权变理论	20 世纪 60 年代晚期到 80 年代	领导的有效性取决于领导者、被领导者和环境的影响	在怎样的情况下,哪一种领导方式是最好的	各种领导行为权变模型

四、领导行为理论

(一) 勒温的三种领导理论

关于领导作风的研究最早是 20 世纪 30 年代由心理学家勒温(K.Lewin)进行,他以权力定位为基本变量,通过各种试验,把领导者在领导过程中表现出来的工作作风分为三种基本类型:专制领导作风、民主领导作风、放任自流领导作风。

1. 专制领导作风

专制领导作风,是指以力服人,靠权力和强制命令让人服从的领导作风,它把权力定位于领导者个人。专制领导作风的主要特点是:

(1) 独断专行,从不考虑别人的意见,所有的决策由领导者自己作出。

(2) 领导者亲自设计工作计划,指定工作内容和进行人事安排,从不把任何消息告诉下属,下属没有参与决策的机会,而只能察言观色,奉命行事。

(3) 主要靠行政命令、纪律约束、训斥和惩罚来管理,只有偶尔的奖励。

(4) 领导者很少参加群体活动,与下属保持一定的心理距离,没有感情交流。

2. 民主领导作风

民主领导作风，是指以理服人、以身作则的领导作风，它把权力定位于群体。其主要特点是：

(1) 所有的政策是在领导者的鼓励和协助下由群体讨论决定的。

(2) 分配工作时尽量照顾到个人的能力、兴趣，对下属的工作也不安排得那么具体，下属有较大的工作自由，较多的选择性和灵活性。

(3) 主要以非正式的权力和权威、而不是靠职位权力和命令使人服从，谈话时多使用商量、建议和请求的口气。

(4) 领导者积极参与团体活动，与下属无任何心理上的距离。

3. 放任自流领导作风

放任自流的领导作风，是指工作事先无布置，事后无检查，权力定位于组织中的每一个成员，一切悉听自便，毫无规章制度的领导作风，实行的是无政府管理。

(二) 俄亥俄四分图理论

1945年美国俄亥俄州立大学商业研究所掀起了对领导行为研究的热潮。研究人员将领导行为的内容归结为两个方面，即以人员为重（关怀维度）和以工作为重（结构维度）：

(1) 以人员为重，是指注重建立领导者与被领导者之间的友谊、尊重和信任的关系。包括尊重下属的意见，给下属以较多的工作主动权，体贴他们的思想感情，注意满足下属的需要，平易近人，平等待人，关心群众，作风民主。

(2) 以工作为重，是指领导者注重规定他与工作群体的关系，建立明确的组织模式、意见交流渠道和工作程序。包括设计组织机构，明确职责、权力、相互关系和沟通办法，确定工作目标和要求，制定工作程序、工作方法和制度。

四分图理论认为领导者的行为可以是关怀维度和结构维度的任意组合，形成四种不同的领导风格，如图 5-1 所示。

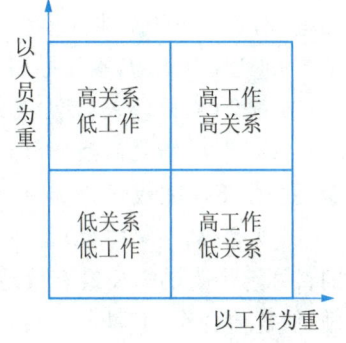

图 5-1 俄亥俄四分图

(三) 利克特四系统模型

密歇根大学伦西斯·利克特教授和他的同事对领导人员和经理人员的领导类型和作风做了长达30年之久的研究。他在密歇根大学总结了一种管理新模式，即新型管理系统，并在此基础上，于1961年提出了领导的四系统模型。他把领导方式分为四类系统：剥削式的集权领导、仁慈式的集权领导、协商式的民主领导和参与式的民主领导。他认为只有第四系统的参与式的民主领导才能实现真正有效的领导。

(四) 管理方格图理论

利克特的研究成果发表后，引起了对理想的领导方式的广泛讨论。理论界普遍认为理想的方式既要是绩效型又要是关怀型。美国得克萨斯大学的布莱克和穆顿对理想的领导方式加以分析综合，于1964年设计了一个巧妙的管理方格图，如图5-2所示，醒目地表示主管人员对生产关心程度和对人的关心程度。

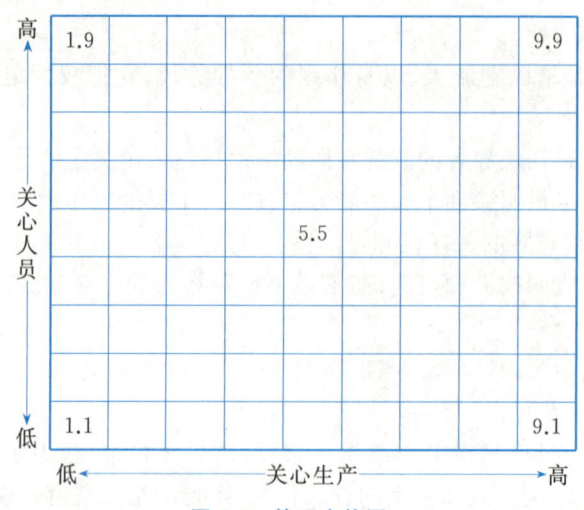

```
高  1.9                                    9.9




关
心
人                    5.5
员




低  1.1                                    9.1
    低          关心生产            高
```

图 5-2　管理方格图

对生产的关心表示企业领导者对各种事务所持的态度,如政策决定的质量、程序与过程,研究的创造性,职能人员的服务质量、工作效率及产品产量等。对人的关心则主要表现在个人对实现目标所承担的责任,保持对职工的自尊,建立在信任而非顺从基础上的职责,保持良好的工作环境以及具有满意感的人际关系等。

1.1 型(贫乏型)管理。只做一些维持自己职务的最低限度的工作,庸庸碌碌,只要不出差错,多一事不如少一事。

9.1 型(独裁的,重任务型)管理。强调有效地控制下属,努力完成各项任务。

1.9 型(乡村俱乐部型)管理。内部一团和气,太平无事,但忙忙碌碌,却效益很差。

5.5 型(中庸之道型)管理。既对工作的数量和质量有一定的要求,又强调通过引导和激励去使下属完成任务。领导往往缺乏进取心,乐意维持现状。

9.9 型(战斗集体型)管理。表示对工作和对人都极为关心,这种方式的领导能使组织的目标与个人的需要最有效地结合起来,既高度重视组织的各种工作,又能通过沟通和激励,使群体合作、下属人员共同参与管理,使工作成为组织成员自觉的行动,从而获得较高的工作效率。

(五) 领导行为 PM 理论

日本大阪大学心理学家三隅二不二于 20 世纪 60 年代在吸取了前人研究成果的基础上,提出了著名的领导行为 PM 理论。该理论也是从两个维度来分析领导行为的,在形式上与俄亥俄州立大学的二维模型相似,但是从把群体作为一个整体的角度出发研究领导行为和群体行为。

该理论认为,群体具有两种功能:

一种功能是实现群体的特定目标,即绩效(performance,用 P 表示),领导者为完成群体目标所做的努力,表现为工作规划、成果等。

另一种功能是改善群体自身的正常运转,即维持(maintain,用 M 表示),领导者维持及强化群体关系所做的努力。

PM 理论认为,领导者的作用就在于执行这两种团体机能。因此,领导者的行为也就包括这两个因素。这样,不论 M 因素多么强,也总包含着某种程度的 P 因素,同样的道理,不管 P 因素多么强,也总包括 M 因素。此外 P 和 M 两方面都强或两方面都弱的情况也是存在的。

如果以 P 为横坐标,M 为纵坐标,并在 P 和 M 坐标中点,各作一条线,就可划分出 PM、Pm、pM、pm 四种领导类型,如图 5-3 所示。

三隅二不二教授运用多种方法对各种行业的各层领导进行了多年研究,并以企业的生产性指标和员工的士气性指标进行了检验,获得了关于 PM 四类型领导效果的基本一致性结果:PM 型最好,Pm 型和 pM 型居中,pm 型最差。

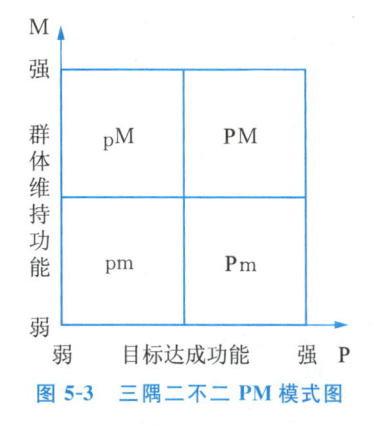

以上不同领导行为理论的对照比较,如表 5-4 所示。

图 5-3 三隅二不二 PM 模式图

表 5-4 不同领导行为理论的比较

年 代	理论或模型	研 究 者	"关心人"	"关心工作"
1945	四分图	俄亥俄州立大学	关怀维度	结构维度
1961	四系统	利克特	员工导向	生产导向
1964	管理方格	布莱克,莫顿	关心员工	关心生产
1965	领导行为 PM	三隅二不二	团体维系	目标达成

五、两种不同的领导行为

领导者每天要做的事情很多,包括怎么去制定公司目标、考核下属、必要的公关活动、阅读报告公文等,这些事都是领导者日常工作的一部分,透过这些日常的行为,可以把领导者的行为分成两种。

(一)指挥性行为

领导者布置工作、命令、检查、监督、控制、指挥、指导等,这些都可以看作是一种指挥性的行为。指挥性的行为是单向沟通的方式,即领导说,下属听。指挥性行为与前述领导理论中的关心任务、关心生产、关心工作、关心结构、生产导向、目标达成以及以工作为中心等是相通的。指挥性行为的特点是:

(1)强调建立结构。一个指挥性行为很强的领导者强调完成任务的结构。同样一件事情、一个任务,指挥性行为的领导在布置的时候,会强调准备工作一定要如何去做,具体实行的时候要注意哪些事项,总结的时候应该如何做。

(2)组织。组织的对象是什么呢?人、财、物、时间和信息是组织的对象。例如,一位领导布置一项任务是到东北去组建一家新公司,面对这项任务,前期做什么,中期做什么,后期做什么,这是结构。如何完成这个任务呢?这就需要组织有关的资源。这些资源中,第一是人,有多少原有员工可以用,需要招聘多少新人,这是人的资源的组合。第二是财,有多少钱作为开发费。第三是物,在公司允许的范围之内可以购买哪些用品。第四是时间,必须在多长时间之内把这家分公司组建完毕。第五是信息资源,要了解一下在东北当地的市场中竞争对手都有谁?他们的市场占有率有多少?对于人、财、物、时间和信息的组织,一个指挥性行为的领导者会给出明确的指示。

(3) 提供忠告。当一个领导者告诉你做什么、怎么做的时候,他是在教你如何去完成任务,只要你按照他的步骤一步一步去做,就能够学习到很多知识。他会以自己的经验给你提供忠告,以过来人的方式给你提供一些做事的风格或者方法。所以一个指挥性行为的领导者就等于在教你如何去做事。

> 【小思考】
> 指挥性行为偏强的领导者懂得教员工如何完成任务,员工的能力和员工的工作意愿,这两点哪一点会得到提高呢?

(4) 监督。一个指挥性行为的领导者从来就不可能把一个任务布置给员工以后,就不管不闻不问了。领导者会采取有效的监督方式。

以上四个词语是指挥性行为的关键词,它们可以帮助判断一位领导的行为。领导者的指挥性行为偏强,会对员工的工作能力有所帮助,在这两者中可以找到对应的关系。

(二) 支持性行为

领导者的日常活动中还有很多其他的内容,包括解释公司的决定,当下属做得好的时候给下属正面认知、赞扬,包括跟下属的沟通,对下属的鼓励等,这些可以看作是另外一种领导者的行为,叫做支持性行为。支持性行为就是对下属的努力表示支持,鼓励下属自发地去完成目标。指挥性行为是要员工去做,而支持性行为是鼓励员工去做,一位支持性行为的领导者总是在鼓励和赞美下属,提高下属的自信心。支持性行为与前述领导理论中的关心人员、团体维系、关系导向、关心关系以及以人员为中心等是相通的。

支持性行为的领导者从来就不会给员工一个现成的答案,而总是在问如何去解决。所以支持性行为的领导者是在拓展下属的思维,鼓励下属冒险。通过这种方式,来鼓励员工去做事情,自己想办法,自己解决问题。支持性行为有几个关键词:

(1) 问。一位支持性行为的领导者习惯去问员工问题。例如,一个领导者召集所有人在一起开会,指挥性的领导者可能从一开始就提出问题在哪里,但是支持性行为的领导者可能问大家:最近一段时间以来公司的离职率偏高,在座的各位都是资深的经理人,你们了解一线的情况,你们了解公司的人员为什么会离开,你们有什么好的意见和想法贡献出来,如何有效地留住公司的员工?

(2) 听。问完了之后,接下来领导者要做的就是积极地聆听,听就是支持性行为的第二个关键词。有效的领导是从聆听开始的。听,对于领导者来说是一个重要的技术,在沟通的技巧中会讲到如何聆听。有人说,过去的领导者懂得如何去说,但是未来的领导者是要懂得如何去听。要一心一意地去听,还要做出适时的反应。

(3) 鼓励。支持性行为的领导者在鼓励员工去做事情时,从来不会给员工一个现成的答案,而总是在问如何去解决。所以支持性行为的领导者是在拓展下属的思维,鼓励下属去冒险。

(4) 解释。领导者在必要的时候应该向下属解释为什么要去做这件事,它的重要性如何。只有跟下属解释清楚的时候,下属才更有意愿去完成工作。

【小思考】

如果一个领导者与你见面之后,跟你说了一段话:"最近我碰到了比较棘手的几个问题,你是公司比较优秀的骨干,能不能下午两点到我的办公室,我很想听一听关于这件事情你是怎么看的,你有什么好的想法和建议。"当领导者跟你说了这么一段话的时候,你的能力和意愿哪一点会得到提升呢?

【阅读提示】

员工的发展有两个尺度:能力和意愿。而领导的行为有两种方式:指挥性行为和支持性行为。指挥性行为对员工的工作能力有帮助,支持性行为对员工的工作意愿有帮助,这两者是一一对应的关系。

六、四种不同的领导风格

指挥性行为和支持性行为,这两种行为的不同组合会得出四种不同的领导方式。任何一位领导者都不可能仅仅只有其中的一种行为,总是或多或少地存在着其他的行为,所以指挥性行为、支持性行为在每一个领导者的身上都或多或少地存在,只是程度上有所不同而已。有的人指挥性行为偏强,有的人支持性行为偏强。

图 5-4 领导风格与员工发展阶段匹配图

我们在图 5-4 中用两个反向的坐标轴来说明这个问题。首先是正向的坐标轴,把指挥性行为作为一条横轴,从左到右说明指挥性行为从低到高;支持性行为作为一条纵轴,从下到上说明支持性行为从低到高,通过这样把坐标轴分成四个部分的内容,分别是低指挥、低支持(左下角);高指挥、低支持(右下角);高指挥、高支持(右上角);低指挥、高支持(左上角),也就是四种不同的领导风格和方法,领导风格的类型用 S 表示,即英文 style 的第一个字母。我们分别对应地把右下角高指挥、低支持的领导方式称之为命令式(用 S1 表示);右上角高指挥、高支持的领导方式称之为说服或教练式(用 S2 表示);左上角低指挥、高支持的领导方式称之为支持式或参与式(用 S3 表示);左下角低指挥、低支持的领导方式称之为授权式(用 S4 表示)。

同理,用反向的坐标轴来说明对应的员工类型或者状况,把员工的能力作为一条横轴,从右到左说明员工能力从低到高;员工意愿行为作为一条纵轴,从上到下说明支持性行为从低到高。为什么正好反向呢,主要基于一个理念,员工能力越高,指挥性行为应该越弱;意愿越强,支持性行为应该越弱。通过这样把坐标轴分成四个部分的内容,分别是能力高、低意愿高(左下角);能力不足、意愿很高(右下角);能力有一些但仍不足、意愿很低(右上角);能力较高、意愿波动(左上角),也就是四种不同的领导风格和方法,领导风格的类型用 D 表示,即英文 demand 的第一个字母,叫做每一种情形的员工的状况下的下属的需求。我们分别对应地把右下角能力不足、意愿很高称之为第一种情形(用 D1 表示);右上角能力有一些但仍不足,意愿很低称之为第二种情形(用 D2 表示);左上角能力较高、意愿波动称之为第三种情形(用 D3 表示);左下角能力高、意愿也高称之为第四种情形(用 D4 表示)。

(一) 命令式的领导方式

命令式的领导方式的特征主要体现在支持性行为少、指挥性行为多;员工主要依据指挥性的行为做事情,领导者告诉下属应该在哪里、什么时候做什么和怎样去完成各种任务;决策多半由领导者来完成;沟通过程多数是自上而下的交流,领导说下属听;注重规则和纪律约束、注重监督等。

命令式的领导方式适用于能力不高、意愿较强的下属,这种下属的需求更多的是帮助他(她)明确目标以及如何更好地完成任务实现目标。因此作为上司重点可以通过制定明确的规则和纪律约束;协助下属发现问题;设定下属的角色,提供明确的职责和目标;明确指导下属并产生行动计划;多数情况下单项沟通来解决问题和控制决策;明确告知所期望的工作标准,及时跟踪反馈等方式来进行领导。

(二) 教练式(或说服式)的领导方式

教练式(或说服式)的领导方式的特征主要体现在指挥性行为与支持性行为并重;给予大量的指示,也倾听下属的想法;决策的控制权掌握在领导者的手中;随时提供工作表现好坏的一些反馈。

教练式(或说服式)的领导方式主要适用于第二阶段的下属,即能力低意愿也低。这个阶段或这类员工的特点是动机和自信心呈降低趋势;学然后知不足,知道自己不知道;期望与现实脱节,困难比预期的高,乐趣比预期的低,幻想破灭降低了下属对工作的投入(意愿);努力了一段时间没有业绩,心里没底,不知道如何干;经常延误/完不成工作;怕承担责任,怪罪他人;有防卫心理等等。

面对第二阶段的员工,教练式(或说服式)的领导者应该如何去做呢?首先要帮助下属确定问题,下属可能还不知道问题出在哪里。其次要帮助下属设定一些目标。然后务必说清楚决策的理由,同时也试图听一听下属的想法,促进一些新的意见和想法的提出。必要的时候要支持和赞美下属的任何意见和建议。但是在决策的过程中,领导者依然是最后的决策人。

(三) 支持式(或参与式)的领导方式

支持式(或参与式)的领导者跟前两种有所不同,已经从以目标为导向慢慢地转向了以人际为导向,高支持性行为,低指挥性行为,多支持,少指导,就是尽量激励下属自己去做,而不是告诉下属如何去做。支持式(或参与式)的领导风格和方法在决策的时候有一个特点,就是让下属参与进来,创造一种宽松的气氛,鼓励下属提问,跟下属共同做决定。支持式(或参与式)风格的领导者常常举行团队会议,一起讨论问题,大家共同做决定。因为这种类型的领导经常给予下属一些认可、鼓励、支持。

支持式(或参与式)的领导方式适合指导什么类型的员工呢?适合下属能力已经比较强,但是意愿时有波动,即下属已具备较强的工作能力,能在熟悉的工作范围内有效完成任务,但遇到挑战性目标时仍缺乏独立完成工作的信心,呈现出变动的工作意愿;工作时间长了,付出和回报不对等,缺乏激励;第一次单独干,自信心不足;以前干得不错,但是出现业绩下滑等其他因素影响导致对自身能力产生怀疑或者对公司未来前景产生动摇。

支持式(或参与式)的领导方式可以让下属参与确认问题与设定目标,决策时请下属参与进来,创造宽松气氛鼓励下属提问,与下属共同作决定;常举行团队会议;帮助下属制定个人的职业发展计划;认可和主动倾听意见,并提供解决问题的便利条件;多问少说,倾听和激励下属主动解决问题和完成任务,并承诺与下属共担责任;必要时领导须提供资源、意见和保证;领导与下属共同参与决策的制定,分享决策权。

(四) 授权式的领导方式

授权式的领导方式的特征是指挥性行为偏低,支持性行为也偏低,领导方式少支持,少指导,决策的过程委托下属去完成,明确地告诉下属希望他们自己去发现问题,纠正工作中的错误。授权式这种领导方式会允许下属去进行变革。

授权式的领导方式适用于能力和意愿都较高的情况。下属在工作能力上已能独当一面,有强烈的动机和自信独立完成工作;唯一需要知道的是工作目标;下属独立性强,想得比上司多,工作业绩持续,承担责任,不怨天尤人;有稳定的工作热情;及时沟通,不隐瞒事实。

面对第四阶段的员工,领导者根本不需要给他们太多的激励,也根本不需要给他们太多的指挥,因为他们已经非常成熟了,少给指挥,少给激励,但并不是不给指挥,不给支持,只是适当少一点点就可以了,允许下属承担风险和进行变革;鼓励下属接受高难度挑战,就下属的贡献予以肯定和奖励,提供他人成长的机会,定期地检查和跟踪绩效。

七、四种领导风格的共同特点

仔细分析命令式、教练式(或说服式)、支持式(或参与式)和授权式四种类型的领导风格,不难发现,这四种领导风格都具有一些共同的特点。

(一) 都需要设定目标

这四种领导方式和方法都需要设定目标。不管员工是处在 D1 阶段还是 D4 阶段,也不管领导者采用的是命令式的领导方式还是授权式的领导方式,都必须给员工设置一个目标。任何时候都不能把目标的决定权下放给下属。但是在制定目标的时候可以吸收下属来参与。对于层级越高的员工,他们的参与性要越强。对于一个 D1 阶段的员工,可能真的需要布置目标;对于一个 D4 阶段的员工,可以采用询问的方式,进行双向的沟通,确定其工作目标。

(二) 都需要注意观察并跟踪下属的绩效

能被接受且具有激励性的目标应当是富于挑战性的并有可能实现的目标。这些目标有一定的难度,要促使下属更加努力。作为领导,应该密切注意观察下属在实现工作目标过程中的工作效果。在跟踪观察下属的绩效过程中,就能够发现对于这样的工作目标,该员工是否可以胜任,在工作中是否充分发挥了自己的全力。领导者对下属的要求是要完成预定目标,由于不同的员工处于不同的发展阶段,个人能力也有所不同,在工作过程中可能产生偏差,领导者需要及时将自己的评价反馈给员工,如果不注意观察并跟踪下属的绩效,是谈不上反馈的。

(三)都需要在绩效跟踪的过程中适时地给予反馈

在对下属的绩效跟踪过程中,领导者要适时地给予反馈。检查工作情况的好坏和完成任务质量的优劣,必须给予相应的反馈。反馈分为以下四种:

(1) 正面的反馈。正面的反馈也叫赞扬。领导者要重视反馈技巧的运用。正面的反馈对于下属来说非常关键。当一个下属做得很好的时候,只有及时给予正面的赞扬和认可,好的行为才有可能继续出现。正面认知可以鼓励好的行为再出现,这跟夸奖小孩子讲礼貌,小孩变得更礼貌是同一个道理。

领导者能力评价与角色锻炼

【经典案例】

某公司总裁在开会的时候说,在这个公司里,公文的写作水平整体还不是很高,但是公关部门的小刘的公文写得非常好。首先,她给出问题的时候,同时也会给出答案;其次,她给出答案的时候,还会给出几点建设性的意见可供选择;最后,她会给公司算一笔账,可以确定选择哪种方式更合适。公文写得言简意赅,而且有问题有建议,通过列举数据,说服力很强。经过总裁这么一番表扬,小刘的公文越写越好,仅仅过了一个月,她开始对整个公司的员工进行如何写好公文的写作培训。

正面的认知和正面的反馈可以鼓励好的行为不断出现。如果她写得好和不好都没有人理睬,说不定她就不会再努力去写得更好了。

(2) 修正性的反馈。在承认员工做得好的地方,同时也指出不足。修正性的反馈也就是"三明治的原则":上面一块面包为优点,中间一块牛肉为缺点,下面一块面包为相信其能够改正。例如,员工迟到的时候,领导者就可以采用修正性的反馈代替批评。如对员工说,你的考勤历来不错,怎么这周有3次迟到?是不是有什么事情呢?这样会使员工在意识到自己的问题的同时,也感受到了家庭般的温暖,他下次就会注意不迟到。

(3) 负面的反馈。就是通常所说的批评。建议领导者尽量不要采用批评,而应该多用修正性的反馈。负面反馈就相当于从感情存款里提款,用得多了,总有一天会透支。对下属批评的时候要很小心,最好不批评。例如,某员工偶然一次迟到被领导发现,领导批评后,这名员工可能就会觉得领导在他出勤很好的时候从不注意,偶尔迟到一次就盯上了。员工心里慢慢产生反感情绪,对工作的积极性会有很大影响。

(4) 没有反馈。也就是不管下属做得好还是不好,作为领导者都不过问,任其发展。没有反馈是最糟糕的情形,比负面反馈更糟糕。因此,作为领导者,应该多注意一些针对下属的反馈技巧,要加强沟通。

八、四种领导风格的弹性运用

(一)角色改变应注意的问题

在企业中,普遍存在这种情形:企业的销售业务做得优秀,销售人员就提升为销售经理;工程师做好了,马上就被提升为工程师的经理。实际上,从业务走向管理的过程中是有很多关键点的,而且具有一定的风险。工程师干得出色,只是说明他作为工程师的业务能力和专业知识很好,在这些方面,他是处于 D4 发展阶段。工程师被提拔为经理后,其业务范围实际转到了管理方面。在管理方面,工程师可能并不熟悉,他可能一下子降到了 D1 或者 D2 阶段。从熟悉变为不熟悉,从足以胜任的原岗位变为不一定能胜任的经理职位,风险就产生了。实际上,随着员工的升迁,这种转变是客观存在的。但是在转变的时候,必须注意以下几个基本点:

(1) 角色的转变。过去是作为员工,是一个运动员的角色;提升以后,就要扮演一个教练的角色,所以角色从运动员转变为教练。

(2) 工作内容的改变。过去作为一名工程师,工作内容主要是测试产品;被提拔为经理后,其工作内容就转变为管理员工。

(3) 技巧的转变。过去作为工程师主要应用的是测试技巧以及业务技能等;作为一名管理者,应用的是管理技巧。

(4) 人际关系的改变。过去作为一名下属,工作只要得到主管上司认可和赏识就足够了;现在作为一名领导者,必须面对各个不同的员工,不管喜不喜欢都要去面对,所以必须从受人喜欢变成受所有人的尊重。

(5) 评价方式的转变。过去评价一个人好不好就看他的业务技能,测试水平高,那么个人绩效就好;现在作为一个领导者,评价的时候就不是只看个人,而是看整个团队。

因此,将任何一个人提升到一个更高层次的时候,最好是对其做相应的培训。否则,缺乏技能培训,赶鸭子上架,出了问题领导者首先要承担责任。

(二) 做一名弹性的领导者

在实际的工作中,往往会出现这样的情况:如果用命令式的方式盲目告诉下属该做什么并放手让他们去做,由于下属仍然在 D4 发展阶段,其下属最后的结果不如预期,而领导者此时又像命令式一样,苛责下属,追查错源,甚至最终开除他。这样做只能带给主管挫败感和下属的愤怒感。因此,必须提防陷入一种权变领导的陷阱之中,必须弹性地运用四种不同的领导风格和方法,在企业的不同生命阶段采用不同的领导方式,对不同的人采用不同的领导方式。

【案例分析】

阅读以下"彼得个案",结合本讲的学习,讨论并回答下列问题:

彼得做测试工程师已经 10 年了,公司的一半产品都要经过他的手才会发送给客户。虽然有时需要加班,但他对自己作为一名测试工程师感到心满意足,并非常喜欢自己的工作。他工作很少出错,老板对他的表现也非常满意。

(1) 彼得作为测试工程师的发展阶段是_____。

(2) 彼得作为测试工程师的工作绩效是_____(高、低)。

最近,生产扩容了,更多的测试工程师招聘来了,但他们还不能独立工作,彼得被提升为测试组经理。他从来没管理过一个小组,彼得依旧工作在生产线上亲自测试产品。他的老板决定跟他谈一谈。在会上,老板告诉他,生产扩容了,公司需要更多的测试人员,不能只靠你一个人,并告诉他要对新的工程师进行培训,让他们尽快独立工作,彼得表示同意。

(3) 彼得作为小组经理的发展阶段是_____。

(4) 在彼得被提升为小组经理时,他需要从他的老板那里得到什么?_____。

(5) 彼得作为小组经理的工作绩效_____(高、低)。

不久,彼得的老板收到许多投诉,生产经理告诉彼得,由于产品没有按时进行测试,延误了产品的生产。许多次彼得不得不工作到深夜。

(1) 你认为彼得的老板在领导风格方面问题何在?

(2) 彼得的角色转换成功吗?从业务向管理转变的过程中要注意哪些问题?

(3) 如果你是彼得的老板,你将如何做?

【知识测试】

1. 领导的本质是( )。
   A. 行为过程　　B. 权力　　C. 影响力　　D. 职位

2. 一位在政府职能部门多年从事管理工作的中年管理者,新近被任命为某研究所的所长。面对陌生的学科专业和资深的研究人员,该所长感到有点无从下手。如果要就他如何有效地开展新工作提出原则性建议,你首选的是( )。
   A. 明确各研究人员的研究目标与任务,实行责权利挂钩考核
   B. 充分尊重专家,努力将研究人员的个人兴趣与组织发展目标协同起来
   C. 充分尊重专家,按专家意见办,全力做好支持服务工作
   D. 以研究人员的研究兴趣和专长为基础生成组织目标

3. 副厂长王工是一名20世纪80年代的大学生,有30年的机电工作经验,同事们都很敬重他,这体现了他的( )。
   A. 法定权力　　B. 奖励权　　C. 个人专长权　　D. 强制权

4. 于先生受命前往一家多年亏损的企业担任厂长。到任之后,他待人热情,早上早早地站在工厂的门口迎候大家,如果有员工迟到,他并不是批评和指责,而是询问原因,主动帮助员工解决实际困难。一周下来,大家看到厂长每天都提前到厂,而且又待人热情,原来习惯于迟到的员工也不迟到了。从这件事情来看,使于厂长产生了如此大的影响力的权力是( )。
   A. 个人影响权　　B. 专长权　　C. 法定权　　D. 奖赏权

5. 根据管理方格理论,( )领导方式是最有效的。
   A. 贫乏型　　B. 俱乐部型　　C. 任务型　　D. 团队型

6. 某公司总经理安排其助手去洽谈一个重要的工程项目合同,结果由于助手工作中的考虑欠周全,致使合同最终被另一家公司接走。由于此合同对公司经营关系重大,董事会在讨论其中失误的责任时存在以下几种说法,你认为最为合理的是( )。
   A. 总经理至少应该承担领导用人不当与督促检查失职的责任
   B. 总经理的助手既然承接了该谈判的任务,就应对谈判承担完全的责任
   C. 若总经理助手又进一步将任务委托给其下属,则可不必承担谈判失败责任

D. 公司总经理已将此事委托给助手,所以,对谈判的失败完全没有责任

7. 管理方格图中,9.1 型对应的是( )领导方式。
　　A. 任务型　　　　　B. 乡村俱乐部　　　C. 中庸型　　　　　D. 贫乏型

8. 乡村俱乐部型的领导方式位于管理方格图的( )格。
　　A. 9.1　　　　　　B. 1.9　　　　　　C. 5.5　　　　　　D. 1.1

9. 如果一个领导者决断力很强,并且信奉 X 理论,他很可能采取( )的领导方式。
　　A. 专权型　　　　　B. 民主型　　　　　C. 放任型　　　　　D. 贫乏型

10. 如果一个追随者的独立性比较强,工作水平高,那么采取( )的领导方式是不适宜的。
　　A. 专权型　　　　　B. 民主型　　　　　C. 放任型　　　　　D. 贫乏型

11. 勒温认为,领导方式可以分成专制、民主、放任三种,其中与民主型领导方式的特点明显不符的是( )。
　　A. 纪律严格,管理规范,赏罚分明　　　B. 组织成员不具有高度的独立自主性
　　C. 按规章管理,领导者不运用权力　　　D. 员工关系融洽,工作积极主动,富有创造性

12. 某企业多年来任务完成得都比较好,职工经济收入也很高,但领导和职工的关系却很差,该领导很可能是管理方格中所说的( )。
　　A. 任务型　　　　　B. 乡村俱乐部型　　C. 中庸之道型　　　D. 贫乏型

13. 早晨 8 点 30 分,公司常务副总、董事老杜接到市政府电话,通知企业开展冬季消防检查;10 分钟后老杜打电话给保卫部,通知他们去处理这项要求;9 点 15 分,老杜接到库房电话,被告之房屋后墙再次被人敲了个洞,又有几十箱产品被偷走;8 分钟后,老杜打电话给市公安局请他们改善本地治安情况。整个上午老杜接电话、打电话,倒也挺忙。根据管理方格理论,你认为老杜最接近( )类型领导者。
　　A. 1.1 型　　　　　B. 5.5 型　　　　　C. 9.1 型　　　　　D. 1.9 型

14. 某造纸厂厂长说:"走得正,行得端,领导才有威信,说话才有影响,群众才能信服。"这位厂长的这段话强调了领导的力量来源于( )。
　　A. 法定权　　　　　B. 专长权　　　　　C. 个人影响权　　　D. 强制权

15. 职务权力包括( )。
　　A. 法定权、奖赏权和强制权　　　　　B. 法定权、奖赏权和个人影响权
　　C. 奖赏权、参谋权和个人影响权　　　D. 专长权、强制权和个人影响权

16. 生产部王经理是早年从事一线生产的熟练技术工人,由于个人技术的娴熟、良好的品德与合作能力,组织上通过对他进行不断的培训,使他终于成为一名颇具管理头脑的中层管理者——生产部经理。上任后,他热情待人,亲自到生产一线与工人商讨技术问题;当员工由于疏忽而出现差错时,他并不是简单地批评指责,而是主动帮助员工分析问题出现的根源,帮助他们提高技术水平,一段时间以后,员工看到王经理经常亲临生产作业现场,帮助员工发现并纠正问题,待人热情,原来工作松懈、偷懒的现象逐渐减少、消失了。请问,使王经理产生如此大影响的是( )。
　　A. 感召权力　　　　B. 专长权力　　　　C. 合法权力　　　　D. 以上三项都是

17. 注意对个人特质研究的理论是指( )。
　　A. 领导权变理论　　B. 领导特质理论　　C. 领导行为理论　　D. 领导过程理论

【重点回顾】
1. 领导的功能有哪些？
2. 简述领导理论。
3. 分析两种不同的领导行为。
4. 灵活运用四种不同的领导风格。
5. 四种不同的领导风格有哪些共同特征？

【能力测试】

领导风格测试

这是一份用来了解领导风格的问卷。总共有12道题目，每道题目代表一种状况。在每题回答之前，请先仔细考虑您面对每种状况时将如何处理。各个答案并无好坏之别，只请您依"实际上您会如何处理"来作答。每题都是单选，作答时，请在答题纸上打"√"。

1. 你的下属，刚参加工作不久，工作能力不足，但是有很高的工作热情。
　　A. 明确布置工作任务，明确工作目标，直接下达命令
　　B. 让他们共同参与到事务处理中来，以他自己主动为主
　　C. 告诉他工作目标，并且和他们谈谈为什么要设定这样的工作目标
　　D. 设法不干扰他们

2. 你的下属在可观察的范围下表现愈来愈好，而且你也注意到他们都了解自己的责任和工作标准。
　　A. 友善地加强互助，但积极留心他们的表现
　　B. 不做什么
　　C. 尽量做出一些让他们感觉自己是很重要、且有参与感的安排
　　D. 强调工作完成的重要性及期限

3. 你的下属有不能自行解决问题的时候，虽然你不去管他们，但他们的表现及人际关系却仍很正常。
　　A. 加入他们一同来解决问题
　　B. 让他们自行处理
　　C. 尽量纠正他们
　　D. 鼓励他们针对问题自行解决，并适时给予意见

4. 你想要做一个很大的改变，而你的下属已具有良好的工作记录，并期待着改变的来临。
　　A. 让他们来共同发展这个改变，但不勉强
　　B. 宣布改变并严密地予以监督
　　C. 让他们来决定改变的方向
　　D. 听取他们的意见，但决定改变与否取决于你

5. 几个月来你的下属的表现一直处于低潮，他们也不在意工作未达成目标。以前

会有过这种情形,但重新分配工作后,也一度有效。不过,他们仍然要时时被提醒完成工作。

  A. 让他们来决定自己的工作方向与内容

  B. 采用他们的意见,仍注意到其工作是否达成目标

  C. 重新设定目标,并小心地督导

  D. 让他们自己设定目标,但不勉强

  6. 你接任一个工作效益很高的部门主管,而前任主管管理的生产力很高,你想维持高生产力,且使工作环境能更人性化。

  A. 尽量做些使他们感觉很重要并有参与感的安排

  B. 强调限期完成工作的重要性

  C. 尽量不去干扰他们

  D. 让他们参与决策,但只留心目标是否达成

  7. 当你的下属建议改变组织的架构,而你也正想这么做;加上他们在日常的工作中,已表现出有弹性做改变时。

  A. 确定改变,并且监督改变

  B. 加上他们的认可,并让他们自己进行改变

  C. 依照他们的意见做改变,但控制改变的进行

  D. 避免引起麻烦,顺其自然

  8. 你的下属表现良好,并且团体内有良好的人际关系,但你仍感觉有些时候无法掌握他们的工作方向或进度。

  A. 顺其自然

  B. 跟他们讨论,并着手进行必要的改变

  C. 以明确的态度,来指示他们工作的方向

  D. 为避免伤到上司与下属间关系,不做太多的指示

  9. 你的上司指定你负责一个项目组,以收集进行改变的建议;但这项目组对工作目标认识不够清楚,每次会议的出席率很低,并且会而不议,演变成社交场合;然而你知道他们是有能力的一群,只需要一点的帮助。

  A. 顺其自然

  B. 采用他们的建议,但要注意目标的达成

  C. 重新界定目标,并且细心地督导

  D. 让他们参与目标的设定,但不勉强

  10. 你的下属以往对工作都有责任感,但最近对你新设定的工作标准敷衍了事。

  A. 让他们参与目标的重新界定,但不勉强

  B. 重新界定工作标准,并细心地督导

  C. 避免施加压力,造成麻烦

  D. 采用他们的建议,但留心新的目标是否达成

  11. 你刚新任一个职位,以前这个职位的主管不喜欢参与下属的事务;而且下属们能够自己处理事务,并保持和谐。

  A. 以明确的态度来指示他们工作

B. 让他们参与决策,并刺激他们作出一些贡献

C. 和他们讨论过去的表现,并确定新的操作或训练的需要

D. 顺其自然

12. 近来下属间有些内部的问题,但他们以前表现很好,且维持很长时期的目标达成。

A. 和他们试着解决问题,并检查是否要做那些新的训练

B. 让他们自己解决

C. 迅速地纠正他们

D. 提供讨论的机会,但以不伤害上司与下属的关系为原则

答题纸

状况	A	B	C	D
1				
2				
3				
4				
5				
6				
7				
8				
9				
10				
11				
12				

【生命成长智慧】

了解、尊重、信任、关怀

本任务主要是领导者的影响力。影响力的结果是下属是否听从,是否愿意听上司的。现实中往往容易出现管理者认为下属不愿意听上司的话,不愿意按照上司的意愿行事的领导力低下的现象。从生命成长的角度而言,究其原因,大多属于没有应用好了解、尊重、信任、关怀八字原则。下面我们一起看看八字原则对提升领导力的启发:

(1) 了解。人和人之间的关系需要从了解开始。不管是什么关系,不管遇到什么问题,都需要了解对方行为背后的原因,了解他人的需求,感知他人的感受。了解与感知对方的前提是了解和感知自己,即自我认知。不了解对方,以"我以为"的方式解读对方的行为,并以"自以为"的方式对待对方,没法走近他人的心里,也没法真正化解问题。了解自己和对方行为模式的真相,才谈得上连接,很多人学习人际关系处理技巧,技巧能够做到的只是处理关系的表层,正是这种关系的表层掩盖了、阻隔了心与心的连接。

(2) 尊重。尊重对方,满足他的合理的需求。员工出现与组织期望不一致的行为时,一定有其原因,作为领导者不能妄下评论,要尊重下属的行为及选择,想要得到下属的尊

重,首先要学会尊重下属,否则如果过度使用职位权力就容易透支自己的个人权力。人在有情绪的时候,需要通过疏导,缓解情绪。作为领导者要学会尊重人性,尊重他人的感受和需求,并满足合理的需求。

(3) 信任。信任就是要相信人有向上和向善的内在动力和美好天性,需要唤醒与激发。人是需要信任的,越得到信任,越可以做好自己。信任不是盲目的放手,而是需要前提条件的,对不同的人,信任到什么程度,要在了解的基础上赋予,随着对方能力的提高,增加对其信任的程度。如果对方能力还达不到,这时给予信任,反而会让事情不成功,打击他人信心。

(4) 关怀。物质满足是浅层的关怀,心灵的满足是深层的关怀,可以起到事半功倍的作用。有效关怀,需要了解、尊重、信任作为基础,这个顺序不能颠倒。如果只有浅层物质的满足,缺乏深层内心的满足,就容易出现吃力不讨好、好心办坏事、帮倒忙等问题。

【任务思维导图】

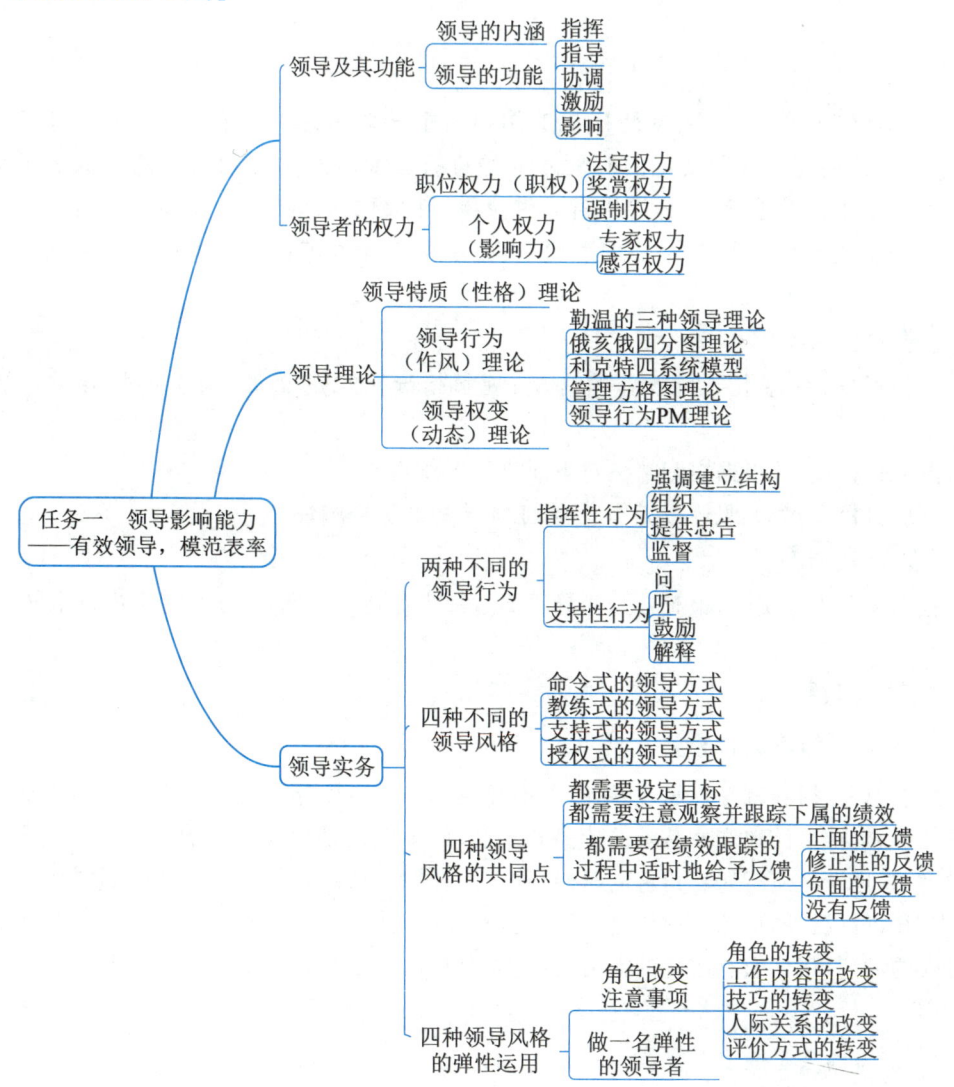

```
任务一 领导影响能力
——有效领导,模范表率
├── 领导及其功能
│   ├── 领导的内涵
│   └── 领导的功能
│       ├── 指挥
│       ├── 指导
│       ├── 协调
│       ├── 激励
│       └── 影响
├── 领导者的权力
│   ├── 职位权力(职权)
│   │   ├── 法定权力
│   │   ├── 奖赏权力
│   │   └── 强制权力
│   └── 个人权力(影响力)
│       ├── 专家权力
│       └── 感召权力
├── 领导理论
│   ├── 领导特质(性格)理论
│   ├── 领导行为(作风)理论
│   │   ├── 勒温的三种领导理论
│   │   ├── 俄亥俄四分图理论
│   │   ├── 利克特四系统模型
│   │   ├── 管理方格图理论
│   │   └── 领导行为PM理论
│   └── 领导权变(动态)理论
└── 领导实务
    ├── 两种不同的领导行为
    │   ├── 指挥性行为
    │   │   ├── 强调建立结构
    │   │   ├── 组织
    │   │   ├── 提供忠告
    │   │   └── 监督
    │   └── 支持性行为
    │       ├── 问
    │       ├── 听
    │       ├── 鼓励
    │       └── 解释
    ├── 四种不同的领导风格
    │   ├── 命令式的领导方式
    │   ├── 教练式的领导方式
    │   ├── 支持式的领导方式
    │   └── 授权式的领导方式
    ├── 四种领导风格的共同点
    │   ├── 都需要设定目标
    │   ├── 都需要注意观察并跟踪下属的绩效
    │   └── 都需要在绩效跟踪过程中适时地给予反馈
    │       ├── 正面的反馈
    │       ├── 修正性的反馈
    │       ├── 负面的反馈
    │       └── 没有反馈
    └── 四种领导风格的弹性运用
        ├── 角色改变注意事项
        └── 做一名弹性的领导者
            ├── 角色的转变
            ├── 工作内容的改变
            ├── 技巧的转变
            ├── 人际关系的改变
            └── 评价方式的转变
```

任务二　指导教练能力
——指导下属,提升能力

> ◇ **中国传统管理名言**
> 服民以道德,渐民以教化。——《三皇设言民不违论》
> 智术之士,必远见而明察,不明察,不能烛私。——《韩非子》
> 博学之,审问之,慎思之,明辨之,笃行之。——《礼记·中庸》
> 择其善者而从之,其不善者而改之。——《论语·述而》
> 愤不启,不悱不发。举一隅不以三隅反,则不复也。——《论语·述而》

【学习情境】

作为基层主管,指导下属是日常工作中的重要职责之一,而且指导必须是经常性的,而非一定要等到问题发生的时候才开始进行。通过经常性的指导能确保员工从一开始就能把工作做正确,这样可以省去解决事后问题的时间,同时还能确保员工的工作结果符合企业的利益和客户的期望。但是基层主管应该怎样对下属进行正确的工作指导呢?

【学习目标】

知识目标:熟悉指导与教练的含义;理解指导下属的重要性;掌握指导的内容与过程。

能力目标:能够根据实际情况对下属进行工作指导。

素质目标:培养大胆传授工作经验、工作技巧的宽广胸怀。

【学习任务】

根据目前工作实际,检查自身指导下属过程中存在的问题,并结合理论进行指导。

一、指导与教练

(一)指导与教练的含义

顾名思义,指导就是指示教导,指点引导,指引方向,引导行为。新型领导者应成为出色的教练,全神贯注地开发队员的能力和意愿,而不仅仅是记录员工的表现。人们通常把领导者、管理者扮演指导者角色的时候,称之为教练。教练是指帮助他人通过学习得以改变,进而获得成长的活动。教练是让运动员拿奖牌,而不是自己拿奖牌。教练的实质就是挖掘人的潜能,相信人有改变的能力,认为人会自己做出最佳的选择。教练是个持续学习的过程。

(二)为什么要指导下属

作为一名领导者,不管业务能力有多强,也不管专业知识有多丰富,只靠自己一个人搞好一个团队、一个组织显然是不可能的。作为企业,要实现其发展目标,需要全体成员的共同努力;作为一个部门,有一群精明能干的下属,能提高团队的绩效,圆满完成工作任务,无疑是一笔巨大的财富。因此,作为领导者,必须清楚地意识到培养、指导下属的必要性。

1. 培养、指导下属有利于提高绩效

领导和下属的绩效是紧密相连的,因此领导和下属的关系是绩效伙伴的关系,下属的绩效直接关系到领导者的绩效。从这个意义上说,领导者培养、指导自己的下属是非常有必要的。

主管的职责并不是对所有的事情都要详细规定该怎么做。如果经常性地采用命令式的方式指导下属,下属是不太可能有新的发明和创造的。长此以往,下属往往在遇到困难的时候会对领导产生习惯性的依赖。而员工缺乏创造性,对于提高工作绩效是大为不利的。所以,领导者应该意识到,教给下属的是一种方法或者方式,而不是代替下属解决具体问题。这就关系到对下属的培养。培养出能干的下属,领导者在处理事情的时候也就可以省心省力了。

2. 培养、指导下属有利于留住人才

由于更换合格的有经验的员工越来越困难,成本越来越高,所以留住优秀员工非常重要。加强对下属的培养、指导,有利于其对企业的归属感,有利于留住优秀人才。

获得人才的途径虽然很多,例如,可以通过各种渠道挖出最优秀的人才加入公司中,但如果不注意留住人才,公司的一大批人才也可能源源不断地流出,这样做是很不划算的。所以说"找人才不如留人才,留人才不如造人才"。

将这些人留下来放到企业中,与其等待让他在经验过程中缓慢地成长,还不如有计划地去造就人才。企业要懂得把"材"转化为"才",再把"才"转化为"财",其中,"材"指的是材料,"才"指的是人才,"财"指的是财富。在"材、才、财"这三者之间实现转化,才是真正有价值的工作。

3. 培养、指导下属有利于提升整个团队的能力

领导者本质上就是通过别人(包括下属,包括整个团队)来完成工作,团队的绩效好,领导者的绩效才可能好。在很多知名企业中,领导者升迁的条件往往是其所领导的团队的绩效有多好,而不是其个人的能力有多强。如果领导者的个人能力非常强,下属解决不了的问题由领导者自己来解决,这样的人充其量只是一个超人,但绝不是一个好的领导者。好的领导者扮演的是顾问或知音的角色,懂得让别人去解决问题。

团队的绩效关系到领导者的绩效。为此,要针对本企业的目标来培训本企业的员工。培训并不是无中生有的,如果需要提高的是员工的英语能力,对他们的培训却是提高他们的电脑操作技能,这种没有针对性的培训是没有意义的。

培训应该是基于团队目标的培训,培训以后使员工的能力得到提升,来提高士气。这就是我们给团队赋予的新的内涵。

二、指导的内容

领导者对下属的工作指导的内容非常广泛,涉及工作全过程,涵盖方方面面,特别是市场竞争程度加剧和社会进步的加快,如何指导好下属的工作对领导者的要求也愈来愈高。

作为一个管理者,要时刻注意下属的工作状态,观察他们的长处和短处,并且制定相应的指导方案。其实指导下属的工作是为了更好地提高工作效率。那么管理者应如何有效地指导下属的工作呢?

(一) 对工作目标进行指导

要根据公司总体奋斗目标,确定部门的工作目标,并分解到各个工作岗位,由下属层层落实,对下属的工作目标进行指导,使上下目标有分有合,浑然一体,确保总目标和分目标都能得以实现。从这个角度而言,管理者要成为下属的职业支持者,根据组织发展目标帮助员工适应岗位,引导、支持员工做好职业生涯规划。

(二) 对思想进行指导

要在公司或部门内部树立模范典型,积极宣传他们的模范事迹,用积极向上的思想来引导下属,增强他们奋发向上的内在动力和自觉性,还要及时地把最先进的管理经验灌输给下属,让下属在公司的生产经营管理中得以贯彻。从这个角度而言,管理者要成为下属的心理辅导者,帮助下属建立良好的人际关系,帮助下属缓解工作压力。

(三) 对公司政策进行指导

根据公司的发展远景目标和确定的政策,一方面要模范地执行政策以影响下属,另一方面还要指导下属从实际出发,创造性把公司的政策在本部门内落到实处。从这个角度而言,管理者要成为下属的榜样,成为企业价值观的倡导者。

(四) 对工作方法进行指导

领导者要潜心研究工作方法,并经常教育下属注意学习和总结工作的规律性,使其在实践中能够形成具有自己特点的一套工作方法。不仅要向下属推广行之有效的科学的工作方法,还要注意下属的不正确或不科学的工作方法,一旦发现要及时纠正,这是非常重要的管理职能。如果控制得及时,很多问题就可以消灭在萌芽状态。从这个角度而言,管理者要成为下属的能力开发者。

另外,对下属实施指导之后一定要跟踪和确认结果。对于做得好的下属要给予鼓励,对尚未达到标准的下属,要及时进行反馈和指导。

三、指导的过程

(一) 做好指导准备

(1) 创造舒适的学习气氛,解除下属的陌生感和紧张心理。态度要温和;要给下属留下"他会体贴人"的印象;了解下属的性格及爱好等,尽快缩短双方的距离。

(2) 说明指导的具体内容。明确说明要做什么,确认是否做过类似的工作;下属的理解程度是指导的出发点,对不同的下属采取不同的方法。

(3) 激发学习的欲望。告之工作的重要性或价值;说明该工作与全局的关系,并回答相应的提问。

(4) 让下属处于正确的位置。选定不受光线或噪音的影响,而且可看清楚的位置。在指导下属之前,首先要清楚了解每个下属的实际状况,并且明确指导的基本原则。

【管理提示】
工作指导前了解下属的三个层次

第一个层次是了解下属的基本情况,包括学历、年龄、毕业学校、工作经历、兴趣爱好等基本信息。

第二个层次是了解下属的性格和特点。对不同性格和不同能力的员工应采取不同的指导方法。相对而言,性格内向的员工不太善于表达自己的意见和想法。管理者应通过认真观察,对下属进行及时的指导和帮助,并且在遇到困难时,给予适当的支持和鼓励。

第三个层次是深层次的了解,就是了解下属的内心世界。包括对下属的价值观、做人的原则、内心的想法等都深入了解。要做到这一点,必须认真观察和经常沟通,真正做到知人善用,发挥下属工作上最大的潜力和优势。

(二)正确示范及说明

(1) **具体说明每项工作内容**。对难度大、流程复杂的工作,事先进行分解,并对每个部分进行认真讲解和正确示范;专业术语或常使用的语言须在指导之前予以解释;对顺序的说明必须反复进行,做到下属完全理解为止;凭示范与说明无法让下属充分理解时,要使用辅助材料、样本或写在白板上进行说明。

(2) **强调各主要阶段的决定性要素**。首先说明每一个部分有几个关键的环节,对难懂的地方做反复说明,之后再次予以示范。

(3) **明确、无遗漏、有耐心**。无论是多简单的内容,也要进行1~2次的说明。复杂的工作和业务则需要指导的人更加明确、无遗漏、有耐心地进行讲解和指导。

(4) **指导内容不能超过下属的理解能力**。人的理解能力有很大的差异。从准备阶段起对下属的能力予以充分的考虑,以此确定一次指导的内容。

(三)让下属实际操作

(1) **让下属一边做一边进行说明**。能正确进行操作时,可以让下属边操作边说明顺序,当说和做一致时,可以判断基本掌握;会做,但不能很好地说明步骤和顺序时,应再次进行说明,直到说和做一致为止,以此防止照葫芦画瓢似的模仿现象出现。

(2) **操作有误时及时纠正**。观察其是否按照指导的内容进行正确操作;出现错误时马上指出并予以纠正;错误太多时,则返回第二阶段进行再次训练。要耐心指导,直到能够完全操作为止。

(3) **再次让下属实际操作并说出关键动作**。作业和说明一致并能正确说出各阶段的关键动作时,可证明下属已完全掌握;对操作不熟练时,则需反复训练。

(4) **确认下属完全理解为止**。确认下属是否完全理解,有三个关键步骤:一是正确进行操作;二是正确说明顺序;三是不遗漏地说出决定性要素。注意观察其是否自信地操作并说明,并确认其可信性。模糊的地方即便很小,也不要问"明白了吗?",应予以指导,直到其完全领会。

(四)指导之后认真观察

(1) **在工作现场实际操作**。指导的目的就是让下属能在工作现场独立完成分派的工作,因此,经过前面的指导,让下属实际操练和动手,以尽快熟悉实际的业务。

(2) **指定专人进行咨询**。在下属尚未完全独立之前,管理者可以授权给具有良好的指导能力且达到"教练期"水平的员工对新手进行指导,这样有助于提高学习者的归属感。

(3)经常检查和确认。 如果早期发现不良的工作习惯,不仅可以防止事故发生,降低不良率,而且还可以事先制定对策。管理者要做的工作就是努力做到事前的预防,而不是事后的救火。

(4)营造乐于提问的氛围。 员工向管理者提出问题,说明员工心中还有你。因此,不论是什么样的问题,管理者都要热情地给予解答或帮助。

(5)逐渐减少指导的次数。 经过精心指导,当员工具备独立工作的能力时,可以逐步减少指导,以便员工更好地独自胜任工作。过多的干预,往往会束缚员工的手脚。

【管理警示】

警惕失败的指导

没有真正投入,只是跟他谈谈;没有与员工在问题上达成共识;没有对特定问题给予回应,只谈笼统问题;将重点放在态度而非表现上;假设员工了解问题的存在,不进行跟踪以确保员工已经采取所答应的行动;当员工改正其问题后,不及时给予认同或赞扬。

【知识测试】

1. 下列关于教练的说法,正确的有(　　)。
   A. 教练是让运动员拿奖牌,而不是自己拿奖牌
   B. 教练的实质就是挖掘人的潜能
   C. 教练相信人有改变的能力
   D. 教练认为人会自己做出最佳的选择
   E. 教练是个持续学习的过程

2. 作为领导者,必须清楚地意识到培养、指导下属的必要性。关于培养下属的说法正确的有(　　)。
   A. 培养、指导下属是"水涨船高"而不是"水落石出"
   B. 下属的绩效直接影响到领导者的绩效
   C. 领导者获得更多时间学习新技能,下属变得更自信与感激
   D. 下属培养起来后,会取代自己的领导地位
   E. 很多领导因出色地培养、指导下属而被解聘

3. 管理者对下属进行工作指导的内容包括(　　)。
   A. 对工作目标进行指导　　　　　　B. 对思想进行指导
   C. 对公司政策进行指导　　　　　　D. 对工作方法进行指导
   E. 对于做得好的下属要给予鼓励,对做得尚未达到标准的下属,要及时进行反馈和指导

【重点回顾】

1. 为什么要指导下属?
2. 指导下属的内容通常包括哪些?
3. 如何对下属进行指导。

【能力测试】

教练技能评估

领导就是教练。请利用表5-5测试自己教练下属的能力如何,5分表示你觉得自己表现杰出;4分表示表现很好;3分表示还算满意;2分表示需要改进;1分表示表现差劲。为了确保评估成绩的正确性,你也可以要求员工为你填写这张教练技能评估表。请在你的选分上划"√"。

表5-5　　　　　　　　　　教练技能评估表

技　能　项	5	4	3	2	1
1. 我了解每个员工的个别特性,并且依照这个特性执行教练工作					
2. 我会让员工知晓组织整体的计划与执行方法					
3. 我鼓励员工提出改变执行计划的方法					
4. 我鼓励员工自行解决问题					
5. 我确信每位员工都知道他们被期望做些什么					
6. 我会评估员工的表现					
7. 我会协助员工对未来提早做好准备					
8. 对于圆满达成任务的员工,我会给予表扬或是其他适当的奖励					
9. 我让每位员工都能专注于团体合作上,但是也让每位员工知道个别贡献的价值					
10. 我让那些无法胜任团体工作,或无法回应教练指导的员工"坐冷板凳"					
11. 我知道团体中每位成员的个人期望					
12. 我积极寻找可以帮助人们成长的方法					
13. 我要求团体成员帮助其他的成员学习与成长					
14. 我确信团体成员都了解团体与个人的成功(包括我自己)都必须信赖他们					
15. 我把帮助团体中每位员工当作是最优先的工作					
16. 我不会鼓励冲突,但是我坚持要在限制时间内解决问题					
17. 我非常努力让团体成员彼此互相了解、尊重并支持对方					
18. 我将自己的知识、专业技能与团体分享,也期望他们以相同的方式回报					

【生命成长智慧】

教练的信念

本任务讲到指导者如何教导下属,帮助下属提升能力。从传统文化的角度而言,《礼记·学记》中讲:"教也者,长善而救其失者也。"意思是教育的本质在于培养人们的良好品德和习惯，同时也要纠正和挽救那些错误的行为和思想。《说文解字》中讲："教，上所施，下所效也；育，养子使作善也。"意思是"教"，就是上面做示范，下面来模仿；"育"，就是培养后代让他多做好事，可以看成对"教育"这个词的字源解释。因此，教育在于激发，激发人的本善、智慧。"顺其善而教"，激发的是本善；"顺其愿而教"，激发的是智慧。对人的行为习惯的要求，不能强迫，需要的是激发和引导。

指导者通常有以下信念：

（1）不管什么时候都相信每个人都会为自己做出最好的选择。

（2）不管什么时候都相信每个人是会改变的，每时每刻都会改变。

（3）指导者要为被指导者提供一个舒适没有任何批判的环境，用一个对方喜欢的方式支持对方达成目标。

（4）指导者自己真正要做到的是：一面镜子，一个指南针，还有催化剂。

（5）指导者要相信自己也会犯错，不上身，不上脑，要勇于反省自己。

（6）其身正，不令则行，指导者要自己做到，真正做到内圣外王。

（7）无论如何都要关爱对方。

【任务思维导图】

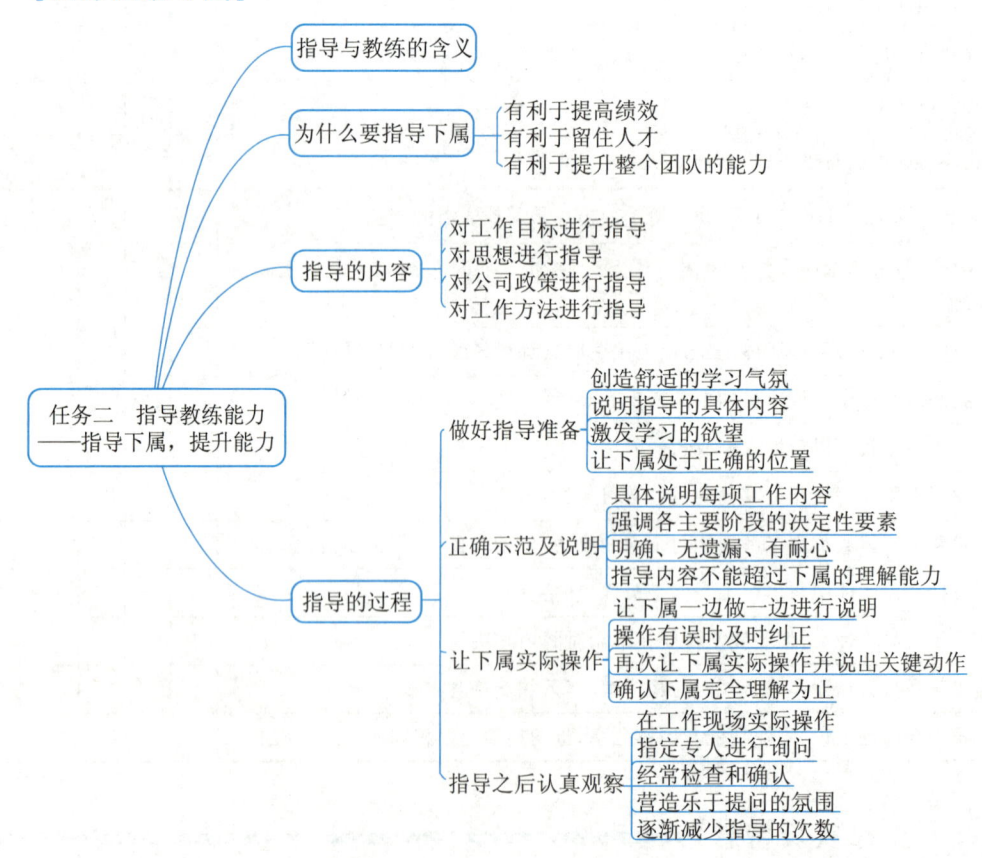

任务二　指导教练能力——指导下属，提升能力
- 指导与教练的含义
- 为什么要指导下属
  - 有利于提高绩效
  - 有利于留住人才
  - 有利于提升整个团队的能力
- 指导的内容
  - 对工作目标进行指导
  - 对思想进行指导
  - 对公司政策进行指导
  - 对工作方法进行指导
- 指导的过程
  - 做好指导准备
    - 创造舒适的学习气氛
    - 说明指导的具体内容
    - 激发学习的欲望
    - 让下属处于正确的位置
  - 正确示范及说明
    - 具体说明每项工作内容
    - 强调各主要阶段的决定性要素
    - 明确、无遗漏、有耐心
    - 指导内容不能超过下属的理解能力
  - 让下属实际操作
    - 让下属一边做一边进行说明
    - 操作有误时及时纠正
    - 再次让下属实际操作并说出关键动作
    - 确认下属完全理解为止
  - 指导之后认真观察
    - 在工作现场实际操作
    - 指定专人进行询问
    - 经常检查和确认
    - 营造乐于提问的氛围
    - 逐渐减少指导的次数

任务三　团队激励能力
——赏罚分明，激发意愿

> ◇ **中国传统管理名言**
> 明足以察秋毫之末，而不见舆薪。——《孟子·梁惠王上》
> 精诚所至，金石为开。——《后汉书》
> 私行胜，则少公功。——《韩非子·外储说左下》
> 无偷赏，无赦罚。——《韩非子·主道》
> 张而不弛，文武不能也；弛而不张，文武弗为也；一张一弛，文武之道也。——《礼记·杂记下》

【学习情境】

小李是某厂新上任的生产车间主管，该车间士气低落，生产效率低下，经常不能按时完成生产任务。该生产车间共有10人，其中老王是资历最深的，已在厂内工作10年之久，所以平时一贯有我行我素、倚老卖老、不配合工作的情况发生，前任主管对他也无可奈何。小张是技术能手，是车间里的技术骨干，而且热衷于搞小团体，在车间内颇有影响力，和其他5名员工打得火热，经常对前任主管的做法甚至厂内规定评头论足，自行其是。小刘恰在这时母亲病重，工作一直心不在焉。小赵刚从某职业技术学院毕业，工作积极，有上进心，但总是受到车间其他强势人员的孤立和排挤。另有一名员工则经常独来独往。李主管该如何通过有效的工作，激励所属团队的士气？

【学习目标】

知识目标：理解激励的含义及过程；掌握并能运用基本的激励理论。

能力目标：会综合运用各种激励理论和技巧，有效地激励下属。

素质目标：树立管理者的威信，培养关心、指导、指挥下属的意识。

【学习任务】

(1) 分析你所在的团队或部门成员的工作积极性状况如何。

(2) 分析你所在的团队或部门成员工作积极性不高的原因主要有哪些。

(3) 为你所在的团队或部门提供合理化的激励措施建议。

一、激励的内涵

激励，是指通过一定的手段使员工的需要和愿望得到满足，以调动他们的积极性，使其主动而自发地把个人的潜能发挥出来，奉献给组织，从而确保组织达到既定目标的过程。激励是一个满足需要的过程，也可以说是一个调动积极性的过程，是管理者引导并促进员工产生有利于管理目标实现的过程，是管理者通过满足员工的需要，促进和引发员工形成动机，并引导其行为指向目标的活动过程，如图5-5所示。

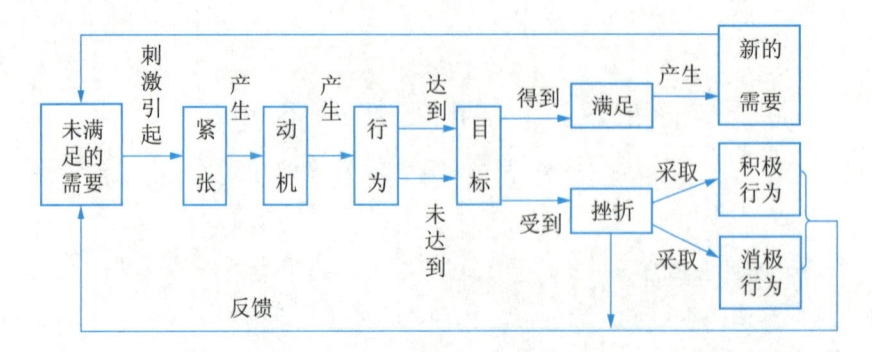

图 5-5 激励过程图

需要是个体在生活中感到自身及自身与环境之间失去平衡并力求恢复平衡的一种内心状态。动机是直接推动个体进行某行为活动的内部动力。

当人有了需要而未得到满足时,会产生一种紧张不安的心理状态,在遇到能够满足需要的目标时,这种紧张的心理状态就会转化为动机,推动人们去从事某种活动,去实现目标。目标得以实现就获得生理或心理的满足,紧张的心理状态就会消除。这时又会产生新的需要,引起新的动机,指向新的目标。这是一个循环往复、连续不断的过程。由此,需要是动机和行为的基础,人们产生某种需要后,只有当这种需要具有某种特定的目标时,需要才会产生动机,从而成为引起人们行为的直接原因。每个动机都可以引起行为。但是,在多种动机下,只有起主导作用的动机才会引起人的行为。需要是人的积极性的基础和根源,动机是推动人们活动的直接原因。人类的各种行为都是在动机的作用下,向着某一目标进行的。而人的动机又是由于某种欲求或需要引起的。

但不是所有的需要都能转化为动机,需要转化为动机必须满足两个条件:

第一,需要必须有一定的强度。就是说,某种需要必须成为个体的强烈愿望,迫切要求得到满足。如果需要不迫切,则不足以促使人去行动以满足这个需要。

第二,需要转化为动机还要有适当的客观条件。即诱因的刺激,它既包括物质的刺激,也包括社会性的刺激。有了客观的诱因才能促使人去追求它、得到它,以满足某种需要;相反,就无法转化为动机。例如,人处荒岛,很想与别人交往,但荒岛缺乏交往的对象(诱因),这种需要就无法转化为动机。

可见,人的行为动力是由主观需要和客观事物共同制约决定的。按心理学所揭示的规律,欲求或需要引起动机,动机支配着人们的行为。当人们产生某种需要时,心理上就会产生不安与紧张的情绪,成为一种内在的驱动力,即动机,它驱使人选择目标,并进行实现目标的活动,以满足需要。需要满足后,人的心理紧张消除,然后又有新的需要产生,再引起新的行为,这样周而复始,循环往复。

二、几个重要的激励理论

(一) 人性假设与相应的管理策略

1. 人性假设理论

埃德加·沙因(Edgar H.Schein),美国麻省理工大学斯隆管理学院教授。沙因在他的著作中提出有关人性的四种假设,如表 5-6 所示。

表 5-6　　　　　　　　　　不同人性假设比较

人性假设	假设内容	激励方法	代表人物
经济人（实利人）	1. 懒惰被动：人生来懒惰，可能的话想尽量逃避工作 2. 经济诱因：人们为组织工作是为了获得经济利益 3. 自我中心：人生来就是以自我为中心的，不关心组织的要求与目标 4. 缺乏理性：人是缺乏理性的，本质上不能自律且易受他人影响	用经济报酬（金钱）刺激； 用权力与控制体系来控制组织本身及引导员工； 依托严格的工作规范等	泰罗、法约尔等
社会人	1. 注重关系：人是因社会需求引起工作动机的，并且通过与同事的关系而获得认同感 2. 寻求意义：从工作上的社会关系去寻求意义 3. 注重影响：工人对工友们的社会影响力，要比对管理者所给予的经济诱因及控制，更为重视 4. 追求满足：工人的工作效率，随着上司可能满足他们社会需求的程度而改变	注意员工需求； 了解员工对团体的归属感及对同伴的连带感等社会需求上的满足； 个体奖励制度不如团体奖励制度等	梅奥等
自我实现人（自动人）	1. 需要分层：当低层次需求得到满足时，人便追求更高一层次需求的满足 2. 注重成就：人们因工作而得到发展并更成熟，且其能力也被开发，使人变得更加独立、自主 3. 自我激励：人是自动自发且能自制的，自我激励 4. 目标融合：个人目标与组织目标融合	把工作安排得富有意义； 工作要具有挑战性； 能满足其自我实现需求； 给予部属更多权限； 组织成为提供机会者	马斯洛等
复杂人	1. 需求多样：每个人都有许多需求与不同的能力 2. 动机多样：人在不同的组织或同一组织的不同部门，其动机可能不同 3. 需求变化：工作的性质、执行工作的能力、与同事之间的相处状况都有可能影响需求 4. 反应变化：人可能以自己的需求、能力，而对不同的管理方式作出不同的反应	洞察员工个别差异； 具有能够随时采取必要行动的应变能力与弹性； 当部下的需求不同时就要以不同的方法对待	巴纳德、约翰·莫尔斯等

2. X-Y 理论

麦格雷戈于 1957 年首次提出 X 理论和 Y 理论。他认为，在管理中由于对人性的假设不同，便存在着两种截然不同的管理观点，即"X 理论和 Y 理论"。

X 理论的要点是：❶人的天性是懒惰的；❷人总是以自我为中心；❸人一般缺乏进取心，不愿承担责任，宁愿受别人指挥；❹人希望安全，反对变革；❺一般人容易轻信，易受外界的影响或煽动；❻大多数人必须用强制的手段才能完成任务。

Y 理论的要点是：❶人并非生来就是懒惰的，这取决于工作对他们是一种满足还是一种惩罚；❷人满足愿望的需要和组织需要没有矛盾，只要管理得当，就能把个人目标与组织目标统一起来；❸在适当的条件下，一般人是能够主动承担责任的；❹大多数人都具有相当高超的想象力、发明和创造力；❺人们对自己参与的目标能够自我指挥、自我控制；❻应该用"诱导与信任"代替"强制与管束"。

麦格雷戈认为，X 理论对人的行为管理建立在错误的因果观念基础上，因而用 Y 理论代替它。X 理论和 Y 理论在管理学史上也很有名，特别是现在强调"人本管理"，对在实际工作中进行管理意义是很大的。

3. 超 Y 理论

在麦格雷戈提出 X 理论和 Y 理论之后,美国的莫尔斯和洛希又提出了超 Y 理论,其理论要点是:❶人们是怀着不同的需要加入工作组织的;❷不同的人对管理方式的要求是不同的;❸凡是组织结构、管理层次、工资报酬等适合职工特点,工作效率就高,否则就低;❹当一个目标达到后,就应继续激起职工的胜任感,为达到新的更高目标而努力。超 Y 理论是对 X 理论、Y 理论的总结和超越,相对比较合理、公平。

4. Z 理论

20 世纪 80 年代,美国学者威廉·大卫提出了 Z 理论。该理论认为,一切企业的成就都离不开信任、敏感和亲密,主张以坦诚、开放、沟通作为基本原则来实行民主管理。它把由领导者个人决策、员工处于被动服从地位的美国企业称为 A 型组织,认为组织必须通过学习而实行革新,建立民主的组织即 Z 型组织。Z 理论的要点包括:❶企业实行长期或终身雇佣制度;❷对员工实行长期考察和逐步提升制度;❸对员工加强知识的全面培训;❹管理过程既要运用必要的控制手段,又要注重对人的经验和潜能进行细致而积极的启发诱导;❺上下级之间的关系要融洽;❻采取集体研究与个人负责相结合的决策方式;❼对职工的福利要长期关心等。

【经典案例】

钱兵是某名牌大学企业管理专业毕业的大学生,他被分配到了宜昌某集团公司人力资源部。前不久,因总公司下属的某油漆厂出现工人集体闹事问题,钱兵被总公司委派下去调查了解情况,并协助油漆厂高厂长理顺管理工作。

到油漆厂上班的第一周,钱兵就深入"民间",体察"民情",了解"民怨"。一周后,他不仅清楚地了解油漆厂的生产流程,同时也发现工厂的生产效率极其低下,工人们怨声载道,他们认为工作场所又脏又吵,条件极其恶劣,冬天的车间内气温只有零下 8 摄氏度,比外面还冷,而夏天最高气温可达四十多摄氏度。而且他们的报酬也少得可怜。工人们曾不止一次地向厂领导提过,要改善工作条件,提高工资待遇,但厂里一直未引起重视。

钱兵还了解了工人的年龄、学历等情况,工厂以男性职工为主,约占 92%。年龄在 25～35 岁的占 50%,25 岁以下的占 36%,35 岁以上的占 14%。工人们的文化程度普遍较低,初高中毕业的占 32%,中专及其以上的仅占 2%,其余的全是小学毕业。钱兵在调查过程中还发现,工人的流动率非常高,50% 的工人仅在厂里工作 1 年或更短的时间,能工作 5 年以上的不到 20%,这对生产效率的提高和产品的质量非常不利。

于是,钱兵决定将连日来的调查结果与高厂长做沟通。他提出了自己的一些看法:"高厂长,经过调查,我发现工人的某些起码的需求没有得到满足,我们厂要想把生产效率搞上去,要想提高产品的质量,首先得想办法解决工人们提出的一些最基本的需求。"可是高厂长却不这么认为,他恨铁不成钢地说:"他们有什么需要?他们关心的就是能拿多少工资,得多少奖金,除此之外,他们什么也不关心,更别说想办法去提高自我。你也看到了,他们很懒,逃避责任,不好好合作,工作是好是坏他们一点也不在乎。"

但钱兵不认同高厂长对工人的这种评价,他认为工人们不像高厂长所说的这样。为进一步弄清情况,钱兵采取发放问题调查问卷的方式,确定工人们到底有什么样的需要,并找到哪些需要还未得到满足。他也希望通过调查结果来说服厂长,重新找到提高士气的因素。于是他设计了包括 15 个因素在内的问卷,当然每个因素都与工人的工作有关,包括:报酬、员工之间的关系、上下级之间的关系、工作环境条件、工作的安全性、工厂制度、监督体系、工作的挑战性、工作的成就感、个人发展的空间、工作得到认可情况、升职机会等。

调查结果表明,工人并不认为他们懒惰,也不在乎多做额外的工作,他们希望工作能丰富多样化一点,能让他们多动动脑筋,能有较合理的报酬。他们还希望工作多一点挑战性,能有机会发挥自身的潜能。此外,他们还表达了希望多一点与其他人交流感情的机会,他们希望能在友好的氛围中工作,也希望领导经常告诉他们怎样才能把工作做得更好。

基于此,钱兵认为,导致油漆厂生产效率低下和工人有不满情绪的主要原因是报酬太低,工作环境不到位,人与人之间关系的冷淡。

案例分析关键词:X 理论、Y 理论。

思考题:
1. 高厂长对工人的看法属 X 理论吗?钱兵的问卷调查结果又说明了对人的何种假设?
2. 根据钱兵的问卷调查结果,请你为该油漆厂出点主意,来满足工人们的一些需求。

(二) 需要层次理论

亚伯拉罕·哈罗德·马斯洛(Abraham Harold Maslow)在 1943 年出版的《人类激励理论》一书中,首次提出需要层次理论,认为人类有五个层次的需要。

1. 需要层次论的基本内容

(1) 生理需要。这是人类维持自身生存的最基本要求,包括饥、渴、衣、住、性等方面的要求。

(2) 安全需要。这是人类要求保障自身安全,摆脱事业和财产丧失威胁,避免职业病的侵袭和接触严酷的监督等方面的需要。

(3) 社交需要。这一层次的需要包括两个方面的内容。一是友爱的需要,即人人都需要伙伴之间、同事之间的关系融洽或保持友谊和忠诚;人人都希望得到爱情,希望爱别人,也渴望得到别人的爱。二是归属的需要,即人都有一种归属于一个群体的感情,希望成为群体中的一员,并相互关心和照顾。

(4) 尊重需要。人人都希望自己有稳定的社会地位,要求个人的能力和成就得到社会的承认。尊重的需要又可分为内部尊重和外部尊重。

(5) 自我实现需要。这是最高层次的需要,它是指实现个人理想、抱负,发挥个人的能力到最大程度,完成与自己的能力相称的一切事情的需要。

2. 理解需要层次论应注意的问题

(1) 五种需要像阶梯一样从低到高,按层次逐级递升,但这样次序不是完全固定的,可以变化,也有种种例外情况。

(2) 一般来说,某一层次的需要相对满足了,就会向高层次发展,追求更高层次的需要就成为驱使行为的动力。相应地,已获得基本满足的需要就不再是激励力量。

(3) 五种需要可以分为高低两级,其中生理需要、安全需要和社交需要都属于低层次需要;而尊重的需要和自我实现的需要是高级需要,它们是通过内部因素才能满足的,而且一个人对尊重和自我实现的需要是无止境的。

(4) 一个国家多数人的需要层次结构,是同这个国家的经济发展水平、科技发展水平、文化和人民受教育的程度直接相关的。

(5) 人的激励状态取决于其主导需要是否满足,主导需要是指在各种需要中占统治地位的需要。

(6) 不同的人各层次需要的强烈程度不一样。如图 5-6 所示。

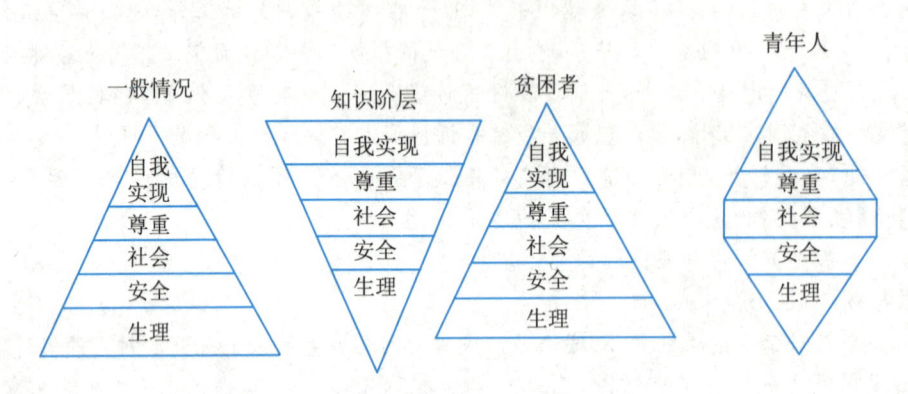

图 5-6　不同的人各层次需要的强烈强度不一样

3. 对需要层次论的评价

马斯洛的需要层次论,在一定程度上反映了人类行为和心理活动的共同规律。马斯洛从人的需要出发探索人的激励和研究人的行为,抓住了问题的关键;马斯洛指出了人的需要是由低级向高级不断发展的,这一趋势基本上符合需要发展规律的。因此,需要层次理论对企业管理者如何有效地调动人的积极性有一定启发作用,如表 5-7 所示。

但是,马斯洛是离开社会条件、离开人的历史发展以及人的社会实践来考察人的需要及其结构的。其理论基础是存在主义的人本主义学说,即人的本质是超越社会历史的、抽象的"自然人",由此得出的一些观点就难以适合其他国家的情况。

表 5-7　　　　　　　　　　需要层次在企业中的应用

需要层次	激励因素(追求的目标)	应用
生理需要	工资和奖金 各种福利 工作环境	足够的薪金、舒适的工作环境、适度的工作时间、住房和福利设施、医疗保险等
安全需要	职业保障 意外事故的防止	雇佣保证、退休养老金制度、意外保险制度、安全生产制度、危险工种营养福利制度
社交需要	友谊 团体的接纳 组织的认同	建立和谐的工作团队、建立协商和对话制度、互助金制度、联谊小组、教育培训制度
尊重需要	名誉和地位 权力和责任	人事考核制度、职衔、表彰制度、责任制度、授权
自我实现需要	能发挥个人特长的环境 具有挑战性的工作	决策参与制度、提案制度、破格晋升制度、目标管理、工作自主权

4. 需要层次论的应用

(1) 换位。站在下属角度,设身处地地考虑下属的工作动机以及付出劳动的艰辛程度,以及他给企业的贡献。

(2) 定位。把握他的现实内在需求是什么？希望给予奖励的价值是什么？奖励的形式是什么？（动态的定位）

(3) 到位。根据下属的岗位奉献,确定并及时实施相对应的奖励金额、内容和方式等。（综合的到位）

(三) 双因素理论

双因素理论是美国的行为科学家弗雷德里克·赫茨伯格(Fredrick Hertzberg)在20世纪50年代末提出来的,又称"激励-保健理论"。

1. 基本内容

保健因素,指对职工产生的效果类似于卫生保健对身体健康所起的作用的因素;保健因素基本都是属于工作环境和工作关系的,一般包括公司政策、管理措施、监督、人际关系、物质工作条件、工资、福利等。当这些因素恶化到人们认为可以接受的水平以下时,就会产生对工作的不满意。但是,当人们认为这些因素很好时,它只是消除了不满意,并不会导致积极的态度,这就形成了某种既不是满意、又不是不满意的中性状态。

激励因素,指那些能带来积极态度、满意和激励作用的因素,这是那些能满足个人自我实现需要的因素,激励因素基本上都是属于工作本身或工作内容的,一般包括成就、赏识、挑战性的工作、增加的工作责任,以及成长和发展的机会。如果这些因素具备了,就能对人们产生更大的激励。从这个意义出发,赫茨伯格认为传统的激励假设,如工资刺激、人际关系的改善、提供良好的工作条件等,都不会产生更大的激励;它们能消除不满意,防止产生问题,但这些传统的"激励因素"即使达到最佳程度,也不会产生积极的激励作用。按照赫茨伯格的观点,管理当局应该认识到保健因素是必需的,不过它一旦使不满意中和以后,就不能产生更积极的效果。只有"激励因素"才能使人们有更好的工作成绩,如表5-8所示。

表5-8 双因素论的比较

项目	保健因素	激励因素
含义	指对职工产生的效果类似于卫生保健对身体健康所起的作用的因素	指那些能带来积极态度、满意和激励作用的因素
内容	属于工作环境和工作关系	属于工作本身或工作内容
范围	公司政策、管理措施、监督、人际关系、物质工作条件、工资、福利等	成就、赏识、挑战性的工作、增加的工作责任,以及成长和发展的机会
激励效果	满足:既不是满意、又不是不满意 不满足:不满意	满足:满意、产生激励 不满足:不会产生太大的不满

2. 评价

实践证明,高度的工作满足不一定就产生高度的激励。许多行为科学家认为,不论是工作环境因素或工作内容因素,都可能产生激励作用,而不仅是使职工感到满足,这取决于环境和职工心理方面的许多条件。双因素理论促使企业管理人员注意工作内容方面因素的重要性,特别是它们同工作丰富化和工作满足的关系,因此是有积极意义的。

3. 双因素理论的应用

(1) 了解员工兴趣爱好，尽量安排员工从事自己喜欢的工作。

(2) 恰当的岗位轮换可以让员工找到自身的潜力和兴趣所在。

(3) 为员工提供岗位培训，从中获得满足感。

(4) 工作设计要精心，增加趣味性、挑战性以及激发员工的征服欲。

(5) 适时适度给予奖励，让员工感到满意。

(6) 如何关心群众生活，改善保健因素，使下属不产生不满情绪，增强下属的满意感和向心力；如何重视并善于运用激励因素，关心下属的成长与发展，创设有利条件，从根本上调动下属的积极性和创造性；如何把这两种因素有机地结合起来，发挥最大的激励效果。

【经典案例】

财务部陈经理结算了一下上个月部门的招待费，发现还有一千元没有用完。按照惯例，他会用这笔钱请手下员工吃一顿，于是他走到休息室叫员工小马，通知其他人晚上吃饭。

快到休息室时，陈经理听到休息室里有人在交谈，他从门缝看过去，原来是小马和销售部员工小李两人在里面。

"呃。"小李对小马说，"你们部门陈经理对你们很关心嘛，我看见他经常用招待费请你们吃饭。"

"得了吧。"小马不屑地说道，"他就这么点本事来笼络人心，遇到我们真正需要他关心、帮助的事情，他没一件办成的。你拿上次公司办培训班的事来说吧，谁都知道如果能上这个培训班，工作能力会得到很大提高，升职的机会也会大大增加。我们部门几个人都很想去，但陈经理却一点都没察觉到，也没积极为我们争取，结果让别的部门抢了先。我真的怀疑他有没有真正关心过我们。"

"别不高兴了，"小李说，"走，吃饭去吧。"

陈经理只好满腹委屈地躲进自己的办公室。

思考题：

1. 你认为这件事是谁的错误？为什么？

2. 正确的激励方法是什么？

(四) 期望理论

1. 期望理论简介

期望理论是美国心理学家维克托·弗鲁姆(Victor H.Vroom)在20世纪60年代提出来的。该理论认为，人之所以能够从事某项工作并达成组织目标，是因为这些工作和组织目标会帮助他们实现自己的目标、满足自己某些方面的需要。具体而言，当员工认为努力会带来良好的绩效评价时，他就会受到激励进而付出更大的努力，同时良好的绩效评价会带来诸如奖金、加薪或晋升等组织奖励，这些组织奖励会实现员工的个人目标，满足其某些需求，从而产生激励。

2. 期望理论的三个关系

弗鲁姆认为，激励是个人寄托于一个目标的预期价值与他对实现目标的可能性的看法的乘积。用公式表示为：

$$M = V \cdot E$$

式中，M：激励力，表示个人对某项活动的积极性程度，希望达到活动目标的欲望程度；V：效价，即活动结果对个人的价值大小；E：期望值，即个人对实现这一结果的可能性的判断。

从公式我们可以看出，促使人们做某种事的激励力依赖于效价和期望值这两个因素。效价和期望值越高，激励力就越大。公式同时还表明，在进行激励时要处理好三个方面的关系，这三个关系也是调动人们工作积极性的三个条件。

第一，努力与绩效的关系。人总是希望通过一定的努力能够达到预期的目标，如果个人主观认为通过自己的努力达到预期目标的概率较高，就会有信心，就可能激发出很强的工作力量。但是如果他认为目标太高，通过努力也不可能会有很好的绩效时，就失去了内在的动力，导致工作消极。

第二，绩效与奖励的关系。人总是希望取得成绩后能得到奖励，这种奖励是广义的，既包括提高工资、多发奖金等物质方面的，也包括表扬、自我成就感、得到同事或领导认可和信赖等。如果他认为取得绩效后能够获得合理的奖励，就有可能产生工作热情，否则就没有积极性。

第三，奖励与满足个人需要的关系。人总希望自己所获得的奖励能满足自己某方面的需要。然而，由于人们在年龄、性别、资历、社会地位和经济条件等方面都存在着差异，他们对各种需要要求得到满足的程度不同。因而对于不同的人，采用同一种奖励办法能满足的需要程度不同，能激发出来的工作动力也不同。

3.期望理论的应用

（1）提高员工的期望水平，解决员工个人努力与工作成绩的关系。即提高期望值，增加员工对自己付出努力后能达到的绩效水准的把握。❶向员工讲清组织的要求、意图和期望，帮助员工建立可以达到的目标；❷给员工提供必要的指导和支持，为员工提供必要的工作条件；❸对员工进行培训，以提高其能力；❹建立科学、公平、合理的绩效考评体系。

（2）提高对绩效与报酬关联性的认识，将绩效与报酬紧密结合起来。使员工完成任务后能确保拿到原来向他们许诺的各种奖酬。❶首先建立公正的奖酬制度；❷管理者要信守诺言；❸对所有下属一视同仁。建立一套完善的机制解决员工的工作成绩与奖励的关系。

（3）提高效价水平，解决对员工的奖励与满足个人需要的关系。

【经典案例】

管理者应了解自己的管理对象，在可能的情况下、有针对性地采取多元化的奖励形式，使组织的报酬在一定程度上与工作人员的愿望相吻合。

一位公司销售经理对他的一位销售员说：如果你今年完成 1 000 万元的销售额，公司将奖励你一套住房。这时组织的目标是 1 000 万的销售额，个人的目标是一套住房，效价和期望值可能会这样影响这个销售员的激励力。

效价——销售员可能的反应是：

A."天哪！一套住房！哈哈，这正是我梦寐以求的，我一定要努力争取！"

B."住房？我现在住的已经够好的了,没有必要再来一套,况且如果我一人拿了一套住房,同事们肯定会不满的,咦,这对我来说没什么吸引力！"

期望值——他可能的反应是：

A."1 000万元的销售额,照今年的行情,如果我比去年再努力一点,是能做到的。"

B."1 000万元？简直是天方夜谭,经理要么疯了,要么就是压根儿不想把住房给我,我才不会白花力气呢！"

激励力——他可能的反应是：

A."只要销售到1 000万元就能得到一套住房,我一定好好努力！"

B."经理向来说话不算数,我打赌经理到时一定能找出10条理由说：'我也不想说话不算数,但我实在是无能为力。'"

在例子中我们可以很明显地看到,效价和期望值越高(在所有A的情况下),则对人的激励力越强;而反之(在所有B的情况下),则对人的激励力越弱。从中,至少可以得到以下两点启示:一是要有效地进行激励就必须提高活动结果的效价,要提高效价就必须使活动结果能满足个人最迫切的需要。二是要注意目标实现的期望值,即组织目标实现的概率不宜过低,以免让个人失去信心;当然也不宜过高,过高则会影响激励工作本身的意义。

【经典案例】

某主管：今天加班！给你们补助,晚上我请你们吃一顿好的！

小张：哎呀,主管啊,我和我女朋友说好了的陪她去看电影啊！这……

某主管：我向经理申请多给你一倍的加班费,行了吧！和你女朋友说说,这笔生意急啊！

小张：主管,这不是钱的问题。我挣的也不少,钱够花就行了。主要是也要享受生活不是？老工作不成机器啦？

某主管：这你就满足了啊？你那同学小刘可比你有干劲,买了房子和小轿车呢！看人家活得多精彩啊！人应该往高处走嘛！你是不是也该摆脱天天挤公交车的痛苦了？

小张：也是,我女朋友前几天还说想买辆车……好吧,我先和她说一声。

思考题：结合期望理论谈谈,该主管是怎样激励小张士气的？

(五) 公平理论

公平理论又称社会比较理论,它是美国行为科学家亚当斯(J. Satacy Adams)提出来的。

公平理论的基本观点是：当一个人做出了成绩并取得了报酬以后,他不仅关心自己所得报酬的绝对量,而且关心自己所得报酬的相对量。因此,他要进行种种比较来确定自己所获报酬是否合理,比较的结果将直接影响今后工作的积极性。

一种比较称为横向比较,即他要将自己获得的"报偿"(包括金钱、工作安排以及获得的赏识等)与自己的"投入"(包括教育程度、所作努力、用于工作的时间、精力和其他无形损耗等)的比值与组织内其他人作社会比较,只有相等时,他才认为公平,如下公式所示：

$$\frac{O_P}{I_P} = \frac{O_c}{I_c}$$

式中,O_P:自己对所获报酬的感觉;O_c:自己对他人所获报酬的感觉;I_P:自己对个人所作投入的感觉；I_c：自己对他人所作投入的感觉。

当上式为不等式时，可能出现以下两种情况：

(1) $\dfrac{O_P}{I_P} < \dfrac{O_c}{I_c}$。在这种情况下，他可能要求增加自己的收入或减小自己今后的努力程度，以便使左方增大，趋于相等；第二种办法是他可能要求组织减少比较对象的收入或者让其今后增大努力程度以便使右方减小，趋于相等。此外，他还可能另外找人作为比较对象，以便达到心理上的平衡。

(2) $\dfrac{O_P}{I_P} > \dfrac{O_c}{I_c}$。在这种情况下，他可能要求减少自己的报酬或在开始时自动多做些工作，但久而久之，他会重新估计自己的技术和工作情况，终于觉得他确实应当得到那么高的待遇，于是产量便又会回到过去的水平。

除了横向比较之外，人们也经常做纵向比较，即把自己目前投入的努力与目前所获得报偿的比值，同自己过去投入的努力与过去所获报偿的比值进行比较。只有相等时他才认为公平，如下公式所示：

$$\dfrac{O_P}{I_P} = \dfrac{O_h}{I_h}$$

式中，O_P：自己对现在所获报酬的感觉；O_h：自己对过去所获报酬的感觉；I_P：自己对个人现在投入的感觉；I_h：自己对个人过去投入的感觉。

当上式为不等式时，也可能出现以下两种情况：

(1) $\dfrac{O_P}{I_P} < \dfrac{O_h}{I_h}$。当出现这种情况时，人也会有不公平的感觉，这可能导致工作积极性下降。

(2) $\dfrac{O_P}{I_P} > \dfrac{O_h}{I_h}$。当出现这种情况时，人不会因此产生不公平的感觉，但也不会觉得自己多拿了报偿，从而主动多做些工作。

调查和实验的结果表明，不公平感的产生，绝大多数是由于经过比较认为自己目前的报酬过低而产生的；但在少数情况下，也会由于经过比较认为自己的报酬过高而产生。

我们看到，公平理论提出的基本观点是客观存在的，但公平本身却是一个相当复杂的问题，这主要是由于下面几个原因：

第一，它与个人的主观判断有关。上面公式中无论是自己的或他人的投入和报偿都是个人感觉，而一般人总是对自己的投入估计过高，对别人的投入估计过低。

第二，它与个人所持的公平标准有关。上面的公平标准是采取贡献率，也有采取需要率、平均率的。例如有人认为助学金应改为奖学金才合理，有人认为应平均分配才公平，也有人认为按经济困难程度分配才适当。

第三，它与绩效的评定有关。我们主张按绩效付报酬，并且各人之间应相对均衡。但如何评定绩效？是以工作成果的数量和质量，还是按工作中的努力程度和付出的劳动量？是按工作的复杂、困难程度，还是按工作能力、技能、资历和学历？不同的评定办法会得到不同的结果。最好是按工作成果的数量和质量，用明确、客观、易于核实的标准来度量，但这在实际工作中往往难以做到，有时不得不采用其他的方法。

第四，它与评定人有关。绩效由谁来评定，是领导者评定还是群众评定或自我评定，不同的评定人会得出不同的结果。由于同一组织内往往不是由同一个人评定,因此会出现松紧不一、回避矛盾、姑息迁就、抱有成见等现象。

然而,公平理论对我们有着重要的启示:首先,影响激励效果的不仅有报酬的绝对值,还有报酬的相对值。其次,激励时应力求公平,使等式在客观上成立,尽管有主观判断的误差,也不致造成严重的不公平感。再次,在激励过程中应注意对被激励者公平心理的引导,使其树立正确的公平观,一是要认识到绝对的公平是不存在的,二是不要盲目攀比,三是不要按酬付劳,按酬付劳是在公平问题上造成恶性循环的主要杀手。为了避免职工产生不公平的感觉,企业往往采取各种手段,在企业中造成一种公平合理的气氛,使职工产生一种主观上的公平感。如有的企业采用保密工资的办法,使职工相互间不了解彼此的收入比率,以免职工互相比较而产生不公平感。

【经典案例】

助理工程师小王,一个名牌大学高材生,毕业后工作已6年,于四年前应聘调到一家大厂技术部工作,工作诚恳负责,技术能力强,很快就成为技术部的骨干人员,名字仅排在技术部主管陈工之后。然而,工资却同仓管人员不相上下,夫妻小孩三口尚住在刚来时住的那间平房里。对此,他心中时常有些不平。

技术部主管陈工,一个有名的识才的主管,"人能尽其才,物能尽其用,货能畅其流"的孙中山先生名言,在各种公开场合不知被他引述了多少遍,实际上他也是这样做了。

陈工不仅在部门大会上大夸小王的成绩,而且,在工厂领导会议上,也总是不忘提一提他的贡献。甚至,有几次外地人来交流技术问题,陈主管当着客人的面赞扬他:"王工是我们的技术骨干……"哪怕再忙,路上相见时,陈主管也会热情地赞美小王几句,诸如"小王,我们技术部你贡献最大,下次一定帮你争取奖励""小王,你很有前途"。这的确让小王兴奋,"陈主管确实是很重视有才的下属"。此言不假,前段时间,他还把一项开发新产品的重任交给他呢,然而……

两年前,厂里有指标申报工程师,小王属于有条件申报之列,但名额却让给一个没有文凭、表现平平的老同志。他想问一下陈主管,谁知,他还未去,陈主管却先来找他了:"小王,你年轻,机会有的是。"去年,他想反映一下工资问题,这问题确实重要,来这里其中一个目的不就是想要高一点工资,提高一下生活待遇吗?但是几次想开口,都没有勇气讲出来。最近,厂里新建好了一批职工宿舍,听说数量比较多,技术部也分到了几套,小王决心要反映一下住房问题,谁知这次陈主管又先找他,还是像以前一样,热情地握着他的手:"小王,党支部有意培养你入党,我当你的介绍人。"他又不好开口了,结果家没有搬成。

深夜,小王对着一张报纸的招聘栏出神。第二天一早,陈主管办公台面上放着一张小纸条:"陈主管:您是一个懂得使用人才的好上司,我十分敬佩您,但我决定走了。小王。"

思考题:
1. 根据马斯洛的理论,住房、评职称、提高工资和入党对于小王来说分别属于什么需要?
2. 根据公平理论,小王的工资和仓管员的不相上下,是否合理?

(六)强化理论

强化理论是美国的心理学家和行为科学家斯金纳等人提出的一种理论。

斯金纳的强化理论和弗鲁姆的期望理论都强调行为同其后果之间关系的重要性,但弗鲁姆的期望理论较多地涉及主观判断等内部心理过程，而强化理论只讨论刺激和行为的关系。

斯金纳提出，对一种行为的肯定或否定，能在一定程度上决定该行为是否重复出现。

根据强化的性质和目的可以分为四种类型：正强化、负强化(亦称规避)、惩罚和自然消退。

(1) 正强化。正强化是一种增强行为的方法。在一个要求的行为出现后，随即加以奖酬或提供正面的结果。如奖金、认可、表扬、改善工作条件；改善人际关系；提升、安排担任挑战性工作、给予学习和成长的机会等。

(2) 负强化。负强化也是一种增强行为的方法，是指预先告知某种不符要求的行为或不良绩效可能引起的后果，允许员工按要求的方式行事来避免令人不快的后果。

(3) 惩罚。惩罚是指用某种令人不快的结果来减弱某行为。

(4) 自然消退。自然消退是指通过不提供个人所愿望的结果来减弱一个人的行为。特别是撤销原先奖酬，来减少某种行为的发生。

强化理论具体应用的一些行为原则如下：

(1) 经过强化的行为趋向于重复发生。所谓强化因素就是会使某种行为在将来重复发生的可能性增加的任何一种"后果"。例如，当某种行为的后果是受人称赞时，就增加了这种行为重复发生的可能性。

(2) 要依照强化对象的不同采用不同的强化措施。人们的年龄、性别、职业、学历、经历不同，需要就不同，强化方式也应不一样。如有的人更重视物质奖励，有的人更重视精神奖励，应区分情况，采用不同的强化措施。

(3) 小步子前进，分阶段设立目标，并对目标予以明确规定和表述。对于人的激励，首先要设立一个明确的、鼓舞人心而又切实可行的目标，只有目标明确而具体时，才能进行衡量和采取适当的强化措施。同时，还要将目标进行分解，分成许多小目标，完成每个小目标都及时给予强化，这样不仅有利于目标的实现，而且通过不断的激励可以增强信心。如果目标一次定得太高，会使人感到不易达到或者说能够达到的希望很小，这就很难充分调动人们为达到目标而做出努力的积极性。

(4) 及时反馈。所谓及时反馈就是通过某种形式和途径，及时将工作结果告诉行动者。要取得最好的激励效果，就应该在行为发生以后尽快采取适当的强化方法。一个人在实施了某种行为以后，即使是领导者表示"已注意到这种行为"这样简单的反馈，也能起到正强化的作用；如果领导者对这种行为不予注意，这种行为重复发生的可能性就会减小以至消失。所以，必须利用及时反馈作为一种强化手段。

(5) 正强化比负强化更有效。在强化手段的运用上，应以正强化为主；同时，必要时也要对坏的行为给以惩罚，做到奖惩结合。

强化理论只讨论外部因素或环境刺激对行为的影响，忽略人的内在因素和主观能动性对环境的反作用，具有机械论的色彩。但是，许多行为科学家认为，强化理论有助于对人们行为的理解和引导。因为，一种行为必然会有后果，而这些后果在一定程度上会决定这种行为在将来是否重复发生。那么，与其对这种行为和后果的关系采取一种碰运气的态度，就不如加以分析和控制，使大家都知道应该有什么后果最好。这并不是对职工进行操纵，而是使职工有一个最好的机会在各种明确规定的备选方案中进行选择。因而，强化理论已被广泛地应用在激励和人的行为的改造上。

(七) 归因理论

归因理论是美国心理学家海德(Heider)首先提出,后由美国斯坦福大学的罗斯(L. Rose)等人加以发展。

目前,在管理领域归因理论主要研究两个方面的问题:一是对引发人们某一行为的因素作分析,看其应归结为内部原因还是外部原因;二是研究人们获得成功或遭受失败的归因倾向。例如,把成功归于内部原因会使人感到满意和自豪,归于外部原因会使人感到幸运和感激。把失败归于稳定因素会降低以后工作的积极性,归于不稳定因素可以提高工作的积极性。

在管理工作中管理者应用该理论来改变人的认识,从而达到改变人的行为的目的。归因理论认为,人们对过去的成功或失败,一般会有四种归因:

(1) 努力程度(相对不稳定的内因)。

(2) 能力大小(相对稳定的内因)。

(3) 任务难度(相对稳定的外因)。

(4) 运气和机会(相对不稳定的外因)。

罗斯等人认为,把以往工作和学习的失败原因,归于内、外因中的相对稳定因素还是相对不稳定因素,是影响今后工作、学习的关键。如果把失败的原因归于相对稳定的内、外因素,就会使人容易动摇信心,而不再坚持努力行为;如果把失败的原因归于相对不稳定的内、外因素,则人们会继续保持努力行为。

启示:当下属在工作中遭受失败后,应帮助他寻找原因(归因),引导他继续保持努力行为,争取下一次行为的成功。

上述六种激励理论的对照比较,如表 5-9 所示。

表 5-9　　　　　　　　　　不同激励理论的比较

理论类型	理论名称	提出者	主 要 观 点
内容型激励理论(主要从引发动机的因素进行激励)	需要层次论	美国人本主义心理学家马斯洛	人的需要或动机可以分为 5 个层次,即生理需要、安全需要、社交需要、尊重需要和自我实现需要
	双因素理论	美国行为科学家弗雷德里克·赫茨伯格	人的积极性受激励因素和保健因素的影响,保健因素得不到满足会产生不满意,得到满足则不满意会消除,但是也不能产生满意的激励效果;激励因素得不到满足不会产生太大的不满,但是得到满足则会产生良好的激励效果
过程型激励理论(主要从动机形成过程通过激励促使进行行为目标的选择)	期望理论	北美著名心理学家和行为科学家维克托·弗鲁姆	激励力(工作动力)=期望值(工作信心)×效价(工作态度)
	公平理论	美国行为科学家斯塔西·亚当斯	人的工作积极性不仅与个人实际报酬多少有关,而且与人们对报酬的分配是否感到公平更为密切。人们总会自觉或不自觉地将自己付出的劳动代价及其所得到的报酬与他人进行比较,并对公平与否作出判断。公平感直接影响职工的工作动机和行为

续　表

理论类型	理论名称	提出者	主要观点
调整型（行为修正型）激励理论（主要通过调整与转化人的行为进行激励）	强化理论	美国心理学家和行为科学家斯金纳等	根据强化的性质和目的可以分为四种类型：正强化、负强化（亦称规避）、惩罚和自然消退
	归因理论	美国心理学家海德首先提出，后由美国斯坦福大学的罗斯等人加以发展	把以往工作和学习的失败原因，归于内外因中的相对稳定因素还是相对不稳定因素，是影响今后工作、学习的关键

三、激励实务

(一) 面向对象的激励方法

1. 生产工人激励

对生产工人激励的形式有：❶计件工资制，即通过确定每件产品的计件工资率，将员工的收入和产量直接挂钩；❷标准公式制，即依据员工绩效高于标准水平的百分比给予员工同等比例的奖金，其前提是员工都有固定的基本工资；❸班组或团队激励，根据班组或团队整体工作成果给予奖励，形成为所有成员都按产量最高（最低，团员平均水平）的员工的绩效计算报酬。

2. 中高层管理人员激励

对中高层管理人员激励分年度（或短期奖励）和长期奖励两种。年度（或短期奖励）依据企业的短期（通常为1年）总体效益指标，给予管理人员的奖励，多以现金形式兑现。

长期激励在于激励管理层面向未来，其形式有：将管理人员的奖励与股票价格的增长相联系的股票购买特权，股票增值权和限定股票形式，使奖励与预先规定的组织绩效水平相联系。

股票购买特权，是在规定的期间内按约定价格购买公司股票的权力。股票增值权是附属于股票购买特权的一种权利，它可以使高层人员在股票购买特权的有效期内因股票价格增值而获利。股票购买特权，是高层人员按全价或折价购买其公司股票的优先权，并且通常都能得到公司的财政资助。限定股，是组织授予高层人员的股票或股票单位，它是在高层人员的连续受雇过程中"挣出来的"。

绩效单位或绩效股份，是公司授予高层人员的股票或成功奖金授予额，它是以组织能够实现某些特定的经营目标为条件的充分奖励。

3. 销售人员激励

对销售人员可采用佣金激励，即直接按销售额的一定比例确定销售人员的报酬；或采用复合激励，即薪资和佣金复合形式的激励办法。

4. 企业的整体激励

面向企业的所有人员进行激励有助于增加企业的凝聚力，赢取员工的忠诚和责任感，企业的整体激励形式有：

(1) 利润分享激励。如果企业利润超过某个最低水平，企业就将其部分利润奖励给全体员工。

(2) 雇员持股激励。企业把其一部分股票（或可以购买同量股票的现金）交给一个信托委员会,信托委员会把股票存入员工的个人账户,在员工退休或不再工作时再发给他们。

(3) 收益分享激励。鼓励多数或全体员工共同努力达到企业的生产率目标,然后在员工和公司之间分享成本削减带来的收益。

(4) 风险工资激励。每个员工都领取风险工资,即将员工工资同企业经济目标的完成水平挂钩。

(二) 面向手段的激励方法

1. 精神激励法

精神激励包括目标激励、感情激励、评判激励、榜样激励、荣誉激励、反向激励、许诺激励、晋升激励、尊重激励、危机激励、数据激励、民主评议激励、集体荣誉激励、宣泄激励、自我实现激励、竞争激励等。

2. 物质激励法

物质激励包括晋升工资、颁发奖金、产权激励、其他物质奖赏等。

(三) 基于过程的激励实务

1. 工作激励

通过分配恰当的工作来激发职工内在的工作热情。❶工作的分配要考虑到职工的特长和爱好;❷工作的分配要能激发职工的工作热情。

2. 成果激励

在正确评估工作成果的基础上,给职工以合理奖惩,保证职工行为的良性循环。

3. 批评激励

通过批评来激发职工改正错误行为的信心和决心。❶明确批评目的;❷了解错误的事实;❸注意批评的方法;❹注意批评的效果。

4. 培训教育激励

通过思想文化教育和技术知识培训,来增强其进取精神。

【知识测试】

1. 当人们认为自己的报酬与劳动之比,同他人的报酬与劳动之比是相等的,这时就会有较大的激励作用,这种理论称为( )。

    A. 双因素理论   B. 效用理论   C. 公平理论   D. 强化理论

2. 某学生在寒假进行社会调查时,对某小区内的企业职工状况进行调查,发现了如下三种现象:❶某铸造厂里大龄未婚男青年很多,他们常为自己的婚姻问题而烦恼;❷地处市郊的某纺织厂,由于周围治安状况不好,做三班倒的女工在夜间上下班经常遇见流氓的干扰而不能安心工作;❸某钢铁厂有位电子专业毕业的中年知识分子,利用业余时间在研制小型电脑方面有所创新,他本人迫切要求从事这方面的专门研究,以争取早出成果。以上三种需要分别属于( )。

    A. 社会需要、安全需要和自我实现需要
    B. 生理需要、安全需要和自尊需要
    C. 社会需要、安全需要和自尊需要
    D. 生理需要、安全需要和自我实现需要

3. "士为知己者死"这一古训反映了有效的领导始于(　　)。
   A. 为了下属的利益不惜牺牲自己　　B. 了解下属的欲望和需要
   C. 上下级之间的友情　　　　　　　D. 满足员工的欲望和需要

4. 下列关于强化理论的说法正确的是(　　)。
   A. 强化理论是美国心理学家马斯洛首先提出的
   B. 所谓正强化,就是指惩罚那些不符合组织目标的行为,以使这些行为削弱直至消失
   C. 实施负强化,应以连续负强化为主
   D. 连续的、固定的正强化能够使每一次强化都起到较大的效果

5. 为了激发员工的内在积极性,一项工作最好授予(　　)。
   A. 能力远远高于任务要求的人　　B. 能力远远低于任务要求的人
   C. 能力略低于任务要求的人　　　D. 能力略高于任务要求的人

6. A、B两人都是同一个企业的职工,两人的横向比较结果是$\frac{Q_A}{I_A} > \frac{Q_B}{I_B}$,则通常情况下B不可能的表现是(　　)。
   A. 要求增加报酬　　　　　　　　B. 自动减少投入以达到心理上的平衡
   C. 离职　　　　　　　　　　　　D. 更加努力

7. 某公司改善了小李的工作条件,小李的积极性和主动性并没有提高,不久小李接到了一项具有挑战性的任务,他工作特别卖力,这可运用(　　)来解释。
   A. 期望理论　　B. 激励—保健理论　　C. 公平理论　　D. 强化理论

8. 高级工程师老王在一家研究所工作,该所拥有一流的研究设备,根据双因素理论,下列(　　)措施最能对老王的工作起到激励作用。
   A. 调整工资水平和福利
   B. 调整设计工作流程,使老王可以完成完整的产品设计而不是重复做局部的设计
   C. 给老王配备性能更为先进的个人电脑
   D. 以上各条都起不到激励作用

9. 从期望理论中,我们得到的最重要的启示是(　　)。
   A. 目标效价的高低是激励是否有效的关键
   B. 期望概率的高低是激励是否有效的关键
   C. 存在着负效价,应引起领导者注意
   D. 应把目标效价和期望概率进行优化组合

10. 企业中,常常见到员工之间在贡献和报酬上会相互参照攀比,你认为员工最可能将(　　)作为自己的攀比对象。
    A. 企业的高层管理人员　　　　B. 员工们的顶头上司
    C. 企业中其他部门的领导　　　D. 与自己处于相近层次的人

11. 某企业对生产车间的工作条件进行了改善,这是为了更好地满足职工的(　　)需要。
    A. 生理　　　　B. 安全　　　　C. 感情　　　　D. 尊重

12. 某企业规定,员工上班迟到一次,扣发当月50%的奖金,自此规定出台之后,员工迟到现象基本消除,这是(　　)方式。
    A. 正强化　　　B. 负强化　　　C. 惩罚　　　　D. 自然消退

13. 在一次管理知识和技能培训班上,就如何调动员工积极性的问题展开讨论时,学员们众说纷纭,莫衷一是,这里归纳四种不同的主张。假如四种主张都能切切实实做好,你认为(　　)应成为首选的主张。

A. 成立员工之家,开展文体活动等,以增强凝聚力
B. 从关心员工需要出发,激发员工的主人翁责任感,从而努力做好本职工作
C. 表扬先进员工,树立学习榜样
D. 批评后进员工,促进其增强工作责任心

14. 根据马斯洛的需求层次理论,人的行为决定于( )。
    A. 需求层次   B. 激励程度   C. 精神状态   D. 主导需求

15. 比较马斯洛的需求层次理论和赫兹伯格的双因素理论,马斯洛提出的五种需求中,属于保健因素的是( )。
    A. 生理和自尊的需要   B. 生理、安全和自我实现的需要
    C. 生理、安全和社交的需要   D. 安全和自我实现的需要

16. 曹雪芹虽食不果腹,仍然坚持《红楼梦》的创作,是出于其( )。
    A. 自尊需要   B. 情感需要
    C. 自我实现的需要   D. 以上都不是

17. 商鞅在秦国推行改革,他在城门外立了一根木柱,声称有将木柱从南门移到北门的人,奖励50金,但没有人去尝试。根据期望理论,这是由于( )。
    A. 50金的效价太低   B. 居民对完成要求的期望很低
    C. 居民对得到报酬的期望很低   D. 枪打出头鸟,大家都不敢尝试

18. 当一位30~40岁的科研工作者显示出卓越的技术才能时,作为该科研人员的领导对他的最有效的激励应该是(注意,并不排斥其他方面的适当奖励)( )。
    A. 高额奖金   B. 配备最好的研究条件
    C. 提职   D. 精神奖励(如评为劳模)

19. 弗鲁姆的期望理论可以用公式表示:激励程度=期望值×( )。
    A. 需要   B. 目标   C. 效价   D. 能力

20. 在人的各种需要中,最高层次的需要是( )。
    A. 自我实现需要   B. 安全需要   C. 尊重需要   D. 社会需要

21. 内容型激励理论是从激励过程的起点,即人的( )出发对激励问题加以研究的理论。
    A. 本能   B. 生理   C. 情境   D. 需要

22. 一个尊重需求占主导地位的人,下列( )激励措施最能产生效果。
    A. 提薪   B. 升职   C. 解聘威胁   D. 工作扩大化

23. 以下( )现象不能在需要层次理论中得到合理的解释。
    A. 一个饥饿的人会冒着生命危险去寻找食物
    B. 穷人很少参加排场讲究的社交活动
    C. 在陋室中苦攻"哥德巴赫猜想"的陈景润
    D. 一个安全需求占主导地位的人,可能因为担心失败而拒绝接受富有挑战性的工作

24. 中国企业引入奖金机制的目的是发挥奖金的激励作用,但到目前,许多企业的奖金已成为工资的一部分,奖金变成了保健因素,这说明( )。
    A. 双因素理论在中国不怎么适用
    B. 保健和激励因素的具体内容在不同的国家是不一样的
    C. 防止激励因素向保健因素转化是管理者的重要作用
    D. 将奖金设计成为激励因素本身就是错误的

25. 有这样一个小企业的老板,他视员工如兄弟,强调"有福共享,有难同当",并把这种思路贯穿于企业的管理工作中。当企业的收入高时,他便多发奖金给大家;一旦企业产品销售状况不好,他就少发甚至不发奖金。一段时间后,却发现大家只是愿意有福共享,而不愿意有难同当。在有难时甚至还有员工离开公司,或将联系到的业务转给别的企业,自己从中拿提成。这位老板有些不解,你认为(　　)。
   A. 这位老板在搞平均主义　　　　B. 这位老板把激励因素转化成了保健因素
   C. 这是员工们的横向攀比　　　　D. 这位老板对员工激励缺乏系统规划

26. 对大多数企业主管来说,最困扰他们的不是如何与竞争对手抢夺市场,而是如何找到、训练和留住优秀的员工,对高技术企业尤其如此。你认为这些主管可以(　　)。
   A. 提供诱人的薪水和福利　　　　B. 提供舒适的工作环境
   C. 提供具有挑战性的工作　　　　D. 提供自由工作的便利

27. 假设你是某公司的经理,你招聘了一名很有希望的年轻下属并在工作上给了他许多的指导和关心。可现在,你听到一些小道消息,说其他职员认为你对这位年轻人过于关心了。这时,你应该(　　)。
   A. 给这个年轻人安排一项重要工作,让他向其他职员证明他的能力
   B. 疏远这个年轻人,接近其他职员,以证明你是公平对待每个人的
   C. 重新评价这个年轻人的能力和潜力,据此决定下一步应该怎样做
   D. 不理会小道消息,继续现在的做法

28. 依据需求层次理论,人类的需求可分为五个层次,依次是(　　)。
   A. 生理需要、安全需要、尊重需要、社交需要、自我实现需要
   B. 生理需要、尊重需要、安全需要、社交需要、自我实现需要
   C. 生理需要、安全需要、社交需要、尊重需要、自我实现需要
   D. 生理需要、社交需要、尊重需要、安全需要、自我实现需要

29. 双因素理论指出,在工作中存在一种与工作本身的特点和工作内容有关,能够促进人们积极进取的因素,叫做(　　)。
   A. 外在因素　　B. 内在因素　　C. 激励因素　　D. 保健因素

30. (　　)因素不属于赫茨伯格所认为的保健因素。
   A. 富有挑战性的工作　　　　B. 良好的人际关系
   C. 较高的工资水平　　　　　D. 完备的管理制度

【重点回顾】
1. 对比分析需要层次论与双因素论。
2. 谈谈强化理论的应用。
3. 期望理论应如何应用?
4. 如何看待员工的不公平感?

重点回顾答案

【案例分析】

案例 一

刘新光是一名大学毕业生,刚毕业就直接进了特种玻璃公司,他一直想用他所学的知

识,解决生产的需要。这样一种抱负和追求,一直激励着他。在刚开始研制的时候,工厂处于低谷,消耗资金大,加上人力、物力的条件都不是特别具备,刘新光有种力不从心的感觉。在他犹豫是否放弃的时候,李总过来关心他,向他讲述特种玻璃研发的重要性,鼓励刘新光把这个项目干下去。……将近6年的时间里,在研制小组的领导下,他发挥了自己的特长,终于取得了突破性的进展,通过了专家验收。公司奖励了一套住房给刘新光。刘新光激动地对人们说:"公司奖励给我这套住房我非常知足。在这个项目搞好之前,公司曾两次给我调整住房,从原来住房的8平方米到16平方米,后来又给了一套两居室。公司认为贡献与报酬应该是相对应的,所以就奖给了我这套住房,建筑面积大约有90多平方米。我心里很踏实很满足。这是对我工作的一种承认。除此之外如晋级、职称,还有工资待遇上也给了相应的奖励,我不能辜负领导对我的期望,在工作中应该更努力地工作,为企业做出新的贡献。"

思考题:

1. 请结合本案例阐述期望理论的含义?
2. 请根据刘晓光的案例分析运用期望理论给我们带来的激励启示。

案 例 二

资料一:

1. 我们年轻的时候迁居到了美国,居住在波士顿的一个公寓里。在一个漫长的周末,我们发现自己既没有食物也没有现钞(没有信用卡或存款卡,而且银行也早已停止营业了)。我们只好等到下周——银行重新营业。我确实认识到基本需求的重要——当你遭受饥饿的时候,要关注其他事情是非常困难的。

2. 在顶楼上饿得要死的艺术家的情况又会怎样呢?有些人为了创造传世之作而与贫困为伴。还有一些人似乎想尽可能放弃友谊或社交,以使他们自己能够全神贯注于他们非常重视的事情。

资料二:

1968年的一天,美国心理学家罗森塔尔和助手们来到一所小学,说要进行7项实验。他们从一至六年级各选了3个班,对这18个班的学生进行了"未来发展趋势测验"。之后,罗森塔尔以赞许的口吻将一份"最有发展前途者"的名单交给了校长和相关老师,并叮嘱他们务必要保密,以免影响实验的正确性。其实,罗森塔尔撒了一个"权威性谎言",因为名单上的学生是随便挑选出来的。8个月后,罗森塔尔和助手们对那18个班级的学生进行复试,结果奇迹出现了:凡是上了名单的学生,个个成绩有了较大的进步,且性格活泼开朗,自信心强,求知欲旺盛,更乐于和别人打交道。

显然,罗森塔尔的"权威性谎言"发挥了作用。这个谎言对老师产生了暗示,左右了老师对名单上的学生的能力的评价,而老师又将自己的这一心理活动通过自己的情感、语言和行为传染给学生,使学生变得更加自尊、自爱、自信、自强,从而使各方面得到了异乎寻常的进步。后来,人们把像这种因他人(特别是像老师和家长这样的权威人士)的期望和热爱,而使人们的行为发生与期望趋于一致的变化的情况,称之为"罗森塔尔效应"。

1. 资料一中的两种不同的情况说明马斯洛的需求层次理论(   )。

A. 没有实际意义,因为人们的需求是没有规律可循的

B. 在人们低层次的需求还没有满足之前,人们不可能追求更高层次的需求

C. 在低层次的需求还没有满足之前,人们可以追求更高层次的需求
D. 实际操作性很差,所以很多人在实际的管理活动中不用它
2. 资料二中的校长应用了(　　),使学生的成绩提高了很多。
A. Y理论　　　　　B. X理论　　　　　C. 期望理论　　　　D. 公平理论
3. 人们的需求(　　)。
A. 层次无法确定,因为人们的需要层次的不确定性太强
B. 层次是一致的,人们总是首先满足生理需求,然后才能追求更高层次的需求
C. 层次是不一样的,但是人们总是首先满足生理需求,才能追求更高层次的需求
D. 层次是不一样的,并不总是从低级需求向高级需求逐级满足
4. 资料一中第2点的描述说明这些人是为了满足自己(　　)的需要。
A. 自尊　　　　　B. 实现自身价值　　　C. 社交　　　　　　D. 安全

【能力测试】

什么能够激励你

对下面的15句话,在你感觉接近的分数空格内打"√"。非常不同意得1分,非常同意得5分,同意程度越高得分越高。

描　　　述	5	4	3	2	1
1. 我非常努力改善我以前的工作以提高工作绩效					
2. 我喜欢竞争和获胜					
3. 我常发现自己和周围的人谈论与工作无关的事					
4. 我喜欢有难度的挑战					
5. 我喜欢承担责任					
6. 我想让其他人喜欢我					
7. 我想知道在我完成任务时是如何进步的					
8. 我能够面对与我意见不一致的人					
9. 我乐意和同事建立亲密的关系					
10. 我喜欢设置并实现比较现实的目标					
11. 我喜欢影响其他人以形成我自己的方式					
12. 我喜欢隶属于一个群体或组织					
13. 我喜欢完成一项困难任务后的满足感					
14. 我经常为了获得更多的控制权而工作					
15. 我更喜欢和其他人一起工作而不是一个人					

要求:为了确定你的主导需要——即什么能够激励你,请将得分填在下列题号后面。

成就需要	权力需要	关系需要
1	2	3
4	5	6
7	8	9
10	11	12
13	14	15
小　计	小　计	小　计

把每一栏的得分汇总，每一项最终得分会在 5～25 分，得分最高的那项便是你的主导需要。

【生命成长智慧】

通过"三下子"满足需求

团队激励工作就是要想办法激发团队成员或者下属的意愿，要激发意愿就是要能够满足对方没有满足的需求。那么在激励工作中为什么会常常出现，团队领导觉得已经对团队成员或者下属付出很多了，下属的工作意愿仍然不高。此时，可以反思一下是不是沟通模式存在问题。

下属积极性不高的时候，有的上司会采用点对点的"一下子"处理方法。"一下子"的处理方法内心的思维模式是："我是对的，我要打败你！满心的愤怒、指责、抱怨、攻击、强制要求，自己一下子就和问题、和对方黏在一起。"这时候，上司容易批评、指责下属，喜欢用批评、惩罚、扣工资、降职、威胁等负强化、负面激励的方式，最后有可能适得其反，两败俱伤，甚至导致员工离职，人才流失。其实，这种情况双方都被情绪控制了，双方都成了被情绪控制着的那个人。问题解决不了，还会持续生出其他的事。本来简单的事，会由于连锁反应变成复杂的事。这是"打"的方法，是人和人之间的一种内耗，也是组织中的主要内耗之一。

有的上司会采用平面的"两下子"处理方法。"两下子"的处理方法内心的思维模式是：我暂时认怂，你打败了我！假装没发生，忍着、哄着、积累着；或者冷处理，有话不说，给脸色、不理，先过了眼前这一关。用长期形成的自我防御的盔甲，将自己和对方从面上隔离开了，没有让自己马上陷进去。但是，内心的冲突仍然在那儿，可能继续发酵，继续解读和升温，跟对方还是黏连的。这时候仍然是被情绪控制着的惯性状态，没能建立顺畅的联结的关系，同样解决不了问题。压抑的能量终归是要爆发，也许最后就是一根稻草压死了一只骆驼。比如有些企业出现员工积极性不高的时候，觉得很委屈，一方面觉得很无奈，另一方面想着找合适的替代者，但是往往替代者也很难找，或者不断地换人也无济于事，呈现出常常找不到合适的员工的状态。也有的上司抱怨自己的团队成员不好，自己选择离开或者被下属替代。这是"逃"或者"僵"的方法，是人和人之间的另一种内耗，也是组织中的又一个主要的内耗。

当员工出现积极性下降的时候，最有效的做法应该是有空间的"三下子"处理方法。

"三下子"的处理方法思维模式是:双方共同寻求第三种解决方案,这个方案对两人都有好处,那就是"化事不生事"的方法。

第一是了解自己,看到自己的为人处世方式,看清自己、看清对方,双方是相对独立的,拥有独立的人格。

第二,与对方同在,感受对方的感受,体会与理解对方的难和苦,不排斥、不抗拒,跟对方建立内心的联结关系。

第三,然后,接纳对方,相互理解双方的立场,慢慢带着自己和对方走出情绪的纠缠。

对企业而言,出现员工积极性不高的时候,应该反思自己的管理方式。如果是高层管理者,要从系统角度看存在的问题以及原因,另一方面要了解、尊重、信任、关心员工的状况,站在员工的角度看看他(她)的需求是什么,共同寻求最好的解决方案,这个方法的核心是创造力的体现,是双方一起创造的过程。

【任务思维导图】

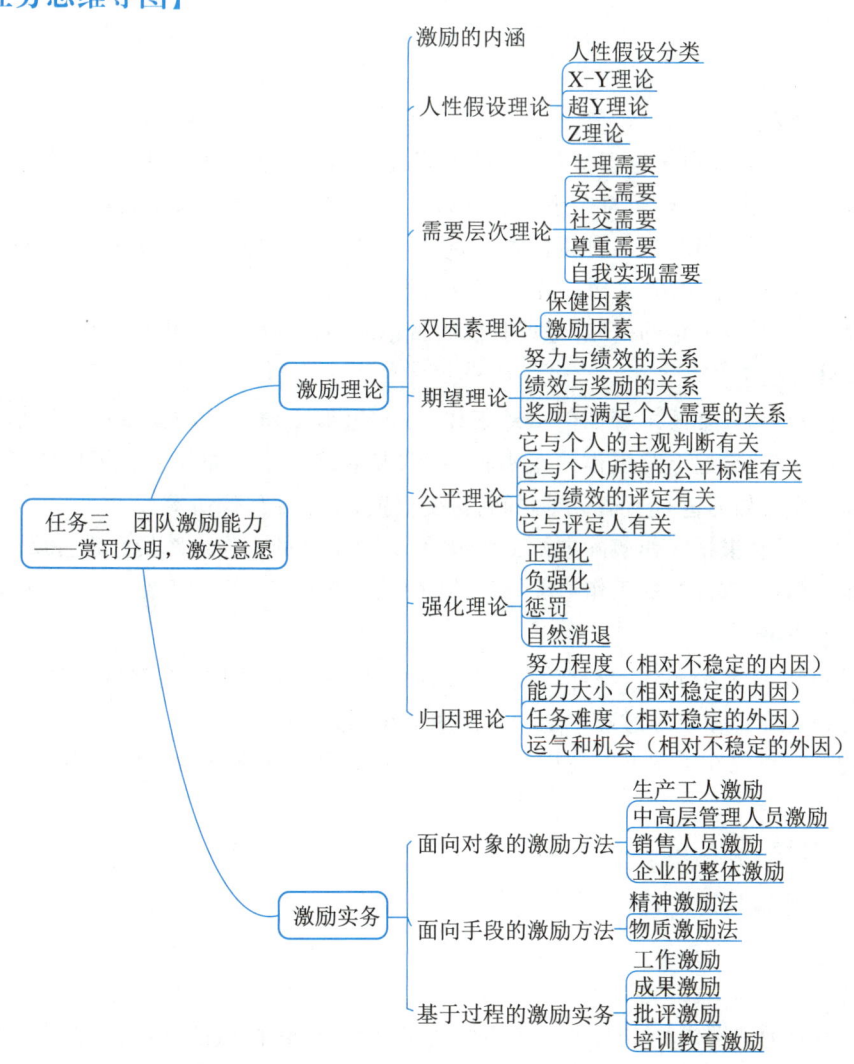

任务三　团队激励能力——赏罚分明,激发意愿
- 激励理论
  - 激励的内涵
  - 人性假设理论
    - 人性假设分类
    - X-Y理论
    - 超Y理论
    - Z理论
  - 需要层次理论
    - 生理需要
    - 安全需要
    - 社交需要
    - 尊重需要
    - 自我实现需要
  - 双因素理论
    - 保健因素
    - 激励因素
  - 期望理论
    - 努力与绩效的关系
    - 绩效与奖励的关系
    - 奖励与满足个人需要的关系
  - 公平理论
    - 它与个人的主观判断有关
    - 它与个人所持的公平标准有关
    - 它与绩效的评定有关
    - 它与评定人有关
  - 强化理论
    - 正强化
    - 负强化
    - 惩罚
    - 自然消退
  - 归因理论
    - 努力程度(相对不稳定的内因)
    - 能力大小(相对稳定的内因)
    - 任务难度(相对稳定的外因)
    - 运气和机会(相对不稳定的外因)
- 激励实务
  - 面向对象的激励方法
    - 生产工人激励
    - 中高层管理人员激励
    - 销售人员激励
    - 企业的整体激励
  - 面向手段的激励方法
    - 精神激励法
    - 物质激励法
  - 基于过程的激励实务
    - 工作激励
    - 成果激励
    - 批评激励
    - 培训教育激励

任务四　追踪反馈能力
——及时追踪，有效反馈

> ◇ **中国传统管理名言**
> 差若毫厘，谬以千里。——《礼记》
> 人谁无过？过而能改，善莫大焉。——《左传·宣公二年》
> 夫将者，国之辅也，辅周则国必强，辅隙则国必弱。——《孙子兵法》
> 千里之堤，毁于蚁穴。——《韩非子·喻老》
> 今小为非，则知而非之；大为非攻国，则不知非，从而誉之，谓之义，此可谓知义与不义之辩乎？——《墨子·非攻上》

【学习情境】

根据管理大师彼得·德鲁克认为，目标管理要达到的两个核心目的，一个是激励，一个是控制。通过设定目标对整个组织的行为进行控制，从这个意义上讲，那就不光是设定目标，而是要使整个组织把各种资源调动起来，围绕目标往前走，这就需要不断对工作进行追踪。如果发生了偏离，通过工作追踪及时把这个偏离的情况进行评估，然后把这个信息进行反馈，并采取一定的措施，保证我们的目标能够按照原来的设定实现。

【学习目标】

知识目标：掌握基层主管如何追踪工作；熟悉追踪工作常见的误区；熟悉上司应该如何看待工作追踪；掌握追踪工作的基本程序；掌握追踪工作中如何克服下属的抵触情绪；掌握追踪工作后如何进行反馈；掌握如何接受反馈；掌握如何倾听等。

能力目标：会根据工作实际进行工作追踪；会对下属的工作追踪情况进行反馈。

素质目标：养成良好的工作追踪与反馈的习惯；在追踪与反馈工作中善于沟通。

【学习任务】

1. 针对您正在进行的一项部门或者团队的工作任务进行工作追踪与反馈。
2. 分析您在工作追踪过程中是否有抵触情绪，您应该如何克服。
3. 检查反思您在工作追踪与反馈工作中的不足之处，并列出改进的构想。

一、工作追踪

（一）工作追踪的含义

工作追踪是工作控制的重要环节，下属干得怎么样，必须要科学规范地进行工作追踪。有的主管认为工作追踪应以下属的工作表现为主，每天都能保证不迟到、不早退，在领导视野所及的范围内勤奋工作的就是好员工，问他们这样做的理由，他们会说"我就看到某某人工作认真了，所以他就是好员工，某某人我从来没看见他干什么。"

实际上，因为主管的精力有限，不可能对所有下属的工作表现都能凭着主观的印象感觉到。一方面造成工作追踪的片面性；另一方面，很可能伤害到其他员工的感情，从而起不到工作追踪、进行阶段性工作评价的作用。到头来,没有人再去重视这个过程。

因此,工作追踪应当着重客观性的标准即工作成果,同时也要兼顾主观性的标准即工作方法和个人品质。

【实务提示】
完成计划并不等于没有偏移目标

有一家IT方面的集团,在北京有一家分公司,年中的时期,总部发现分公司已经实现了全年的营业额,所以就认为这个分公司已经达成了目标。但到年末的时候发现,分公司的营业额里超过一半不是来自销售总部给它的产品,而是他们发现一些客户有特别需求,就组织了一帮人给客户量身定做软件而来的。

从营业额的角度讲,它是完成了。但是实际上,它没有完成公司的目标,作为北京分公司,它最核心的目标是销售工作,这是公司战略布局当中的一个组成部分。最后公司在年终总结的时候说:我们要你干嘛,在我的战略棋盘上,你这个分公司没有意义,你挣钱多有什么意义,我公司今年的新产品想在北京市场销售,你并没有打开市场局面。

实质上,我们工作追踪是追什么?是追踪业绩情况与目标的距离,还是追踪它和目标之间的偏离程度?应当说,工作追踪首先要追踪的是目标走向是否正确,偏离目标是最可怕的,表面上完成计划并不等于没有偏离目标。

(二) 如何看待工作追踪

第一,要关注下属是不是把他所有的资源和精力都用在达成目标上。如果是,那就不需要对他进行纠正。倘若结果不理想,有可能是他在能力上、方式方法上存在缺陷,那我们需要做的就是教练的工作,在能力方面对他进行培训,或资源方面给予补充。

第二,要明确授权,以免造成下属在工作时事事请示。

现在有些企业负责人忙的不可开交,就是因为他没有授权。例如,企业里要搞培训,这不是个太大的事,应该授权人力资源部经理来办,但事实上呢?培训费用要企业负责人签字;安排什么人培训,要企业负责人签字;定什么时间培训,要企业负责人签字;这都得企业负责人说了算,人力资源经理就是个事务员。

工作追踪是在给人充分授权的情况下,让下属在按照自己的想法做事情的基础之上所进行的追踪。而且,工作追踪不是干涉,不是说你来替下属做决定、给下属支招,而是对下属的工作做出一个目标完成情况的评价。

(三) 工作追踪的程序

1. 搜集信息

搜集信息主要有以下几种途径和方式。

第一,建立定期的报告、报表制度。很多公司销售部门、生产部门的定期报告制度要好一些,甚至连值班日志都已经很规范了,但其他大多数部门可能就是以口头汇报为主,这是不行的,一定要制定严格的报告、报表制度。

第二,定期的会议。

第三,现场的检查和跟踪。

这些工作就方法而言,并不复杂,但关键是要能细致并且不断坚持。

2. 给予评价

在对工作进行追踪评价时要注意以下四个要点：

<u>第一，要定期追踪</u>。管理者有时候工作一忙，就顾不上了解下属的工作情况，而一旦形成"三天打鱼、两天晒网"的习惯，下属的工作就有可能渐渐松懈。对下属工作追踪要养成定期的习惯，同时让下属也感到主管有定期检查的习惯，这是非常重要的。

<u>第二，分清工作主次</u>。管理者的事务很多，不可能事事追踪，因此一定要分清事情的主次，对重要的事一定要定期检查，而次要的事则不定期抽查。

<u>第三，对工作进行评价</u>。工作评价的一个重点是看目标是否偏离，有时候是与目标有差距；有时候是具体的方法的差异；有时候看上去业绩实现了但目标实际上是偏离了，就像前文所述分公司的例子。如果评价发现目标有偏离，就要及时把他拉回来。

<u>第四，发掘发生偏差的原因</u>。在分析偏差时，必须首先分清哪些是下属无法控制的因素引起的。比如分配去做市场调研，但是经费迟迟无法到位，下属无法找到足够的调研员，从而延误了时间。其次还应分清哪些因素归因于下属本人，例如由于下属工作不得力造成销售额没有完成。正确地分清这两类原因，就可以有针对性地采取相应的措施。

3. 及时反馈

上司必须定期地将工作追踪的情况反馈给下属，以便下属：❶知道自己表现的优劣所在；❷寻求纠正自己缺点的方法；❸习惯于自我工作追踪及管理。如果发现下属目标达成不理想，那么可以提建议。有的下属，当你指出他的工作偏离了目标，他能够很快地意识到这一点，根据主管的建议去进行调整。另一种方式就是强行把目标拉回来。

不论是采用哪种方式，都必须做到及时反馈，这样坚持得时间长了，大家就会发现，凡是偏离公司目标的事情是绝对不允许的，这就在公司内形成了一个基本的职业原则。既激励大家去完成目标，又威慑那些有可能故意偏离目标的人。

工作反馈要及时，当你了解人们做了什么事、做得怎么样后，应尽快使他们知道自己做了什么、做得如何。这种做法既有建设性，又可起纠正作用。及时反馈主要要明确以下问题：❶一项工作任务履行得如何？❷把工作完成得如何和工作要求、工作计划、理想状态作比照。❸处理同一种情况的可选择方案（如有必要）。❹另外在反馈过程中还需要让员工从心里接受反馈。让他们意识到：这些行为如何对您造成影响？您可以说："这使得我的工作容易多了，谢谢。""因为我依赖于这些数据的精确性，这种状况让我很担心。"❺最后还要请员工和你共同考虑下一步骤，如"您是如何看待这种状况的？""您认为接下去要怎么做？"

(四) 学会授权，改变工作追踪方法

关于授权的内容参见模块四任务四"职权配置能力"。

如何克服下属对工作追踪的抵触

二、工作反馈

(一) 反馈技术

1. 多问少讲

发号施令的管理者很难实现从上司到"帮助者""伙伴"的角色转换。建议管理者在与员工进行绩效沟通时遵循 80/20 法则：80% 的时间留给员工，20% 的时间留给自己，而自己在这 20% 的时间内，80% 的时间用在发问，20% 的时间用在"指导""建议""发号施令"，因为员工往往比经理更清楚本职工作中存在的问题。换言之，要多提问题，引导员工自己思考

和解决问题,自己评价工作进展,而不是发号施令,居高临下地告诉员工应该如何如何。

2. 沟通的重心放在"我们"

在绩效沟通中,多使用"我们",少用"你";"我们如何解决这个问题?""我们的这个任务进展到什么程度了?"或者说"我如何才能帮助您?"

3. 反馈应具体

管理者应针对员工的具体行为或事实进行反馈,避免空泛陈述。例如"你的工作态度很不好",或是"你的出色工作给大家留下了深刻印象"。模棱两可的反馈不仅起不到激励或抑制的效果,反而易使员工产生不确定感。

4. 对事不对人

尽量描述事实而不是妄加评价。当员工做出某种错误或不恰当的事情时,应避免用评价性语言,如"没能力""失信"等,而应当客观陈述发生的事实及自己对该事实的感受。

5. 应侧重思想、经验的分享,而不是指手画脚地训导

当下属绩效不佳时,应避免说"你应该……,而不应该……"这样会让下属体验到某种不平等,可以换成:"我当时是这样做的……"

6. 把握良机,适时反馈

当员工犯了错误后,最好等其冷静后再做反馈,避免"趁火打劫"或"泼冷水";如果员工做了一件好事则应及时表扬和激励。

7. 不能避重就轻

反馈谈话的内容要与书面考评意见保持一致,不能避重就轻,否则会带来不好的效果。考核者在同下属进行面谈的时候,常会出现这样的情况:对下属的缺点不敢谈或不好谈,总觉得谈缺点时放不下面子,所以,谈出来的主要是优点,对于缺点则一带而过。这样的面谈,看起来气氛不错,双方都觉得愉快,但是,这样的结果常常不好。这种面谈的主要问题有:❶下属得到误导,以为自己表现还可以,今后还这样表现下去;❷当时双方都愉快,但是,当反映下属真实情况的书面报告出来时,问题就出来了,这时下属有委屈和被戏弄的感觉;❸这样的谈话,不能帮助下属解决问题,改善绩效。正确的做法应该是:对下属在工作中表现出来的问题,不能回避,上司要抓住问题的要害,谈清楚产生问题的原因,指出改进的方法。

在此应特别注意,当下属对所提出的绩效评估意见表示不满意时,应允许他们提出反对意见,而不能强迫他们接受其所不愿接受的评估结论。绩效面谈其实也是管理者对有关问题进行深入了解的机会,如果下属的解释是合理可信的,管理者应灵活地对有关评价做出修正。如果下属的解释是不能令人信服的,则应进一步向下属做出必要的说明,通过良好的沟通达成共识。

(二) 接受反馈的技巧

1. 倾听,不打断

作为反馈的接收者必须培养倾听的习惯,使反馈者能够尽可能地展示他自己的性格、想法,以便于你尽可能多地了解情况。

在这个过程中,如果急于打断对方的话,一是打断了对方的思路;一是由于你的表述,使对方意识到他的一些话可能会冒犯到你,或触及你的利益,所以对方把接下来想说的话隐藏起来,并有足够的时间进行伪装,对方就不会坦诚地、开放地进行交流,你也因此不能知道对方的真实反应是什么。

在进行绩效沟通时,作为主管,首先要培养自己的倾听素质,倾听是一种双向式沟通,

倾听的目的是为了做出最贴切的反应,通过倾听去了解别人的观点、感受:

(1) 呈现恰当而肯定的面部表情。作为一个有效的倾听者,主管应通过自己的身体语言表明对下属谈话内容的兴趣。肯定性点头、适宜的表情并辅之以恰当的目光接触,无疑显示:您正在用心倾听。

(2) 避免出现隐含消极情绪的动作。看手表、翻报纸、玩弄钢笔等动作则表明:你很厌倦,对交谈不感兴趣,不予关注。

(3) 呈现出自然开放的姿态。可以通过面部表情和身体姿势表现出开放的交流姿态,不宜交叉胳膊和腿,必要时上身前倾,面对对方,去掉双方之间的什物,如桌子、书本等。

(4) 不要随意打断下属的说话。在下属尚未说完之前,尽量不要做出反应,让下属把话讲完;不要轻易打断下属,一定要鼓励他讲出问题所在;在倾听中保持积极回应,千万不要急于反驳;先不急于下定论,务必听清楚并准确理解员工反馈过来的所有信息;再一次与下属核实你已掌握的信息,理清所有问题,使之条理化、系统化,然后迅速做出判断,并表达自己的想法。

2. 避免自卫

沟通不是在打反击战:"对方只要一说话,肯定就是对我的攻击,作为保护,我必须自卫。"

打断对方的话并试图引导注意力返回到己方的目的或兴趣。这种反应会激起对方这样的反应:"他根本就不想听我说话",这样对方也就不会认真地对待你。应有意识地接受建设性的批评。

3. 提出问题,澄清事实

倾听绝不能是被动的,提出辨明对方评论的问题,沿着对方的思路而不是指导对方思路,传递出礼貌和赞赏的信号。另外,提问也是为了获得某种信息,在倾听谈话的同时,把谈话人的讲话引入自己需要的信息范围之内。

4. 总结接收到的反馈信息,并确认理解

在对方结束反馈之后,你可以重复一下对方反馈的主要内容、观点,并且征求对方看你总结的要点是否完整、准确,保证你正确地理解对方要传递的信息。

5. 理解对方的目的

当你倾听老板或下属的讲话时,如果不把你目标暂时放在一边,不把焦点集中到他们所想实现的目标上,就不会完全理解他们。要仔细分析是不是包含着其他微妙的目的。

6. 向对方表明你的态度和行动

同上司的沟通结束之后,你有必要谈谈行动方案。同下属的沟通,不必一定要有行动方案,但要表明态度,给下属一个"定心丸",使对方产生信任感。今后,他们有问题还会找到你进行坦诚的交流。

(三) 学会处理反馈

当有人给提出意见时,人们通常视之为批判,或对他们的人身攻击,甚至支持的和积极的反馈也不会被重视或采纳,这是很遗憾的事。因为良好的反馈信息能够很好地帮助人们改进和学习。在企业管理过程中,雇主需要敞开大门接受评价,倾听他人是怎么说的。雇主也可以通过反馈信息来提升自我。

适用于接受反馈信息的六条黄金法则。

1. 不要把反馈理解为对自己的人身攻击

一般来说,人们提供反馈信息是出于积极的目的。某人想要告诉你,"你在工作或行

为方面表现如何",那并不涉及你作为人的品质问题。做出这样的反应如"我会注意的,谢谢"比"你不也老是那样吗"或者"像你那样也好不到哪里去"要有水平得多。

但不排除在实际生活中,有人提出消极的评价来试图贬低你或者耍弄你,但你可以这样回应:"感谢你为我提供反馈信息,但是我认为这种方法不大适用。现在你能试着确切地说明你的意思吗?"

2. 不要急于回复

倾听他人所说的话。倾听并不意味着你要同意他的观点,但是能表现出你认真地做了思考。或许你会表示同意,但这完全由你自己决定。采纳评价之前仔细考虑。你最终确定自己该怎么做。尝试着排除个人感情因素,不要辩解地回答"因为太忙了"或"那都是别人的原因"。辩解可能解释了您的行为,但是问题依旧存在。如可以这样说:"我会注意的。你的有效的建议是什么?"

3. 询问反馈的本意到底指的是什么,并试图理解反馈信息

反馈必须要清晰明确,但事实上并不总是那样。人们做出评价时通常会出现表达不清晰的情况,如大家熟知的评论"你不够变通"。作为接受反馈者,你应该使别人表述清晰,不然的话你就无法从中学习。你可以刨根问底,直至你知道别人真正表达的是什么意思,他所希望看到的变化是什么。例如:"你觉得我在什么时候和在什么情况下不够变通呢?""当时我是怎么做的呢?""你觉得应该怎么做才对?"。

4. 对反馈表示感谢

做出评价肯定需要勇气。所以你应该对某人付出努力的事实表示感谢,他所做的是为了帮助你学习或者完善自我,或者对你的工作表达他的赏识。对他表示感激和尊重显示出您的风度,这样做也会加深彼此的关系。不要轻看别人的评价,更不要以"你为什么这样说"来抹杀积极的评价,这会使提出建议的人感到不愉快。正确的想法是:把一份评价看作是一份礼物并感激他人。

5. 判断反馈信息正确与否

你自己掌握着如何处理收到的信息的权力。你可以自问,该意见是积极的还是消极的,合适还是不合适,真的还是假的,善意的还是恶意的。有了这些判断之后,再做相应的处理比不经头脑思考的反应要更加明智。

6. 就反馈意见采取行动

针对别人的反馈,你可以决定采取什么样的行动。什么都不做也是一种行动,如果你决定那样做的话,你可以这样告诉提建议的人,例如:"我反复思考了你昨天提出的意见。我觉得目前的情况下还是原来的方式更好。"如果你愿意尝试进行改变,就把你的计划付诸行动。如果可能的话,去咨询帮助信息。如果你还犹豫不决,你可以先从别人那里获得额外的信息。他们对这个反馈的意见是什么,然后你再决定该怎么做。

信息反馈的类型

【知识测试】

一、单项选择题

1. 关于工作追踪的步骤正确的是(　　)。
   A. 搜集信息、及时反馈、给予评价　　B. 搜集信息、给予评价、及时反馈
   C. 现场检查、给予评价、批评指正　　D. 搜集信息、批评指正、给予评价

2. 下列关于工作追踪反馈的说法错误的是(　　)。
A. 多问少讲　　　B. 反馈应具体　　　C. 对事不对人　　　D. 对人不对事

3. 关于接受反馈,错误的做法是(　　)。
A. 接受反馈过程中,有任何疑问要及时澄清,随时提出来
B. 总结接收到的反馈信息,并确认理解、向对方表明你的态度和行动
C. 同下属的沟通,不必一定要有行动方案,但要表明态度,给下属一个"定心丸",使对方产生信任感
D. 同上司的沟通结束之后,你有必要谈谈行动方案

4. 如何让下属觉得工作追踪是必要的,下列说法错误的是(　　)。
A. 让下属明白计划的偏差是很自然而且是可预知的并且及时觉察出偏差是非常重要的
B. 让下属明白,工作追踪就是上司来替下属做决定,给下属支招
C. 让下属明白如果经理更了解下属的需求的话,就更容易协助他们工作
D. 让下属明白如果下属更清楚自己错误的话,他们就更容易进行改进

二、多项选择题

1. 关于追踪工作的说法正确的有(　　)。
A. 工作追踪要衡量下属的工作进度及其结果
B. 工作追踪要对下属的工作进行辅导
C. 如果在追踪的过程中,发现严重的偏差,就要找出和分析原因
D. 工作追踪应以下属的工作表现为主
E. 工作追踪应当着重客观性的标准即工作成果,同时也要兼顾主观性的标准即工作方法和个人品质

2. 工作追踪进行评价时要注意(　　)。
A. 多突击检查,少定期追踪
B. 要事无巨细,全面检查
C. 避免只做机械式的业绩和目标的比较,应当发掘发生偏差的原因
D. 对重要的事一定要不定期检查,而次要的事则定期抽查
E. 对重要的事一定要定期检查,而次要的事则不定期抽查

3. 基层主管将工作追踪的情况反馈给下属,应做到(　　)。
A. 让下属知道自己表现的优劣所在
B. 让下属懂得寻求改善自己缺点的方法
C. 让下属使自己习惯于自我工作追踪及管理
D. 让下属明确偏离公司目标的事情是绝对不允许的
E. 让下属完全按照你的意愿来做事

4. 下列措施中有利于克服下属对工作追踪的抵触情绪的选项有(　　)。
A. 使下属了解有效工作追踪的必要性
B. 使下属了解工作追踪不是简单的监督工作情况,关键还在于辅助下属更好地完成工作,达成预定的工作目标
C. 在设定目标、计划工作、追踪绩效表现,以及执行改正措施时,要让下属们亲自参与
D. 工作追踪中,遵循对事不对人的原则,保持客观冷静的态度
E. 不要以权威的形式、以命令的方式进行工作追踪

【重点回顾】
1. 基层主管如何追踪工作?
2. 上司应该如何看待工作追踪?
3. 追踪工作后如何进行反馈?
4. 追踪工作的基本程序。
5. 如何接受反馈?

重点回顾答案

【能力测试】

反馈能力测试

1. 你是否就一个或一些具体的情形进行了讨论?
2. 你是否将你的评论建立在真实、准确信息的基础上?
3. 你在合适的时间提供了信息反馈吗?
4. 你是否考虑了相关的问题?
5. 你所讨论的是所观察到的行为而不是做出行为的人吗?
6. 你是否通过邀请他人发表意见而使他们参与其中?
7. 你是否就下一次的改进方法达成了一致?
8. 你是否把注意力放在下次需要做的事情而不是以前发生过的事情上?
9. 你是否提供了帮助他人取得改进的反馈信息?
10. 你是否通过使用适当的聆听和提问技巧,确保你的信息被接受(接收及理解)?

【生命成长智慧】

执行有力,反馈及时

习近平总书记指出:"如果不沉下心来抓落实,再好的目标,再好的蓝图,也只是镜中花、水中月。"对大多数人而言,执行力是第一位的能力。提高执行力,要有强烈的责任感和进取心,要有从小事做起、从点滴做起的实干精神,要有较强的工作能力,要有健全的制度规则作保障,更要有及时反馈的"复盘意识"和"画句号"的能力。事毕不回复,就像任务完成了99%,只有这1%没落实,虽然就差这么一丁点,事情却没有到位。

实际工作中,绝不能搞先斩后奏、边斩边奏,甚至斩而不奏,也不能等任务全部完成了才反馈,应该注意适时反馈、阶段性反馈,一方面可以让领导和同事放心,另一方面及时反馈情况又能为正确决策提供依据,特别是执行中遇到困难、发现问题时更需要及时反馈,以便重新调整思路和办法,从而更好地化解矛盾、解决问题。只要是和岗位职责有关的事,都要及时反馈,做到凡事有交代、件件有着落、事事有回音。人与人之间,有了连接这个"一",如果一方好好说话,另一方认真听到了对方说的话和背后的表达,给予对方想要的回应,那么这个沟通就是有效的,带来彼此互相赋能的同频共振,越聊越开心。

【任务思维导图】

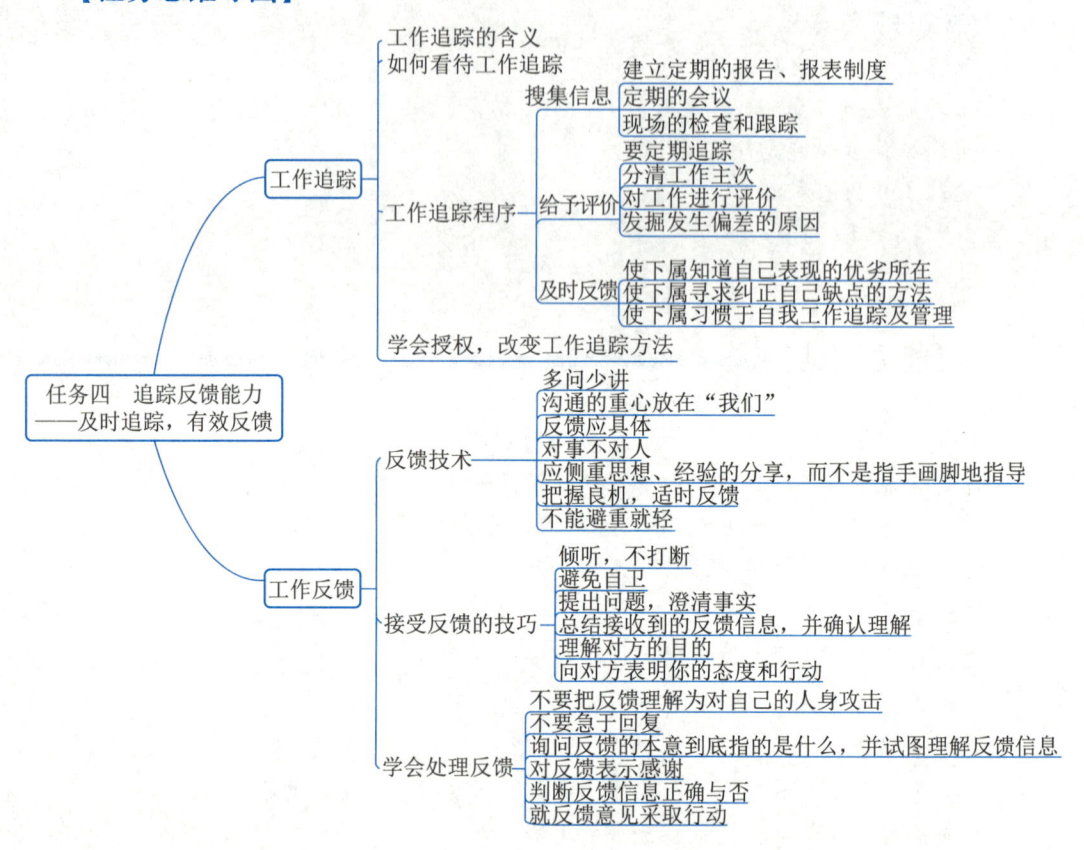

```
任务四　追踪反馈能力
——及时追踪，有效反馈
├─ 工作追踪
│   ├─ 工作追踪的含义
│   ├─ 如何看待工作追踪
│   ├─ 工作追踪程序
│   │   ├─ 搜集信息
│   │   │   ├─ 建立定期的报告、报表制度
│   │   │   ├─ 定期的会议
│   │   │   └─ 现场的检查和跟踪
│   │   ├─ 给予评价
│   │   │   ├─ 要定期追踪
│   │   │   ├─ 分清工作主次
│   │   │   ├─ 对工作进行评价
│   │   │   └─ 发掘发生偏差的原因
│   │   └─ 及时反馈
│   │       ├─ 使下属知道自己表现的优劣所在
│   │       ├─ 使下属寻求纠正自己缺点的方法
│   │       └─ 使下属习惯于自我工作追踪及管理
│   └─ 学会授权，改变工作追踪方法
└─ 工作反馈
    ├─ 反馈技术
    │   ├─ 多问少讲
    │   ├─ 沟通的重心放在"我们"
    │   ├─ 反馈应具体
    │   ├─ 对事不对人
    │   ├─ 应侧重思想、经验的分享，而不是指手画脚地指导
    │   ├─ 把握良机，适时反馈
    │   └─ 不能避重就轻
    ├─ 接受反馈的技巧
    │   ├─ 倾听，不打断
    │   ├─ 避免自卫
    │   ├─ 提出问题，澄清事实
    │   ├─ 总结接收到的反馈信息，并确认理解
    │   ├─ 理解对方的目的
    │   └─ 向对方表明你的态度和行动
    └─ 学会处理反馈
        ├─ 不要把反馈理解为对自己的人身攻击
        ├─ 不要急于回复
        ├─ 询问反馈的本意到底指的是什么，并试图理解反馈信息
        ├─ 对反馈表示感谢
        ├─ 判断反馈信息正确与否
        └─ 就反馈意见采取行动
```

任务五　评估考核能力
——结果导向，考核得当

> ◇ **中国传统管理名言**
>
> 前事之不忘，后事之师。——《战国策》
>
> 百尺竿头，更进一步。——《释道原·景德传灯录》
>
> 兼听则明，偏信则暗。——《新唐书·魏徵传》
>
> 不吹毛而求小疵。——《韩非子·大体》
>
> 不以一眚掩大德。——《左传》

【学习情境】

"九层之台，起于累土"，对于企业而言，一个整体大目标的实现，得益于每一个小目标的实现。绩效考核表以企业战略目标为导向，将目标层层分解、层层考核，是提高员工职业能力及工作绩效的工具，是推动企业战略目标实现的动力，对企业的快速成长及发展起到重要的作用。

【学习目标】

知识目标：理解绩效评估的定义；理解绩效评估的目的；掌握绩效评估的原则；熟悉常见的绩效评估方法。

能力目标：会根据实际情况选择合适的绩效评估方法；会制定切实可行的绩效评估量化考核指标。

素质目标：养成客观、公平、公正、科学地对下属的工作绩效进行评估与考核的习惯。

【学习任务】

为你的工作团队或者部门制定切合实际的绩效考核标准，并进行一次模拟员工绩效考核。

一、绩效评估的定义和目的

（一）绩效评估的定义

绩效，是指构成员工职位的任务被完成的程度，它反映了员工能在多大程度上实现职位要求。

绩效评估又称绩效考核或绩效评价，它是按照一定的标准采用科学的方法检查和评定组织内部员工对职位所规定的职责的履行程度，以确定其工作成绩的管理方法。

杰克·韦尔奇说过："如果你希望把最优秀的人才吸引到自己的团队来，就必须勇敢地执行区别考评制度。据我所知，还没有哪一种人事管理制度能做得更好——有更多的透明度、公平性和高效率。这个制度并不是完美的，但区别考评的做法就像坦诚精神一样，可以使商业生活变得更清晰，在各方面都能运转得更好。"

（二）绩效评估的目的

有句管理名言：没有评估，就没有管理。在组织中绩效评估有多个目的，管理人员把绩效评估结果用于一般的人力资源决策，如人员晋升、调职、解聘等，都要以绩效评估结果为基础。绩效评估结果还可用于确定培训和开发需求，可以确认员工当前不适应工作要求的能力或技能，以什么方法弥补。它们还可以用来作为人员招聘与员工开发计划有效性的标准；新聘员工干得好坏一看绩效评估结果就清楚了；同样，培训与员工职业生涯开发计划的有效性如何，也可以通过考察这些项目的参与者的绩效情况来作出评价。绩效评估还可为员工提供反馈，让他们了解组织如何看待他们的绩效。另外，组织的奖酬分配一般也以绩效评估结果为基础，根据绩效评估的结果来决定谁会获得晋升工资或其他报酬。

二、绩效评估的原则

（一）公开性原则

让被考评者了解考核的程序、方法和时间等事宜，提高考核的透明度。

（二）客观性原则

以事实为依据进行评价与考核，避免主观臆断和个人情感因素的影响。绩效考评是对员工的工作考评,对不影响工作的其他任何事情都不要进行考评。譬如员工的生活习惯、行为举止等内容不宜作为考核内容,否则会影响相关工作的考评成绩。

(三)开放沟通原则

通过考核者与被考评者沟通,解决被考评者工作中存在的问题与不足。

(四)差别性原则

对不同类型的人员进行考核,内容要有区别。

(五)常规性原则

将考核工作纳入日常管理,成为常规性管理工作。

(六)发展性原则

考核的目的在于促进人员和团队的发展与成长,而不是惩罚。

(七)立体考核原则

增强考核结果的信度与效度。

(八)及时反馈原则

便于被考评者提高绩效,考核者及时调整考核方法。

三、常见的绩效考核方法选择

常见的绩效考核方法选择,如表5-10(用于个体)、表5-11(用于组织)所示。

表 5-10　　　　常见的个体绩效评估方法

序号	考核方法	释义	适用情形	优点	缺点
1	民意测验法	请被考核者的同事、下级及有工作联系的人对被考核者从几个方面进行评价,从而得出对被考核者绩效的考核结果	比较适宜管理人员,但往往要结合其他的考核方法	简单、容易操作,适用于规模较小的企业;体现了民主集中的原则	调查的数据由于人为因素,导致信度与效度有所降低
2	共同确定法	先由基层考评小组推荐,然后由专业考核小组初评,再由评定分委会评议投票,最后由评定总委会审定	对管理人员比较适合	体现了考核的民主性	考核没有标准,基本上是人际关系的体现
3	等差图表法	在实际操作中主要考虑两个因素:一是考核项目,即要从哪些方面对员工的绩效进行考核;二是评定分等,即对每个考核项目分成几个等级。在确定了这两者后,即可由考核者按照评定图表的要求对被考核者给出分数	规模小的公司比较适宜	考核操作简单、方便	主观性强,考核标准不能量化,考核结果不精确;考核要素没有重点与非重点之分

续 表

序号	考核方法	释 义	适用情形	优 点	缺 点
4	要素评定法（点因素法）	实际上是在等差图表法的基础上，经过改动而形成的。考虑到不同的考核项目具有不同的重要性。因而考虑加权的因素，将不同的因素赋予不同的重要性，这个重要性是通过他们各自的分值范围体现的	规模小、管理基础薄弱的公司比较适宜	考核操作简单、方便；考核要素能够体现出工作的重要性	主观性强，考核标准不能量化，考核结果不精确
5	关键绩效指标法	通过对工作绩效特征的分析，提炼出最能代表绩效的若干关键指标体系，并以此为基础进行绩效考核的模式	适用于有战略规划的公司，有年度目标的公司	在公司战略目标指引下，把目标分解到部门及员工日常工作当中来；使公司集中有限的资源来达到公司目标	指标之间没有驱动要素；追求结果，忽略了过程；容易导致考核片面
6	目标管理法	目标管理法是根据被考核人完成工作目标的情况来进行考核的一种绩效考核方式。在开始工作之前，考核人和被考核人应该对需要完成的工作内容、时间期限、考核的标准达成一致。在时间期限结束时，考核人根据被考核人的工作状况及原先制定的考核标准来进行考核	对各级管理人员比较适用；已有几十年的历史了，如今也广泛应用于各个行业	能够提升员工工作的积极性、主动性、创造性；提高员工的成就感	以结果为导向，重结果轻过程；难以对不同员工设定不同工作目标；对考核人员的素质提出了很高的要求；并非所有的工作都可以设定明确的目标
7	平衡记分卡	平衡记分卡是从财务、顾客、内部业务过程、学习与成长四个方面来衡量绩效。平衡记分法一方面考核企业的产出（上期的结果），另一方面考核企业未来成长的潜力（下期的预测）；再从顾客角度和从内部业务角度两方面考核企业的运营状况参数，充分把公司的长期战略与公司的短期行动联系起来，把远景目标转化为一套系统的绩效考核指标	以目标、战略为导向的企业；具有很好的执行文化的企业；成本管理水平较高的企业；企业信息化程度较高的企业；面临市场竞争压力很大的企业	能够从不同的角度评价公司绩效；能够把组织远景和战略转化为有形的目标和衡量指标，使财务和财务达到平衡；企业内外群体的平衡；长期目标和短期目标的平衡；过程和结果的平衡；前置与后置指标的平衡	BSC始终只关心股东价值、客户价值，却没有关注到其他相关利益者；例如供应商，员工、企业合作伙伴等
8	360度反馈	360度反馈也称全视角反馈，是被考核人的上级、同级、下级和服务的客户等对他进行评价，通过评论知晓各方面的意见，清楚自己的长处和短处，来达到提高自己的目的	在强调以绩效为导向的公司较为适用	从多角度评价员工，产生的结果也比较客观公正	容易导致员工之间不团结

续表

序号	考核方法	释义	适用情形	优点	缺点
9	关键事件法	考核人在平时注意收集被考核人的"重要事件",对这些表现要形成书面记录。对普通的工作行为则不必进行记录。根据这些书面记录进行整理和分析,最终形成考核结果	对中层管理人员及基层操作人员使用比较适宜	能够记录反馈员工日常工作中好的/不好的工作行为;控制关键的行为,促进工作绩效的提升	考核人常常漏记关键事件,导致近期效应的偏差被夸大,员工会觉得管理人员编造事实来支持其主观意见
10	德、能、勤、绩考核法	对一个人的工作过程和结果从思想道德、工作能力、勤奋程度等方面依次与一定针对性的标准进行比较,得出各个方面的评估结果,然后再进行综合的方法	使用这种方法的企业已经不多见,现在绝大多数企业不再使用或即便是使用也会和其他的方法结合在一起使用	对员工进行综合的、多方面的评价,尤其是对管理人员的综合素质评价曾经起到了积极的作用	考核指标庞杂、没有针对性(统一划齐)、没有明确的标准、考核重点不突出。考核不能真正反映员工业绩

表 5-11 常见的组织绩效评估方法

序号	考核方法	方法定义	特点	优点	缺点	应用范围
1	全面总结法	一个组织对其在评估期内各方面的工作进行系统的回顾与评述,列出分类、成绩、不足、改进措施和下一期的工作计划,最后得到上级管理者或上级组织对该总结认可的评估方法	强化了组织自我全面系统的总结	系统全面,自我反省进步,不足和改进措施,有益于后期工作	没有批评标准,易于夸大优点和自我满足	部门、政府机构、事业单位、非赢利组织、协作配套的内部分组织等
2	目标任务法	依据事先设定的目标标准或被上级组织认可的指标,对一个组织在评估期内主要工作任务的成果进行评估的组织评估方法	对组织主要使命目的的工作任务进行总结	评估目的明确,结果针对性强	不全面,重视结果轻视过程	简化评估、小型组织、项目管理部、协作配套的内部组织等
3	财务指标法	依照事先设定的收入、利润、投资收益率等财务指标,评判一个组织各项财务指标达到程度的评估方法	主要测算经济利益	促进获得经济利益	易引导组织追求短期的经济利益从而忽视长期利益	利润中心组织、独立企业
4	综合指标法	对一个组织的业绩评估依据事先设定的多项指标,评价各项指标达到程度的评估方法	将多项要求以指标指示的方向进行评估	评估全面客观	选取指标困难且即便指标较多也会要求不全面	集团内的分子公司、非赢利组织、政府机构

从绩效考核模式上看:关键绩效指标法强调抓住企业运营中能够有效量化的指标,提高了绩效考核的可操作性与客观性;目标管理法将企业目标通过层层分解下达到部门以及个人,强化了企业监控与可执行性;平衡记分卡是从企业战略出发,不仅考核现在,还考

核未来,不仅考核结果,还考核过程,适应了企业战略与长远发展的要求,但不适应对于初创公司的衡量;360度绩效反馈评价有利于克服单一评价的局限,但应主要用于能力开发;主管述职评价仅适用于中高层主管的评价。每一种绩效考核模式与方法都反映了一种具体的管理思想和原理,都具有一定的科学性和合理性,同时,不同的模式方法又都有自己的局限性与适用条件范围。

【知识测试】

1. 绩效考核对于员工个人,是( )对自己工作状况及其成果的评价。
   A. 上级和同事　　B. 上级和下级　　C. 下级和同事　　D. 上级和平级

2. ( )是指记录和观察在某些工作领域内,员工在完成工作任务过程中,有效或无效的工作行为导致的成功或失败的结果。
   A. 关键事件法　　B. 行为观察法　　C. 行为观察量表法　　D. 行为定点量表法

3. ( )是对员工承担岗位工作的成果进行评定和估价。
   A. 能力考核　　B. 态度考核　　C. 业绩考核　　D. 绩效考核

4. 目标管理法能使员工个人的( )保持一致。
   A. 个人目标与组织目标　　　　B. 努力目标与组织目标
   C. 努力目标与集体目标　　　　D. 个人目标和集体目标

5. 企业绩效考核就是对企业生产任务在数量、质量及( )等方面完成情况的考核。
   A. 产量　　B. 效益　　C. 效率　　D. 效果

6. 在考核过程中,主管与下属之间就评估所做的讨论叫( )。
   A. 公开评估　　B. 评估面谈　　C. 评估讨论　　D. 评估讲座

7. ( )是企业根据岗位工作说明书,对员工的工作业绩,包括工作行为和工作效果,进行全面系统考察与评估的过程。
   A. 行为考核　　B. 绩效考核　　C. 人事考核　　D. 能力考核

8. 将关键事件法和等级评价法相结合的方法是( )。
   A. 行为观察法　　　　　　　B. 目标比较法
   C. 加权选择量表法　　　　　D. 行为锚定等级评价法

【重点回顾】
1. 绩效评估的原则有哪些?
2. 常见的绩效评估方法有哪些?

重点回顾答案

【能力测试】

你能正确评估下属的工作吗?

评估员工的表现是管理者的重要职责,直接关系着员工的提薪、升职和工作热情。同时,制定评估的标准、范围和形式又是对经营管理者的处理人际关系技能的一种检验。请在每一条的三个选项a、b、c中,选择你认可的一项,填入相应空格中。

题号	题目	a	b	c	您的答案
1	开展评估的主要目的是什么	激励员工努力工作，更上一层楼	促使员工反思自己以往的表现	暴露员工的缺点与不足	
2	怎样安排与下属进行绩效面谈	先批评缺点，再表扬优点	开始和结束时都谈优点，中间穿插缺点	首先肯定优点，然后在指出不足	
3	对员工的评估应该以什么为基础	严格以实际成果为准	以他的知识水平、工作能力和工作态度为主，短期效益为辅	综合考虑他的能力和实际效益	
4	为部下鉴定时最重视的资料是什么	他的实际表现	他的出勤记录与费用水平	他以往的总结与鉴定	
5	员工的评估工作应在何时进行	在其表现下降时	在本人提出要求时	定期进行，例如每年一次	
6	评估工作结束时如何处理	让员工阅读鉴定，但征求他的意见	不让员工阅读鉴定，但征求他的意见	既不让员工阅读鉴定，也不征求本人意见	
7	指出部下的不足之后，该怎么做	为他指出克服缺点的方法	警告他这些不足之处对他今后加薪与升职的影响	与他共同探讨今后的努力方向	
8	员工谈话时情绪激动，该怎么做	耐心听他发表意见，暂不中断	谴责他要控制自己的情绪	尽快结束谈话，让他恢复平静	
9	如果某位部下的表现开始明显下降，与以往相比较差距甚大	悄悄记下他的过失，以便在下次总结鉴定时提出来	与他开诚布公地交换意见，找出其退步的原因，共同制订改进方案	熟视无睹，期望他会自觉醒悟	
10	在什么场合宣布有关提薪事宜	在述职谈话时	在关于工资的特别谈话中	写信通知	

如何计分

题 号	选项 a	选项 b	选项 c	您的答案	您的得分
1	10	5	0		
2	5	5	10		
3	5	0	10		
4	10	0	5		
5	0	5	10		
6	10	5	0		
7	5	0	10		
8	10	0	5		
9	5	10	0		
10	0	10	5		
合 计					

能力评估：

80—100 分	你深知绩效评估的策略与方法,能够公正地评估下属的成绩与不足,让人心悦诚服
50—75 分	你真诚求实,只要再稍注意些方式方法,便能使评估让下属更满意,建议你参加一个现代管理培训班,更新、补充管理技巧
0—45 分	你有多处不足,必须立即改进,以免再犯错误。请学习本教材第六单元《绩效评估》,并制订严格的应用与行动计划

【生命成长智慧】

做某件事不仅仅是为了这件事

本任务的内容是绩效评估考核能力的培养,无论是作为管理者还是被管理者,都要树立"是一不是二"的理念,即做这一件事,不仅仅是为了这件事。为的是那个"一",生命就有了力量,做什么都会顺利。比如对于绩效考核而言,绩效考核的结果不是目的,目的是通过绩效考核能够发现自己的成长空间,能够推动员工成长,能够促进组织和团队发展。所以从组织的角度而言,绩效考核的方法没有千篇一律的好方法,唯有能够通过绩效考核推动员工成长,促进组织和团队发展的考核方式才是有效的考核方式,绩效考核是一把双刃剑,如果绩效考核的目的不正确,没有把握住那个"一",为了绩效考核而绩效考核,就容易剑走偏锋;从个人角度而言,绩效考核的结果无论好还是不好,我们都要抱着"做这件事不仅仅是为了这件事"的心态,关键要从绩效考核中得到应有的启发,拿到成长的礼物,通过对绩效考核结果的正确觉察,找到自身成长的方向。做事顺道而为,活出"一"的状态,是个人修炼和努力的方向。

【任务思维导图】

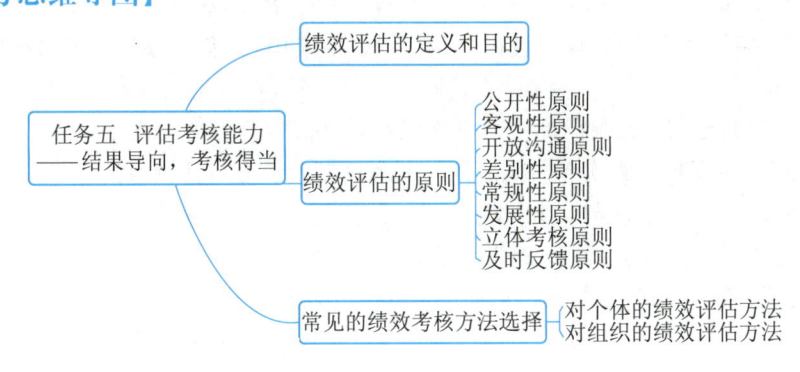

```
                          ┌── 绩效评估的定义和目的
                          │
                          │                    ┌── 公开性原则
                          │                    ├── 客观性原则
                          │                    ├── 开放沟通原则
任务五 评估考核能力 ──────┼── 绩效评估的原则 ──┼── 差别性原则
  ——结果导向,考核得当     │                    ├── 常规性原则
                          │                    ├── 发展性原则
                          │                    ├── 立体考核原则
                          │                    └── 及时反馈原则
                          │
                          └── 常见的绩效考核方法选择 ┬── 对个体的绩效评估方法
                                                    └── 对组织的绩效评估方法
```

主要参考文献

［1］［美］罗宾斯.管理学［M］.刘刚,译.15版.北京:中国人民大学出版社,2022.
［2］［美］孔茨,等.管理学(精要版)［M］.马春光,译.9版.北京:中国人民大学出版社,2017.
［3］［美］德鲁克.卓有成效的管理者［M］.许是祥,译.北京:机械工业出版社,2023.
［4］周三多.管理学［M］.4版.上海:高等教育出版社,2015.
［5］［美］惠顿,卡梅伦.管理技能开发［M］.张文松,译.10版.北京:机械工业出版社,2020.
［6］单凤儒.管理学基础［M］.7版.北京:高等教育出版社,2021.
［7］焦叔斌,杨文士.管理学［M］.北京:5版.中国人民大学出版社,2023.
［8］张再生.职业生涯规划［M］.5版.天津:天津大学出版社,2014.
［9］［英］霍尔默斯.个人与团队管理(上)［M］.3版.北京:清华大学出版社,2016.
［10］叶萍.管理学基础与实务［M］.北京:电子工业出版社,2018.
［11］阚雅玲,朱权,游美琴.管理基础与实务［M］.北京:机械工业出版社,2008.
［12］肖祥伟.企业管理理论与实务［M］.广州:中山大学出版社,2008.
［13］李津.世界管理学名著精华［M］.北京:企业管理出版社,2010.
［14］黎红雷.儒家管理哲学［M］.广州:广东高等教育出版社,2010.
［15］肖祥伟."儒墨道法兵"管理思想在企业管理中的应用［J］.韶关学院学报,2009,30(07):164—166.
［16］许庆瑞.管理学［M］.北京:高等教育出版社,2005.
［17］王秀丽.通用管理能力实务［M］.广州:华南理工大学出版社,2015.
［18］张亚.管理学——原理与实务［M］.北京:北京理工大学出版社,2013.
［19］吴崑.管理学基础［M］.北京:高等教育出版社,2014.
［20］路宏达.管理学基础［M］.5版.北京:高等教育出版社,2022.

郑重声明

高等教育出版社依法对本书享有专有出版权。任何未经许可的复制、销售行为均违反《中华人民共和国著作权法》，其行为人将承担相应的民事责任和行政责任；构成犯罪的，将被依法追究刑事责任。为了维护市场秩序，保护读者的合法权益，避免读者误用盗版书造成不良后果，我社将配合行政执法部门和司法机关对违法犯罪的单位和个人进行严厉打击。社会各界人士如发现上述侵权行为，希望及时举报，我社将奖励举报有功人员。

反盗版举报电话　　(010)58581999　58582371
反盗版举报邮箱　　dd@hep.com.cn
通信地址　　北京市西城区德外大街 4 号　高等教育出版社知识产权与法律事务部
邮政编码　　100120

高等教育出版社　教学资源服务指南

仅限教师索取

感谢您使用本书。为方便教学，我社为教师提供资源下载、样书申请等服务，如贵校已选用本书，您只要关注微信公众号"高职财经教学研究"，或加入下列教师交流QQ群即可免费获得相关服务。

"高职财经教学研究"公众号

资源下载： 点击"**教学服务**"—"**资源下载**"，或直接在浏览器中输入网址（http://101.35.126.6/），注册登录后可搜索相应的资源并下载。（建议用电脑浏览器操作）
样书申请： 点击"**教学服务**"—"**样书申请**"，填写相关信息即可申请样书。
试卷下载： 点击"**题库申请**"—"**试卷下载**"，填写相关信息即可下载试卷。
样章下载： 点击"**教学服务**"—"**教材样章**"，即可下载在供教材的前言、目录和样章。
师资培训： 点击"**师资培训**"，获取最新会议信息、直播回放和往期师资培训视频。

联系方式

财经基础课QQ群：374014299
联系电话：（021）56961310　　电子邮箱：3076198581@qq.com